ANGLAIS ✻ TRADUCTION

INITIATION à la
VERSION ANGLAISE

The word against the word

Françoise Grellet
Professeur en classe de première supérieure au lycée Henri-IV

SUPÉRIEUR

> *For no thought is contented. The better sort,*
> *As thoughts of things divine, are intermix'd*
> *With scruples, and do set the word itself*
> *Against the word...*
>
> W. Shakespeare, Richard II, V. 5.

À Laurent

Je remercie très vivement Patricia KRESSER, Hedwig CAMBRELENG et Jean BOUTIN pour leurs conseils et leurs suggestions. Je suis particulièrement reconnaissante à Blanche DEBON, Catherine PARISOT, Paul BENSIMON et Charlotte LEVRARD qui ont bien voulu tester ou relire certaines de ces fiches et me faire bénéficier de leurs remarques et de leur aide. Je tiens enfin à exprimer toute ma gratitude à Susan BIVER et à Shelley OCHANINE qui ont eu la gentillesse de relire le manuscrit de ce livre et dont les critiques et les encouragements m'ont été très précieux.

hachette s'engage pour l'environnement en réduisant l'empreinte carbone de ses livres. Celle de cet exemplaire est de :
1560 g éq. CO$_2$
Rendez-vous sur www.hachette-durable.fr

PAPIER À BASE DE FIBRES CERTIFIÉES

Illustration de couverture : Anne Durham, *Towards Winchelsea, Sussex, with Bluebells in Spring* (oil on canvas), Private Collection. © The Bridgeman Art Library/Getty Images.
Couverture : Guylaine Moi
Maquette intérieure : Joël Dingé
Réalisation : PAON

© HACHETTE LIVRE 2014, 43, quai de Grenelle, 75905 Paris Cedex 15
www.hachette-education.com
ISBN : 978-2-01-140343-8

Tous droits de traduction, de reproduction et d'adaptation réservés pour tous pays.

Le Code de la propriété intellectuelle n'autorisant, aux termes des articles L. 122-4 et L. 122-5, d'une part, que les « copies ou reproductions strictement réservées à l'usage privé du copiste et non destinées à une utilisation collective », et, d'autre part, que « les analyses et les courtes citations » dans un but d'exemple et d'illustration, « toute représentation ou reproduction intégrale ou partielle, faite sans le consentement de l'auteur ou de ses ayants droit ou ayants cause, est illicite ».
Cette représentation ou reproduction, par quelque procédé que ce soit, sans autorisation de l'éditeur ou du Centre français d'exploitation du droit de copie (20, rue des Grands-Augustins, 75006 Paris), constituerait donc une contrefaçon sanctionnée par les articles 425 et suivants du Code pénal.

INTRODUCTION

Ce livre s'adresse aux étudiants de classes préparatoires et aux anglicistes de même qu'à toute personne s'intéressant à la traduction.

Il présente quelques-uns des problèmes que pose la traduction de textes anglais, qu'ils appartiennent à la langue parlée ou littéraire, qu'il s'agisse de langage familier ou soutenu, d'articles de journaux ou de textes de vulgarisation. Un tel objectif peut sembler vaste et ambitieux, mais ce manuel ne propose qu'une **initiation** à la version, et les questions principales que se pose tout traducteur à ce niveau, les choix qu'il a à à faire, sont bien souvent les mêmes, quel que soit le texte à traduire. Seuls les problèmes spécifiques à la traduction de textes techniques et scientifiques ont été laissés de côté.

Pourquoi ce manuel ?

Il faut tout d'abord distinguer traduction et version. La version se fait de langue seconde en langue maternelle, alors que le terme traduction s'applique au passage d'une langue à l'autre, dans les deux sens. Mais on peut également opposer les deux mots quant à leur finalité. On traduit pour permettre à d'autres lecteurs de comprendre un texte auquel ils ne pourraient sinon pas accéder. Par contre, la version est un exercice pédagogique que l'on fait pour prouver au professeur ou à l'examinateur qu'on a compris un texte, ou que l'on sait traduire.

Cette différence influe sur la façon dont l'exercice de version est habituellement ressenti par les étudiants. Parce qu'il s'agit d'un exercice « scolaire », qui se pratique d'ordinaire à partir de courts extraits, les véritables fins de toute traduction, celles qui dictent les choix les plus importants du traducteur (par exemple les problèmes de ton et de registre, l'effet général produit par le texte, la possibilité de transmission des allusions culturelles, le respect des métaphores…) sont trop souvent perdues de vue.

Par le biais d'exercices tels qu'études ou comparaisons de traductions par exemple, l'un des buts de ce livre est d'essayer de faire sentir aux étudiants que toute version est traduction, qu'elle a donc une fonction, qu'en plus des qualités techniques qu'elle met en œuvre, elle est prise de position et engagement. Cette réflexion doit permettre d'ouvrir l'exercice de version, de le situer dans un contexte plus large, de le rendre aussi, peut-être, plus intéressant et plus motivant. Les étudiants comprendront aussi plus facilement de cette façon qu'il existe rarement une seule bonne traduction, une « solution », mais qu'il peut y avoir plusieurs interprétations et des restitutions différentes les unes des autres.

Par ailleurs, il est courant d'entendre dire que la traduction ne s'enseigne pas vraiment. « On sait ou on ne sait pas traduire. » Et savoir traduire, c'est quelque chose qui se sent, qui vient la plupart du temps avec l'expérience. Ce caractère intuitif explique peut-être les rapports quasi-émotionnels que le traducteur entretiendrait avec son texte si l'on en croit les titres de tant d'ouvrages, excellents d'ailleurs, consacrés à la version : *Les Traquenards de la version anglaise* ; *Autres Mots anglais perfides* ; *Le vrai Ami du traducteur* ; *Les faux Amis ou les Trahisons du vocabulaire anglais*... ! « Même dans nos rapports quotidiens avec l'œuvre que nous traduisons, nous reconnaissons les conditions du couple humain », écrivait Valéry Larbaud. Ou bien l'œuvre nous « asservira », « portera la culotte », « nous refusera son âme », ou bien nous la conquerrons, nous « l'aurons toute à nous »[1]. Même si cette attitude est souvent justifiée, elle peut être dangereuse, car elle tend à décourager certains étudiants, ceux qui ne pensent pas appartenir à la catégorie des « bons en version », ceux qui se croient asservis d'avance.

Or la version peut s'enseigner, on peut sensibiliser les étudiants aux problèmes qu'elle pose et les faire réfléchir aux méthodes et aux procédés dont dispose le traducteur. Il ne s'agit certes pas d'une méthode miracle. Des exercices plus méthodiques ne garantiront jamais des versions parfaites. Mais peut-être pourront-ils aider l'étudiant à prendre plus de goût à son travail et, en l'habituant à jouer avec la langue, à lui faire acquérir une plus grande souplesse de langage. Enfin, il est essentiel de ne plus considérer la version comme un exercice traditionnel et désuet que l'on ne pratique plus guère que parce que l'épreuve subsiste dans la plupart des examens et concours. S'il est vrai que l'entraînement à la version n'est pas la meilleure façon d'apprendre une langue, que l'épreuve de version n'est pas celle qui permet le mieux de tester la connaissance d'une langue étrangère, ce type d'exercice n'en reste pas moins formateur et permet une réflexion intéressante sur les différences entre deux systèmes linguistiques.

Organisation

Ce livre consiste en une série de fiches de travail consacrées aux points qui posent le plus de problèmes aux étudiants. Ce classement n'est fondé sur aucune théorie, qu'elle soit linguistique, socio-linguistique ou de stylistique comparative. Ce sont les fautes les plus courantes rencontrées dans des versions d'étudiants qui ont dicté le choix des points traités. Ils ont été groupés en trois catégories :

• Les problèmes de **compréhension**. Ces problèmes ne sont pas des problèmes de traduction puisqu'ils interviennent au stade qui précède la restitution en français. Cependant, tant de fautes sont dues à une mauvaise compréhension des structures et des mots du texte de départ qu'il a semblé nécessaire de passer en revue les points qui font le plus souvent achopper les étudiants.

• Quelques problèmes, de **traduction** cette fois, qu'on pourrait qualifier de « techniques » : présentation de quelques procédés dont dispose le traducteur, les notions de sur-traduction, de sous-traduction, de mot juste, enfin l'étude de quelques structures anglaises difficiles à rendre en français.

• Une dernière partie consacrée aux limites ou **défis de la traduction**, c'est-à-dire aux problèmes de ton, de style, de registre... qu'elle peut poser.

---

1. V. Larbaud, *Sous l'invocation de saint Jérôme*, Gallimard, 1946.

Traduction et pédagogie

La question méthodologique fondamentale se pose en ces termes : Comment aider les étudiants sans leur donner une liste de recettes ? Comment concilier méthode et conseils d'une part et l'entraînement à une certaine souplesse d'esprit d'autre part, souplesse sans laquelle l'étudiant risquera d'appliquer ces conseils machinalement et à mauvais escient ?

Une solution possible consiste à faire suivre les conseils donnés par une série d'**exercices de réflexion**, exercices qui, à l'opposé des « drills » grammaticaux de laboratoire, ne sont pas automatiques, ne demandent pas la simple application d'une règle, mais devraient au contraire habituer l'étudiant à se pencher sur le point étudié, à réfléchir, à se trouver en position de juge et de critique (lorsqu'on lui demande, par exemple, de comparer différentes traductions d'un même passage).

Ceci devrait conduire, et c'est là un point qui est essentiel, à une **diversification** des exercices de traduction utilisés pendant le cours. S'il est important bien sûr de donner des textes à traduire, il est souhaitable d'utiliser également toute une gamme d'autres exercices qui apporteront une lumière différente sur le processus de traduction et dont la variété ne peut que stimuler l'intérêt des étudiants. Voici, par exemple, certains des exercices proposés dans ce manuel :

• Exercices destinés à « débloquer » les élèves devant un texte difficile :
Faire déduire le sens des mots inconnus dans un passage à partir des indices qu'il contient.

• Exercices destinés à faire comprendre qu'un texte forme un tout et qu'aucune de ses parties ne peut être traduite isolément :
Titres / phrases / mots identiques à traduire dans des contextes différents.
« Version éclatée » (passages d'un même texte traduits séparément puis mis bout à bout).

• Exercices destinés à mettre en valeur les ambiguïtés ou erreurs que peut contenir une traduction :
« Traduction en chaîne ».

• Exercices destinés à faire travailler certaines structures difficiles à traduire :
Traduction de phrases ou paragraphes présentant la difficulté en question / exercices de paraphrase.

• Exercices destinés à faire réfléchir au ton, au style ou à l'effet global d'une traduction :
Correction ou commentaire de traduction / comparaison de traductions.

Les fiches peuvent être utilisées ou systématiquement, ou bien au hasard des textes étudiés par le professeur pour introduire un point qui pourrait poser un problème dans le texte ou pour au contraire reprendre ce point lors de la correction s'il a été source d'erreurs.

Le problème des extraits

La plupart des phrases ou exemples anglais cités sont authentiques. Quant aux traductions françaises proposées dans les exercices, elles sont toutes extraites de traductions publiées. Il est en effet préférable de ne pas travailler sur des textes fabriqués.

L'utilisation de courts extraits illustrant un point ou proposés comme exercices de traduction appelle une remarque. Un exercice de ce type peut en effet sembler artificiel puisqu'on ne traduit bien une phrase que lorsque l'on connaît le paragraphe, le chapitre, le livre entier dans lequel elle s'inscrit. Mais dans la mesure où ces phrases n'intéressent l'étudiant que parce qu'elles illustrent un point technique précis (l'étoffement des prépositions, par exemple), l'exercice reste pleinement justifié et formateur malgré le contexte réduit. Dans chaque cas, bien évidemment, c'est le contexte **nécessaire** qui est donné : il pourra s'agir d'une seule phrase ou même d'une expression dans certains cas, alors que dans le dossier intitulé « style et ton », par exemple, l'étudiant ne pourra travailler qu'à partir d'extraits plus longs.

La même remarque vaut pour les passages de traductions qui sont donnés à étudier. L'étudiant est à chaque fois invité à réfléchir à la façon dont un point précis a été traduit en français – il n'est bien sûr pas question d'en tirer des conclusions quant à la valeur de l'ouvrage tout entier ! Telle phrase qui peut sembler sous- ou sur-traduite, hors de son contexte, peut très bien s'expliquer par une compensation à un autre endroit du texte. Parfois même un contresens apparent, et dont le repérage est pédagogiquement utile pour l'étudiant, peut avoir été voulu par le traducteur pour servir un dessein plus fondamental. Car, pour citer M.-E. Coindreau, « la fidèle reproduction d'un texte, qui est naturellement indispensable dans une bonne traduction, n'est cependant pas ce sur quoi le traducteur doit concentrer tous ses efforts. Le plus important, c'est de chercher à obtenir une traduction qui donnera au lecteur étranger la même impression que celle que donne le texte original au lecteur dans la langue de qui il a été écrit ».

C'est en partie pour cette raison qu'il est important d'entraîner l'étudiant à être critique – mais à l'être de façon positive. Il doit apprendre à ne pas critiquer pour le plaisir de critiquer. Il doit essayer d'analyser quelles raisons ont pu pousser un traducteur à opter pour un glissement de sens ou à sur-traduire, et il doit souvent essayer de suggérer à son tour une autre version qui lui semble plus satisfaisante. Un certain nombre de textes sont proposés à la fin du manuel. Quelques-uns, suivis de leur traduction française, peuvent donner lieu à des commentaires de traduction. D'autres, donnés sans aide aucune, peuvent servir de base de travail ou d'illustration à certaines sections du manuel.

Correction des exercices

La correction partielle de certains exercices est donnée à la fin du manuel. Il s'agit la plupart du temps de la correction des premières phrases des exercices, les plus faciles, ce qui permettra aux étudiants de travailler seuls et de s'auto-corriger. Mais afin que le livre puisse aussi être utilisé en classe entière, que les exercices puissent être discutés aussi ouvertement que possible, le reste des phrases n'a pas été traduit. Les étudiants pourront donc ainsi commencer à travailler un point chez eux, puis l'approfondir plus tard en classe. Pour la même raison, les exercices les plus ouverts (comparaisons de traduction, par exemple, ou traductions plus longues ou plus difficiles qui se prêtent mieux à une discussion en classe entière), conçus plutôt pour un travail de groupe, n'ont pas été corrigés.

Le signe ▶ au début d'un exercice indique qu'on trouvera sa correction partielle en fin de livre.

L'AUTEUR

Sommaire

Introduction 3

Conseils généraux
1. Comment faire une traduction ?... 10
2. L'analyse du texte..................... 11
3. L'inférence............................. 16
4. Que traduire ?......................... 17

Compréhension du texte anglais
1. La ponctuation 24
2. Les phrases complexes............. 28
3. L'inversion.............................. 32
4. Le passif................................. 34
5. L'ellipse.................................. 36
6. Les structures causatives 40
7. Les structures résultatives 43
8. Les formes en -ing 46
9. La forme be + -ing, dite forme progressive 48
10. Les verbes suivis de l'infinitif ou du gérondif 51
11. Point de vue et discours indirect.. 53
12. Les temps............................... 55
13. La portée de l'adverbe 58
14. La portée de l'adjectif 61
15. L'adjectif : les degrés de comparaison........................ 64
16. Le nombre 68
17. Les mots composés 70
18. Les pronoms........................... 72
19. Le pronom *it*......................... 75
20. L'adverbe *there*..................... 77
21. Les particules adverbiales 78
22. Les auxiliaires modaux............. 85
23. Quelques mots de liaison pouvant prêter à confusion....... 94
24. Les « faux amis » et calques..... 102
25. Le *journalese*....................... 119

Traduction du texte anglais
Procédés
1. Modulation, transposition, équivalence et étoffement 124

Dangers
2. Obscurité et ambiguïté............. 130
3. Sous-traduction et sur-traduction 132

Le mot juste
4. Les champs sémantiques........... 136
5. Le sens contextuel des mots 139

Difficultés
6. Le gérondif............................. 142
7. Le passif................................. 145
8. Les reprises par auxiliaires 148
9. L'insistance 150
10. Un seul complément pour plusieurs constructions........ 154
11. Les verbes à particule 156
12. Les structures résultatives 159
13. Les expressions avec *verb + one's way* 161
14. Les adjectifs de relation............ 163
15. Le comparatif......................... 164
16. L'étoffement des prépositions 166
17. Les articles............................. 169
18. Les possessifs......................... 172
19. Les démonstratifs *this* et *that*... 173
20. La dérivation 174
21. *And* 176
22. *When* 178

Les défis de la traduction
1. Images et métaphores............... 180
2. Les répétitions et les phrases longues............... 186
3. Les textes peu clairs ou mal écrits 188
4. Les jeux de mots 189
5. Les allusions et les termes culturels................ 195
6. Registre, dialecte et idiolecte...... 199
7. Le style et le ton 207

Traductions à étudier
1. T. Hardy, *Far from the Madding Crowd* 216
2. H. James, *The Bostonians*.......................... 218
3. J. Conrad, *Typhoon*.................................. 220

4. E. Wharton,
   The House of Mirth 222
5. J. Joyce,
   Ulysses 224
6. T.S. Eliot,
   Journey of the Magi 226
7. E. Caldwell,
   God's Little Acre 228
8. G. Orwell,
   Burmese Days 230
9. S. Lewis,
   It Can't Happen Here 232
10. B. Friedan,
    The Feminine Mystique 234
11. J. Updike,
    Rabbit, Run 236

Textes à traduire

12. * C. Mc Cullers,
    Listening to Beethoven 240
13. * M. Lowry,
    The Taskersons 241
14. * J. Banville,
    The theft 242
15. * K. Ishiguro,
    The general's visit 243
16. * J. Wyndham,
    Midwich 244
17. * P. Auster,
    The Book of Human Folly 245
18. * H. Pinter,
    Request stop 246
19. * P.G. Wodehouse,
    Bereavement 247
20. * J. Rhys,
    A fantastic marriage 248
21. * T. Stoppard,
    The char and the madman 249
22. * W.H. Auden,
    Musée des beaux-arts 250
23. ** C. Dickens,
    A labyrinth 251
24. ** H. James,
    In the cage 252
25. ** A. Huxley,
    An embarrassing entrance 253
26. ** E. Waugh,
    Philbrick 254
27. ** G. Greene,
    A marriage ceremony 255
28. ** G. Swift,
    About the lock-keeper 256
29. ** D. Thomas,
    Mr and Mrs Pugh 257
30. ** M. Innes,
    Professor Gingrass 258
31. ** W. Percy,
    After the crash 259
32. ** L. Lee,
    Lady-killer 260
33. ** A. Sillitoe,
    Them and us 261
34. ** I. Murdoch,
    Arrival in a strange place 262
35. ** J. Fowles,
    A stygian domain 263
36. ** J. Herriot,
    A veterinary surgeon's best friend .. 264
37. ** J. Le Carré,
    A logical succession 265
38. *** G. Meredith,
    A whirlwind wooing 266
39. *** V. Woolf,
    Waiting for royalty 267
40. *** W. Boyd,
    In the heart of England 268
41. *** J. Kerouac,
    On the road 269
42. *** J. Updike,
    Childhood memories 270
43. *** L. Durrell,
    A diplomat's career 271
44. *** T. Gunn,
    Considering the snail 272
45. *** S. O'Faolain,
    Stalking Mlle Morphy 273
46. *** A. Wilson,
    The first performance 274
47. *** J. Coe,
    In a tube train 275
48. *** S. Bellow,
    Herzog 276
49. *** M. Amis,
    A New York cabbie 277
50. *** W. Faulkner,
    The flooded river 278

Corrigés des exercices 280
Références des traductions . 295
Index 300

Conseils généraux

1 Comment faire une traduction ?

Il faut en premier lieu **lire le texte plusieurs fois avant de le traduire**. Assurez-vous qu'il ne reste aucun problème de compréhension majeur. Si c'est pourtant le cas, relisez le texte plutôt que de commencer à le traduire, et essayez de résoudre le problème en utilisant tous les indices que le passage peut vous apporter. Car en traduisant un début de texte, par exemple, alors que la fin de ce même texte ne vous semble pas claire, vous vous exposez à des contradictions internes.

Ceci vaut tout particulièrement pour le titre. Son sens exact n'est pas toujours clair à une première lecture : il peut contenir un jeu de mots, une allusion… Il est donc préférable d'attendre que le texte entier ait été traduit pour en peser le sens exact.

Essayez d'utiliser le dictionnaire aussi peu que possible. Il vaut mieux traduire

- d'abord **sans dictionnaire**, pour s'obliger à utiliser au maximum les possibilités d'inférence qu'offre le texte. Lorsqu'on est seul avec son texte, devant un mot ou une structure difficiles, on ne peut que sonder le passage pour y trouver des indices, et ce travail évitera peut-être certaines erreurs dues au choix hâtif d'un mot dans le dictionnaire ;

- ensuite, en s'aidant d'un **dictionnaire unilingue**. Ce type de dictionnaire a pour avantage de ne pas proposer d'équivalents français entre lesquels on peut être tenté de faire un choix, sans chercher d'autre solution. Quand le sens global du mot est compris grâce á sa définition en anglais, il est de loin préférable d'essayer de trouver quel terme français permettra de rendre sa connotation exacte dans le contexte. Ce terme ne figure pas nécessairement dans un dictionnaire anglais-français et l'étudiant qui n'a pas tout de suite consulté ce dernier s'en trouve donc souvent avantagé.

Ce type de travail est par ailleurs très formateur : il habitue à la gymnastique intellectuelle, à la flexibilité, essentielles pour trouver le mot qui convient : recherche de synonymes et d'antonymes, balayage d'un champ sémantique, essais de transposition, c'est-à-dire de recours à d'autres catégories grammaticales pour exprimer l'idée qui « résiste » au passage en français. Le recours unique au dictionnaire bilingue favorise souvent une certaine paresse intellectuelle ;

- enfin, en utilisant le **dictionnaire anglais-français**, qui n'est bien sûr pas à rejeter. Il est au contraire fort utile pour préciser le sens d'un mot technique par exemple, ou s'il vient comme outil de vérification, après que l'étudiant a déjà fait un choix. La consultation du dictionnaire bilingue, en « dernier recours », modifiera peut-être d'ailleurs ce choix, mais le travail préparatoire ayant été fait, cela ne pourra être que dans le sens d'un perfectionnement.

Rappelons également qu'à tous les stades d'une traduction, il est utile de consulter un dictionnaire de langue française.

Une fois la traduction terminée, on gagne souvent à la laisser un moment, puis à relire le texte français seul pour s'assurer « qu'il passe bien », qu'il ne « sent pas trop la traduction », qu'il est clair et se suffit à lui-même. Il n'est pas inutile, au besoin, de le faire lire et critiquer par quelqu'un qui n'a jamais eu le texte de départ anglais sous les yeux.

2 L'analyse du texte

Avant de traduire tout passage, il est essentiel d'en faire une analyse détaillée. Voici les questions principales auxquelles le traducteur devra pouvoir répondre avant de commencer sa traduction.

• De quel **type de passage** s'agit-il ?

Article de journal, texte littéraire, scientifique, etc. ?

• **Qui ?**

– Combien de personnages sont mentionnés dans ce passage ? Ceci est souvent important pour éviter toute ambiguïté dans la traduction des pronoms.

– Quelle est leur fonction et quels sont leurs rapports ? Ceci peut aider à déterminer le choix d'un registre, l'emploi du tutoiement ou du vouvoiement, etc.

• **Où ?**

Le passage est-il, par exemple, situé aux États-Unis ou en Grande-Bretagne ? Il peut s'agir d'un élément essentiel pour expliquer des allusions ou des références.

• **Quand ?**

– Peut-on déterminer à quelle époque le passage est situé (ce que l'on sait de l'auteur / éléments datables dans le passage) ? Ceci est essentiel pour éviter contresens et anachronismes.

– Quelle chronologie précise peut-on établir entre les événements mentionnés dans le passage ? Y a-t-il des retours en arrière ? Ceci est indispensable pour traduire les temps correctement.

– Quels types de procès trouve-t-on dans le passage ? Quels temps français (par exemple imparfait, passé simple, passé composé) permettront de les traduire ?

• **Quoi ?**

Il faut s'assurer que l'on a bien compris la suite des événements, qu'il ne semble pas y avoir d'incohérence interne. En répondant à cette question, on sera amené à déterminer la structure logique du passage. Le repérage des mots de liaison est capital à ce stade.

• Quel est le **point de vue** adopté dans le passage ?

Comment les paroles ou les pensées sont-elles rapportées ? Une des fautes les plus courantes consiste à ne pas remarquer le passage d'un style indirect à un style indirect libre.

• Quel est le **ton** du passage ?

• De quel **type de langue** s'agit-il ?

La langue est-elle britannique ou américaine ?

• À quel **registre** appartient-elle ?

Les exercices qui suivent illustrent ces différents points ; leur but est de faire prendre conscience du fait qu'un passage à traduire forme un tout et qu'on ne peut en traduire une partie indépendamment de l'ensemble.

Le titre

Beaucoup de titres ont virtuellement de nombreux sens possibles et ne peuvent donc être traduits que lorsque le passage tout entier est compris, voire traduit. Un titre peut résumer l'idée principale du passage, contenir un jeu de mots que seule la lecture du texte permet de comprendre ou encore reprendre telle quelle une expression du passage, reprise qu'il est préférable de conserver dans la traduction.

Il ne faut pas oublier qu'un titre doit également être frappant, concis la plupart du temps, et que le français et l'anglais n'utilisent pas avec une égale fréquence les mêmes catégories grammaticales dans les titres, le français ayant tendance à privilégier les formes nominales.

- DISARMAMENT TALKS: NO AGREEMENT REACHED
  CONFÉRENCE SUR LE DÉSARMEMENT : C'EST L'ÉCHEC

1. ▶ *Les passages qui suivent ont le même titre. Une seule traduction est-elle possible en français ? Proposez des titres français qui vous semblent convenir.*

1. a/ DEVELOPING BUSINESS

Only a fool would kick sand in Arnold Schwarzenegger's face at the beach. His titles include Mr Universe, five times, and Mr Olympia, six times. His body-building techniques are described in three best-selling books, including Arnold's *Bodyshaping for Women*. Successful Manhattan career women contend that physical development is what gives them their energy. These women usually work out for 60 to 90 minutes three times a week. Legal secretary Nancy Maychuck who is developing muscles for the first time says she likes the muscle "look." Schwarzenegger states that, "Bodybuilding is to get the body you want."

b/ DEVELOPING BUSINESS

Year-end statistics indicate that Lillian Vernon's mail order corporation grossed over 100 million and this year she expects to top 135 million. From a three room apartment to a booming business employing between 900 and 1,500 workers, this mail-order corporation has been growing steadily since 1951. The company includes manufacturing operations in Providence, R.I., purchasing offices in both Florence, Italy and Hong Kong, two distribution centers in New Rochelle, N.Y. and headquarters in Mt. Vernon, N.Y.

c/ DEVELOPING BUSINESS

Housing contractor Randall Glaw has announced a new housing development which will attract young executives. The site will be called "Golden Oaks Estates" and will feature one acre plots with elegant manor houses, each with its own tennis court. There are plans for a private golf course, reserved for the owner-residents. The contractor's landscapers and architects are working together in an effort to avoid destroying the 100-year-old oak trees which grace the knoll. Construction is due to start on March 3rd.

d/ DEVELOPING BUSINESS

Photographers, amateurs and professionals alike, rely on professional services to develop and print their work, especially in color. Color Plus Inc. has made it their business to provide excellent quality color prints for everyone. They use the most recent equipment to develop those special shots. Transparencies in any desired dimensions can be made in a matter of hours. Color Plus Inc. does more than develop in the photographic sense; they have developed an impressive list of customers, including the top advertising agencies and photographers.

e/ Developing business

Lillian Katz, founder of the Lillian Vernon's Catalogue, offers these tips to anyone who would like to start their own mail-order business. Plan on an initial short-term investment large enough to pay for advertising, mailings, and the merchandise you plan to sell, selecting no more than two mail-order items. Place advertisements in selected magazines, and expand your line only after one or two years of regular sales. Then, mail your catalogue or brochure to former customers since they are your best source of repeat sales. "Challenge is everything," she says. "You simply must have a dream."

(Patricia Kresser)

2. a/ A smoother way with wine

The Federal Government's recent decision to upgrade the transportation of wine by purchasing the superior MARK 5 tanker containers was met with much enthusiasm by the Wine Growers Association of Southern Australia.

b/ A smoother way with wine

The present boom in locally produced Californian wines has been largely attributed to a highly successful campaign run by the advertising agency of Paul Masson: "The smooth seductive voice of a starlette of Miss Evans's calibre is enough to make any red-blooded American male pass up a French Beaujolais for a Californian Chablis. Don't you agree?"

c/ A smoother way with wine

California's newest prize grape, the Salinitas, has been already heralded by several leading connoisseurs as the new claim to American wine fame and fortune. Among others, Mr Paul Masson himself stated that given two or three years, this Salinitas Chablis will compete even on the extremely difficult French market. Mr Masson also said that this wine is particularly distinguishable from other sometimes bitter Californian wines because of the often peculiar and unpleasant after-tastes which the others unfortunately possess. In his words, this wonderful wine "has a most delicate and refined quality."

L'enchaînement des idées

Chaque texte a sa propre logique et structure interne qui font que le sens d'un paragraphe ou d'une phrase est étroitement lié à ce qui précède et à ce qui suit. Le but de l'exercice décrit ci-dessous est de faire prendre conscience de l'importance qu'a l'enchaînement des idées, et donc du danger qu'il y aurait à vouloir traduire paragraphes ou phrases d'un texte indépendamment les uns des autres.

Le texte à traduire est découpé en courts segments d'une phrase ou deux. Chaque partie du texte est donnée à traduire à un étudiant ou à un groupe d'étudiants ne connaissant pas le reste du passage. Une fois les passages traduits, ils sont mis bout à bout de façon à reconstituer une « traduction » complète. Le manque de contexte explique les incohérences, contradictions et erreurs de liaison d'une phrase à l'autre que cet exercice fait apparaître la plupart du temps.

Voici ce que peut donner un tel exercice.

2. *Analysez la traduction française « reconstituée » à partir des différentes phrases (/ indique la façon dont le texte a été découpé, et donc le passage d'une traduction à une autre traduction). Relevez toutes les incohérences, erreurs de temps ou de vocabulaire qu'elle contient. Quels éléments contextuels auraient empêché ces erreurs si les étudiants avaient eu le passage entier sous les yeux ?*

The narrator has just rung the bell of Mrs Mackenzie's house.
She was hearty and welcoming. / I must stay a night or two. / Yes, they had plenty of room. / There was a New Zealander and his wife staying there – jolly people – and a young nephew who had been ill was coming next day for a breath of sea air to buck him up. / But that still left the dressing room if I didn't mind dossing down there. / No, of course it wasn't inconvenient, if I didn't mind the discomfort. / I'd make a fourth for bridge – Betty Hayward was only just learning. / – Colin was out in the town somewhere but we could start – it was just before luncheon – on a cocktail. / And picking up bottles of gin and Martini, she began vigorously to shake the ingredients together, calling out "Cocktails" in her booming contralto. /

T.C. Worsley, all rights reserved

Elle était chaleureuse et accueillante. / Je dois rester une nuit ou deux. / Oui, ils avaient beaucoup d'espace. / Il y avait un Néo-Zélandais et sa femme qui restaient là, des gens pleins de gaieté, et un jeune neveu qui avait été malade allait arriver le lendemain pour se remettre grâce à l'air marin. / Mais cela laissait toujours le vestiaire, si cela ne m'ennuyait pas d'y coucher. / Non, bien sûr ce n'était pas gênant si le peu de confort ne me dérangeait pas. / Je ferais le quatrième au bridge, Betty Hayward ne faisait qu'apprendre. / Colin était en ville quelque part mais nous pourrions commencer (c'était tout juste avant le repas de midi) par un cocktail. / Et en prenant des bouteilles de gin et de Martini, elle se mit à secouer fortement les ingrédients en criant « Cocktails » de sa voix de contralto tonitruante. /

Les sens contextuels d'un mot

Il n'existe que très rarement des correspondances terme à terme automatiques entre le français et l'anglais. Il faut donc éviter d'associer certains mots à une traduction française qui pourrait dans de nombreux contextes conduire à des erreurs. Seules l'analyse du passage et la réflexion doivent guider le traducteur.

3. ▶ *Les passages qui suivent ont le même titre. Une seule traduction est-elle possible en français ? Proposez des titres français qui vous semblent convenir.*

1. There must be a power cut. Where do you keep your candles?
2. "You keep it nice and clean in here."
   "You have to. There's less chance of her getting sick then." (B. Hines)
3. When he was with the Rojax corporation Wilhelm had kept a small apartment in Roxbury, two rooms in a large house with a small porch and garden. (S. Bellow)
4. At the public library. An eccentric absorbed in the rituals of his monomania sits between an unmarried brother, kept by a married sister for the sake of his war-pension, and an aged widow from a cheap lodging. (R. Hoggart)
5. RUSH TO KEEP UK IN UNESCO *(The Guardian)*
6. There are also one or two specialist agencies that deal with extortionists once they've made demands, but they also keep a very low profile. *(Sunday Times)*

7. The company must keep a close eye on costs, projected revenue and profits. *(Time)*

8. Unless proper records were kept of the identity of sperm donors, it may *(sic)* be difficult to avoid increasing instances of genetic incest. *(The Daily Telegraph)*

Les sens contextuels d'une phrase

Même exercice que le précédent, au niveau de la phrase cette fois.

4. ▶ *Chacun des paragraphes qui suivent contient la même phrase. Proposez une traduction pour chacune de ces phrases.*

1. How could he tell me?

a/ Yesterday my boy-friend broke down and said he had been seeing another girl for two weeks. He should have kept it to himself because if I hadn't known it wouldn't have mattered. But now everything's shattered and I feel so terrible. How could he tell me? Why didn't he just keep quiet?

b/ The sentry at the gate presented arms. They drove on through and stopped for the military policeman inside. He looked at Larry's identification card and waved him through.
"How could he tell me?" Larry asked. "Nobody ever looks like those pictures they take of you at the War Department." (F. Slaughter)

c/ He'd been born deaf and dumb. As an infant he just accepted the love and care, food and warmth, comfort and safety we gave him. But as he grew older he noticed that he was not like the others and I could see in his eyes that he wanted an explanation. I tried to give him one but I did not even know if he understood me, or himself... How could he tell me?

2. Then there were different terms

a/ And then there were different terms. None of this "three-term-with-a-long-summer-break" business. No, we had four terms and a much shorter holiday period. A much better system altogether I'd say, especially judging from the level of students we have now. Character-building, that's what it was.

b/ When Gary and Jane had their first child, they agreed that Gary would take a year off to be with the child and to develop his comic strip. But he soon realized that as much as a day with his child was full of material for his strip. He had no time to get it on to paper however. So then there were different terms. Gary stayed home in the morning and Jane took over at 3 o'clock, which left him a few good hours each afternoon to turn the morning incidents into comic success.

3 L'inférence

Beaucoup trop d'étudiants pensent que la difficulté d'un texte est proportionnelle au nombre de mots inconnus qu'il contient. Ceci n'est que très rarement le cas. Un texte scientifique, contenant un grand nombre de termes techniques, peut en effet être presque impossible à comprendre mais il s'agit là d'un cas extrême car on ne lit en général ce type de texte que lorsqu'on est soi-même spécialiste.

Il est essentiel d'apprendre à ne pas se bloquer devant un mot inconnu, à chercher tous les indices qui peuvent, dans le contexte, aider à en cerner le sens. Voici quelques-uns des plus courants.

– Dans le **mot** lui-même :
- sa formation (dérivation ? racines latines – mais attention aux faux amis !)
- s'agit-il d'une onomatopée ?

– Dans le **contexte** :
Peut-on inférer le sens du mot grâce à
- une opposition ?
- un parallélisme ?
- une explication ou une description ?
- une illustration ?
- la description d'une cause, d'une conséquence, d'un but ?
- une généralisation ?
- une liste dont le mot fait partie et dont les autres éléments peuvent présenter des traits communs ?

▶ *Dans les passages qui suivent, les mots soulignés – rares – ne figurent pas dans le* Hornby's Advanced Learner's Dictionary of English. *De quelle façon la formation de ces mots ou le contexte pourraient-ils vous aider à deviner leur sens si vous n'aviez que ce dictionnaire à votre disposition ?*

1. (About a woman called Bass.)
   He would insist that she was all wrong ichthyologically – she should have been a cod, not a bass. (S. Lewis)

2. Returned lunar samples have shown a remarkably anhydrous surface. Where did all the water go? (J. Agel)

3. Each pithead had a wooden gin over the mouth which lowered the workers (women and children as well as men) down to the coal-face in hazel-wood baskets which were also used to raise the coal. The gins were worked by horsepower and they were so cumbersome and slow that it took a team of 4 horses working at a fast trot two minutes to raise six hundred weight of coal 600 feet. (K. Dawson)

4. Now many men are coming out of the water closet and openly buying pricey new shave creams and such exotic accompaniments as toners, tightening masks, bronzers and even under-eye cream. (…) They contain everything from jojoba or wheat-germ oil to elastin or collagen, and most have no added fragance. *(Time)*

4 Que traduire ?

> Puisqu'on traduit tous les autres mots, et particulièrement les noms communs, il n'y a aucune raison pour qu'on ne traduise pas aussi les noms propres, qui sont du même langage et particulièrement du même texte. (…) La raison, le bon sens, le goût, maître souverain, le goût, maître indéplaçable, l'harmonie, l'homogénéité, la tenue du discours demandent que dans un texte français tout le parler, tout le discours, tout le langage soit français, soit du langage français.
>
> C. Péguy, *Les Suppliants parallèles*.
>
> On doit parvenir jusqu'à l'intraduisible et respecter celui-ci ; car c'est là que résident la valeur et le caractère de chaque langue.
>
> J. W. Goethe, *Lettre au Chancelier von Müller*.

Doit-on traduire les noms propres, les noms géographiques, les titres, les mesures, etc. ? Il n'existe pas de règles mais voici quelques conseils.

Noms et titres

• **Prénoms**

Il est bien sûr possible de traduire les prénoms lorsqu'il existe un équivalent exact en français :
- *Alan* Alain, *John* Jean.

Il faut dans ce cas se souvenir

– que l'orthographe n'est pas toujours la même en français et en anglais :
- *Ulysses* Ulysse, *George* Georges, *Penelope* Pénélope

– que certains prénoms n'ont pas d'équivalent en français :
- *Ross* Ø

or, il est essentiel d'être cohérent tout au long du passage traduit et de ne pas traduire certains noms seulement, ce qui pourrait donner l'impression que quelques-uns des personnages sont anglais, d'autres français.

Cependant il paraît souvent très artificiel de rencontrer un prénom français dans un contexte anglo-saxon si bien qu'il est, d'une façon générale préférable de **garder les prénoms anglais**. (D'autant plus que les Anglais utilisent très souvent des diminutifs, par exemple *Dick* ou *Rick* pour *Richard*, pour lesquels nous n'avons que peu d'équivalents en français.)

Remarque On traduit la plupart du temps les noms de souverains :
- *James I* Jacques Ier.

et les noms de personnages célèbres lorsqu'il existe en français une traduction courante.

• **Patronymes**

Ils ne se traduisent bien sûr pas dans la majorité des cas. On peut toutefois noter les exceptions suivantes.

– Les noms très courants (ex. : *Smith*) qui sont parfois employés de façon générique :
- *the Smiths* « les Durand ».

Il faut remarquer au passage le pluriel en anglais, alors que le français garde le singulier :
- *the Stones* les Stone / la famille Stone.

sauf dans le cas des familles célèbres :
- *The Stuarts* les Stuarts.

– Les jeux de mots intentionnels :
- *Mr Know-All* Monsieur Je-Sais-Tout.

Notons le cas particulier des noms de personnages en littérature, qui peuvent poser un problème lorsque leur sonorité ou leur connotation est significative :

Heartfree, Sir John Brute, Lady Fancyfull, etc. (Sir John Vanbrugh)

Dans la mesure où ces noms servent à éclairer le texte, il est important d'en faire comprendre le sens. Mais une traduction française tout au long du texte est souvent ressentie comme artificielle puisque les personnages ne sont pas français. Une note sera donc souvent préférable ; ainsi dans sa traduction de *The School for Scandal* de Sheridan, M. Huchon suggère quelques traductions possibles : *Sir Peter Teazle*, Pierre de la Taquinière ; *Crabtree*, M. Pommerêche ; *Trip*, Preste, etc.

• **Titres**

Il est très artificiel de faire suivre un titre français tel que « Monsieur » d'un patronyme anglais, et il vaut donc mieux dans la plupart des cas garder le titre anglais :

Miss, Mrs, Mr, etc.

REMARQUES

1. Si, exceptionnellement, le titre doit être traduit, il ne faut pas oublier que deux formes sont possibles en français là où une seule existe en anglais :
- *Mr* M. ou Monsieur, *Mrs* Mme ou Madame, *Miss* Mlle ou Mademoiselle.

2. Notez la forme *Ms*, de plus en plus utilisée par écrit lorsqu'on s'adresse à une femme sans savoir si elle est mariée ou non – ou lorsqu'on ne veut pas le mentionner (« Me » en français).

3. *Master*, suivi du prénom, était le titre réservé aux enfants de familles nobles :
- *Master Francis* le jeune Monsieur Francis.

Suivie du nom de famille, l'expression se rencontre encore actuellement, pour qualifier n'importe quel enfant (langue soutenue) :
- *Master F. Brennan.*

4. La plupart des titres de noblesse peuvent être traduits :
- *the Earl of Southampton* le Comte de Southampton.

à l'exception de

– *Lord* et *Lady* qui n'ont pas d'équivalent en français et qu'il ne faudrait surtout pas traduire par « Monsieur » ou « Madame » puisque le titre de Lord est héréditaire ou provient d'une nomination royale :

- *Lord Orville* Lord Orville.
– *Sir*, titre par lequel on désigne un Chevalier ou un Baronet :
  - *Sir Charles Grandison* Sir Charles Grandison.

5. Dans une adresse écrite, on peut qualifier n'importe quel monsieur du titre honorifique d'*Esquire*. L'adresse devient alors :
  - *Jonathan Thorpe, Esq.* pas d'équivalent en français.

Noms de lieux

• Rivières, villes, lieux publics, etc.
Il faut respecter l'usage et ne traduire que lorsqu'il existe un équivalent en français :
  - *the Thames* la Tamise, *Edinburgh* Edimbourg, *Switzerland* la Suisse ;
mais :
  - *the Avon* l'Avon ;
  - *Downham Market* (= nom d'une ville) Downham Market ;
(Il serait bien sûr absurde de traduire littéralement : « le Marché de Downham ».)
  - *Buckingham Palace* Buckingham Palace ;
  - *the Tate Gallery* la Tate Gallery.

Il peut parfois être nécessaire d'expliquer ce dont il s'agit si le contexte ne suffit pas et si l'on juge que le seul nom ne signifierait rien à un lecteur français :
  - *the Avon* la rivière Avon ;
  - *Oxbridge* les universités d'Oxford et de Cambridge ;
  - *the White Horse* le pub du Cheval Blanc ;
  - *She was sent to Newgate.* Elle fut envoyée à la prison de Newgate.

• Noms de rues, places, etc.
Ne pas les traduire. Il serait d'ailleurs impossible de trouver un équivalent aux *Mews, Drives, Crescents, Closes*, etc., si courants en anglais :
  - *We met in Trafalgar Square.* Nous nous sommes rencontrés à Trafalgar Square.

On peut, exceptionnellement, se trouver obligé de traduire si ce nom est commenté plus loin dans le texte, par exemple, ou s'il y a un jeu de mots :
  - *A Black Street that did not belie its name.* Une rue Noire qui portait bien son nom.

Termes historiques

C'est à nouveau l'usage qui doit vous guider.

• Équivalent ou traduction possibles :
  - *the House of Lords* la Chambre des Lords ;
  - *the pocket boroughs* les bourgs de poche.

• Utilisation du terme anglais lorsqu'il n'existe pas d'équivalent dans la langue française :
  - *the Whigs* les Whigs ;
  - *the Habeas Corpus* l'Habeas Corpus.

Titres de livres, journaux, œuvres d'art, etc.

Même règle : suivre l'usage.

La plupart des livres ou tableaux célèbres ont un titre correspondant en français. Si ce n'est pas le cas, le traducteur peut toujours faire suivre le titre anglais de sa propre traduction, entre parenthèses.

- *We went to the theatre and saw* Twelfth Night *yesterday.*

    Nous avons vu *La Nuit des Rois* au théâtre hier.

- *Rain, Steam and Speed is a well-known painting by Turner.*

    Pluie, Vapeur et Vitesse est un tableau célèbre de Turner.

Ne traduisez par contre pas les titres de journaux, surtout lorsqu'il s'agit de journaux connus :

The Times, The Daily Telegraph, Punch, Time, etc.

Cela pourrait prêter à confusion, en laissant penser qu'il s'agit de publications françaises. Imaginez ce que penserait un lecteur français qui verrait citer « Le Temps » au lieu du *Times* !

Mesures, argent, etc.

Il est possible de traduire sans transposer lorsque des mesures équivalentes existent en français.

- *He could easily drink six or seven pints in the evening.*

    Il buvait aisément six ou sept pintes dans la soirée.

Mais il est très souvent préférable de convertir :

- *We walk 6 or 7 miles a day.*

    … une dizaine de kilomètres…

- *We have only a few yards left of that material.*

    Il ne nous reste que quelques mètres de ce tissu.

Lorsqu'on convertit des mesures, plusieurs cas peuvent se présenter.

- La précision de la mesure est importante :
    - *(in a passport) Height: 5ft 3ins*   1 m 59.

- La mesure est donnée pour que l'on ait un ordre de grandeur, et ne doit pas être traduite de façon trop précise – ce qui pourrait sembler absurde.
    - *The room was about 8 feet high.*

        La pièce avait environ 2 m 50 de haut. (**et non** : environ 2 m 43 de haut !)

- La mesure est employée de façon plus vague encore, souvent dans des expressions toutes faites, et il est alors souhaitable de trouver un équivalent en français :
    - *He pulled a face a yard long.*

        Il faisait une figure d'une aune.

    - *They haven't a penny to their name.*

        Ils n'ont pas le sou.

Remarque On ne convertit pas l'argent étranger en argent français :

- *three pounds* trois livres.

Un problème peut cependant se poser au traducteur lorsque des expressions familières sont employées en anglais :

three bucks / quid.

Traduira-t-on « 3 dollars / livres » (en perdant la familiarité), ou utilisera-t-on un mot français comme « balles » (en perdant « l'atmosphère » anglo-saxonne) ? Seul le contexte peut alors aider à choisir.

Dans certains contextes (articles de journaux, texte devant apporter une information précise, etc.) on peut garder la mesure anglaise et suggérer un équivalent entre parenthèses.

Voir aussi le chapitre : Allusions et termes culturels, p. 203.

---

1. ▶ *Traduisez les phrases suivantes.*

1. The temperature had risen into the eighties.
2. But I have had my revenge at last… Today she weighs twenty-one stone. (S. Maugham)
3. A hundred feet overhead, the sound of the two men's footsteps echoed in the vaulting… At one end of the cavernous room, lit by a hidden searchlight, El Greco's Crucifixion of St Peter blazed out in the darkness. (A. Huxley)
4. When John Marcus Fielding disappeared, he therefore contravened all social and statistical probability. Fifty-seven years old, rich, happily married, with a son and two daughters; on the board of several City companies (and very much not merely to adorn the letter-headings); owner of one of the finest Elizabethan manor-houses in East Anglia, with an active interest in the running of his adjoining 1,800-acre farm; a joint - if somewhat honorary – master of foxhounds, a keen shot… he was a man who, if there was an -arium of living human stereotypes would have done very well as a model of his kind: the successful City man who is also a country land-owner and (in all but name) village squire. (J. Fowles, *The Ebony Tower*)
5. The Ringenhall Ladies' College was an expensive finishing school in Kensington which taught to young women of the débutante class such arts as were considered necessary for the catching of a husband in one, or at the most two, seasons.
6. They stood at the top of St James's Street. Half-way down Turtle's Club was burning briskly. From Piccadilly to the Palace the whole jumble of incongruous façades was caricatured by the blaze. (E. Waugh, *Officers and Gentlemen*)
7. My wife and I lived in the Cobble Hill section of Brooklyn, midway between Brooklyn Heights and Carroll Gardens. I usually went north on my walks, but that morning I headed south, turning right when I came to Court Street and continuing on for six or seven blocks. (P. Auster, *Oracle Night*)
8. An object slides off the bed on her side and falls to the floor with a thump. Vic knows what it is: a book entitled *Enjoy Your Menopause*, which one of Marjorie's friends at the Weight Watchers' club has lent her, and which she has been reading in bed, without much show of conviction, and falling asleep over, for the past week or two. (David Lodge, *Nice Work*)

2. *Étudiez la façon dont les passages suivants ont été traduits*

1. In 1958 she established her reputation in a Handel Opera Society production of *Theodora* at St Pancras Town Hall in London. (Philips record)

Sa réputation s'établit solidement après une représentation de Theodora *donnée en 1959 à l'Hôtel de Ville de St Pancras (un arrondissement de Londres) par la Société Lyrique Haendel.*[1]

2. Tantamount succeeded Tantamount. Elizabeth made them barons; they became viscounts under Charles II, earls under William and Mary, marquesses under George II. They married heiress after heiress – ten square miles of Nottinghamshire, fifty thousand pounds, two streets in Bloomsbury, half a brewery, a bank, a plantation and six hundred slaves in Jamaica. (A. Huxley)

Un Tantamount succédait à l'autre. La reine Elisabeth les créa barons ; ils devinrent vicomtes sous Charles II. Ils épousèrent héritière sur héritière – dix milles carrés du Nottinghamshire, cinquante mille livres, deux rues de Bloomsbury, la moitié d'une brasserie, une banque, une plantation et six cents esclaves à la Jamaïque.

3. Every Thursday she bought a copy of The Stage and every Friday night she went to a theatrical pub and met people in the business. (B. Bainbridge)

Chaque jeudi, elle achetait The Stage, *revue d'actualité théâtrale, et chaque vendredi soir, elle allait prendre un verre dans un bistrot fréquenté par les gens du spectacle afin de connaître les professionnels du métier.*

4. There were Regency-striped silk cushions and velvet curtains, imitation Hepplewhite chairs and a chandelier; both candles and drinks stood in fake English Georgian silver. The place was full of Podsnappery and Wappin and Mebbery. (N. Freeling)

On voyait encore des coussins rayés, des rideaux de velours, des meubles copies de style anglais, un lampadaire et de la fausse argenterie style George. Tout cela acheté chez Podsnap et Wappin and Mebb.

---

1. Les références de toutes les traductions données dans cet ouvrage se trouvent pp. 295-298.

Compréhension du texte anglais

Go to, let us go down, and there confound their language that they may not understand one another's speech.

Genesis, XI, 7.

And when the day of Pentecost was fully come, they were all with one accord in one place.
2 And suddenly there came a sound from heaven as of a rushing mighty wind, and it filled all the house where they were sitting.
3 And there appeared unto them cloven tongues like as of fire, and it sat upon each of them.
4 And they were all filled with the Holy Ghost, and began to speak with other tongues, as the Spirit gave them utterance.
5 And there were dwelling at Jerusalem Jews, devout men, out of every nation under heaven.
6 Now when this was noised abroad, the multitude came together, and were confounded, because that every man heard them speak in his own language.
7 And they were all amazed and marvelled, saying one to another. Behold, are not all these which speak Galilæans?
8 And how hear we every man in our own tongue, wherein we were born?
9 Pär-thĭ-ăns, and Medes, and Elămites, and the dwellers in Mĕs-ŏ-pŏ-t-a-mĭ-ă, and in Judæa, and Căppă-do-çĭ-a, in Pontus, and Asia.

Acts, II, I-IX.

SPEED: *What an ass art you! I understand thee not.*
LAUNCE: *What a block art thou, that thou canst not!*

William Shakespeare,
The Two Gentlemen of Verona,
II, 5, 25–7.

1 La ponctuation

Ce chapitre mentionne les principaux aspects de la ponctuation anglaise qui peuvent être source d'erreurs ou confusions. Ces remarques sont de deux types : certaines signalent quelques différences d'usage entre les deux langues, quelques variations dans les « conventions d'écriture » ; d'autres mettent l'accent sur divers problèmes de compréhension dûs à une mauvaise connaissance de la ponctuation anglaise.

Les guillemets

Ils sont utilisés en anglais pour marquer, dans un dialogue, que c'est un nouvel interlocuteur qui parle. En français, on utilise des tirets.

- *"I'm retiring, Scobie," the Commissioner said, "after this tour."*
  "I know."
  "I suppose everyone knows." (G. Greene)
  – Je prends ma retraite après cette tournée, Scobie, dit le Directeur.
  – Je le sais.
  – Je suppose que tout le monde le sait.

On garde sinon les guillemets en français lorsqu'on traduit une citation, un néologisme, un terme technique ou rare, une expression ironique ou méprisante, etc., que l'auteur du texte de départ a lui-même signalé à l'aide de guillemets.

On ne rajoute donc pas de guillemets d'une façon générale, sauf parfois à la place de tirets dans certaines expressions (voir point suivant) ou lorsqu'on explique un terme ou qu'on en donne une traduction littérale, souvent après que le terme lui-même a été mentionné dans la langue de départ.

- *The Galloglasses first appeared in Tyrconnell in the service of a native chief in 1258.* (R. F. Walker)
  Les Galloglasses (« guerriers étrangers » en gaélique) apparurent...

Enfin, il ne faut surtout pas utiliser les guillemets dans l'espoir de faire passer un terme ou une expression inexact ou qui ne semble pas convenir parfaitement. En effet, les guillemets employés de la sorte reviennent à un clin d'œil amusé ou ironique de la part du traducteur, ou bien ils lui servent d'excuse. Mais le lecteur, lui, pensera que ce sens est présent dans l'original.

Les tirets

On les rencontre beaucoup plus fréquemment en anglais qu'en français. Il est donc préférable d'utiliser en français des parenthèses, des points de suspension (lorsqu'il s'agit d'une phrase qui n'est pas terminée), une virgule, un point-virgule ou deux points (lorsque le tiret introduit une nouvelle proposition). Voici, à titre d'exemple, comment sont traduites quelques phrases contenant des tirets dans la traduction de G. Greene citée plus haut :

- *The bearded Indian frowned over intricate calculations on the back of an envelope – a horoscope, the cost of living?*

  L'Indien barbu se livrait, en fronçant les sourcils, à des calculs compliqués, sur le dos d'une enveloppe : un horoscope, le coût de la vie ?

- *A black boy brought Wilson's gin and he sipped it very slowly because he had nothing else to do except to return to his hot and squalid room and read a novel – or a poem.*

  Un négrillon apporta à Wilson son vermouth au gin. Il le but doucement, à petites gorgées, parce qu'il n'avait rien d'autre à faire s'il ne voulait rentrer dans sa chambre étouffante et sordide et lire un roman... ou un poème.

- *A man's boy's always all right. He's a real nigger – but these, look at 'em...*

  Le boy d'un blanc est toujours très bien. C'est un nègre authentique. Mais ceux-ci... regardez-les.

- *... so long as his eardrum registered those tranquil sounds – the gossip of the club, comments on the sermons preached by Father Rank, the plot of a new novel, even complaints about the weather – he knew that all was well.*

  ... car tant que ce ronron paisible (commérages du cercle, commentaires sur les sermons prêchés par le Père Rank, intrigue d'un nouveau roman, et même récriminations au sujet du temps) frappait son tympan, il savait que tout allait bien.

Les tirets peuvent aussi s'employer pour créer une certaine cohésion entre plusieurs mots qui prennent ainsi valeur de nom ou d'adjectif. Le français préférera souvent les guillemets dans de tels cas :

- *He gave her the it-can't-be-as-bad-as-that treatment, more kisses, etc.* (K. Amis)

  Il la calma à coups de « T'inquiète pas ! », d'autres baisers, etc.

La virgule

Il n'est pas question de mentionner ici toutes les différences d'emploi de la virgule en français et en anglais. Mais voici les principaux aspects qui peuvent prêter à confusion.

• On emploie, en général, moins de virgules en anglais qu'en français. Ceci peut amener le lecteur français qui attend une virgule à mal découper une phrase. Dans les exemples qui suivent, la phrase (2) sera le plus souvent interprétée au départ comme si sa structure était celle de (1) car on attend une virgule après round. Ce n'est qu'en lisant la phrase entière que le lecteur rétablit la structure correcte.

(1) *As there isn't enough to go round the class we'll go without.*
(2) *As there isn't enough to go round the class will go without.*

Dans la phrase (1) la virgule viendrait après *class*, dans la phrase (2) après *round*.

• La virgule dans une énumération.

Il est courant, en anglais, de trouver une virgule entre les différents éléments d'une énumération. L'erreur consisterait, pour un français, à considérer alors la virgule comme la marque d'une coupure et à interpréter le reste de la phrase comme s'il s'agissait d'une apposition.

- *He knew he should have helped the blind, lost men who had come to ask him for help.*
  Il savait qu'il aurait dû aider ces hommes aveugles et perdus qui étaient venus... (**et non** : Il savait qu'il aurait dû aider les aveugles, ces hommes perdus qui...)

Il est donc absolument essentiel de ne pas découper une phrase en ne considérant que les virgules. Il arrive souvent qu'elles ne signalent aucune des articulations importantes de la phrase.

• Cas où la présence ou l'absence d'une virgule change le sens de la phrase.

Dans une énumération

Comparez :

(1) *I wasn't alone. My two cousins, Helen and Joan, came with me.*

(2) *I wasn't alone. My two cousins, Helen, and Joan came with me.*

En (1), Helen et Joan sont les deux cousines. En (2), Helen et Joan sont venues en plus des deux cousin(e)s.

Virgule pouvant changer la portée d'un adverbe...

Comparez :

(1) *She was surprisingly excited by the news.* = étrangement émue

(2) *She was, surprisingly, excited by the news.* = Aussi étrange que cela puisse paraître, la nouvelle l'émut.

... ou le découpage d'une phrase :

(1) *I'll convince those who are afraid to go.*

(2) *I'll convince those who are afraid, to go.*

(3) *The story he told us was a pack of lies.* (= that he told us)

(4) *The story, he told us, was a pack of lies.*

Il faut en particulier noter le cas des propositons relatives non définissantes, toujours précédées d'une virgule.

Comparez :

(1) *My aunt, who was at the theatre, is a painter.*

(2) *My aunt who was at the theatre is a painter.*

Dans la phrase (1), la relative ne fait qu'apporter une indication supplémentaire sur l'antécédent ; dans la phrase (2), elle définit et caractérise l'antécédent, laissant donc entendre que le narrateur a d'autres tantes. On pourrait traduire : celle de mes tantes qui...

Les italiques

N. B. : Un mot imprimé en italique correspond à un mot souligné lorsqu'on écrit à la main.

On garde d'ordinaire les italiques en français quand on traduit un terme ou une expression déjà en italique en anglais, sauf lorsque ces italiques marquent une insistance. C'est ainsi qu'on les gardera pour un titre d'ouvrage, de tableau, ou pour un mot étranger. Par contre, on utilise les italiques beaucoup plus souvent en anglais qu'en français pour insister et il sera préférable d'utiliser un autre procédé en français pour rendre l'insistance (*cf.* p. 150).

- *"Have you read Butler's Middlemarch?"*
  "No, George Eliot wrote Middlemarch."
  – Avez-vous lu *Middlemarch* de Butler ?
  – Non, c'est George Eliot qui a écrit *Middlemarch*.

▶ *Traduisez les phrases suivantes.*

1. The staff had never quite accepted he knew what the management had done.
2. The staff had never quite accepted, he knew, what the management had done.
3. They bought him the record, which is by Brendel.
4. They bought him the record which is by Brendel.
5. Whatever the limits of – of decorum – are, you haven't, I do assure you, transgressed them. (J. Braine)
6. "And because I'm your superior" – he treated me to one of his apologetic twinkles – "you have to listen to the old bore." (J. Braine)
7. The walks had primroses, and cowslips in a quite disingenuous abundance. (H. G. Wells)
8. "You mean that Councillor Brown –"
   He cut in quietly, "I mean nothing of the sort." (J. Braine)
9. From this enlarged face, the brown gaze of an intricate mind of an absent, probably dreamy tendency followed the conversation. (S. Bellow)
10. With a wetted forefinger he tried to paste back one corner of the curling Elcelsior Hotel, Napoli, sticker which threatened to tear off the way the Continental, Paris and the El Minzah, Tangier, had, leaving his suitcase messy with shreds of bright-colored paper making no design at all, none at all. (G. Vidal)

2 Les phrases complexes

Les problèmes principaux que ces phrases peuvent poser sont liés au repérage des diverses propositions qui les composent. Voici celles qui causent le plus d'erreurs.

Les propositions relatives

Elles ne posent guère de problèmes, mais il ne faut cependant pas confondre les relatives définissantes et les non-définissantes (*cf.* La ponctuation, p. 26), ces deux types de relatives pouvant être introduites par *who* ou *which*.

- *I have two aunts who are teachers.*
  J'ai deux tantes qui sont professeurs.
  (Mais nous ne savons pas combien de tantes a le narrateur.)
- *I have two aunts, who are teachers.*
  J'ai deux tantes ; toutes deux sont professeurs.

La même différence est possible avec *which*, mais il faut y ajouter la possibilité qu'a *which* de reprendre, non pas l'antécédent seulement, comme dans (2) ci-dessous, mais toute la phrase précédente, comme dans (3).

- (1) *She chose the house which is very large.*
  Elle a choisi la grande maison, (par opposition à d'autres maisons)

  (2) *She chose the house, which is very large.*
  Elle a choisi la maison ; elle est très grande. (La maison et non l'appartement.)

  (3) *She chose the house, which is a good thing.*
  Elle a choisi la maison, ce qui est une bonne chose.

Attention aux relatives qui ne suivent pas directement l'antécédent.
   He must be punished who does not obey the rules. (formal) = He who...

Les propositions incises

Il existe principalement trois types d'erreurs dues

- **à la confusion entre incises et conjonctives** (*cf.* La ponctuation, p. 25)
Comparez :
  - (1) *They had discovered, he knew, he was seriously ill.*
   (2) *They had discovered he knew he was seriously ill.*

  (1) = incise = *He knew they had discovered...*
  Ils s'étaient aperçus, il en était conscient, qu'il était gravement malade.

  (2) = conjonctive = *They had discovered that he knew...*
  Ils s'étaient aperçus qu'il savait être gravement malade.

- **au mauvais découpage de la phrase lorsque celle-ci comprend plusieurs propositions imbriquées**
  - *All I know is that the restaurant which they said was cheap was in fact beyond our means.*
    Tout ce que je sais c'est que le restaurant qui était, selon leurs dires, bon marché, n'était en fait pas dans nos prix.

On pourrait montrer de la façon suivante l'articulation entre les phrases :

All I know is...

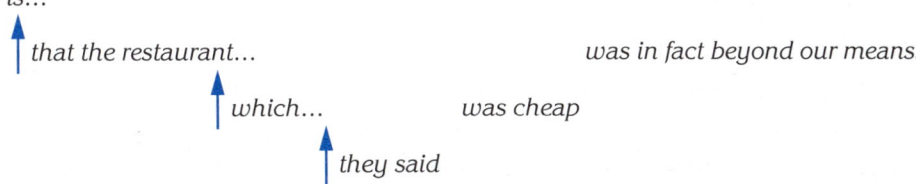

L'erreur consisterait à ne pas voir que les deux *was* appartiennent à des propositions différentes.

- **à l'emploi des verbes déclaratifs introduisant le discours direct ou indirect**. Ils suivent la plupart du temps les paroles citées ou rapportées, sans qu'il y ait inversion sujet-verbe comme en français. Ces structures sont facilement reconnues d'ordinaire avec les verbes say et tell mais pas toujours lorsqu'un autre verbe est utilisé.
  - *"You're late again," he muttered.*
    Tu es encore en retard, marmonna-t-il.
    (**et non** : Tu es encore en retard ; il marmonna.)

Les possibilités d'erreurs sont encore plus grandes lorsque, comme c'est souvent le cas dans les articles de journaux, les guillemets disparaissent.

Governments react to pressure, Nader theorizes, and if... (The Daily Telegraph)

Les propositions dont la structure est souvent mal comprise

• Propositions infinitives en for... to...

L'erreur la plus courante consiste à ne pas reconnaître cette structure dans son ensemble et à la lire comme si elle était formée de deux parties séparées : *for...* (auquel on donne alors par erreur le sens de « pour ») et *to* + infinitif (qui est alors considéré comme synonyme de *in order to*.)

Propositions sujets

- *For them to have come was unexpected.*
  Qu'ils soient venus était inattendu. (**et non** : Pour eux, venir était...)

Ces infinitives sujets sont souvent introduites par *it* :

It would have been difficult for them not to agree.

Propositions compléments

- *I never asked for them to do such a comprehensive job!*
  Il faut découper la phrase de la façon suivante :

I never asked/for them to do...
Je ne leur ai jamais demandé de faire un travail aussi complet.
(ou : Je n'ai jamais demandé qu'ils fassent...
et non : *I never asked for them / to do...*
Je ne les ai pas fait venir de façon à faire...)

- **Propositions infinitives introduites par** *to*

Les problèmes sont ici les mêmes et il faut se garder de considérer *to* comme un équivalent de *in order to*. Comparez :

Proposition sujet

- *To have succeeded the first time was wonderful.*
  Avoir réussi... c'était...
  To have succeeded the first time she must have worked hard.
  Pour avoir réussi...

Proposition complément

- *I believe them to have done their best.* ≠ *I believe them. They have done their best.*
  Je crois qu'ils ont fait de leur mieux.

- **Conjonctives introduites par** *that* / **interrogatives indirectes introduites par** *when, where, how, whether, whoever, whatever*, etc.

  - *That he was going to be elected was obvious.*
    Il était évident qu'il allait être élu.

ATTENTION ! Ces propositions peuvent elles-mêmes contenir une autre proposition, une relative par exemple. Il faut alors prendre garde de ne pas confondre le verbe de cette dernière proposition et celui de la principale dont la conjonctive ou l'interrogative indirecte est sujet.

Comparez les deux *was* dans :

- *That he should have met a man who was so strange was quite extraordinary.*
  Qu'il eût rencontré un homme aussi étrange, voilà qui était vraiment extraordinaire.

Il faut de même s'assurer que le découpage est fait correctement entre les deux propositions lorsque deux mots que l'on a tendance à associer appartiennent en fait à deux propositions différentes :

- *Whatever you do about it won't solve the problem.*
  Tout ce que vous pourrez faire à ce sujet ne résoudra pas le problème.
  (Le découpage doit se faire entre *it* et *won't*.)

Les propositions conjonctives mentionnées plus haut sont souvent introduites par *it*.

- *I find it amazing that they should get away with it.*
  Je trouve stupéfiant qu'ils s'en tirent à bon compte.

---

1. ▶ *Comparez les phrases suivantes puis traduisez-les.*

1. a/ I expect he'll come.
   b/ I expect him to come.
2. a/ I wonder if he's still there.
   b/ I wonder that he's still there.

2. ▶ *Traduisez les phrases suivantes.*

1. Most of my students consider that the handbook I believe is the best is no good at all.
2. They were cousins of some kind, whom I knew well. (T.C. Worsley)
3. They were cousins of a kind that I knew well.
4. You begged for me to take you away with me. (J. Cary)
5. He would pester his parents to hurry over to the common. (S. Maugham)
6. The situation in which a person, imagining fondly that he is in charge of his own destiny, is, in fact, the sport of circumstances beyond his control, is always fascinating. (E. Ambler)
7. All the routine enquiries over which one skated so easily in one's novels one would have to make oneself. (E. Ambler)
8. C– holds that a man cannot have a pure mind who refuses apple dumplings. (C. Lamb)
9. That she had done a grievous thing in taking an impressionable child to mould into the form that her wild resentment, spurned affection, and wounded pride found vengeance in, I know full well. (C. Dickens)
10. One of the disadvantages of being clever was that it tempted one to say sarcastic things of other women – than which she could imagine no more crying social error. (E. Wharton)
11. "Words, John," said Mary. "Words, words, words." But she let herself be comforted by them, and felt that the tears were really for Alistair which she was weeping now. (I. Murdoch)
12. Packy was beginning to dislike this woman. At first, she had seemed to him a fragile, timid little thing whom it was a pleasure to put at her ease and generally behave like a great, big, strong – but kindly – man to. (P. G. Wodehouse)

3. *Analysez la façon dont le passage suivant a été traduit.*

"What is the proper suit to put on, Bunter, when one is an expectant father?"
"I regret, my lord, to have seen no recent fashions in paternity wear. I should say, my lord, whichever suit your lordship fancies will induce a calm and cheerful frame of mind in the lady."
(D.L. Sayers)

a/ – *Quel costume convient le mieux à la qualité de futur père ?* – *Votre question me prend au dépourvu, Milord. Je suis certain que votre présence suffira à réconforter la jeune dame, quel que soit le costume que vous portiez.*	b/ – *Comment doit s'habiller un père qui attend un enfant, Bunter ?* – *Je regrette, milord. Je ne suis pas au courant de la dernière mode des costumes pour pères de famille. Il me semble, milord, que vous devez choisir un costume qui soit susceptible d'inspirer à la mère des idées calmes en même temps que joyeuses.*

3 L'inversion

Bien que plus rare en anglais qu'en français, l'inversion pose souvent des problèmes aux étudiants français. Voici quelques-uns des cas d'inversion les plus fréquents :

Inversion Verbe-Sujet[1]

- Après des adverbes négatifs (*never, nowhere, not only, no sooner, neither, nor*, etc.) et semi-négatifs (*seldom, rarely, scarcely, hardly*, etc.)
  - *Scarcely ever did he come to see me.*
    Il ne venait pratiquement jamais me voir.

Il s'agit, en fait, d'une forme identique à la forme interrogative puisqu'au prétérit, par exemple, il n'y a pas simple inversion mais utilisation de l'auxiliaire *do* (*did he come*).

- Dans les propositions exprimant une hypothèse.
L'inversion remplace alors *if*. Elle peut se faire avec *had, were* et *should* :
  - *Had I been less unhappy, I would never have written such a letter.*
    Si je n'avais pas été aussi malheureux, je n'aurais jamais...

- Après un adverbe ou un adjectif précédé de *so* ou *very* ... :
  - *So silently did he come in that nobody noticed him.*
    Il entra si silencieusement que...

... ainsi qu'après certains adverbes :
  - *Well do I remember that day!*
    Je me souviens si bien de ce jour !

Il est important de noter qu'il s'agit là de tournures littéraires qu'il faut rendre en utilisant un niveau de langue équivalent en français :
  - *Had it not been for the child, I would have given up my work.*
    N'eût été l'enfant, j'aurais quitté mon travail.

- Dans un certain nombre de reprises par auxiliaire. (*cf.* L'ellipse, p. 36).

Autres types d'inversion

L'inversion est parfois utilisée pour mettre en valeur un élément de la phrase.

- Le complément ou l'attribut :
  - *A mad world it certainly is.*
    C'est assurément un monde fou. / Que ce monde soit fou, cela ne fait aucun doute (pour garder l'inversion du français).
  - *Unhappy though I was, I did not show anything*[2].
    Tout malheureux que j'étais...

---

1. Exception faite des questions.
2. Ce cas d'inversion peut être étendu aux propositions concessives plus généralement, propositions dans lesquelles les conjonctions *as*, *though* et *that* peuvent ne pas apparaître en position initiale :
Anxious as he was, he still managed to say a kind word to everybody. = *Though he was anxious...*
Pass though she will, she does not deserve it. = *Though she will...*
Notez l'ambiguïté avec *that* : *Oliver and Ann, children that they were, said that...*
= *as they were children* (pas de concession) = *though they were children* (concession).

- Une particule adverbiale :
  - *Away it starts once more on the adventure.* (D.H. Lawrence)
    Le voilà qui repart vers l'aventure.
- Le sujet :
  - *She's a good lass, is Mary.*
    C'est une brave fille que Mary. (familier) : (On aurait également pu dire : *She is a good lass, Mary is*, sans inversion.)
- Une proposition :
  - *That he had fled the country I now doubted very much.*
    Je doutais maintenant sérieusement qu'il eût...

1. ▶ *Traduisez les phrases suivantes.*

1. Had I ever met him? I could not remember.
2. Had I ever met him, I could not have forgotten.
3. He would not make any declaration. Nor would he write to justify himself.
4. They would attract ridicule should the operation go wrong. (L. Deighton)
5. Everything fitted, that she felt above all things. (G. Greene)
6. A good translator is first a good writer, most agree. (S. Chau)
7. And never so much as once did you make it embarrassing for me. (A. Wilson)
8. Had he followed any less chivalrous calling... it might have seemed that Colonel Ritchie-Hook... was seeking to discomfort Mrs Leonard, so hard did he fix her with his ferocious eye. (E. Waugh)
9. A normal pet I might welcome. But a cat the size of a tiger I draw the line at. (W. Trevor)
10. Even were such a distinction valid, how is the threshold above which a decision is "political" to be determined? *(The Economist)*
11. And it will surprise you what the Lord has done. (Children's hymn)
12. He had never revealed his surname or told her who he was. However, her curiosity about him, which did she but know it was a little spark of virtue in her, had by now been completely quenched by her guilt and indecision about John. (I. Murdoch)

2. *Commentez et discutez les traductions suivantes. Suggérez d'autres traductions si cela vous semble nécessaire.*

1. On wound the road across the dark and silent land, with never a light to waver for an instant as a message of hope... (D. Du Maurier)	La route tortueuse se déroulait dans le silence et l'obscurité, sans qu'une seule lumière vînt un instant apporter un message d'espoir...
2. He was a great traveller, was Dimitrios. (E. Ambler)	C'était un grand voyageur.
3. Other sound than the owl's voice there was none, save the falling of a fountain into its stone basin... (C. Dickens)	On n'entendait d'autre bruit que la plainte du hibou et le jet d'eau d'une fontaine dans son bassin de pierre...
4. One drop of rare honey, however, that Thursday did hold in its acorn cup. (V. Nabokov)	Ce jeudi tenait pourtant en réserve une infime guttule de nectar savoureux.

4 Le passif

Le passif, beaucoup plus courant en anglais qu'en français, pose des problèmes de traduction plus que de compréhension. Il faut cependant s'assurer que l'on a bien reconnu des formes passives qui n'ont pas d'équivalent en français.

- *This business will be taken care of.*
  On s'occupera de cette affaire.

Voici les emplois du passif qui posent le plus de problèmes de compréhension.

Le passif de locutions verbales, avec rejet de la préposition :

- *He was made a great fuss of.*
  (*Cf. to make a fuss of somebody* = faire grand cas de quelqu'un)

Ellipse de *be* + relatif ou autres éléments :

- *The man, said to be violent, escaped at noon.* = *who is said to be violent...*
- *Given to understand that they were not satisfied with my work, I did not even go back to the office after the holidays.* = *Having been / Because I had been given to understand...*

Les formes passives progressives :

- *I had no idea that I was being made fun of.*
  Je n'imaginais pas qu'on se moquait de moi. (qu'on était en train de...)

Confusions dues à la préposition *to* suivant le passif :

They told him to do it. = *He was told to do it.*
They saw him do it. = *He was seen to do it.*

- Ne pas confondre ce *to* avec *in order to* :
  - *A successful politician must be known to have a lot of experience.*
    Pour qu'un homme politique soit populaire, il faut que l'on sache qu'il a beaucoup d'expérience.
    (**et non** : un homme politique doit être connu pour...)

- La préposition *to* apparaît au passif là où le verbe à l'actif est suivi de l'infinitif simple (sauf pour *let*, voir ci-dessous). Cela peut parfois prêter à confusion :
  - *She was made to sit down.*
    On la fit s'asseoir.
    (**et non** : Elle était faite pour s'asseoir.)

- Le verbe *to let* est le seul qui au passif soit suivi d'un infinitif sans *to* :
  They let his hair grow. = *His hair was let grow.*

Dans le cas, mentionné plus haut, d'ellipse de *be*, les phrases peuvent poser des problèmes de compréhension :

- *But the chance, let slide out of cowardice, was gone forever.*
  Mais l'occasion, qu'il avait laissé passer par lâcheté, était à tout jamais perdue.

Enfin, attention aux confusions entre le verbe au passif et *be* + participe passé à valeur adjectivale.

Comparez :
- (1) *It was frozen.* On le gela.
- (2) *He was frozen.* Il était gelé.

1. ▶ *Traduisez les phrases suivantes.*

1. The director was told to be very patient.
2. The director was said to be very patient.
3. The man was believed to have been given a £500 bribe.
4. Mingo was generally agreed to be more like a sheep than a dog. (I. Murdoch)
5. "But he must be made to hear of it," said Lady Chiltern. (A. Trollope)
6. Kate consented, as for argument, to be thought of as a victim. (H. James)
7. How can Mrs Lowder think me disposed of with any finality, if I'm disposed of only to a girl who's dying? (H. James)
8. Mr Stoyle was always made to feel that Obispo's apparently good natured banter was in reality the expression of a calculated contempt. (A. Huxley)
9. Watt did not cry out on this extravagant suggestion, let fall, it is only fair to say, in the heat of anger. (S. Beckett)

2. *Décidez si, dans les phrases ci-dessous, les expressions soulignées correspondent à un passif ou à* be + *participe passé à valeur adjectivale. (Attention, il peut y avoir ellipse de* be.)

1. [The falling snow] grew like an avalanche, and it descended without warning upon the man and the fire, and the fire was blotted out. The man <u>was shocked</u>. It was as though he had just heard his own sentence of death. (J. London)
2. I did think that the plot would be exciting and rife with incident, the prose colourful and lively, and the passions <u>depicted</u>, poignant, charming or grand. (Book review in *The Sunday Times*)

5 L'ellipse

Il peut s'agir d'une simple omission ou bien de la non répétition de certains mots ou expressions.

Omissions

Les mots dont l'omission pose le plus de problèmes sont les suivants :

- **Le verbe to *be***
– Il disparaît très souvent dans les gros titres, quelle que soit sa fonction. Mais c'est surtout lorsqu'il est auxiliaire du passif ou lorsque c'est l'auxiliaire *be to* (indiquant quelque chose de fixé, d'arrangé, qui doit avoir lieu : *He was to meet us at 10 o'clock,*) que son omission peut le plus facilement prêter à confusion :

SYRIA BLAMED Sunday Times 15.4.84 = *Syria is blamed.*
FALKLAND FIRE WARNINGS IGNORED Sunday Times 15.4.84 = … *were ignored*
LABOUR DENIED FAIR SAY Sunday Times 25.4.84 = *The Labour Party was denied a fair say.*
TEACHERS CONFIDENT OF BETTER PAY DEAL Sunday Times 22.4.84 = … *are confident…*
SCARGILL TO CONTROL "FIGHT TO THE FINISH" Sunday Times 22.4.84 = *Scargill is to control…*

Notons que l'on peut également trouver cette omission dans les gros titres français :
UNE CONFÉRENCE DE PRESSE DU MORENA INTERDITE Le Monde 9.2.85

On rencontre cette même suppression de l'auxiliaire dans les télégrammes :
BAGS STOLEN STOP COMING BACK AT ONCE = *Our/My bags were/have been stolen. We/I are/am coming…*

– Omission de *being* dans les propositions participiales. Lorsque l'on traduit, il est préférable en français d'expliquer plus clairement le rapport entre les deux propositions :

- *A woman of means, she supported her husband throughout his life.*
= *Being a woman of means…* Grâce à ses revenus…

– On l'omet souvent, ainsi que le pronom sujet, dans les subordonnées de circonstance (après *when, if, whether, unless…*) :

- *When in Rome, do as the Romans do.* = *When you are in Rome…*
Il faut à Rome vivre comme les Romains. / Il faut hurler avec les loups.

- **Les pronoms relatifs**
– *That* est très souvent omis lorsqu'il est **complément** et qu'il a un sens restrictif :
The book he gave me is fascinating. = *The book that he gave me…*

Un problème peut se poser lorsque l'omission de *that* entraîne la juxtaposition de deux mots qui, bien que sans lien direct, peuvent alors être compris comme allant ensemble :
I know it's dirty! This is the window cleaners always forget. L'œil, habitué au mot composé *window-cleaner* (un laveur de carreaux) tend à associer ces deux mots, alors que *that* est en fait sous-entendu entre les deux termes (= *the window that cleaners always forget*).

– Le pronom relatif peut être omis lorsqu'il y a rejet de la préposition en fin de phrase :
The play of which you spoke. → *The play you spoke of.*

– Le pronom relatif est toujours omis lorsqu'il introduit un infinitif et que la préposition précédant le relatif est rejetée après l'infinitif :

Here's something to sneer at! = *something at which to sneer.*

– Quant au pronom relatif sujet, il peut être omis après *There is...* :

- *There's a job wants doing.* = *There's a job that wants doing.*
  ... un travail qui a besoin d'être fait.

en même temps que l'auxiliaire *be* du passif. Cette double omission provoque de nombreuses erreurs :

- *That man, eventually deemed innocent, spent ten years in jail.*
  = *who was eventually deemed...*
  ... dont on finit par reconnaître l'innocence...

ATTENTION ! La virgule peut marquer la différence entre cette structure passive et la forme active :

- (1) *Judge Hopsons refused bail and would not talk to the journalists.*
  Le juge Hopsons rejeta la demande de mise en liberté provisoire et refusa de...
- (2) *Mr Hopsons, refused bail, would not talk to the journalists.*
  = *Who was refused bail...* M. Hopsons dont la demande de mise en liberté provisoire a été rejetée, a refusé de...

• **Les pronoms personnels sujets**

Ils peuvent être omis dans la langue écrite ou parlée familière, de même que certains auxiliaires :

I thought him very peculiar. Never left his cabin all day... Giggling a lot, too. J.B. Priestley
= *He never left.../ He was giggling...*

- *See you later.* = *I'll see you later.* À bientôt.

• **Des conjonctions telles que *when, though...***

Questioned about the outcome of the talks, he said he was optimistic.
= *When questioned...*
They're the kind of people who, asked what they thought, would never commit themselves.
= *... when they were asked...*

Les mots ou expressions que l'on ne répète pas

Il peut s'agir du sujet, du verbe ou groupe verbal, d'un attribut, d'une conjonction... Voici quelques exemples :

- *She said we must come and visit her. Invite some friends. Stay as long as we wished.*
  = *She said we must invite...* Elle a dit que nous devions lui rendre visite. Et inviter...

Il ne s'agit donc surtout pas d'un impératif.

- *He was told what the possibilities were and left to make up his mind.*
  = *... and he was left to...* ... et on le laissa...

L'erreur consisterait à lire : *And he left to...*

He doesn't know if he'll be allowed to leave the prison for Christmas, but I'm sure they'll let him. = *they'll let him leave...*

- *If the engine doesn't work, we'll make it.* = *make it work*
  ... nous le ferons marcher (**et non** : nous en fabriquerons un).

"Why didn't you study medicine?" "I wanted to." = *wanted to study medicine.*

L'omission est parfois source d'ambiguïté, comme dans la phrase qui suit :

- *I had no time to ask whether he still meant to come and thought about what we'd discussed.*
  (1) *and whether he still thought...*
  ... s'il avait l'intention de venir et s'il pensait toujours...
  (2) *and I thought about...* ... et je réfléchis à...

L'omission peut se faire également par anticipation, le mot omis apparaissant plus loin dans la phrase.

Why didn't she agree to and consequently vote for my proposals?
= ... *agree to my proposals.*

Deux cas, qui provoquent de nombreuses erreurs, méritent d'être mentionnés tout particulièrement.

- **Les reprises par auxiliaires**, dans lesquelles le verbe n'est donc pas répété :

We spent a lot of money, didn't we?

Ne confondez pas :

- (1) *He came on time, didn't he?* Il est arrivé à l'heure, n'est-ce pas ?
  (On attend une confirmation.)
  (2) *He came on time, did he?* Il est donc arrivé à l'heure ?
  (Qui implique une certaine surprise ou incrédulité.)
  (3) *He came on time. Or did he?* Il est arrivé à l'heure. Ou bien est-ce que je me trompe ?

- **Les omissions dans les génitifs**

– Quand le deuxième nom a déjà été mentionné dans la phrase, il peut être omis :

I love these old books. They're my brother's. = ... *my brother's old books.*

Notez la différence entre :

- (1) *a picture of John Denning* (Un tableau qui le représente.)
  (2) *a picture of John Denning's* (Un tableau qui lui appartient.)

Mentionnons ici, bien qu'il ne s'agisse pas d'un cas d'omission, la différence entre :

- (1) *John's story* l'histoire racontée par John ;
  (2) *the story of John* l'histoire de la vie de John.

– L'omission peut parfois se faire lorsque le deuxième nom apparaît plus loin dans la phrase.

My sister's was a charming neighbour. = *My sister's neighbour was charming.*
(Phrase qu'il ne faut surtout pas confondre avec : *My sister was a charming neighbour.* Ma sœur était...)

– L'omission du second terme se fait également lorsqu'il désigne une maison, un magasin ou une institution (*house, shop, hospital, school, college, university, church*, etc.) :

I'll spend Christmas at my cousin's. = ... *at my cousin's house* ;
He was taken to St Christopher's. = ... *St Christopher's Hospital.*

Dans une langue soutenue, il faudra faire la différence entre :

- *John's and Peter's books* les livres de John et ceux de Peter. (Ce ne sont pas les mêmes.) ;
  John and Peter's books les livres de John et Peter. (Ce sont les mêmes.)

1. ▶ *Faites correspondre les phrases et leur traduction.*

1. a/ "The teacher was right." "So she was."
b/ "The teacher was right." "So was she."
c/ "He was right, the teacher was."

d/ – *Le professeur avait raison.* – *Elle aussi.*
e/ *Il avait raison, le prof.*
f/ *Le professeur avait raison.* – *En effet.*

2. a/ "So we come to the same conclusion, or do we?"
b/ "So we come to the same conclusion, do we?"
c/ "So we come to the same conclusion, don't we?"

d/ *... ou bien est-ce que je me trompe ?*
e/ *... n'est-ce pas ?*
f/ – *Nous en arrivons vraiment à la même conclusion ?*

2. ▶ *Quels mots ou expressions sont sous-entendus dans les phrases suivantes ? Après avoir analysé chaque exemple, traduisez-le.*

1. PM TO ALLOW FREE VOTE ON EMBRYO BILL (The Guardian)
2. FOOTBALLERS HELD OVER NIGHTCLUB THEFT (The Daily Telegraph)
3. The fact that it was the project they found fault with, not the speaker, should be noted.
4. Don't think I'm one of those women who make a point of being helpless. Anything but. (J.B. Priestley)
5. They would have had a hard time slipping in here while we were out and there were still policemen all over the place. (F. Crane)
6. His was not a mind of sharp edges. (C.P. Snow)
7. Walt Drake and his mother and their lawyers were dead against this English Foundation and me coming over to set it up. (J.B. Priestley)
8. Unlike Monte Carlo, very few were in evening dress. (C. Leonard)
9. My father decided that our five or six hundred a year would go further and give us a marginally better life translated into francs. (J. Cameron)
10. He's a terrible coward, and you sound like anything but. (P. Highsmith)
11. He was gradually becoming persona grata at the pub. He was given a "good evening" when he came in and warmed up to when, his work having prospered that day, he celebrated by standing drinks all round. (N. Marsh)
12. He [a dog] was slinking about the buildings, a skinny little creature who, without his mass of white and black hair would have been almost invisible, and he was playing out a transparent charade of pretending he was taking no notice of me – wasn't the least bit interested in my presence in fact. (J. Herriot)

3. *Commentez la traduction qui suit. Suggérez une autre traduction si elle ne vous semble pas satisfaisante.*

| It's a wild and lonely spot, and if you were to come to us, I should be glad of your company, winter-time. I have asked your uncle, and he does not object, he says, if you are quiet-spoken and not a talker, and will help when needed. (D. Du Maurier) | *L'endroit est sauvage et désert, et si tu décidais de venir chez nous, je serais ravie d'avoir ta compagnie en hiver. J'ai consulté ton oncle, qui ne voit pas d'objection à ta venue, si tu es tranquille et peu bavarde, et il est prêt à t'aider en cas de besoin.* |

6 Les structures causatives

Bien que de nombreux verbes puissent être utilisés de façon causative, ces structures sont principalement formées à l'aide des verbes *make*, *have* et *get* et indiquent l'action d'un sujet sur un autre sujet.

Verbe + Groupe Nominal + Infinitif (avec ou sans *to*)

Make et *have* sont suivis de l'infinitif sans *to*, *get* est suivi de l'infinitif avec *to* :
- *I'll make him work.* Je le ferai travailler.
- *I'll have them send a report.* Je leur demanderai d'envoyer un rapport.
- *They got me to agree.* Ils parvinrent à me faire accepter.

Voici les principaux problèmes de compréhension posés par cette structure.

- **Au passif**, la préposition *to* réapparaît après *make* (cf. Passif, p. 34) :
  - *It was made to last.* On le fit durer. (ou : C'était fait pour durer.)

- **Avec *have***, la structure n'est pas toujours causative :
  - *I'll have him understand that he's not to behave like that.*
    Je lui ferai comprendre qu'il ne doit pas se comporter de la sorte. (Sens causatif ici.)
  - *It's hard to be misunderstood and have everybody call you a liar.*
    C'est dur de ne pas être compris et de s'entendre traiter de menteur par tout le monde. (Le sens est ici passif.)

Verbe + Groupe Nominal + Participe Passé

Cette structure est possible avec *make*, *have* ou *get*. Avec *make* cependant, on ne la rencontre que lorsque le groupe nominal est un pronom réfléchi :
- *He could not make himself heard.* Il ne put se faire entendre.
- *You'll have to get it published as soon as possible.*
  Il faudra que vous le fassiez publier dès que possible.
- *I had the book sent to his home address.* J'ai fait envoyer le livre chez lui.

ATTENTION ! Trois types d'erreurs, fréquemment commises, sont dues :

- **à la confusion entre cette structure (avec *have*) et le *present perfect* ou le *pluperfect***

Comparez :
- (1) *I had the letter written immediately.* J'ai fait écrire la lettre tout de suite.
- (2) *I had written the letter immediately.* J'avais écrit la lettre tout de suite.

C'est surtout lorsqu'il y a inversion, dans les relatives, que les erreurs sont possibles.
La phrase :
He loved the house he had built in Gloucestershire.
peut être équivalente des deux phrases suivantes :
- (1) *He had a house built in Gloucestershire. He loved it.*
- (2) *He had built a house in Gloucestershire. He loved it.*

D'où les deux traductions possibles :
- (1) Il aimait la maison qu'il avait fait construire dans le Gloucestershire.
- (2) Il aimait la maison qu'il avait construite dans le Gloucestershire.

C'est le contexte qui doit permettre de décider quelle interprétation est la bonne.

- **à la confusion entre le participe passé et un adjectif épithète**

Ne confondez pas
- *They got the work completed in time.* Ils obtinrent que le travail soit terminé à temps.
- *They got the completed work in time.* Ils reçurent le travail terminé à temps.

- **au fait qu'avec les verbes *have* et *get*, la structure n'est pas toujours causative** et que seul le contexte peut permettre de décider quel est son sens exact.

La phrase qui suit, par exemple, a de fortes chances d'être causative :
- *They had all the men sent to a prisoners' camp.* Ils envoyèrent tous les hommes...
  (= firent envoyer, ou : sur leurs ordres, les hommes furent envoyés...)

Par contre,
- *He had all his paintings sold at an auction,*

peut signifier
- (1) *He arranged for his paintings to be sold...* Il fit vendre tous ses tableaux...
- (2) *All his paintings were taken and sold...* Tous ses tableaux furent vendus...

(Un sens passif remplace ici le sens causatif précédent.)

Dans ce dernier cas, il est probable que cela s'est fait sans son consentement, ou du moins sans sa participation active.

La même ambiguïté est possible avec *get* :
- *Did you get the play recorded?*
  - (1) Avez-vous fait enregistrer la pièce ? (par quelqu'un)
  - (2) Avez-vous réussi à enregistrer la pièce ? (vous-même)

Verbe + Groupe Nominal + Participe Présent

Cette structure se rencontre avec *have* et *get*.

Elle est toujours causative avec *get*... :
- *The example of his brother got him thinking.* L'exemple de son frère le fit réfléchir.

... mais ne l'est pas toujours avec *have*, ce qui est à nouveau une source d'erreurs :
- *The man came for the TV and he had it working within a few minutes.*
  ... et quelques minutes plus tard, il avait réussi à la remettre en état de marche. (sens causatif)
- *The lift's out of order: we're going to have the boss swearing at us again!*
  Le patron va encore nous envoyer à tous les diables. (sens passif)

Verbe + Groupe Nominal + Préposition / Postposition

Cette structure est possible avec *have* et *get* :
- *It's all perfectly clear to us, but how can we get it over to them?*
  comment pouvons-nous le faire comprendre aux autres ?

(L'erreur consisterait à couper après *get it* et à donner à *get* un sens plein d'« obtenir ».)

- *The manager had the cashier up and asked for an explanation.* ... fit venir le caissier.

Verbe + Groupe Nominal + Adjectif avec *get* et *make*

- *SPARKLE gets your clothes whiter!* SPARKLE lave plus blanc !
- *He's made her very happy.* Il l'a rendue très heureuse.

Verbe + Groupe Nominal + Groupe Nominal avec *make* seulement

ATTENTION ! Cette structure n'est pas toujours causative.
Comparez :
- (1) *She made him a cake.* Elle lui fit un gâteau.
- (2) *She made him a hero.* Elle fit de lui un héros. (Causatif)

Notez également la structure :
to make a fool of somebody = to make somebody a fool.

Il faut enfin signaler qu'avec presque toutes ces structures le complément de *have*, *make* ou *get* peut être long, contenant lui-même une relative par exemple, et retarder ainsi l'apparition de l'adjectif, du verbe, du nom…, dont le lien avec le verbe initial peut alors ne pas être évident :

But he got those who had refused to help, leaving without even so much as a word, to apologize. (Il faut lire : *He got those… to apologize*, **et non** : *leaving… to apologize*.)

---

1. ▶ *Traduisez les phrases suivantes.*

1. The engine's so cold I can't get the thing going. (R. Hall)
2. In 1964, Italian customs agents at Rome airport heard noises from inside a trunk that Egyptian diplomats had just ordered shipped to Cairo. (*Time*)
3. He never killed anybody. He just hires it done. (R. Chandler)
4. An awkward lack of priority made itself felt more and more. (E. Bowen)
5. If Welch didn't speak in the next five seconds, he'd do something which would get himself flung out without possible question. (K. Amis)
6. The Creaker… had made himself headline news for over a week. (P. Branch)
7. Miss Delmé-Howard was gravely engaged upon making the best of a difficult toilet. (R. Hall)

2. *Décidez si, dans les phrases qui suivent, le verbe* have *a un sens causatif ou non. Puis traduisez-les.*

1. My wife had the villa running beautifully.
2. "A man like that won't expect our table to be like his." "You'd better make it appear so for once then, or you'll be having our hospitality criticized as I heard the Barracks fellows criticize Mrs Jeffery's the other day." (S. Grand)
3. "This looks like work in earnest," he said, glancing at the table. "I see you have a good deal of something done. Is it nearly finished?" (S. Grand)
4. I am afraid that by not distorting the truth to myself, I shall have some people distort it more than if I had been as discreet as Mrs Humphry Ward. (C. P. Snow)

7 Les structures résultatives

Verbe + (Groupe Nominal) + { Adjectif / Groupe prépositionnel / Particule adverbiale }

indique la **façon** dont s'est passée l'action

indique le **résultat**

- *She talked the child asleep.* Elle parla à l'enfant jusqu'à ce qu'il s'endorme.
- *We managed to hammer it loose.* Nous parvînmes à le dégager à coups de marteau.
- *His story moved me to tears.* Son histoire m'émut jusqu'aux larmes.
- *The box broke open.* La boîte se cassa et s'ouvrit. (Mot à mot : s'ouvrit en se cassant.)

On peut rencontrer ces structures avec de très nombreux verbes, causatifs ou non causatifs, transitifs ou même intransitifs.

Voici les problèmes de compréhension principaux qu'elles posent :

• **Confusion entre adjectif marquant un résultat et adjectif épithète**

Comparez :
- (1) *The dog licked the clean plate.* (adjectif épithète)
- (2) *The dog licked the plate clean.*

(valeur d'adjectif attribut : *The dog licked the plate → It is clean.*)

Dans le premier cas, *clean* est un simple épithète :

Le chien lécha l'assiette propre.

Dans le deuxième exemple, l'adjectif marque le résultat de l'action de lécher :

Le chien nettoya l'assiette d'un coup de langue.

C'est surtout lorsque l'adjectif apparaît après le nom que les erreurs sont possibles puisqu'il faut déterminer si la phrase a un sens résultatif ou non :

- (1) *They saw him asleep.* Ils le virent endormi.
- (2) *They rocked him asleep.* Ils le bercèrent pour l'endormir.

C'est le sens qui permet de dire si la structure peut être résultative. Dans la phrase (1), le simple fait d'être vu peut difficilement engendrer le sommeil. L'interprétation résultative sera donc éliminée.

• De la même façon, lorsque c'est un **groupe prépositionnel** qui marque le résultat, il faut savoir reconnaître sa valeur résultative. Comparez :

- (1) *They drank under the table.* Ils ont bu sous la table.
- (2) *They drank themselves under the table.* Ils ont roulé sous la table.

(Ici, *under the table* marque le résultat de l'action de boire.)

ATTENTION ! *Out of* peut avoir un sens résultatif, mais peut également introduire une cause ou une explication.

Comparez :
- (1) *They coaxed me out of it.* À force de cajoleries, ils ont réussi à me faire changer d'idée.
- (2) They encouraged me out of kindness. Ils m'ont encouragé par gentillesse.

C'est le contexte qui permet de décider si la structure est résultative.

ATTENTION ! Ne confondez pas également *into* et *in* :
- (1) *He groped his way into the room.*
  Il entra dans la pièce à tâtons. (*Into* indique ici le passage d'un lieu à un autre.)
- (2) *He groped his way in the room.* (ou, *about the room.*)
  Il avançait à tâtons dans la pièce.

• Le fait qu'une telle structure se rencontre souvent avec des **verbes intransitifs** peut déconcerter :
- *She worked herself ill.* Elle s'est rendue malade à force de travailler.
- *We laughed the time away.*
  Nous passâmes le temps à rire. / ... tuâmes le temps en riant.

Le verbe peut également apparaître sans complément :
- *The fish wriggled out of my hands.* Le poisson m'échappa des mains en frétillant. (et non, bien sûr : ... frétillait hors de mes mains.)

Par ailleurs, un verbe transitif se trouve souvent suivi d'un complément qu'il n'aurait jamais d'habitude, particulièrement du pronom réfléchi lorsque c'est la même personne qui fait l'action et qui en subit le résultat.

Dans la phrase qui suit, par exemple :

Any day now, Mrs Thatcher's new defence secretary, John Nott, has promised to come out of hiding in Horseguards Avenue, where he has been reading himself into his job. The Guardian

La juxtaposition inattendue de *read* et de *himself* peut poser des problèmes. Il ne faut de toute façon pas y voir un pronom réfléchi de renforcement. (... il se prépare à son travail en lisant.)

---

1. ▶ *Comparez les phrases suivantes et traduisez-les.*

1. a/ He asked her in the garden.
   b/ He asked her into the garden.
2. a/ We took our coffee into the lounge.
   b/ We took our coffee in the lounge.
3. a/ She herself talked, in a hoarse voice.
   b/ She talked herself hoarse.
4. a/ Mary struggled at her feet.
   b/ Mary struggled to her feet.
5. a/ The child cried in her sleep.
   b/ The child cried herself to sleep.
6. a/ I'll see you out.
   b/ I'll see you outside.

7. a/ They worked him to death.
   b/ They hated him like death.
8. a/ These plants grow in woods.
   b/ These plants grow into trees.

2. ▶ *Traduisez.*

1. I read myself asleep last night.
2. The book fell shut.
3. You'll have to hammer it in.
4. George drank his wife out of the house.
5. But I wasn't really killed, see. I escaped. They had me there as a prisoner, but I dug my way out and escaped. (P. Auster)
6. (The gates) are probably rusted open. (E. Ambler)
7. They were honking the old government out and the new one in. (*The Independent*)
8. The prisoner managed to rub the ropes loose and work himself free.
9. I need a new skirt. I've worn this one to rags.
10. He drank himself blind and is now sleeping himself sober.
11. She danced her way into the hearts of the spectators.
12. Surely you can charm the landlord into repapering one or two of the rooms. (Mrs Gaskell)
13. To squeeze the suitcases shut took some doing. (S. Bellow)
14. (About a radio presenter) Boon had talked a panic-stricken pregnant mother through her first labour-pains, or (...) argued a homosexual clergyman out of suicide. (D. Lodge)
15. They wanted their own name printed at the bottom, but Father shamed them out of it. (M. Atwood)

8 Les formes en *-ing*

Le suffixe *-ing* peut se rencontrer dans différents types de formes :

- **Les adjectifs en *-ing***

    It was a confusing affair. = *an affair which was confusing.*

- **La forme progressive**

Comparez :
- (1) *Their daughter is trying. I hope she succeeds.* = Elle essaie. (forme progressive)
   (2) *Their daughter is trying. I hope she won't be there.* = Elle est pénible. (*Trying* est ici un adjectif.)

- **Les participes présents**

    Being on holiday, I haven't brought any work.

ATTENTION ! La traduction par un participe présent français est souvent lourde et parfois peu claire. Il peut être souhaitable d'indiquer de façon plus explicite le rapport logique entre le participe présent et le reste de la phrase :
- *He did not want her to go, thinking she might relent.* = *as he thought…*
    … car il pensait…
- *He did not want her to go, leaving her alone.* = *go and leave her alone*
    … et la laisser seule.

- **Les gérondifs**
    - *Reading is his favourite hobby.* = *the fact of…, the activity* la lecture.
    - *He is given to bragging a lot.* Il a tendance à toujours se vanter.

ATTENTION ! Ces gérondifs correspondent souvent à un pluriel en français :
- *I got really tired of her constant grumbling.*
    J'en avais vraiment assez de ses constantes jérémiades.

- **Une préposition, une conjonction ou un nom se terminant en *-ing***

providing (pourvu que) ou *following* (à la suite de).

Il est donc important de ne pas confondre ces formes en *-ing*. Par exemple :

They convinced her with telling arguments that…

Ici *telling* est un adjectif (des arguments convaincants, frappants) et non un gérondif comme dans la phrase qui suit :

They convinced her by giving her arguments that…

Comparez :
- (1) *I hate tiring people, it makes me feel depressed.*
   (2) *I hate tiring people, they make me feel depressed.*

Dans la phrase (1) *tiring* est un gérondif :

Je n'aime pas fatiguer les gens.

Dans la phrase (2), c'est un adjectif :

> ... les gens fatigants...

comme le montre le pronom de reprise *they*.

I'm against members being forced to resign.
Je m'oppose à ce que l'on force les membres à donner leur démission.

Being est ici un gérondif et non pas un participe présent, qui serait grammaticalement possible, mais qui donnerait à la phrase un sens peu vraisemblable (« Je suis contre les membres qui sont forcés de donner leur démission »).

▶ *Déterminez le statut grammatical des formes en -ing dans les phrases qui suivent, puis traduisez ces phrases.*

1. a/ I like rewarding books.
   b/ I like rewarding students.
2. a/ Sticking plaster was difficult.
   b/ Sticking plaster was difficult to find.
3. In a moment she was facing me again with her streaming eyes. (H. James)
4. The idea of anyone like Maskelyne developing intuition was delightful. (L. Durrell)
5. He had to kneel down in the muddy track, damaging his trousers, reminding him of playground agonies... (A.S. Byatt)
6. When I had the telescope about half ready, and was mastering the gumming of tubes and fixing of lenses, my father came in one evening... (C.P. Snow)
7. The wind leapt without warning at the gulls... (G. Durrell)
8. Their rupture had resounded, and after being perfectly insignificant together they would be decidedly striking apart. (H. James)
9. There is probably no instance, however, in history, of [a clerk] choosing any but the third alternative. (G.N. Parkinson)

9 La forme *be + -ing*, dite forme progressive

• Il est important, tout d'abord, de ne pas confondre cette construction avec :

Be + adjectif en *-ing*

La phrase suivante, par exemple, hors de tout contexte, est ambiguë :

- *She's really moving.*

    Elle est vraiment émouvante. (*moving* = adj.)

    Elle déménage pour de bon. / Elle bouge vraiment. (forme progressive)

Mais le contexte permet presque toujours de reconnaître de quelle forme il s'agit.

Be suivi d'un gérondif

Comparez :

- (1) *You shouldn't expect them to do the job so quickly. You're asking too much of them.*

    Vous leur en demandez trop. (Il s'agit d'une forme progressive.)

- (2) *They shouldn't be expected to do the job so quickly. It is asking too much of them.*

    C'est trop leur demander. (Ici, It is asking… = It means asking…)

• La forme *be + -ing* peut être mal comprise lorsqu'à son **sens aspectuel** (action qui se déroule, procès non terminé) s'ajoute ou se substitue l'un des deux sens suivants (qui peuvent d'ailleurs être présents en même temps) :

Mise en valeur du sujet de l'énoncé

- *I'm not accepting such a stupid offer!* Pas question d'accepter…

C'est ici la volonté du sujet qui est mise en valeur. On trouve alors souvent dans le contexte un certain nombre d'éléments qui signalent l'importance du point de vue du sujet (colère, irritation, volonté…) :

- *He's not seeing anybody.* Il refuse de voir qui que ce soit.

Ancrage dans une situation bien précise

C'est avec ce sens que l'on peut rencontrer à la forme progressive certains verbes de perception comme see or hear qu'on ne trouve pas d'ordinaire à la forme progressive puisqu'ils décrivent une perception involontaire.

- *And so, I was hearing Yehudi Menuhin!* Et voilà qu'enfin j'entendais…

C'est ici l'événement, la situation précise et le fait qu'elle ait lieu qui importent. Traduire seulement : « Ainsi, j'entendais… » serait un contresens.

Be + ing + adjectif décrit une attitude ou un comportement provisoires. Comparez :

- *He's clever.* Il est intelligent (qualité permanente)

    You're being clever! Tu fais ton petit malin. (moment précis)

C'est au premier de ces deux emplois qu'il faut lier l'utilisation de *be + -ing* avec un **sens futur**.

- *We're meeting them at lunchtime.* Nous allons les rencontrer…

Infinitif progressif

Lorsqu'elle apparaît après un auxiliaire modal, la forme progressive peut colorer le sens de la phrase. D'une façon générale, elle tend alors à atténuer la référence au sujet, à sa volonté, à son intention. Ainsi, lorsque l'auxiliaire qui précède a plusieurs sens possibles (comme *will*, par exemple), l'un impliquant une décision du sujet :

- *I will not go.* Je refuse d'y aller.

l'autre parfaitement neutre quant au sujet et indiquant un degré de probabilité ou un futur :

- *I will not go.* Je n'irai pas.

C'est le deuxième sens seulement qui est possible quand l'auxiliaire est suivi d'un infinitif progressif :

- *I will be going to London soon.*
  Je serai bientôt à Londres / Londres recevra bientôt ma visite.
  (**et non** : J'ai l'intention…)

En effaçant l'importance donnée au sujet, l'effet est aussi de rapprocher les événements dont on parle, de les « situationnaliser ».

De même :

- (1) *He must write to Uncle Ted.* Il faut qu'il écrive à…
- (2) *He must be writing to Uncle Ted.*
  Il doit être en train d'écrire à… (C'est le sens de forte probabilité qui est pris par *must*, on oublie donc le point de vue du sujet *He*.)
- (3) *She may go to the cinema tonight.*
  Elle a la permission de… **ou bien** : Il se peut qu'elle aille… (deux sens possibles.)
- (4) *She may be going to the cinema tonight.*
  Il se peut qu'elle aille… (Seul le deuxième sens est possible.)

---

1. ▶ *Comparez les phrases suivantes et traduisez-les.*

1. a/ At last, I was talking to him.
   b/ At last, I was seeing Paris!

2. a/ Aren't you forgetting something?
   b/ Haven't you forgotten something?

3. a/ I'm thinking that he might be right.
   b/ I think that he might be right.

4. a/ You're rude!
   b/ You're being rude!

5. a/ You must think of a solution.
   b/ You must be thinking of a solution.

6. a/ You've been smoking again!
   b/ You've smoked again!

7. a/ What did you do upstairs?
   b/ What were you doing upstairs?

2. ▶ *Traduisez les phrases suivantes.*

1. "I'm not disclosing anything," the officer said.

2. I thought he was being cruel when he said that - and yet he is such a kind man.

3. The children were being rowdy and we decided to stop for a cup of tea.

Forme progressive v. Forme simple

Étudiez et discutez les traductions des passages qui suivent. Suggérez une autre traduction si celles-ci ne vous semblent pas satisfaisantes.

1. Mitty looked at [Renshaw] and at the craven figure of Benbow, who drank, and at the grave, uncertain faces of the two great specialists. (J. Thurber)	*Mitty regarda Renshaw, regarda la silhouette affaissée de Benbow en train de boire, et les visages graves des deux grands spécialistes.*
2. "What's in that box?" "Overshoes," said Mitty. "Couldn't you have put them on in the store?" "I was thinking," said Walter Mitty. "Does it ever occur to you that I am sometimes thinking? (J. Thurber)	*Qu'est-ce qu'il y a dans cette boîte ?* *– Les caoutchoucs, dit Mitty.* *– Tu ne pouvais pas les mettre dans le magasin ?* *– J'ai pensé que... Tu sais que cela m'arrive de penser quelquefois ?*
3. By the end of the 1950s, the average marriage age in America dropped to 20, and was still dropping, into the teens. (B. Friedan)	*Vers la fin des années 50 les jeunes américaines se mariaient dès l'âge de vingt ans et plus jeunes encore.*
4. As, sixteen years later, his train drew into Smyrna, Latimer came to the conclusion that he was being a fool. (E. Ambler)	*Seize ans plus tard, tandis que le train entrait dans Smyrne, Latimer décida qu'il était un imbécile.*

10 Les verbes suivis de l'infinitif ou du gérondif

Lorsque ces deux structures sont possibles avec un même verbe, elles correspondent généralement à des sens différents. Il est donc important d'être conscient de leur valeur. La confusion est fréquente.

- dans le cas **des verbes** qui peuvent être **suivis de la préposition** *to*

    to be used to, to look forward to...

qui n'est pas le *to* précédant l'infinitif et qui, comme toutes les prépositions, est donc suivie d'un gérondif.

Comparez :
- (1) *They had to submit to leave the country.*
- (2) *They had to submit to leaving the country.*

Dans la phrase (1), *to* = *in order to*.

    Ils durent se soumettre pour pouvoir quitter le pays.

Dans la phrase (2), le verbe est *to submit to* :

    Ils durent accepter de quitter le pays.

De même dans les exemples suivants :
- (1) *He preferred encouraging people to work.*
- (2) *He preferred encouraging people to working.*

Dans la phrase (1), on pourrait marquer une pause après *preferred*, qui est suivi d'une proposition infinitive.

    Il préférait encourager les gens à travailler.

Dans la phrase (2), par contre, la pause se ferait après *people* ; *to working* dépendant de *preferred*. = *He preferred encouraging... to working.*

    Il préférait encourager les gens plutôt que travailler.

Voici quelques-uns des principaux verbes qui sont suivis de la préposition *to* et du gérondif :

to be used to	être habitué à,	**to object to**	trouver à redire à,
to look forward to	attendre avec impatience,	**to devote sthg to**	consacrer... à,
		to be reduced to	en être réduit à,
to admit to	avouer,	**to be equal to**	avoir la force de,
to submit to	devoir accepter,	**to prefer... to...**	préférer... à...
to take to	se mettre à, s'adonner à,	**to confess to**	avouer,
		to contribute to	contribuer à,
to turn to	se mettre à,	**to amount to**	équivaloir à,
to fall to	se mettre à,	**to limit oneself to**	se limiter à.
to be given to	être enclin à,		

Il faut faire particulièrement attention au cas de *used to* et ne pas confondre deux phrases telles que :

- (1) *He used to live in the country.* Il vivait autrefois à la campagne.
- (2) *He was used to living in the country.* Il était habitué à vivre à la campagne.

• avec **les verbes** qui admettent **une construction avec un gérondif et une autre avec l'infinitif**. Voici les principaux :

– *to try*

to try to   s'efforcer de
to try ...ing   faire une expérience

- (1) *They tried to push the car, but to no avail.*
  (2) *They tried pushing the car, but to no avail.*

Dans la phrase (1), on sous-entend qu'ils n'ont pas réussi à pousser la voiture, malgré leurs efforts (parce qu'elle était trop lourde, par exemple).

Dans la phrase (2), ils ont réussi à la pousser mais cela n'a rien donné (cela ne l'a pas fait démarrer, par exemple).

– *to remember, to forget, to regret*

Suivis de l'infinitif, ils portent sur une action à venir ; suivis du gérondif, ils portent sur une action passée :

- *I remembered phoning him.*   Je me souvenais lui avoir téléphoné.
  I remembered to phone him.   Je n'ai pas oublié de lui téléphoner.

– *to like, to love, to hate, to dislike, to fear, to loathe,* etc.

Suivis de l'infinitif, ils se rapportent à une action précise :

- *I'd hate to write to him.*   Il me serait très désagréable de lui écrire.

Suivis du gérondif, ils expriment des habitudes ou caractéristiques générales :

- *I hated hurrying when I was young.*   J'avais horreur de me presser...

– *to stop, to start, to go on,* etc.

Verbes marquant le commencement, la fin ou la continuation d'une action.

Ces verbes sont suivis du gérondif, mais *begin* et *start* peuvent aussi être suivis de *to* + V. Attention aussi à la différence entre :

- *She stopped to look at the children.*   Elle s'arrêta pour regarder les enfants.
  She stopped looking at the children.   Elle cessa de regarder les enfants.

▶ *Traduisez.*

1. I didn't remember turning off the lights.
2. I didn't remember to turn off the lights.
3. She tried to shout, but nothing happened.
4. She tried shouting, but nothing happened.
5. He paid no attention to her remark and went on to point out the disadvantages of the proposed solution.
6. He paid no attention to her remark and went on pointing out the disadvantages of the proposed solution.
7. We've been too busy to attend to that business.
8. We've been too busy attending to that business.
9. This fish needs to eat.
10. This fish needs eating.

11 Point de vue et discours indirect

Pour pouvoir traduire un passage correctement, il est essentiel de comprendre quel point de vue nous est donné dans ce passage. Celui de l'énonciateur ? Celui d'un des personnages du texte ? Ce problème est très souvent lié au type de discours utilisé : discours direct rapporté, discours indirect, discours indirect libre... Voici quelques points liés à l'emploi du discours indirect et qui sont la source d'erreurs fréquentes.

• En anglais, le verbe d'assertion qui introduit le discours indirect apparaît souvent en fin de phrase, sans qu'il y ait inversion comme en français, si bien que l'étudiant est tenté de voir deux phrases indépendantes :

- *One had to remain very firm, he had argued.*

    Il avait maintenu (défendu l'idée) qu'il fallait rester ferme.

    (**et non** : Il fallait rester ferme : il avait discuté.)

• Dans un même passage narratif on trouve souvent plusieurs sortes de discours et le passage d'un type de discours à un autre pose parfois des problèmes de compréhension à l'étudiant :

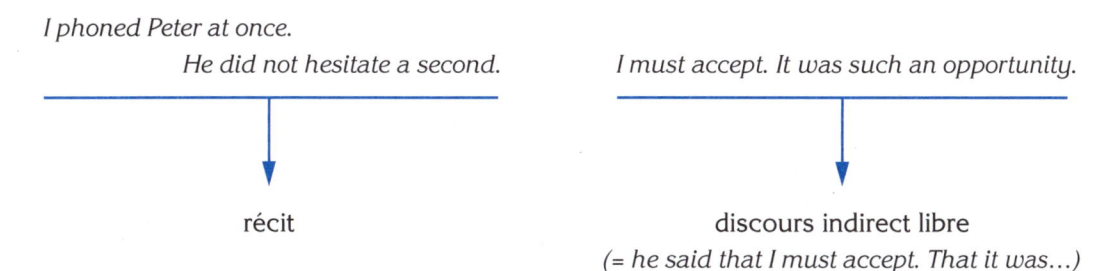

I phoned Peter at once.
    He did not hesitate a second.   *I must accept. It was such an opportunity.*

↓   ↓

récit   discours indirect libre
                                        (= *he said that I must accept. That it was...*)

Si l'étudiant ne comprend pas ce passage au style indirect libre, il sera tenté de traduire *I must accept*, par « Je dois accepter », au lieu de « Il fallait que j'accepte », ou « Je devais accepter ». Dans cet exemple, l'erreur provient du fait que *must* n'est jamais remplacé par *had to* au style indirect libre, d'où l'apparente ambiguïté de la phrase.

• Attention aux interrogations dans le style indirect (libre). Elles ne sont pas toujours perçues comme telles.

He wondered what would happen if he just told her the plain truth. She would be angry, say she'd been right from the first, and how could he find another such job now?

"How could he find..." = He thought she would ask him how he could find...

Ce n'est donc pas l'énonciateur qui se pose la question, mais il imagine celle que lui posera son interlocutrice.

▶ *Traduisez les paragraphes suivants.*

1. She was hearty and welcoming. I must stay a night or two. Yes, they had plenty of room. There was a New-Zealander and his wife staying there – jolly people – and a young nephew who had been ill was coming next day for a breath of sea air to buck him up. (T.C. Worsley)

2. The studio was well heated, Annamaria had insisted, but the cold leaked in through the wide windows. (B. Malamud)

3. It was an unpleasant morning at the office. To begin with, the situation was more puzzling than ever. Once more, Mr Dershingham did not appear, but telephoned about half past ten to say that he would not be there until late afternoon and would Mr Smeeth "just carry on." (J. B. Priestley)

4. In a text describing the Soviet way of life. The Soviet logic seemed to be that solitary diners use up too many tablecloths. Also, they tend to be full of gloom. Since long-married couples often have little to say to one another, put the solitaries and the married couples together. It can't be any more gloomy and it certainly saves tablecloths. American logic – Dammit, I'm alone and I feel like eating alone. I'll pay a cover charge for the extra tablecloth – falls on ears that cannot hear. You are in a land where all, more or less, make do for all, and where everyday needs cost little. Bread is almost free. (N. Mailer, *The Sunday Times*, 4.11.84)

5. Minta Doyle and Paul Rayley had not come back then. That could only mean, Mrs Ramsay thought, one thing. She must accept him, or she must refuse him. This going off after luncheon for a walk, even though Andrew was with them – what could it mean? (V. Woolf)

6. The housekeeper's reminding her that Mr Orme would be at home the next day for dinner, and did she think he would like the venison with claret sauce or jelly, roused Kate to the first consciousness of her surroundings. (E. Wharton)

12 Les temps

Bien qu'il n'y ait pas, c'est évident, d'équivalence automatique entre les temps anglais et français, il existe assez de ressemblances pour que le traducteur soit tenté de relâcher son attention.

Voici quelques-unes des sources d'erreurs les plus courantes.

Would

Confusion entre le *would* du conditionnel et sa valeur de « forme fréquentative », qui se traduit le plus souvent par un imparfait :

- *I could never tell him. He would scream. What shall I do?*

    Jamais je ne pourrais lui en parler. Il serait furieux…

- *I could never tell him. He would scream. He always did.*

    Je ne pouvais jamais lui en parler. Il était furieux…

Les subordonnées de temps

Voici les différences d'emploi des temps :

ANGLAIS	FRANÇAIS
• **present** *I'll ring you when I come back.*	**futur** Je te téléphonerai lorsque je serai de retour.
• **preterit** *He said he would visit them in New York as soon as he had enough money.*	**conditionnel** … dès qu'il aurait assez d'argent.
• **present perfect** *Come and see me when you have made up your mind.*	**futur antérieur** … quand vous aurez pris une décision.
• **pluperfect** *He said that he would phone us as soon as he had received an answer.*	**conditionnel passé** … dès qu'il aurait reçu une réponse.

ATTENTION !

- C'est surtout lorsqu'il y a inversion que l'on voit apparaître des erreurs de traduction :
    - *When he returned, she was going to give him the message.*

        Lorsqu'il rentrerait, elle lui ferait la commission.

        (= style indirect libre, **et non** : Lorsqu'il rentra, elle fut sur le point de…)

- Ne confondez pas le *when* qui introduit une subordonnée de temps et le *when* qui introduit une interrogative indirecte.

Comparez :

- (1) *Tell me when you come.* Dites-le moi quand vous viendrez.

    (2) *Tell me when you will come.* Dites-moi quand vous viendrez.

Autres cas

ANGLAIS	FRANÇAIS
preterit • *I had never had any trouble since I bought it.*	• Il faut souvent choisir entre l'**imparfait**, le **passé simple** et le **passé composé**. • Il peut aussi correspondre à un plusque-parfait. … depuis que je l'avais acheté. • Il peut se rendre par un présent historique.
present • *I forget which of the two sisters went to America.*	Il peut parfois correspondre au **passé composé** (avec le verbe *forget*). J'ai oublié…
present perfect • *I have known him for over ten years.* • *He looked like someone who has been caught redhanded.*	Il correspond souvent à un **présent**. Je le connais depuis plus de dix ans. (**et non** : Je l'ai connu pendant plus de dix ans.) Il peut parfois se traduire par un conditionnel, dans des comparaisons. Il ressemblait à quelqu'un qu'on aurait pris la main dans le sac.
pluperfect • *In persuading Donald to work for the University Morhad won one of his rare victories. He had been paying for it ever since.* (I. Murdoch)	Il ne correspond pas toujours au plus-que-parfait français, mais parfois à l'imparfait (lorsqu'on le rencontre avec *for* ou *since*). … il la payait depuis.

ATTENTION ! Le temps utilisé dans la traduction française dépend également de l'**aspect** :
- *He never mentioned it.*
    - (1) Il n'en parlait jamais.   (aspect habituel)
    - (2) Il n'en a jamais parlé.   (aspect ponctuel)
    - (3) Il n'en a pas parlé.   (aspect ponctuel, familier)

1. ▶ *Traduisez.*

1. I told you he'd never accept such an offer.
2. They had met through Labour Party activities, when Mor had been teaching in a school on the South side of London. (I. Murdoch)
3. "What happened at Paddington?"
   "I waited. When you arrived, I was all set to follow you into the station, find what train you were taking. But you didn't arrive." (Mc Innes)
4. So I said good night to Uncle Jim, who turned and smiled at me and winked through the smoke, and I kissed Annie and lit my candle… I stopped outside Gwilym's door on the draughty landing. "Good night."

The candle flame jumped in my bedroom where a lamp was burning very low, and the curtains waved; the water in a glass on a round table by the bed stirred, I thought, as the door closed, and lapped against the sides. There was a stream below the window; I thought it lapped against the house all night until I slept. (D. Thomas)

5. He was bright-eyed, kindly, and walked – if I remembered rightly – with a limp; he had been wounded as a young man in the First World War. His wife Rosa, vivacious, plump, had been a redhead. (D. du Maurier)

2. *Étudiez la façon dont les passages suivants ont été traduits.*

1. Nothing happened about Talat. It is just a name. We never heard it again. If he used the passport we don't know. (E. Ambler)
Eh bien, rien n'est arrivé. Nous n'avons plus eu de nouvelles de ce Talat. S'il a utilisé le passeport, nous n'en avons rien su.

2. Boris was to give a cough when he thought the moment favourable. I waited trembling, for at any moment the patron's wife might come out of the door opposite the office, and then the game was up. However, presently Boris coughed. (G. Orwell)
a/ *Boris devait tousser pour m'avertir du moment propice. Je rongeais mon frein, en tremblant, redoutant que la femme du patron n'apparaisse à la porte située juste en face du bureau. Et d'un seul coup, tout se décida. Boris toussa.*
b/ *Boris devait tousser au moment favorable. Je tremblais, car la patronne pouvait à tout instant sortir par la porte située en face du bureau, et la partie serait perdue. Mais la toux de Boris ne tarda pas à se faire entendre.*

3. Jim (…) continued. "What did you do after Mr Fitzhubert started to walk towards the Rock?"
"The Colonel wakes up and starts hollering it's time to go home and I goes after Mr Michael and blow me if he isn't sitting down on a log and the sheilas out of sight."
"About how far from the pool would this log be?"
"Look, Jim, you know as well as I do." (…)
"All right, I'm only ascertaining the facts – go on."
"Anyway, Michael gets on that Arab pony…" (J. Lindsay)
Jim (…) poursuivit.
– Qu'avez-vous fait lorsque Mr Fitzhubert s'est dirigé vers le Rocher ?
– Le Colonel s'est réveillé et s'est mis à gueuler qu'il était temps de rentrer, alors j'ai été chercher Mr Michael et que je sois pendu si je ne l'ai pas trouvé assis sur une souche, et les poulettes avaient disparu.
– À quelle distance environ du bassin, la souche en question ?
– Écoute, Jim, tu le sais aussi bien que moi. (…)
– Bon, d'accord – je ne fais que confirmer les faits, continuez.
– Eh bien, Michael a enfourché le cheval arabe…

4. Stevens got up. Marie was standing there expressionless, and as he passed her Stevens (from a cloudy motive he could not analyse) lifted her hand and put it to his lips. Then he was out in the hall, greeting Mark with jovial heartiness, saying that they were about to sit down to dinner, and wouldn't Mark have a cocktail?
Mark Despard stood just inside the door, and there was another man – a stranger – behind him. (J. Dickson Carr)
Stevens se leva. Marie était demeurée immobile, le visage dénué d'expression. En passant devant elle – pour une raison vague qu'il n'eut pas le temps d'analyser – Stevens lui prit la main et la porta à ses lèvres. Puis il alla accueillir Mark Despard avec cordialité, lui disant qu'ils étaient sur le point de se mettre à table et lui demandant s'il accepterait un cocktail ? Mark Despard avait fait un pas à l'intérieur de la maison et il y avait un autre homme, un étranger, avec lui.

13 La portée de l'adverbe

Les principaux problèmes de compréhension posés par l'emploi des adverbes sont liés à leur portée, c'est-à-dire au(x) mot(s) qu'ils qualifient. Il faut retenir les points suivants.

• L'adverbe peut porter :

sur un seul mot :

- *I was only fifteen when it happened.* Je n'avais que quinze ans...

sur une phrase entière :
- *Admittedly, he's been very popular as a mayor.*
  De l'aveu général... / Tout le monde s'accorde pour reconnaître...

sur plusieurs mots :

- *She was strangely moved and happy.* Elle était étrangement émue et heureuse.

• Il n'est pas nécessairement proche du mot qu'il modifie. Dans l'exemple qui suit, *enough* modifie *good* de même que *fast*, et *certainly* modifie *not fast* :

- *It wasn't good and certainly, in spite of all we had been told, not fast enough to suit us.*
  Ce n'était ni d'assez bonne qualité, ni assez rapide pour nous convenir.

• C'est très souvent la **place** de l'adverbe qui justifie sa portée :
  - *He is young, too.* Il est jeune, lui aussi. (ou bien : De plus, il est jeune.)
  - *He is too young.* Il est trop jeune.

Certaines phrases peuvent cependant être ambiguës :

- *I only read the report yesterday.*

  (*only read*)   (1) Je n'ai fait que lire le rapport hier.
  (*only the report*)   (2) Je n'ai lu que le rapport hier.
  (*only yesterday*)   (3) Ce n'est qu'hier que j'ai lu le rapport.

Oralement, l'intonation empêcherait toute ambiguïté. Dans un texte écrit, c'est le contexte qui doit dicter le sens.

ATTENTION ! Les adverbes de temps peuvent se rapporter à un mot (nom ou verbe, par exemple) sans être introduits par un verbe ou une proposition.

His fear this morning... = *The fear which he felt this morning...*

Ceci peut prêter à confusion dans certaines phrases, où l'étudiant pense parfois que l'adverbe porte sur une autre partie de la phrase ou la proposition toute entière.

- *After President Reagan's statement last week many letters of protest have reached the White House.*

   Après la déclaration faite par le président Reagan la semaine dernière, la Maison Blanche a reçu…

   (*Last week* porte donc sur *statement* et non sur *letters of protest have reached…*)

- La portée de la négation est une fréquente cause d'erreurs.

Comparez :

- (1) *They were truly not happy.* Il ne faisait aucun doute qu'ils n'étaient pas heureux.

   (2) *They were not truly happy.* Ils n'étaient pas vraiment heureux.

1. ▶ *Comparez les phrases suivantes et traduisez-les.*

1. a/ She naturally couldn't do it as she was tired.
   b/ She couldn't do it naturally as she was tired.
   c/ She couldn't do it as she was naturally tired.

2. a/ She had been nearly totally paralyzed from a stroke. (W. Styron)
   b/ She had nearly been totally paralyzed from a stroke.

3. a/ Even I knew that the Post was hardly radical. (W. Styron)
   b/ I even knew that the Post was hardly radical.

4. a/ I'd rather bet a lot.
   b/ I'd bet rather a lot.

5. a/ If we had not been first cousins…
   b/ If we had not been cousins first…

6. a/ I really don't want to get involved in that.
   b/ I don't really want to get involved in that.

7. a/ He is still in England.
   b/ Still, he is in England.

8. a/ Nobody voted for him.
   b/ Not everybody voted for him.

9. a/ I went there when everything was over.
   b/ I went when everything was over there.

10. a/ They might well have done it.
    b/ They might have done it well.

11. a/ So you did.
    b/ So did you.
    c/ You did so.

12. a/ However, try hard…
    b/ However hard you try…

2. ▶ *Les phrases qui suivent, à l'exception des trois dernières, sont extraites du roman de Henry James,* **The Wings of the Dove.**
Soulignez tous les adverbes. À l'aide de flèches, montrez quels mots, ou expressions, ils modifient. Traduisez les phrases.

1. Decidedly there was something he hadn't enough of.
2. He had been but too probably spoiled…
3. She scarce even then knew where she was.
4. Never yet so much as just of late had Mrs Stringham seen her companion exalted.
5. It amused her even with what she had else to think of.
6. This was doubtless really because she cared for him so little.
7. She shook her head both lightly and mournfully enough at his not understanding.
8. He couldn't quite on the spot turn round…
9. She was… quite the largest quantity to deal with.
10. He formed a strong conviction… that she was occupied in improving her at present slight acquaintance with her kinsmen at New Hall – while at the same time doing her best to subdue the conscience of the already amorously enthralled Lumb. (M. Innes)
11. The trouble was that she could not see at present how her love for David could change sufficiently for her not now and henceforth for ever to be in the position of concealing something which he would uneasily suspect. (I. Murdoch)
12. Such agreements in Germany are binding, so not a lot more was heard about working hours for a while. *(The Economist)*

14 La portée de l'adjectif

La place de l'adjectif, ainsi que sa portée, donnent souvent lieu à des erreurs de compréhension. Voici les points principaux dont il faut se souvenir.

- L'erreur la plus fréquente consiste à considérer l'adjectif comme un nom lorsqu'il est suivi d'une virgule qui le sépare d'un autre adjectif.
Si vous ne comprenez pas le sens du mot X dans la phrase suivante :
  - *She was a X, lovable lady.*

vous savez cependant qu'il s'agit d'un adjectif qui, de même que *lovable* qualifie *lady* :
C'était une dame charmante et…
Si X était un nom, la phrase aurait été :
She was a X, a lovable lady.
L'expression *a lovable lady* serait alors en apposition :
C'était une…, une dame charmante.

- L'adjectif peut être séparé du nom qu'il qualifie :
  - *His quiet and, strange as it may seem, dignified attitude mollified his father.*
= son attitude calme et digne…

- L'adjectif peut qualifier plusieurs noms et non pas seulement celui qui suit immédiatement. Comparez :
  - (1) *the modern paintings and sculptures* = les peintures et sculptures modernes,

  (2) *the modern paintings and the sculptures* les peintures modernes et les sculptures.

- L'adjectif ne se rapporte pas toujours au premier nom qui suit, un groupe épithète pouvant lui-même contenir un nom :
  - *beautiful soft leather gloves*
de beaux gants de cuir souple (**et non** des gants souples).

On peut ainsi trouver de longs groupes nominaux dans lesquels certains ensembles ayant fonction d'adjectif seront eux-mêmes complexes :
  - *The ready to wear, fashionable though poor quality garments that were for sale…*
Les vêtements de prêt à porter du dernier cri bien que de mauvaise qualité…

- Devant un génitif, l'adjectif qualifie le premier nom, c'est-à-dire celui qui suit immédiatement l'adjectif.
Comparez :
  - (1) *the new student's book* le livre du nouvel élève ;

  (2) *the student's new book* le nouveau livre de l'élève.

Mais lorsqu'il s'agit d'un génitif générique (où l'idée de possession est étendue à toute une catégorie, par exemple *a child's toy* = « un jouet d'enfant », par opposition à : « le jouet d'un enfant ») l'adjectif peut qualifier le groupe entier ou bien le premier nom seulement :

- *an interesting woman's part* un rôle de femme intéressant ;

  an old boys' meeting une réunion d'anciens élèves.

C'est bien sûr le sens qui détermine alors la portée de l'adjectif. Mais quelques ambiguïtés restent possibles :
- *his lovely child's face*

  son charmant visage d'enfant (*Lovely* qualifie *child's face*.)

  le visage de son charmant enfant (*Lovely* qualifie *child* seulement.)

• Il ne faut pas oublier que lorsqu'il y a un comparatif les deux adjectifs peuvent être loin l'un de l'autre (ou bien le comparatif peut être loin de *than*) :
   It was a better idea, in spite of all the criticisms that I'd heard recently, all the grumbling and sneering, than anything I'd ever heard before.

• Ne pas confondre l'adjectif épithète et l'adjectif employé comme attribut du complément dans les expressions résultatives.
Comparez :
- (1) *I had to jerk my free arm.* = ... dégager mon bras libre
- (2) *I had to jerk my arm free.* = ... dégager mon bras d'une secousse.

1. ▶ *Expliquez la différence entre les phrases suivantes, puis traduisez-les.*

1. a/ Have you seen those new French patterns?
   b/ Have you seen those New England patterns?

2. a/ ... its reputedly bottomless holes and caves. (J. Lindsay)
   b/ ... its reputedly bottomless holes and its caves.

2. ▶ *Rétablissez la ponctuation de façon à obtenir deux sens différents.*

1. a/ It was good to rediscover the long forgotten walks.
   b/ It was good to rediscover the long forgotten walks.

2. a/ A fast moving car.
   b/ A fast moving car.

3. *Quels sont les deux sens possibles de l'expression* a poor invalid's diet *? L'expression* the poor invalid's diet *est-elle aussi ambiguë ? Pourquoi ?*

4. ▶ *En utilisant des flèches et en encadrant les mots, montrez le rapport entre les noms et les adjectifs dans les phrases qui suivent. Puis traduisez-les.*

A nice girl = Nice qualifie girl.

1. She did her best to revive the old village life.

2. I can't find my evening classes pocket notebook.

3. He was staying in an Anderson, S.C., motel room.
4. Then there came the child's high, complaining yet imperative voice. (D.H. Lawrence)
5. It was a typical blatant, thundering lie. (H.E. Bates)
6. And what odd, what essentially eccentric facts! (A. Huxley)
7. He had no inkling of how impossible it would be to try to ingratiate himself... within the corridors of this stainless-steel, jackbooted, mammoth modern power, the first technocratic state, with its... electrified filing-card systems and classification procedures. (W. Styron)
8. And elsewhere the normal electric demands of a pampered, spoiled, convenience-oriented, gadget-minded, power-guzzling populace continued unabated. (A. Hailey)
9. Now, several oil shocks and years of dismal growth rates later, all political parties agree that the state is providing more welfare than it can properly afford. *(The Economist)*
10. The government also introduced a penny-pinching, and probably pointless, change in the [means-tested] method of support for students. *(The Economist)*
11. About a boy whose family moved house. Being a cool, not to say an ice-cold, ten at the time, I took the big move, so far as I know, untraumatically. (J.D. Salinger)
12. Inside was almost the same photo: me in tweed jacket, machine washable at number five trousers, cor-blimey hat and two-tone shoes... (L. Deighton)
13. It seemed strange to think that Jennie's home which she had painted in such warm, happy, even, if the word had not been debased, cosy colours should lie among such plain, almost deadening landscape. (A. Wilson)

15 L'adjectif : les degrés de comparaison

Ils sont la cause de très nombreuses erreurs de compréhension. Voici les principales :

Adjectifs

- Participes employés comme adjectifs

La confusion est souvent faite entre le participe passé et le participe présent :
- *He looked boring.* Il avait l'air ennuyeux.
  He looked bored. Il avait l'air de s'ennuyer.

- Certains adjectifs, précédés de l'article défini, peuvent être employés comme noms, avec un sens collectif :

  the poor, the rich, the blind, the unemployed...

Les erreurs peuvent provenir du fait qu'ils ne prennent pas la marque du pluriel :
- *The wounded will be taken to the nearest hospital.* = les blessés

  (**et non** : « le blessé », qui serait *the wounded man*.)

Un superlatif peut être employé de la même façon :
- *I got several answers. The politest said that...* = la plus polie (ou les plus polies)

Degrés de comparaison

Il ne faut bien sûr pas confondre les formes du comparatif et celles du superlatif.

Comparatif
- *I find* Lord of the Flies *more interesting than* Free Fall. = ... plus intéressant que...

Superlatif
- *I think that* Lord of the Flies *is Golding's most interesting book*.
  = ... son livre le plus intéressant.

- Parmi les comparatifs irréguliers, il faut noter le cas de *late* dont on confond souvent les différentes formes :
  - *Golding published* Lord of the Flies *in 1954. Free Fall was published years later.*
    = ... plus tard.
  - *His latest book came out in 1984.* = ... son livre le plus récent.
  - *The last book I read by Golding was* The Spire. = le dernier (d'une suite).
  - *If I were you and had to choose between* Lord of the Flies *and* Free Fall.
    I would choose the former. I think you would find the latter too difficult to read.
          le premier nommé   le dernier nommé

- ATTENTION ! Ne confondez pas :
  - (1) *He is most intelligent.* = tout à fait..., fort..., des plus...

  (2) *He is the most intelligent.* = le plus... (d'un groupe).

- Notez la structure : *at* + adjectif possessif + superlatif
  - *She was at her best.* Elle était en pleine forme.

- En anglais, on emploie un comparatif à la place d'un superlatif lorsque l'on compare deux éléments seulement :
  - (3) *I think* Lord of the Flies *is his best book.* = le meilleur de tous ses romans.

  (4) *I think* Lord of the Flies *is the better book.* = le meilleur, sous-entendu : des deux livres dont on parle.
  - (5) *his elder son* = son fils aîné (Il n'en a que deux.)

  (6) *his eldest son* = son fils aîné. (Il en a plus de deux.)

Cet emploi du comparatif est très courant, l'anglais ayant une certaine tendance à classer idées et choses en deux catégories. En français, le comparatif ne convient pas toujours pour traduire cet emploi :
  - the *Lower House* / the *Upper House*.
    la Chambre Basse (= la Chambre des Communes).
    la Chambre Haute (= la Chambre des Lords).
  - *It was one of my better days.*
    C'était l'un de mes bons jours (par opposition aux mauvais).

- Quelques constructions formées à partir de comparatifs et souvent mal comprises :
the + comparatif..., *the* + comparatif...
  - *The more he thought about it, the more mysterious it seemed.*
    Plus il y pensait, plus cela semblait mystérieux.
  - *The farther he got, the deeper the snow became.*
    Plus il avançait plus la neige était épaisse.

Le verbe est parfois sous-entendu dans cette structure :
  - *The more, the merrier.* Plus on est de fous, plus on rit.
  - *The more you can do today, the better.*
    Plus tu pourras en faire aujourd'hui, mieux cela vaudra.

(all) the + comparatif + *because... as... / since...* → d'autant plus... que...
  - *I am all the more interested as I've read a book on the subject.*
    Je suis d'autant plus intéressé que je viens de lire un livre sur ce sujet.

All est très souvent omis, ainsi que la proposition causale introduite par *because* ou *as* si le contexte est suffisant pour expliquer la cause :
  - *Il feel the better for talking with him.*
    Je me sens beaucoup mieux maintenant que je lui ai parlé.
  - *He'd never been considered as really bright, so that his results were the more remarkable.*
    ...ce qui rendait ses résultats d'autant plus remarquables.

Notez aussi quelques expressions idiomatiques dans lesquelles cette même structure apparaît :
- *You're none the wiser for it.* Vous n'en êtes pas plus avancé.
- *She was none the worse for the incident.* Elle ne s'est pas ressentie de cet incident.
- *Paul can come as well? So much the better!* ... Tant mieux !

Enfin, de nombreuses erreurs sont dues au fait que les deux termes comparés peuvent être éloignés l'un de l'autre dans la phrase :

It *would have been* as *impossible for Morrison Breme to have lived as long as he has with the type of mind he has without having a criminal record* as *it would have been for your wife to have looked me in the eyes and lied about having gone to that cabin.* (E. Gardner)

(Structure : *as impossible... as it would have been...*)

1. ▶ *Traduisez les phrases suivantes.*

1. A string of lesser evils. (S. Bellow)
2. In adolescence, Dewey had always had the upper hand. (S. Bellow)
3. They say time passes quicker the older you get.
4. It would be the better part of two hours before he had to return.
5. She gave a meaningful sigh which, when the green lights came on, made him drive all the faster. (M. Spark)
6. I was none the happier for it.
7. Yes. You're right. He didn't understand. All the better... (A. Wilson)
8. Well, they don't do it now, do they? They've learned better. (S. Barstow)
9. She went to bed thinking of this, though she knew that by the light of day she might think better of it. (P. Highsmith)
10. Millionaire entrepreneurs and the well-heeled retired are wanted by the Isle of Man. *(The Daily Telegraph)*
11. Robert was at his most ingratiating and irritated his hostess.
12. (About so who has had an accident) He hoped and trusted that I was back in harness, and none the worse for wear. (R. McDonald)
13. Everything was quiet enough, but it was as much as their jobs were worth to say so. (E. Waugh)
14. If they were ranged in columns of threes and we allowed them one yard between ranks. I calculate the procession would cover the best part of six miles. (H.F. Ellis)
15. He moves down the aisle to his favourite chair with nods and smiles which are none the less assured for being nowhere acknowledged. (R. Hoggart)
16. Excuse our provincial manners, Miss Carter, we don't know any better. (I. Murdoch)
17. Throughout his long life his concern for the past, for his family and its lineage, had been both reverent and inspired – a man as blissfully content to browse through the correspondence and memorabilia of some long-defunct, dull and distant cousin as is a spellbound Victorian scholar who has stumbled on a drawer full of heretofore unknown obscene love letters of Robert and Elizabeth Browning. (W. Styron)

2. *Étudiez les passages qui suivent et leur traduction. Proposez une nouvelle traduction si cela vous semble nécessaire.*

1. Once he had tried to take his chains off, outside New Milford, and he had got them wound around the axles. A man had had to come out in a wrecking car and unwind them, a young, grinning garageman. (J. Thurber)
Mitty, un jour, avait voulu retirer les chaînes de ses pneus à la sortie de New Milford et elles s'étaient coincées autour des essieux. Il avait fallu que quelqu'un vienne dans une vieille guimbarde pour les enlever, un jeune garagiste grimaçant.

2. The present owner's superior virtue as well as his deeper craft spoke in his reference to the late editor as one of that baser sort who deal in false representations. (H. James)
La qualité supérieure de l'actuel propriétaire, jointe à son habileté plus grande, l'incitaient à se référer à l'ancien directeur comme à un journaliste de la plus basse espèce, qui fait commerce d'images fausses.

3. "And I hope," added my grandmother in conclusion, "the child will not be like her mama; as silly and frivolous a little flirt as ever sensible man was weak enough to marry." (C. Brontë)
« Et j'espère, ajouta ma marraine en terminant, que l'enfant ne ressemblera pas à sa maman : une petite coquette, la plus sotte et la plus frivole que jamais homme sensé ait eu la faiblesse d'épouser. »

16 Le nombre

L'emploi du singulier et du pluriel n'est pas le même en français et en anglais. Voici les points (*cf.* tableau, p. 69) qui conduisent le plus souvent à des erreurs de compréhension ou à des traductions maladroites.

1. ▶ *Traduisez les phrases qui suivent après avoir bien examiné le tableau ci-contre.*

1. He's given me excellent advice.
2. It's all a question of politics.
3. Stop talking nonsense!
4. He talks such rubbish!
5. This church has beautiful stained glass.
6. He's writing another book in the series.
7. We reached the barracks soon after nine o' clock.
8. Every child knows intuitively how far he can go with adults.
9. He demanded an assurance that there would be no such attack on the financing of food for the starving. *(The Guardian)*
10. Alec is often home late for supper on Mondays.
11. Mr Reagan... hasn't any true command of detail anyway – remains a frightful nullity. *(The Guardian)*
12. He declared to himself that it was only the doomed and the damned who roared with sincerity at circumstance. (S. Crane)
13. The lovers had disappeared among the sandhills and were lying down there with the broken tins and bottles of the summer passed, old paper blowing by them, and nobody with any sense was about. (D. Thomas)
14. The villa overhung the slope of its hill and the long valley of the Arno, hazy with Italian colour. (H. James)
15. It is no secret that the movie rich live rich. *(The Sunday Times)*
16. His efforts to question the government... [have brought] down orchestrated abuse from the government benches. *(The Sunday Times)*
17. They may have thought they were arguing with those Tories who wanted more public spending. *(The Economist)*
18. He went further than any other minister, saying his ultimate goal was price stability. *(The Economist)*

ANGLAIS	FRANÇAIS
singulier ──────────────→ pluriel	
• Certains noms anglais, à **sens collectif**, ont une forme de singulier en anglais mais correspondent à un pluriel en français. Plusieurs types de noms entrent dans cette catégorie, certains s'accordant avec un verbe au pluriel, d'autres avec un verbe au singulier : • *I think their furniture is hideous.* • *People are very friendly here.* • Il faut mettre dans cette même catégorie **les adjectifs employés comme noms** : • *his generosity with the poor* **certains gérondifs** : • *I won't have any of this shilly-shallying!*	 Je trouve qu'ils ont des meubles hideux. Les gens sont très gentils ici. sa générosité envers les pauvres Je ne supporterai pas toutes ces tergiversations !
pluriel ──────────────→ singulier	
• Certains noms anglais à l'aspect pluriel correspondent à un singulier français : **Accord singulier en anglais** • *We must find a means to do it, and a good one at that.* • *He's got measles.* **Accord pluriel en anglais** • *His wages are excellent.* • *He is very poor at physics.* • *Your shorts are filthy!* Pour exprimer l'appartenance ou la possession, on emploie le pluriel en anglais pour parler d'un objet (ou d'une partie du corps) lorsque plusieurs personnes en possèdent un « exemplaire ». Le français préfère alors le singulier : *Bring your grammar books next Friday.* Comparez : (1) *They were asked to open their bags.* (= *They each had a bag.*) (2) *They were asked to open their bag.* (= *They only had one bag between them.*)	 Nous devons trouver un moyen de le faire… Il a la rougeole. Il a un excellent salaire. Il est nul en physique ! Ton short est dégoûtant ! Apportez votre grammaire vendredi prochain. On leur demanda d'ouvrir leur sac. (même phrase en français)

17 Les mots composés

Il ne faut pas oublier qu'en anglais le premier élément d'un tel groupe qualifie toujours le second. C'est donc le second terme qui est le plus important, le premier ne faisant que nuancer son sens.

Adjectifs composés :
- *a light-blue coat*
  un manteau bleu clair.

Noms composés :
- *an inkblot*
  une tache d'encre.

Les causes principales d'erreurs sont les suivantes :

• **Inversion des deux éléments**

On comprend *a vegetable garden* (→ un jardin potager) comme voulant dire "*a garden vegetable*" (→ un légume de jardin). C'est là un cas typique de calque, puisque l'on suit alors la structure française dans laquelle c'est le second terme qui qualifie le premier.

• **Confusion entre un adjectif et un génitif**

Comparez :
- (1) *her master-key*
  son passe-partout (*master* a ici une valeur adjectivale) ;
  (2) *her master's key*
  la clé de son maître.

• **Confusion entre un nom et un adjectif**

Comparez :
- (3) *He keeps a sweet shop.*
  = une adorable boutique (*sweet* = adjectif) ;
  (4) *He keeps a sweetshop.*
  = une confiserie (*sweet* = nom à valeur adjectivale).

ATTENTION ! Il y a souvent omission du tiret entre les deux termes du mot composé.

• **Erreurs portant sur la valeur à donner au premier terme**

Comparez :
- (5) *a bone crusher*
  un casse-os ;
  (6) *a bone bender*
  instrument en os utilisé en reliure pour plier le papier ou le cuir.

1. ▶ *Analysez la fonction des mots dans les phrases qui suivent, puis traduisez-les.*

1. a/ A red-brick house.
   b/ A brick-red house.

2. a/ He is a sound detective.
   b/ It's a sound detector.

3. a/ It was a beautiful horserace.
   b/ It was a beautiful racehorse.

4. a/ It was dark when we got to the houseboat.
   b/ It was dark when we got to the boathouse.

5. a/ He won't come: he's on orderly duty.
   b/ He won't come: he leads such an orderly life.

6. a/ Meetings must be voluntary and student-initiated.
   b/ Meetings must be voluntary and students initiated.

2. ▶ *Traduisez.*

1. ...it was like a small, dead-coloured mask... (W. Faulkner)

2. ...the deputy-commissioner meeting Yusef... (G. Greene)

3. ...so says our eye-witness. (W. Morris)

4. ...the sour reek of the refuse-carts... (G. Orwell)

5. ...sweat-moistened hair... (E. Gardner)

6. ...a memory-racked mind... (W. Styron)

7. ...the pollen-hazy light... (W. Styron)

8. ...shades of gold-flecked green... (W. Styron)

9. ...the sun-encrimsoned Hudson... (W. Styron)

10. The weather... was sunny and mild, flower-fragrant. (W. Styron)

11. ...knocking thistle-heads off with my stick... (G. Orwell)

12. War-weary and ruined... their motherland received them. (E. Ambler)

13. Even the houses, constructed as usual with the off-cuts from tree-trunks, had an ill-kempt, dirty look. (G. Durrell)

14. They are serving economy-sized coffees... with exotic pastries of honey-smothered nuts. (L. Deighton)

15. I became weary of the sameness of the job, weary too of chain-smoking and the smog-shrouded view of Manhattan. (W. Styron)

16. ...disenchanted stunt-men; midget auto-racers, poignant California characters with their end-of-the-continent sadness... (J. Kerouac)

18 Les pronoms

One

Il ne faut pas confondre *one*, pronom indéfini ou impersonnel et le numéral *one* (*one, two, three*…).

Comparez :
- (1) *Most of them pretended not to care, but one looked frightened.*
  = l'un d'entre eux, une personne.
- (2) *They gave us blank, unsmiling looks – enough to frighten one.*
  = Il y avait de quoi vous faire peur.

ATTENTION !

Emplois particuliers
- *That's a good one!* En voilà une bien bonne !
- *I've never been a one for bridge.* Je n'ai jamais été passionné(e) de bridge.
- *They stopped at the pub for a quick one.*
  Ils se sont arrêtés au pub pour boire un verre en vitesse.
- *I landed him one in the ribs.* Je lui ai flanqué un coup dans les côtes.
- *One up for us!* C'est nous qui marquons ! / …qui avons l'avantage.
- *I, for one, disagree.* Quant à moi…

Repérage de ce à quoi renvoie *one*

Dans la phrase suivante, par exemple, *one* reprend *reason* :

> *Although the pound's slide began last year for two good reasons – weaker oil prices, a bounding dollar – it continued against every major currency for the most avoidable one: moneymen were scared that Mrs Thatcher had gone soft.* (The Economist)

Little et few

Il ne faut pas confondre *a little* (un peu) / *a few* (quelques-uns) et *little* / *few* (peu). Les premiers insistent sur la présence d'un certain nombre, d'une certaine quantité, alors que les derniers mettent l'accent sur l'insuffisance.

Comparez :
- (1) *You needn't go and get bread. There's a little left from this morning.*
- (2) *Could you go and get some bread? There's little left from this morning.*

Les pronoms réfléchis

Ne confondez pas
- Les pronoms réfléchis utilisés quand le complément du verbe désigne la même personne que le sujet. Un verbe pronominal suffit alors en français :
  - *Did she hurt herself?* Est-ce qu'elle s'est fait mal ?
  (**et non** : Est-ce qu'elle s'est fait mal elle-même ?)

- Les pronoms réfléchis à valeur emphatique :
  - *Stewart's away. I've had to finish the article myself.*
    Stewart n'est pas là. J'ai dû finir l'article moi-même.

Les pronoms possessifs

Attention à bien reconnaître les pronoms possessifs lorsqu'ils précèdent le nom auquel ils renvoient :
- *His was just a poor, miserable life.*
  Sa vie n'était qu'une triste et pauvre vie.

Les pronoms personnels

- N'oubliez pas que :

It peut renvoyer à un bébé ;

she peut renvoyer à un bateau, une locomotive, une voiture, une machine, etc., surtout lorsqu'on les connaît bien et que l'on y est attaché ;

he et *she* peuvent parfois renvoyer à des animaux familiers.

- They peut reprendre des collectifs (par exemple, *the police, the government*), un groupe d'individus (*the rich*) ou des pronoms indéfinis tels que *someone, somebody* :
  - *Nobody ever accepts they're wrong.*
    Personne n'admet jamais avoir tort.

They peut avoir une valeur d'indéfini, même lorsqu'il ne reprend pas un pronom :
- *They say whisky is good for the heart.* = On dit que...

ATTENTION !

Cas particuliers

- *I*
  - *I, for one, refuse to believe it.* Quant à moi...
  - *I should tell her at once.* Moi, je lui en parlerais tout de suite.
    = À votre / sa... place, je...

- *You*

Employé à la deuxième personne de l'impératif pour insister (assez familier) :
- *Don't you dare do it again!*
  Ne t'avise pas de recommencer !

Dans une expression du type :
- *There's efficiency for you!*
  Voilà ce que j'appelle de l'efficacité.

N'oubliez pas que *you* peut être indéfini et donc ne pas renvoyer à l'interlocuteur :
- *You never know!*
  On ne sait jamais !

Dans une apostrophe :
- *You cheaters!*
  Bande de tricheurs ! / Espèces de tricheurs !

- *Them* peut avoir une valeur de démonstratif (langue familière) :
  - *I'll show them idiots what I can do.* = those idiots
    J'apprendrai à ces espèces d'idiots...

Deux points, enfin, méritent d'être mentionnés ici, bien qu'il s'agisse de problèmes de traduction et non de compréhension.

• Le choix que le traducteur devra faire entre « tu » et « vous » en traduisant *you*, troisième personne du singulier.

• Les ambiguïtés qui peuvent résulter du fait que le français n'a que deux pronoms personnels troisième personne (« il »-« elle ») là où il y en a trois en anglais (*she-he-it*). Il sera donc souvent nécessaire de reprendre le nom de la chose ou de la personne en français plutôt que de garder le pronom. C'est ce qu'il faudrait faire en traduisant la phrase qui suit, par exemple :

> • *But for Charles, and for almost all his contemporaries and social peers, the time signature over existence was firmly adagio. The problem was not fitting in all that one wanted to do, but spinning out what one did to occupy the vast colonnades of leisure available. One of the commonest symptoms of wealth today is destructive neurosis; in his century it was tranquil boredom.* (J. Fowles)

… au siècle où vivait Charles…

---

1. ▶ *Comparez les phrases qui suivent et traduisez-les.*

1. a/ When you sleep, you snore.
   b/ When you sleep, your heart beats more slowly.

2. a/ When you hear him, you think he's a foreigner.
   b/ When you hear him, you'll think he's a foreigner.

2. ▶ *Traduisez les phrases suivantes.*

1. Here's the power of the press for you. (E. Waugh)

2. Theirs was a neat, unkindly cottage with no windows on the harbour side. (S. Lewis)

3. It was Mr Gatsby himself, come out to determine what share was his of our local heavens. (F.S. Fitzgerald)

4. Now there's the geography of apartness for you, if ever there was! (J. Wreford Watson)

5. For as the frigate had a captain, of course, so far as she was concerned, our commodore was a supernumerary. (H. Melville)

6. Punk mohicans are one thing – and Irvine, for one, loves street fashion, creative and stimulating as it is – but, for the Rusks, hairstyling is nothing less than Art. *(The Sunday Times)*

19 Le pronom *it*

Il est important de déterminer si *it* a pour référent un mot, une expression, une proposition... ou bien s'il fait partie d'une expression idiomatique, sans donc avoir de référent.

It de reprise ou d'anticipation

- *It* peut reprendre

un mot :

The poem has been long praised, and it is not noted for its difficulty. (C. Brooks)

une expression :

How is such a peculiar kind of knowledge possible, if it is? (W.C. Booth)

une proposition :

She wouldn't care if he went back to the steel mills, back to pouring that white-hot ore out at Youngstown Sheet and Tube. It would be okay with her. (C. Colter)

- *It* peut annoncer

une proposition infinitive :

How easy it had been to laugh away his... fears. (W. Sansom)

une proposition conjonctive :

It never occurred to him that he was not wanted. (S. Maugham)

un nom :

It was always money that got her started. (C. Colter)

le groupe verbal :

The book, he knew it, would sell very well.

It dans des expressions idiomatiques

Il en existe un grand nombre. Voici quelques exemples :
- *Beat it!* File !
- *Come off it!* En voilà assez !
- *Let's face it!* Regardons les choses en face.
- *I'll have it out with him.* Je vais m'expliquer avec lui.

- *He just managed to make it to the front door.*
  Il arriva tout juste à atteindre la porte d'entrée.
- *He's had it, I'm afraid.* Il est fichu, j'en ai bien peur.
- *Hang it!* Zut !

Il est essentiel de reconnaître ces expressions de façon à ne pas chercher dans le contexte ce à quoi le pronom *it* peut renvoyer. Comparez :
- (1) *That's the letter, I take it.* Voici la lettre, je suppose.
  (2) *That's the letter; I'll take it.* Je la prendrai. (*It* renvoie ici à *letter*.)

1. ▶ *Comparez les phrases suivantes et traduisez-les.*

1. a/ This is the chronicle of events that happened ten years ago. Circumstances have rendered it of outstanding importance.
   b/ This is the chronicle of events that happened ten years ago. Circumstances have rendered it necessary that I should give an account of them.
2. a/ I made it at the station.
   b/ I made it to the station.
3. a/ He's so stubborn! He won't have his house repaired. He's always kept it that way.
   b/ He's so stubborn! He won't have his house repaired. He's always had it his own way.
4. a/ What a lovely place. You've gone and done it again!
   b/ What a lovely place. Did you do it over?

2. ▶ *Traduisez.*

1. make it £ 12.50. What about you?
2. I didn't have the ghost of a chance, so I decided to brazen it out.
3. I don't care what he brings forward: I can take it.
4. As luck would have it, a phone call had just been received from a gentleman who was to have come from Scotland that night. (G.R. Sims)
5. Morrison Brems made it a point to check their baggage. (E.S. Gardner)
6. You must see to it that others do the same. (W. Trevor)
7. I agree that boys ought to rough it. (E.M. Forster)
8. He instantly legged it for France. (P. G. Wodehouse)
9. Maisie had it on her tongue's end to return once more: "But now he's free." (H. James)
10. How few people there were in the world, Mr Jaraby reflected, who were equipped to weather it and remain intact and sane. (W. Trevor)
11. I don't mind giving you my word for it that I never will. (H. James)
12. If you hear any commotion, beat it for Sabin's cabin as fast as you can. (E.S. Gardner)
13. The conventions of clothing saw to it that everyone wore his identity card where it could be seen. (J. Wain)
14. You had to hand it to him. He had come a long way, for sure. (S. Bellow)
15. I got the feeling stronger than ever in the afternoon that old Hassop had it in for me. (S. Barstow)
16. And before I knew it I picked up her red pumps and hurled them at the bathroom door and told her to get out. "Go on, beat it!" I'd sleep and forget it... (J. Kerouac)

20 L'adverbe *there*

Il ne faut pas confondre *there* adverbe de lieu (→ là-(bas)) et le *there* existentiel. Ce dernier ne pose aucun problème de compréhension devant le verbe *to be* :
- *There's a book on the table.*
  Il y a un livre sur la table.

Mais il peut être source d'erreurs lorsqu'il apparaît devant un autre verbe ou dans la structure (assez recherchée) : *for there to be...* pour qu'il y ait...
- *There happened a strange incident in the town.*
  Il survint un étrange incident dans la ville.
- *I don't want there to be any mistake.*
  Je ne veux pas qu'il y ait d'erreur. *(formal)*

La confusion la plus fréquente est entre cette dernière forme et *there* adverbe de lieu. Comparez :
- (1) *There, a real problem arose.*
  Là-bas, un véritable problème surgit.
  (2) *There arose a real problem.*
  Un véritable problème surgit. (ou : Il surgit...)

Il faut également noter les emplois suivants :
- *There you are!* Voilà./C'est comme ça./Vous voyez.
- *There, there* Allons/Voyons.
  There, there, stop crying now.
- *Go and fetch daddy. There's a good boy.*
  Va chercher papa, tu seras gentil.

---

1. ▶ *Traduisez*.

1. Herbert Spencer had shown him not only that it was not ridiculous, but that it was impossible for there to be no connection. (J. London)
2. "Run off to bed, there's a dear," Annie whispered. (D. Thomas)
3. There appeared no reason to worry.
4. After all, the story was sufficiently fantastic for there to be always the chance... that they wouldn't believe it anyway. (A. Williams)
5. Cells are extremely cramped: it is quite common for there to be insufficient room for the inmates to pass one another. *(Radio Times)*
6. Admittedly, there is not likely to be universal agreement on precisely what talk is superfluous when. *(Time)*

21 Les particules adverbiales

Voici les particules adverbiales les plus courantes et les principaux sens qu'elles peuvent apporter. Vous aident-ils à comprendre les phrases qui suivent et à imaginer leur contexte ?

ABOUT
= *here and there (in different places, in all directions).*
  Stop jumping about.
  Throw a few records and books about, the room will look more natural.

ACROSS
= *finding (on one's way, under one's hand)* ;
  How did you come across it?
= *revealing, telling* ;
  Come across with it!
= *reaching one's aim.*
  They put the idea across to him.

ALONG
= *movement forward* ;
  Come along!
= *agreement.*
  I go along with you on that point.

AWAY
= *movement away (from)* ;
  She went away with the cash.
= *disappearance* ;
  The family dwindled away during the 19th century.
= *continuousness.*
  She kept giggling away all through the talk.

BACK
= *movement back (≠ forward)* ;
  She stepped back and fell down the cliff.
= *return to previous situation / repetition / in return.*
  You shouldn't let her talk back that way.
  I sent the letter back.

BY
= *past* ;
  He passed by without recognizing me.
= *getting or saving.*
  I wouldn't like to retire without anything laid by.

DOWN

= *movement downwards (≠ upwards)*;

  Climbing down proved more difficult than climbing up.

= *also used to indicate that something is written*;

  Put our names down for £5.

= *movement from an important place to a less important one*;

  The Jones will come down for the week-end.

= *reduction, diminution.*

  Unemployment has gone down this month.

IN

= *movement inwards (≠ outwards) or fact of being inside something*;

  They take the harvest in next week.

= *being fashionable or in season*;

  Long skirts are in again.

= *participation, experience (willingly or not).*

  I'm in for the party.
  We're in for it!

OUT

= *movement outwards (≠ inwards) or fact of being out*;

  Everyone wanted to have a look and it was difficult to keep people out.

= *also idea of extension*;

  We laid out all the pictures on the table.

= *disclosure, discovery, appearance*;

  Their daughter will come out next June.
  Don't let my secret out.
  I could make out a light in the distance.

= *extinction, disappearance, reaching an end*;

  It took hours to put the fire out.
  You'll be tired out before the month is out.

= *violence, suddenness*;

  She burst out laughing.

= *distribution*;

  Two men were handing out bills.

= *mistake, error.*

  I was not very much out in my estimate.

OFF

= *movement away*;

  Take off your coat.
  I'll be off now.

= *interruption, disconnection*;

  After three minutes, the line was cut off.

= *no longer fresh (food).*

  I'm afraid that cheese is off.

ON
= *position on a surface*;
> He had nothing on.

= *movement, progress, continuation*;
> How are you getting on?
> They worked on until midnight.

= *in use, functioning, available.*
> You left the light on all night in the hall.
> What's on in London?

OVER
= *movement from one side to the other / across / transfer from one place (person) to another*;
> The car turned over three times before hitting the tree.
> The spy sold it over to the USA.

= *too much, going beyond limits*;
> I overslept.
> Quick! The milk's boiling over!

= *carefully, thoroughly*;
> Think it over and give me your answer on Monday.

= *repetition*;
> He did not like my letter and I had to write it over again.

= *not used, left*;
> 5 into 33 goes 6 and 3 over.

= *finished.*
> Hurry up or it'll be over when we get there.

ROUND
= *circular (or half-circular) movement*;
> I heard a crash and looked round.

= *return to a starting point (or cyclic occurrence)*;
> Christmas will soon be round again.

= *going through a succession of places or people*;
> Can you hand these papers round?

= *going somewhere to visit people.*
> They've asked us round on Sunday.

THROUGH
= *movement through*
> They did not let us through without our cards.

= *completely, thoroughly, right to the end*;
> I read it through.
> I'm through with him.

= *connection.*
> Hold on! I'll put you through.

UP
= *movement upwards*;
> I was up at five this morning.

= *completion, end of something* ;
> Be a good girl, eat up your soup.
> You'd better lock it up.
> The pool had completely dried up.

= *small place → more important one* ;
> Let's go up to London.
> He was brought up before the magistrate.

= *increase, greater intensity* ;
> Speak up!
> Cheer up!

= *movement in a certain direction (not necessarily upwards)* ;
> Look up and down the street.

= *something happening, going on.*
> What's up?

Il est important de bien différencier ces particules verbales des prépositions bien que leur forme soit souvent semblable :
- (1) *The wind blew down many chimneys.*
- (2) *The wind blew down the chimney and stirred up the fire.*

Dans la phrase (1), *down* est une particule verbale. C'est le verbe *blow down*, qui signifie faire tomber, renverser. On pourrait donc marquer une pause après *down*. Dans la phrase (2), la préposition *down* introduit *the chimney*.

Le vent s'engouffrait dans la cheminée. (La pause serait ici après *blew*.)

Comment décider s'il s'agit d'une particule verbale ou d'une préposition ?

• Lorsque le complément du verbe est un pronom, il s'agit d'une préposition si elle est située avant le pronom :
- *It was my coat that you put on it.* C'est mon manteau que tu as posé par-dessus.

Sauf dans certaines questions, lorsqu'il y a rejet de la préposition (celle-ci suit alors le pronom : *What room did you put him in?*).

La particule se placera au contraire après le pronom :
- *Here's your coat. Why don't you put it on?* Pourquoi ne le mets-tu pas ?

• Lorsque le complément du verbe est un groupe nominal :
la préposition précède toujours ce groupe nominal ;
la particule verbale, par contre, peut se situer avant ou après, d'où les confusions possibles avec une préposition lorsque la particule précède le complément :

These bells had rung in all sorts of circumstances. (*in* = préposition)

... Parish churches that have rung in and rung out Tudor, Stuart and Hanoverian Kings. (J.B. Priestley) (*in* = particule verbale. Il s'agit des verbes *ring in* et *ring out* : sonner les cloches pour annoncer l'avènement au trône ou la mort d'un roi...)

Dans ce cas, il est essentiel de ne pas se laisser influencer par une structure semblable à celle du français (*ring in* : sonner dans) mais d'essayer systématiquement les deux découpages possibles (*to ring / in something* et *to ring in / something*) et de décider lequel est grammaticalement possible (si l'on opte pour la solution du verbe à particule, il faut bien sûr vérifier qu'il existe un tel verbe) et quelle interprétation est la plus logique dans le contexte.

1. ▶ *Lisez les phrases suivantes et décidez : où vous pourriez marquer une pause, et dans quel contexte, ou situation, chacune d'elles aurait un sens.*

1. a/ What were you driving at yesterday?
   b/ What were you driving at lunch-time?
2. I caught him up at the village.   a/ ...   b/ ...
3. They filled it in one night.   a/ ...   b/ ...
4. I can't make it out there.   a/ ...   b/ ...
5. a/ They sat down there, looking at the river.
   b/ They sat down there and looked at the river.

2. ▶ *Décidez si vous pourriez ou non marquer une pause après le verbe dans les phrases qui suivent. Puis traduisez-les.*

1. Prepare the cream and stir into the egg mixture.
2. Prepare the cream and stir in the egg mixture.
3. Do you think I can wash it out?
4. Do you think I can wash it outside?
5. Try it on Peter.
6. Try it on, Peter.
7. He spoke out, of course.
8. He spoke out of anger.

3. ▶ *Traduisez les phrases qui suivent.*

1. a/ Did you ask him?
   b/ Did you ask him round?
2. a/ They ruled England.
   b/ They ruled England out.
3. a/ He was laughing.
   b/ He was laughing away.
4. a/ Keep it!
   b/ Keep it up!
5. a/ She ran the hotel.
   b/ She ran the hotel down.
6. a/ Don't pick that flower!
   b/ Don't pick up that flower!
7. a/ She always bottles things.
   b/ She always bottles things up.
8. a/ How did she take it?
   b/ How did she take it away?
9. a/ He just made it.
   b/ He just made it up.

10. **a/** He left, smoking.
    b/ He left off smoking.

11. **a/** The trip tired me.
    b/ The trip tired me out.

12. **a/** There's a great deal to see.
    b/ There's a great deal to see to.

4. ▶ *Exemples de quelques verbes*

a. *TO COME*

Complétez les phrases qui suivent avec les particules adverbiales qui conviennent (about, away, by, down, in, off, out, round, through, up, upon) *puis traduisez-les.*

1. The picture came… rather well.
2. I pulled the chain and it came… in my hand.
3. He has come… his illness, but is still very tired.
4. I don't know how it came…, but when I saw them again they had quarrelled.
5. I don't think the problem has ever come…
6. Did the trip to Jersey you had mentioned ever come…?
7. I came… him at the library.
8. He's finally come… to my point of view.
9. Where do I come…?
10. I'd rather not inquire how he came… all that money.
11. The problem comes… to the following question.

b. *TO PUT*

Traduisez les phrases qui suivent.

1. I hope our visit did not put you about too much.
2. I put the letter away and can't find it now.
3. We'll be landing in a few minutes. Do not forget to put your watches back.
4. If you never put any money by, you'll never buy that bike.
5. All I know is that his success can't be put down to hard work.
6. If you could put in a good word for him, I'd be grateful.
7. Don't put off your decision too long. They need an answer by next week.
8. What a splendid idea! Who put you on to it?
9. She put out her tongue at him, which put him out very much.
10. Hold on! I'll put you through.
11. I won't put up with that noise.
12. We'd be happy to put you up if you ever come to Bristol.

c. TO TAKE

Traduisez.

1. He takes after his mother.
2. I take back what I said.
3. Take down his telephone number.
4. He didn't quite take the situation in.
5. I have been completely taken in.
6. I certainly won't take a single penny off.
7. We take off from Heathrow.
8. You needn't have taken it out on me.
9. The extra work really took it out of me.
10. His nephew has taken over.
11. They took to each other at once.
12. We took up his idea.

d. TO TURN

Expliquez la différence entre les groupes de phrases qui suivent puis traduisez-les.

1. a/ I turned down his offer.
   b/ I turned halfway down the hill.

1. We turned in the car. (2 meanings.)

3. a/ Everything turns on the light we get.
   b/ This turns on the light.
   c/ This door turns on its hinges.

4. a/ It turned out better than we expected.
   b/ We turned out of the drive.
   c/ We turned out the room.

5. a/ Don't forget to turn up the road!
   b/ He didn't turn up.

6. a/ He turned round.
   b/ He turned back.

22 Les auxiliaires modaux

Ils sont très souvent source d'erreurs. Loin d'être exhaustives, les remarques qui suivent ne font que signaler les points qui prêtent le plus à confusion.

CAN et COULD

C'est surtout *could* qui est souvent mal compris car il peut exprimer
- **un conditionnel** :
  - *If I was eighteen, I could leave home.*
  Si j'avais dix-huit ans, je pourrais quitter la maison.
- **une capacité** que l'on avait autrefois :
  - *Jerry could write at five.* Jerry savait écrire à cinq ans.
- **une possibilité** ou **un droit** que l'on avait dans le passé :
  - *I remember the time when one could park in that street.*
  … où l'on pouvait se garer dans cette rue.

À la forme affirmative, *could* ne peut jamais se traduire par « put » (→ *was able to*). Quant à la forme passée de *could*, *could have* + Part. Passé, elle peut avoir deux sens :
  - They could have had an accident.
  (1) Peut-être ont-ils eu un accident. (= *Maybe they had an accident.*)
  (2) Ils auraient pu avoir un accident. (= *They had no accident but they could have had one.*)

ATTENTION ! *Can* et *could* ne se traduisent souvent pas avant un verbe de perception :
  - *You can see St Paul's from your bedroom window.* On voit Saint-Paul de ta chambre.

---

1. ▶ *Traduisez.*

1. John could drive: I'd join you by train later.
2. John could drive when he was thirteen.
3. John could drive at thirteen: it was not dangerous around here.
4. She could have dropped a line. I can't forgive her.
5. She could have written the word, or Peter could. I can't tell.

MAY et MIGHT

- Ils peuvent avoir deux sens – **probabilité** ou (plus rarement) **permission** – qu'il ne faut pas confondre. Comparez :
  - (1) *Sheila said the twins might watch TV.* … qu'ils pouvaient / avaient le droit de…
  - (2) *Sheila said the twins might be watching TV.* … qu'ils étaient peut-être en train de…
- À la **forme négative**, la négation *not* ne porte pas sur le même mot selon que *may* a l'un ou l'autre des deux sens cités plus haut.
  - *She may not feel like doing it.* Peut-être n'a-t-elle pas envie de le faire.

Lorsqu'il exprime une éventualité, may ne peut pas être négativé. (On dirait alors : *She can't feel like doing it.*) La négation porte donc sur le verbe qui suit.
- *You may not leave without the teacher's permission.*

Vous n'avez pas le droit de sortir sans la permission du professeur.
La négation porte ici sur l'auxiliaire.

• Contrairement à *could*, **might ne peut pas se rapporter à un événement passé, sauf au style indirect** :
- *He might succeed.* Il se pourrait qu'il réussisse.
- *She told me he might succeed.* Elle m'a dit qu'il pouvait/pourrait réussir.

• De même que *could have* + Part. Passé, *might have* + Part. Passé peut avoir deux sens :
- *He might have helped her.*
   (1) Peut-être l'a-t-il aidée.
   (2) Il aurait (tout de même) pu l'aider.
   (Nuance d'irritation ; on sait donc qu'il ne l'a pas fait.)

2. *La phrase suivante est ambiguë. Imaginez deux contextes différents qui lui donneront deux sens différents. Puis traduisez les phrases.*
The headmaster may not ask us to stay after 6 p.m. He...   a/ ...   b/ ...

3. ▶ *Traduisez.*

1. They might have taken the train and have been delayed. I wouldn't worry if I were you.
2. They might have taken the train if they'd known it was so cheap.
3. He was told she might leave the country whenever she wished.
4. He was told she might be leaving the country at that very moment.
5. And because they were lonely and perplexed, because they had all come from a place of sadness and worry and defeat, and because they were all going to a new mysterious place, they huddled together; they talked together; they shared their lives, their food, and the things they hoped for in the new country. Thus it might be that one family camped near a spring, and another camped for the spring and for company, and a third because two families had pioneered the place and found it good. And when the sun went down, perhaps twenty families and twenty cars were there. (J. Steinbeck)

SHALL

Il ne faut pas confondre

• l'auxiliaire neutre du **futur**, lorsqu'il est employé à la première personne (alors synonyme de *will*) :
- *I shall be back at five.* Je serai de retour à cinq heures.

• l'auxiliaire exprimant une **forte contrainte** et employé aux deuxième et troisième personnes, à la place de *will*.
Comparez :
- (1) *She will do it.* Elle le fera.
   (2) *She shall do it.* Il faudra bien qu'elle le fasse. / Je vous garantis que...

4. ▶ *Traduisez.*

1. You shall come with me.
2. She shall belong to no other man. (A. Christie)

SHOULD

C'est sans doute l'auxiliaire de mode qui pose aux étudiants le plus de problèmes de compréhension. Il peut être

- auxiliaire du **conditionnel** à la première personne :
  - *We should be very happy if you could come.* Nous serions très heureux si…
- utilisé pour former un **futur dans le passé** (passé de *shall*) :
  - *I shall phone you. I told him I should phone him.*
- auxiliaire exprimant l'**obligation morale** :
  - *You should work more.* Vous devriez travailler plus.
ou la **probabilité** :
  - *They should not be far by now.* Ils ne devraient pas être loin maintenant.
- employé pour exprimer que quelque chose est très **hypothétique** :
  - *If he should phone, tell him I'm away.* Si par hasard il téléphonait…
    Should he phone…
- *Should* s'emploie par ailleurs obligatoirement :
– dans **des expressions impersonnelles** marquant un **jugement** :
  - *It is strange / sad / interesting… that he should have said that.*
    C'est étrange qu'il ait dit cela.
Il n'y a alors aucun sens d'obligation.

– dans des **subordonnées** marquant le **but** ou après un verbe exprimant la **nécessité**, la **suggestion**, l'**intention**, l'**ordre**, ou un **jugement**.
  - *We suggested that they should spend the holidays with us.*
    Nous suggérâmes qu'ils passent…
  - *I was anxious that he should give his opinion.* J'étais impatient(e) de l'entendre…
Ici à nouveau, il n'existe aucune idée d'obligation morale.

- Enfin, on rencontre également *should* dans des **exclamations** et **questions rhétoriques** :
  - *That it should come to that!* Dire que les choses en sont venues là !
  - *Who should I see this morning but Peter Black!* Devinez qui j'ai vu ce matin : Peter Black !

Les confusions les plus fréquentes sont faites entre

– les deux sens d'obligation morale et de probabilité.
Comparez :
  - (1) *He should work more now.* Il lui faudrait travailler davantage maintenant.
    (2) *He should be working more now.*
    Il travaille(ra) probablement davantage maintenant. (ou bien sens (1))
– le sens de conditionnel et le sens d'obligation morale.
La phrase suivante, par exemple, est ambiguë :
  - *If anything happened, we should tell them at once.*
    (1) *should* = conditionnel
    S'il arrivait quelque chose, nous les préviendrions immédiatement.

(2) *should* = obligation morale
S'il arrivait quelque chose, nous devrions les prévenir immédiatement.

Mais dans la plupart des cas le contexte permet de décider quel est le sens.

– Le sens d'obligation morale et l'emploi obligatoire après certaines structures :
- *The headmaster is anxious that I should ask for a grant.*
  Le directeur insiste pour que je demande une bourse.
  (Il n'y a ici aucune idée de devoir.)

5. ▶ *Traduisez.*
1. He should come. If he does, tell him I'm here.
2. If he should come, tell him I'm here.
3. Who should I see this morning? Paul, perhaps.
4. Who should I see but Paul this morning!
5. I should have attended to that long ago. (S. Bellow)
6. I should be happy to show you the city.
7. Why should anyone choose to go to Athens to see the Parthenon? (A. Huxley)
8. It was inevitable, then, that a sense of defeat should bow Charles's shoulders. (J. Wain)
9. He's a real artist. I should think he's been in opera. (E. Waugh)
10. The fact that he should have felt suspicious… filled him with shame. (A. Huxley)
11. It is inconceivable that HMG should not be represented at this affair by one of us. Besides, who knows, it might be informal, touching, colourful… But someone should be there; we just can't ignore them. (L. Durrell)
12. Yesterday, who should come to see us but John Bidlake Junior. (A. Huxley)

WILL

Il est utilisé comme auxiliaire du futur, à toutes les personnes. La fréquence de cet emploi fait parfois oublier les autres valeurs.

- *Will* peut exprimer une idée de **volonté**[1] :
  - *I will say you went a bit far!* Je dois dire… / tiens à dire…

ou l'**insistance** (pouvant aller jusqu'à l'irritation) :
  - *If you will make such stupid remarks…* Si vous persistez à…

- une **caractéristique** propre à une personne ou une chose :
  - *Boys will be boys.* Il faut que jeunesse se passe.

- ou une **probabilité** :
  - *This will be the lane we have to take.* Voilà sans doute…

C'est surtout à la forme négative qu'une ambiguïté existe :
  - *He says he won't do it.*
    (1) Il dit qu'il ne le fera pas.
    (2) Il dit qu'il refuse de le faire.

---
1. Sens que l'on retrouve dans le verbe *to will* : *The hypnotist willed her to fall asleep.*

6. ▶ *Les phrases suivantes sont-elles ambiguës ?*

1. He won't give an answer.

2. He won't be giving an answer.

3. We won't give an answer until June.

7. ▶ *Traduisez.*

1. If you want to know, I will say she's quite right.

2. If they ask me what I think, I will say she's quite right.

3. "I've got the heater plugged in," she said, "but it won't work." (G.R. Sims)

4. He watched his clever friend draw within the square a circle, and within the circle a square. "Why will you do that?" (E.M. Forster)

5. And even now, when I will allow we have a good bit laid by… we still mean to get it back. (J.R.R. Tolkien)

6. I tried with all my might to will him to say no. (S. Maugham)

WOULD

- Lorsqu'il est **auxiliaire du conditionnel**, il ne faut surtout pas le confondre avec *had* sous sa forme abrégée *'d*. *Had* est suivi d'un participe passé, *would* d'un infinitif :
    - *I knew you'd say that.*   Je savais que tu dirais cela.
    I knew you'd said that.   Je savais que tu avais dit cela.

Les verbes dont les formes sont semblables à l'infinitif et au participe passé peuvent être source d'erreurs :

I'd come: he'd let me.
→ *I had come: he had let me.*
→ *I would come: he would let me.*

- Ce *would*, auxiliaire du conditionnel, est souvent confondu avec le *would* de la **forme fréquentative** exprimant la répétition d'une action dans le passé :
    - (1) *I was preparing my Ph.D. then. Every night, I would work until one o'clock.*
    … je travaillais tous les soirs… (= forme fréquentative)
    (2) *I was making plans to work on my PhD. Every night, I would work until one o'clock.*
    … je travaillerais… (= conditionnel, style indirect libre)

- Tout comme *will*, *would* peut marquer la **volonté** :
    - *They were pestered by journalists, but wouldn't say a word.*
    … mais refusèrent toute déclaration.

- Il peut enfin exprimer une **forte probabilité** :
    - *"He was rude to them." "He would be."*.
    … Cela ne m'étonne pas de lui. / C'était à prévoir.

Ce dernier emploi est très souvent confondu avec un simple conditionnel.

8. ▶ *Traduisez.*

1. "She was mean."
   "She would be."

2. "She wasn't mean."
   "She would be if she dared."

3. By now, rumour would have swollen to scandal.

4. We tried everything, but it wouldn't work.

5. "I understand Lisa has left her practically everything."
   "I would not be sure that Mrs Pettigrew will in fact inherit," insisted Miss Taylor.

6. Well, for some reason, he was terribly cagey about it – wouldn't tell me the name of the artist. (C. Wilson)

7. I told Aunt Hilda the other day and she was frightfully down on it. But then, she would be, you know. She's not like you. (J.B. Priestley)

MUST

Il convient de bien faire la différence entre les deux sens possibles de *must* : l'**obligation** et la **très forte probabilité**.
Comparez :
- (1) *They must stay in a hotel.* Il leur faut séjourner à l'hôtel. (= obligation)
  (2) *They must be staying in a hotel.*
  Ils doivent / Il y a de fortes chances... (= forte probabilité)

• Une des erreurs les plus fréquentes est due au fait que les **formes présent et passé de *must* sont semblables**. Au style indirect *must* correspond donc très souvent à un passé :
- *She said you must be back at 5.* Elle a dit qu'il fallait que tu sois rentré pour 5 heures.

• Une autre erreur consiste à donner à *must have* + Part. Passé un sens d'obligation que cette structure n'a jamais. Elle exprime toujours le sens (2) cité plus haut, la très forte probabilité :
- *After hearing such arguments, you must have agreed to help them.*
  Après avoir entendu de tels arguments, vous avez sans doute accepté de l'aider. (**et non** : vous avez été obligé de... / vous vous êtes senti obligé de... La traduction « Vous avez dû... » serait ambiguë.)

9. ▶ *Traduisez.*

1. He knew at once that he must obey her. (A. Wilson)

2. She must be mad to say that!

3. May remained where she was, seated opposite Balfour... What on earth was he doing here? She must ask Dotty. (B. Bainbridge)

4. Read it! It's a must.

5. We had a flaming row about it, if you must know. (E. Ambler)

6. She had a big doll of which she was fearfully proud, though not so fond. So she laid the doll on the sofa and covered it with an antimacassar, to sleep. Then she forgot it. Meantime Paul must practise jumping off the sofa arm. So he jumped crash into the face of the hidden doll. (D.H. Lawrence)

NEED

La forme négative de *must*, *must not*, exprimant une interdiction, c'est *need* que l'on emploie pour exprimer l'absence d'obligation :
- *You need not come.* Vous n'êtes pas obligé de venir.

Il ne faut cependant pas confondre les deux structures suivantes :
- (1) *She didn't need to worry.* Elle n'a pas eu à s'inquiéter.
  (2) *She needn't have worried.* Elle n'avait pas besoin de s'inquiéter.

---

10. *Voici un certain nombre de textes et leur traduction. Étudiez et commentez ces traductions. Si vous pensez que les auxiliaires modaux ne sont pas traduits correctement, expliquez pourquoi et suggérez une autre traduction.*

1. – Did'st thou ever see a white bear? cried my father, turning his head round to Trim, who stood at the back of his chair: – No, an' please your honour, replied the corporal. – But thou could'st discourse about one, Trim, said my father, in case of need? – How is it possible, brother, quoth my uncle Toby, if the corporal never saw one? – 'Tis the fact I want; replied my father, – and the possibility of it, is as follows.
A WHITE BEAR! Very well. Have I ever seen one? Might I ever have seen one? Am I ever to see one? Ought I ever to have seen one? Or can I ever see one?
Would I had seen a white bear! (for how can I imagine it?)
If I should see a white bear, what should I say? If I should never see a white bear, what then?
If I never have, can, must or shall see a white bear alive; have I ever seen the skin of one? Did I ever see one painted? – described? Have I never dreamed of one?
Did my father, mother, uncle, aunt, brothers or sisters, ever see a white bear? What would they give? How would they behave? How would the white bear have behaved? Is he wild? Tame? Terrible? Rough? Smooth?
– Is the white bear worth seeing? –
– Is there no sin in it? –
Is it better than a BLACK ONE? (L. Sterne, *Tristram Shandy*, Vol. 5. Ch. XLIII)

a/ « As-tu jamais vu un Ours blanc, s'écria mon père, en se retournant vers Trim qui se tenoit debout derrière sa chaise ? = » Jamais, répondit le caporal. = Mais tu pourrois, Trim, dit mon père, en raisonner en cas de besoin ? = Comment cela se pourroit-il, frère, dit mon oncle Tobie, si le caporal n'en a jamais vu ? = C'est ce qu'il me falloit, répliqua mon père ; & vous allez voir comment je raisonne, & comment les verbes auxiliaires font raisonner. – « Un Ours blanc ! – très-bien. En ai-je jamais vu ? puis-je en avoir jamais vu ? en verrois-je jamais ? dois-je en voir jamais ? puis-je jamais en voir ?
Que n'ai-je vu un Ours blanc ! car autrement quelle idée puis-je m'en faire ?
Et si je vois jamais un Ours blanc, que dirai-je ? & que dirai-je si je n'en vois pas ?
Si je n'ai jamais vu d'Ours blanc, & que je ne puisse ni ne doive jamais en voir, en ai-je au moins vu la peau ? en ai-je vu le portrait, la description ? en ai-je jamais rêvé ?
Mon père, ma mère, mon oncle, ma tante, mes frères ou mes sœurs ont-il jamais vu un Ours blanc ? qu'auroient-ils donné pour en voir un ? qu'auroient-ils fait s'ils l'avoient vu ? qu'auroit fait l'Ours blanc ? – Est-il féroce, – apprivoisé, – méchant, – grondeur, – caressant ?
Un Ours blanc mérite-t-il d'être vu ?
N'y a-t-il point de péché à le voir ? Un Ours blanc vaut-il mieux qu'un noir » ? –

b/ *As-tu jamais vu un ours blanc ? s'écria mon père en se tournant vers Trim, debout derrière son fauteuil.*
– Non, n'en déplaise à Votre Honneur, répliqua le caporal.
– Mais, en cas de besoin, tu pourrais en parler ?
– Comment le pourrait-il, mon frère, s'il n'en a jamais vu ? intervint mon oncle Toby.
– C'est une question de fait, dit mon père et la possibilité est la suivante :
Un ours blanc, bon ! En ai-je vu un ? aurais-je pu en voir jamais un ? en verrai-je jamais un ? eussé-je dû en voir un ? me sera-t-il possible d'en voir un ?
Puissé-je avoir vu un ours blanc ! (sinon comment l'imaginer ?)
Si je voyais un ours blanc, que dirais-je ?
Si je ne devais jamais en voir, que penser ?
Si je ne dois, ne puis, ou ne souhaite voir un ours blanc vivant, n'ai-je jamais vu la peau d'un ? en ai-je lu la description ? en ai-je vu en peinture ? en rêve ?
Mes père, mère, oncle, tante, frères, sœurs, ont-ils jamais vu un ours blanc ? Que donneraient-ils pour cela ? Comment se comporteraient-ils ? Comment l'ours blanc se serait-il comporté ? Est-il sauvage ? apprivoisé ? terrible ? hérissé ? peigné ?
Vaut-il la peine de voir un ours blanc ?
N'est-ce rien, après tout, qu'un ours blanc ?
Vaut-il plus qu'un ours noir ?

2. It is for these reasons, continued my father, that the governor I make choice of shall neither lisp, or squint, or wink, or talk loud, or look fierce, or foolish; – or bite his lips, or grind his teeth, or speak through his nose, or pick it, or blow it with his fingers. – He shall neither walk fast, – or slow, or fold his arms, – for that is laziness; – or hang them down, – for that is folly; or hide them in his pocket, for that is nonsense. – He shall neither strike, or pinch, or tickle, – or bite, or cut his nails, or hawk, or spit, or sniff, or drum with his feet or fingers in company; – nor (according to Erasmus) shall he speak to any one in making water, – nor shall he point to carrion or excrement. – Now this is all nonsense again, quoth my uncle Toby to himself. – I will have him, continued my father, cheerful, facete, jovial; at the same time, prudent, attentive to business, vigilant, acute, argute, inventive, quick in resolving doubts and speculative questions; – he shall be wise and judicious, and learned: – And why not humble, and moderate, and gentle tempered, and good? said Yorick: – And why not, cried my uncle Toby, free and generous, and bountiful, and brave? – He shall, my dear Toby, replied my father, getting up and shaking him by his hand. – (L. Sterne Tristram Shandy VI, 5)

a/ *« Ainsi donc, continua mon père, le gouverneur que je choisirai pour mon fils ne doit ni grasseyer, ni loucher, ni clignoter, ni parler haut, ni regarder d'un air farouche ou niais. – Il ne doit ni mordre ses lèvres, ni grincer des dents, ni parler du nez.*
Je veux qu'il ne marche ni trop vite, ni trop lentement. – Je ne veux pas qu'il marche les bras croisés, ce qui montre l'indolence ; – ni balans, ce qui a l'air hébété ; – ni les mains dans ses poches, ce qui annonce un imbécile.
Il faut qu'il s'abstienne de battre, de pincer, de chatouiller, de mordre ou couper ses ongles en compagnie, – comme aussi de se curer les dents, de se gratter la tête, &c. = Que diantre signifie tout ce bavardage, dit en lui-même mon oncle Tobie ?
Je veux, continua mon père, qu'il soit joyeux, gai, plaisant ; & en même temps prudent, attentif aux affaires, vigilant, pénétrant, subtil, inventif, prompt à résoudre les questions douteuses & spéculatives. – Je veux qu'il soit sage, judicieux, instruit... = Et pour-quoi pas humble, modéré & doux, dit Yorick ? = Et pourquoi pas, s'écria mon oncle Tobie, franc & généreux, brave & bon ? = Il le sera, mon cher Tobie, repliqua mon père, en se levant & lui prenant une de ses mains, – il le sera. =

b/ *Ainsi, je ne souffrirai pas que le précepteur de mon choix zézaie, louche, cligne de l'œil, parle fort, ait une expression sauvage ou imbécile ; qu'il se morde les lèvres, qu'il grince des dents, qu'il parle du nez, qu'il se mouche avec les doigts. Il ne marchera ni trop vite, ni trop lentement, il ne se croisera pas les bras, signe de paresse, il ne les laissera pas pendre, indice de stupidité ; il ne fourrera pas non plus les mains dans ses poches, ce qui est idiot.*
Jamais il ne frappera, pincera, chatouillera ; jamais il ne se rongera les ongles ; jamais il ne graillonnera, crachera, reniflera, tambourinera des pieds ou des mains en compagnie ; il ne devra pas, selon le conseil d'Erasme, parler à autrui en pissant, montrer du doigt un excrément ou une charogne.
– Voilà les bêtises qui recommencent, pensa mon oncle Toby.
– Je le veux, poursuivit mon père, gai, facétieux, jovial mais aussi prudent, économe, avisé, pénétrant, subtil, inventif, vif à dissiper les doutes et à trancher les problèmes spéculatifs ; il sera sage, judicieux, instruit.
– Et aussi, dit Yorick, pourquoi pas humble, modéré, doux et bon ?
– Et pourquoi pas, cria mon oncle Toby, libre, ardent, généreux et brave ?
– Je vous le promets, frère Toby, répliqua mon père qui se leva pour lui serrer la main.

3. Young Murugan evidently had his reasons for not wanting it to be known that he had been in Rendang. Boys will be boys. (A. Huxley)

Le jeune Murugan avait sans doute des raisons de cacher qu'il s'était rendu à Rendang. Les garçons veulent être des garçons.

4. "I've offered to resign," he told her. "Eric says it isn't necessary, but I may still." (A. Hailey)

– J'ai offert ma démission, lui dit-il. Eric m'a répondu qu'elle n'était pas nécessaire, mais je peux toujours partir.

5. A nurse hurried over and whispered to Renshaw, and Mitty saw the man turn pale. "Coreopsis has set in," said Renshaw nervously. "If you would take over, Mitty?" (J. Thurber)

Une infirmière traverse la salle en courant et murmure quelque chose à l'oreille de Renshaw. Mitty le voit pâlir.
– La coréopsis s'est déclarée ! dit nerveusement Renshaw. Vous vous en occupez, Mitty ?

6. It was the hard work of the farm that told upon her in the end, for she would not spare herself... (D. Du Maurier)

C'étaient de rudes travaux que ceux de la ferme, et ils avaient fini par avoir raison d'elle, car elle ne s'était guère épargnée...

7. It may have been observed that there is no regular path for getting out of love as there is for getting in. (T. Hardy)

Il n'existe pas, on a pu en faire l'expérience, de sentier régulier pour sortir de l'amour, comme il y en a pour y entrer.

23 Quelques mots de liaison pouvant prêter à confusion

AS

Principaux sens

- **Adverbe introduisant une comparaison**
  - *He's as mad as a hatter.* Il est fou à lier.

- **Conjonction de temps** qui peut indiquer

– un moment précis :
  - *He came out as I arrived.* Il sortit comme j'arrivais.

– une progression :
  - *As she grew older, she became wiser.* En vieillissant, elle devint plus sage.

– la simultanéité :
  - *As the train left, she started reading the letter.*
    Tandis que le train partait, elle se mit...

- **Préposition exprimant l'état, la qualité**
  - *I don't think much of him as a teacher.*
    Je n'en pense pas grand bien en tant que professeur.

- **Conjonction exprimant une concession**
(après un adjectif, adverbe, verbe ou participe passé)
  - *Try as they would, they could not open the door.*
    Malgré tous leurs efforts, ils ne purent ouvrir la porte.
  - *Much as I respect him, I think he's wrong.*
    Malgré le respect que j'ai pour lui, je crois qu'il a tort.

Notez aussi les locutions suivantes :

as though = as if ;

as to = as for = concerning ;
  - *As to the other problem, we'll have to wait.* Quant à... / En ce qui concerne...

as yet = up to now, so far ;
  - *As yet, nobody's phoned.* Pour l'instant...

as good as = almost ;
  - *It's as good as arranged.* C'est pratiquement réglé.

as far as ;
  - *As far as I can remember...* Autant qu'il m'en souvienne...

as soon ;
  - *They would as soon stay at home.* Ils aimeraient autant...

as a rule = generally ;

as it were = pour ainsi dire ;

(ne confondez pas avec *as it was* = dans l'état où en étaient les choses, en l'occurrence.)

even as = au moment précis où ;
as much as *(American) = much as = although*.
- Much as I care, I am not going to interfere. Bien que cela m'intéresse beaucoup…

1. ▶ *Traduisez.*
1. "He'll never do as well as Charmian did," Godfrey said. "Try as he may." (M. Spark)
2. The whole thing took me by surprise. Though I can't say it should have, knowing Ivory Good as I did. (T. Capote)
3. As the young man came over the hill the first blowing of rain met him. (T. Hughes)
4. But he did not feel profoundly degraded, as a young man should who has acted discourteously to a young lady. (E.M. Forster)
5. Poor Weasel. Cold a fish as he was, I suddenly felt a little sorry for him, realizing as I did that the snaffle he was trying to curb me with was not of his making… (W. Styron)
6. He was far too restless to sit with the women. He would as soon have had the tea poured over his head. (S. Bellow)
7. As soon would she come home and leave her own grandmother without a kiss as come back and leave the house unvisited. (V. Woolf)

BUT

Principaux sens

- **Conjonction**

= mais, pourtant, sans…

- **Adverbe**

= *only*
- Had I but heard about it, I could have helped him.
  Si seulement j'en avais entendu parler, j'aurais pu l'aider.

- **préposition ou conjonction**

= *except*
- I could not but tell him the truth.
  Que pouvais-je faire d'autre que de lui dire la vérité ?
- You can borrow any of my records but this one.
  …n'importe lequel… sauf celui-ci.

Notez aussi :

but for = *if it had not been for*
- But for his help, I would have drowned.
  Sans son aide, je me serais noyé.

après une proposition négative
- I cannot think of it but I laugh.
  Je ne peux y penser sans rire.

all but = *almost*
- They all but perished in the accident. Ils faillirent bien…

2. ▶ *Traduisez.*

1. The face was… quite emphatically anything but agreeable. (W. Styron)
2. From this it was but a step to persuade both men to pay a large sum to a couple of Chancery Guards to be their bodyguards. (L. Durrell)
3. But for the child I could have stayed like that for ever… (M. Drabble)
4. None but the brave deserves the fair. (A. Pope)
5. "No comment," said Mason, but the expression that worked about his mouth was nothing but comment. (S. Bellow)
6. "I don't think she knows anything," Brennan said. "We could be wasting our time." – "We can but try," Fenner said. (J.H. Chase)

FOR

Principaux sens

- **Préposition marquant une durée :**
  - *I worked there for two years.* J'y ai travaillé deux ans.
    I've worked there for two years. J'y travaille depuis deux ans.

- **Particule adverbiale exprimant le but, le souhait, l'attente…**
  Did you ask for more wine?
  I'll do it for you.

Il est souvent nécessaire d'étoffer en traduisant :
  - *She rang for tea.* Elle sonna pour commander le thé.

For peut être suivi d'une proposition infinitive :
  - *It's too early for them to tell her chances of survival.*
    … pour qu'ils puissent dire si elle a des chances…

- *for* = *because of* :
  - *I spoke of the weather, for want of anything better to say.* faute de…
  - *He was punished for being late several times.* en raison de…

For, conjonction, a le sens de « car » :
  I kept silent for I couldn't understand what they said.

- *for* = *in spite of* :
  - *For all they say, they're quite conservative.*
    Malgré tout ce qu'ils disent, ils sont tout à fait conservateurs.

Notez aussi :
all for = *anxious to, in favour of* :
  - *We're all for writing a letter of protest.*
    Nous sommes tout à fait partisans… (**et non** : Nous sommes tous partisans…)

3. ▶ *Traduisez.*

1. That would be a good thing for them to cut on my tombstone. (D. Parker)
2. For a moment the whole afternoon seemed suspended and he waited for the horror to seize him again. (R. Ellison)
3. Guy knew Leonard little for he lodged in the town and spent his evenings there. (E. Waugh)
4. They'll never notice me for our Christine. (S. Barstow)
5. She had denied [her beauty]…: but now, for all that, it sat there by her bedside, eloquent, existent, alive, despite the dark years of her captivity.

HOWEVER

Principaux sens

- **Cependant, toutefois** = *nevertheless, yet*, souvent précédé ou suivi d'une virgule :
  I loved German; I decided to study English, however.

- **Devant un adjectif, ou introduisant une proposition** = quel(le) que soit le degré, la manière, la façon…
    - *However clever you are, you won't do it!*
      Vous avez beau être intelligent, vous n'y arriverez pas.
    - *However that may be, he was never seen in the town again.*
      Quoi qu'il en soit, on ne le revit jamais…

4. ▶ *Traduisez.*

1. However hard he might try to conceive it, he could not. (J. Galsworthy)
2. However, he had enough strength in him… to very nearly make an end of us. (J. Conrad)
3. But, however that may be, I can only ask you tonight to… lend me your attention for a few moments. (J. Joyce)

NOR

Principaux emplois

- *après neither* = ni… ni… :
    - *He's neither proud nor haughty.* Il n'est ni fier ni hautain.
- introduit une deuxième idée négative :
    - *He didn't phone. Nor did he write.* … Et il n'a pas écrit non plus.
- ou renforce la négation, en début de phrase :
    - *Nor would it have worked, after all.* Et cela n'aurait pas marché, après tout.

5. ▶ *Traduisez.*

1. I am an invisible man. No, I am not a spook like those who haunted Edgar Allan Poe; nor am I one of your Hollywood-movie ectoplasms. (R. Ellison)
2. I had not taken these subjects wilfully, nor through love of strangeness, nor love of excitement, nor because I found myself in some experimental circle… (W. B. Yeats)
3. [The English] have a horror of abstract thought, they feel no need for any philosophy or systematic "world-view." Nor is this because they are "practical," as they are so fond of claiming for themselves. (G. Orwell)

SINCE

- **Adverbe, préposition ou conjonction de temps** :
  - *They have been friends ever since.* Depuis ce moment là ils sont amis.
    They have been friends since his return / since they met.
- **Conjonction causale** = puisque :
  I'll choose for you since you can't make up your mind.

Ces deux sens sont souvent confondus :
  - *Yet, since I've begun, I should try.* … puisque j'ai commencé…
    Yet, since I began, I have tried. … depuis que j'ai commencé…

6. ▶ *Traduisez.*
1. It was not so long since he'd heard her voice.
2. Since there's no help, come let us kiss and part. (M. Drayton)

SO

Sans parler de *so* **exclamatif** :
  - *He's so tall!* Il est tellement grand !

ni de *so* **conjonction causale** :
  - *It rained, so we stayed at home.* … aussi / donc…

ni non plus de *so*, **adverbe** remplaçant une proposition ou un mot :
  I don't think so,

voici les sens qui posent le plus de problèmes :

- ***so that*** :
Ne confondez pas
– ***so that*** + **Verbe à l'indicatif** qui marque un résultat :
  - *She gave me £10 so that I bought two records.* …si bien que…
– ***so that*** + **Subjonctif** (*may, might, should*) qui marque le but (*so* est alors parfois sous-entendu) :
  - *She gave me £10 so that I might buy two records.* …pour que je puisse…
- ***so*** + **Adjectif** + ***as to*** = adjectif + *enough* + *to* (assez… pour) :
  - *He was so kind as to drive me back home.* Il a eu la gentillesse de…
- ***so as to*** = *in order to* :
  I stopped walking so as to listen better.

Notez également :
or so = environ :
  He's got lots of books – a thousand or so.
so far = *up to now* :
  - *So far, so good.* Jusqu'ici, cela va bien.
  - *So far as I know.* Pour autant que je sache.

so long as = tant que / pourvu que
without so much as… = sans même…
so to speak = pour ainsi dire

ATTENTION ! Dans ***not so… as*** (comparatif d'inégalité), les deux termes *so* et *as* sont parfois loin l'un de l'autre dans la phrase.
Voir également p. 64.

---

7. ▶ *Traduisez.*

1. He could not so much as turn his head. (D. Lessing)
2. He asked a lot of questions so as to know what he should do.
3. [The wind rocked] the cypresses so that they undulated gently. (G. Durrell)
4. I kept my visitors a little, on purpose, so that they might get an idea, from seeing her, what would be expected of themselves. (H. James)
5. A contingency plan drawn up after the 1983 tragedy helped authorities rush reinforcements to the worst-hit areas. Even so, government scientists called for additional research into fire-fighting and communications technology that might increase the odds in future battles against one of nature's most implacable forces. *(Time)*

STILL

Ne confondez pas cet adverbe avec l'adjectif *still* = tranquille.

Principaux sens

- En début de phrase = pourtant :
    - *Still, he could have apologized.* Il aurait tout de même pu s'excuser.
- = encore, toujours :
    He's still 20. = not 21 yet
    - *This is still better than I thought.* …encore mieux que…

---

8. ▶ *Traduisez.*

1. The hopelessness of his position was underlined still further. (J. Wain)
2. Still not awake, he answered polite inquiries with matching politeness. (S. Bellow)
3. Still if you like the place, stay there by all means. (E. Waugh)
4. Salzburg had still to hear of summer. (J. Le Carré)
5. You can imagine the long slow wail that went up in the Chancery when first this intelligence was brought home to us… Of course, the Embassy in question was a young one, the country it represented still in the grip of mere folklore. But still I mean… (L. Durrell)

THEN

Ne confondez pas les trois sens suivants :

- = puis :
    Let's stop for a drink. Then we'll start again.

- = alors :
    She was then 18.
- = donc, par conséquent :
    If that's the way you feel about it, then why didn't you say anything?

Notez également

And what then? = Et alors ?

But then a souvent le sens de *but after all* = mais après tout :
    We could see he was angry, but then, who wouldn't have been in his situation?

Then à valeur d'adjectif :
- *The then ambassador to Germany said…*
    L'ambassadeur auprès de l'Allemagne à cette époque…

9. ▶ *Traduisez.*
1. Let's talk about it, then.
2. Then, we talked about it.
3. We talked about it then.
4. She doesn't read them stories, but then their father doesn't either, so they find nothing surprising in the fact. *(The Observer)*
5. He glanced swiftly away. Then he saw the officer stoop and take a piece of bread from the tree-base. (D. H. Lawrence)
6. I had outbursts, wept even, at what seemed to me then your insane jealousy. (W. H. Auden)
7. If she was chosen, she was chosen: if not, then she would quietly refrain from the folly of asserting her belief in her election. (M. Drabble)

THOUGH

- = *although* = bien que, quoique :
    - *Though the sun was out, it was freezing.* Bien que le soleil brillât…

On trouve également la structure suivante :
adverbe
adjectif } + *though*
nom

- *Terrible though it may appear…* Pour terrible que cela puisse paraître…

- = *however*, premier sens, surtout lorsque *though* est en fin de phrase :
    - *She looked so strong, though.* Et pourtant, elle semblait si solide.

Notez également :
as though = *as if,*
even though = *even if.*

10. ▶ *Traduisez.*
1. Child though he was…
2. I believe in aristocracy, though. (E.M. Forster)

3. So, though I am not an optimist, I cannot agree with Sophocles that it were better never to have been born. (E.M. Forster)

4. It seemed improbable, competent physicist though she might be, that she would be able or inclined to riddle a man with machine-gun bullets and dispose of his body in the port. (C. Leonard)

YET

Yet peut avoir plusieurs sens :

- En début de phrase = **pourtant, cependant** :
  - *Yet I do not agree.* (Et) pourtant, je ne suis pas d'accord.
- Dans une question = **déjà** :
  - *Have they come yet?* Sont-ils déjà arrivés ?
- Négation ou semi négation + *yet* = **pas encore, pas tout à fait** :
  - *We've hardly started yet.* Nous n'avons pas encore vraiment commencé.
- *Yet* + *to* + infinitif se rapporte à une action à venir :
  - *The day is yet to come when...* Nous n'avons pas encore vu le jour où...
- Peut signifier « **encore** » dans une phrase affirmative :
  - *It may happen yet.* Cela peut encore arriver.
- *As yet* = **jusqu'à présent** (mais *as* peut être omis).
- adverbe
  - *yet another* encore un autre
  - *yet bigger* encore plus grand

11. ▶ *Traduisez.*

1. What had happened? As yet the cops had little to say. (S. Bellow)
2. It's a lovely idea. Yet I feel it's too early.
3. "One of their guys in Washington was telling me you were doing yet another provocative piece on a different subject."
   "With a man named Beech. But it isn't definite. I haven't decided."
   "What's the field, biochemistry?"
   "Geochemistry."
   "Worse yet." (S. Bellow)
4. They went down again yet deeper, to the safe-deposit vaults. (A. Huxley)
5. You may possibly all live to thank me yet. (J.R.R. Tolkien)
6. It was so much what he needed – a return, a recognition, a point of rest, which yet involved no recriminations and no immediate practical decision. (J. Wain)
7. "Have you got anybody yet?" "Not yet." (C. Wilson)
8. As yet Miss Polson had sent no mail.
9. Can I go up yet?
10. Charles left the hotel saddened and yet strangely elated. (J. Wain)

24 Les « faux amis » et calques

Words are grown so false, I am loath to prove reason with them.
W. Shakespeare, *Twelfth Night*, III, I

On appelle « faux amis » ou « mots-sosies » certains mots dont la forme est proche ou identique en anglais et en français mais dont le sens est différent dans les deux langues :
conviction (anglais) = condamnation ou certitude,
conviction (français) = certitude.

Le danger, pour le traducteur, c'est donc – par négligence ou méconnaissance de la langue – de calquer ce mot anglais sans prendre conscience du changement de sens qu'entraîne le passage au français.

Ce même danger est présent à deux autres niveaux

- au niveau des expressions :
    a brick-red house : une maison rouge brique (**et non** : une maison de brique rouge, traduction à laquelle on aboutirait par simple calque).

- au niveau des structures :

Certaines structures peuvent sembler pouvoir se traduire de façon littérale, bien que ce type de traduction conduise en fait à un contresens.
La phrase
   He's sure to come,
par exemple, **ne signifie pas** : « Il est sûr de venir », mais « Il est sûr qu'il viendra », c'est-à-dire « Il viendra sûrement ».

Cette tendance à calquer les formes ou structures de la langue de départ est à l'origine d'un grand nombre d'erreurs de traduction : faux sens, contresens ou même non-sens.

> **1.** *Étudiez les deux documents qui suivent. Le premier, trouvé dans un hôtel anglais, explique la taxation téléphonique. Le second est l'introduction d'une brochure qui présente les divers ateliers et exposés d'un stage. Relevez toutes les erreurs que vous pouvez trouver dans ces deux documents et classez-les.*

1.

a/ TELEPHONE CHARGES

The charges for direct dial Telephone Calls in this Hotel, are based on a charge of 12p per unit, up to 100 units per call, thereafter at 5p per unit.

A.D.C. Calls connected by the G.P.O. operator are charged at cost, plus 50% surcharge, maximum surcharge £7.

Local Calls via Hotel operator 30p.

Charge Calls
Transfer/Reverse } No Handling Charge
Credit Card Calls

Telex : Cost plus 50% surcharge.
Telegrams : Cost plus 50% surcharge.
All Charges are inclusive of VAT.

Remember - Calls are cheaper after 18.00 hrs.

b/ CHARGES DES TELEPHONÉS

Les Charges pour telephoné dirècte de cette Hotel sont fait sur une charge de 12p chaque unit, au maximum de 100 units chaque appelle et puis à 5p chaque unit.

Si vous telephoné A.D.C. vers l'operateur G.P.O. ils sont chargé a prix, plus un surcharge de 50%, surcharge maximum £7.

Pour telephoné locale, vers l'operateur de l'Hotel ça couteria 30p.

Transfèrè/Rèvèrsé
L'Appeles chargé } Il n'ya pas une charge
Carte Crèdit

Telex : Prix plus un surcharge de 50%.
Telegrammes : Prix plus un surcharge de 50%.
VAT est unclus pârtout.

Attention : Si vous telephone âprés 18.00 heures il sera moin cher.

2.

a/ ABSTRACTS

The abstracts are arranged in alphabetical order according to the last name of the person leading the presentation. In preparing the abstracts, the following standard format has been used :

Name/First Name

Other people helping with the presentation

Title of the paper or workshop

Day Hour Room

Format (workshop or paper)

Description and biographical data as submitted by the leader (occasional minor editorial changes have been made)

Intended audience and categories of participants (legend at bottom of page)

Every effort has been made to avoid errors, but they are unfortunately inevitable. As well, there may be last-minute changes. Please check with the posted schedules to make sure you get to the workshops and papers you want.

Tesol – France, mars 1984

b/ RÉSUMÉS

Les résumés sont dans l'ordre alphabétique selon le nom de la personne qui fera la présentation. Dans la préparation des résumés, nous avons standardisé le format de la façon suivante :

Nom/Prénom

D'autres personnes associées à la présentation

Titre de la présentation

Jour Heure Salle

Atelier ou communication

Descriptif et renseignements biographiques tels qu'ils ont été soumis par le présentateur (parfois avec quelques modifications rédactionnelles)

Public et participants concernés (code en bas de page)

Malgré nos efforts de les éviter, il est fortement possible que des erreurs se soient glissées dans la dactylographie de ces résumés. Les changements de dernière minute peuvent également intervenir. Nous vous conseillons donc de consulter les programmes affichés, qui comporteront toutes rectifications nécessaires.

> **CONTRESENS**
>
> DEUX TOURISTES BRITANNIQUES ont été gardés à vue pendant trois jours à Ramatuelle, près de Saint-Tropez, à la suite d'une saisie à bord de leur camping-car de 207 grammes d'héroïne.. qui par la suite s'est révélée n'être que de la poudre pour éloigner les chiens. En visitant le véhicule des deux vacanciers, la patrouille de gendarmerie découvrait quelques pots de fleurs où poussaient des plants de cannabis. Montrant alors un sac de poudre, un gendarme questionna les touristes : – Drogue – Yes, dog (oui, chien), répondirent les deux Anglais. Cet aveu spontané et malheureux conduisit les deux voyageurs en prison, tandis que le sachet était expédié dans un laboratoire. L'analyse de la poudre a établi que l'« héroïne », estimée aussitôt par les gendarmes à 200 000 F, n'était qu'un produit que l'on répand le long des murs pour éloigner les chiens. Les deux Britanniques ont à leur libération déclaré « qu'ils étaient décidés à apprendre quelques rudiments de français ».
>
> *Ouest-France*

Les « faux amis »

Il y a plusieurs types de « faux amis ».
Il faut d'abord faire la distinction entre les mots qui sont toujours faux amis, et ceux qui ont plusieurs sens et donc parfois le même sens qu'en français.
Le mot *physician*, par exemple, a toujours le sens de « médecin » et ne peut jamais signifier « physicien » (= *a physicist.*)
En revanche, un mot comme intelligence peut avoir le même sens que son sosie formel français – c'est alors un « vrai ami » :
- *I was given an intelligence test.* On m'a fait passer un test d'intelligence.

ou bien, le sens de « renseignements », « informations » :
- *He was an intelligence officer during the war.*
  Il était officer de renseignements pendant la guerre.

On peut par ailleurs noter la différence entre
- Les mots qui ont un sens tout à fait différent en anglais et en français :
  intoxicated = « enivré »,

- Les mots anglais et français qui ont une même étymologie mais qui ont pris, au cours des années, des sens quelque peu différents dans les deux langues et qui n'ont plus la même extension sémantique de nos jours.

– Sens plus ou moins noble :
  chariot = carrosse, char (**et non** : le véhicule de campagne qu'est « un chariot »),

– Sens plus ou moins technique :
  journal = revue spécialisée, savante (**et non** : le terme général qu'est « journal »)

– Deux éléments différents d'un même ensemble :
  college = collège universitaire (**et non** : premier cycle de l'enseignement secondaire.)

– Différente fréquence d'emploi :
  commence = commencer (mais le mot est assez rare et littéraire en anglais).

On peut donc résumer ainsi ces différences :

	« faux amis » stricts (mots **toujours** faux amis)	« faux amis » partiels (mots **parfois** faux amis)
Différence radicale de sens*	*physician* = médecin	*intelligence* = renseignements / *intelligence* = intelligence
Différence d'extension sémantique*	*chariot* = char, carrosse	*insensible* = sans connaissance / *insensible* = insensible

* Plusieurs sens peuvent s'ajouter. Un mot peut donc appartenir à ces deux catégories.

On peut également remarquer que certains mots ne sont faux amis qu'au singulier ou au pluriel :

art ≠ arts
- Oscar Wilde supported the art for art's sake movement.
  ... le mouvement de l'art pour l'art.
- The faculty of arts has had to close for repairs. La faculté des Lettres...

2. ▶ *Voici une courte liste (car il y en a des centaines) des « faux amis » les plus courants. Traduisez les phrases dans lesquelles ils apparaissent. Les mots marqués d'un* sont toujours « faux amis ».*

1. ABUSE
   During the past 15 years many [investigating officers] have been threatened or abused. *(The Sunday Times)*
2. ACTION
   Strike action by teachers is wholly unjustified... it was stated yesterday. *(The Times)*
3. *ACTUAL/ACTUALITY/ACTUALLY
   Actual exertion became necessary to force a passage through frequent heaps of rubbish. *(E.A. Poe)*
4. *AFFLUENT/AFFLUENCE
   a/ That's quite an affluent district of the town.
   b/ The affluent society.
5. AGGRAVATE
   Today's young journalists, often moving from city to city to climb the career ladder, tend to lack loyalty and sensitivity to the communities they cover, further aggravating the public's alienation. *(Time)*
6. *AGONY/AGONIZING
   She had a bad fainting bout. So grey her face was, so blue her mouth! It was agony to him. *(D.H. Lawrence)*
7. ALIENATE
   [President Mitterrand's] economic austerity programme has alienated much of the French left without appeasing the right. *(The Economist)*
8. *ALLEGE
   Two alleged Provisional IRA terrorists were accused at the Central Criminal Court yesterday of mounting a campaign of London bombings. *(The Times)*
9. *ALLEY
   They're going to clean the alleys in this district.
10. ANXIETY/ANXIOUS
    I'm anxious to know what he thinks.

11. APPLICATION
Can you send me an application form?

12. ARGUMENT/ARGUE
They had an argument and left early.

13. ARRANGE/ARRANGEMENTS
I'll make arrangements for the seats.

14. ARTS
True, the immediate utility of good arts graduates is limited. They possess no relevant body of technical knowledge. *(The Daily Telegraph)*

15. ASSUME/ASSUMPTION
I assume the responsibility is hers.

16. *ATTEND
a/ Selected applicants are invited to attend for a pre-entry examination. *(The Daily Telegraph)*
b/ Can you attend to Mr Wilson, please?

17. AUDIENCE
What was unique was that a national television audience of some 2 million viewers was watching. *(Time)*

18. BALANCE
KEEP YOUR NERVE AND BALANCE, BISHOP WARNS THE CHURCH *(The Times)*

19. BENEFIT
It is easy to fall into a vicious circle: without a home, it may be difficult to get welfare benefits; without welfare benefits, it is difficult to get a home. *(The Economist)*

20. BIAS
The press has …permanently hostile critics always ready to decry bias in even the most honest reporting. *(Time)*

21. *CANDOUR/CANDID
Candidly speaking, I thought her a little busybody. (C. Brontë)

22. CHANCE
You haven't lost your cat, by any chance?

23. CHARGE
The charge against her was reduced from murder to manslaughter. *(The Sunday Times)*

24. CHARITY
Charities who help those without a roof over their heads are used to media attention during a bad winter. *(The Economist)*

25. CIRCULATION
Our daily circulation has very much increased.

26. CIVIL
a/ I always found him very civil.
b/ He's a civil servant.

27. CLERICAL
The delay was due to a clerical error.

28. COLLEGE
Smoking is prohibited on the college grounds.

29. COMFORT
About a child "She's my comfort!" he could not help saying to Mrs Bretton. (C. Brontë)

30. COMMAND
[The Spanish Prime Minister] and 65 personal advisers work long hours to ensure he has detailed command of cabinet meetings. *(The Sunday Times)*

31. *COMMEND
Listening and "dialoguing" are commendable, but they have limits. *(Time)*

32. *COMMODITY
I reckon to get out of you a little of that precious commodity called amusement, which mama and Mistress Snowe there fail to give me. (C. Brontë)

33. COMPLETE
The operation was difficult and was not completed until 4.30 a.m. yesterday. (The Sunday Times)

34. COMPREHENSIVE
a/ [The Crosland Circular] ordered all local authorities to prepare plans for the reorganisation of secondary schools into comprehensives. (The Daily Telegraph)
b/ There's a very comprehensive view of the question in this article.

35. CONCERN/CONCERNED
It is admirable, of course, that the Wall Street Journal and the New York Times and Time magazine should be so concerned with accuracy. (The Sunday Times)

36. CONCRETE
The remaining concrete runways [were] eventually grubbed up to make rough grazing for a few sheep. (The Guardian)

37. *CONCURRENCE
a/ We need his concurrence to go ahead.
b/ Finally it did happen through a strange concurrence.

38. *CONDUCTOR
The world's greatest conductor, at 76, was contracted to make a record of Tchaikovsky's First Piano Concerto with Pogovelich. (The Sunday Times)

39. *CONFECTIONER
I bought it from the confectioner in my street.

40. CONFERENCE
I read Enoch Powell's piece on educational philistinism after returning from the International Sociology of Education Conference at Westhill College, Birmingham. (The Guardian)

41. CONFIDENCE/CONFIDENT
There is quiet confidence that... [the 1984 American Trade Act] will do little damage to EEC producers. (The Economist)

42. CONSEQUENCE
Shortly before the disastrous January 12th–13th weekend, all treasury officers of consequence received written instructions on how to conduct thems. (The Economist)

43. CONSISTENT
It's well-written, but the reasoning is not consistent.

44. CONTEMPLATE
The Government will have to wait until vice-chancellors, dons, lawyers and everyone else involved will have had their say before it can contemplate a Bill. (The Daily Telegraph)

45. CONTENTION
His contention is that America is losing much of its prestige.

46. CONTEST
[The performers] are providing a spectacular contest of strength, agility and stamina. (The Saturday Evening Post)

47. CONTROL
[In ballroom dancing] the thigh, calf, ankle and foot muscles must work strongly and in precise control. (The Saturday Evening Post)

48. CONVICTION/CONVICT
Mr Goetz could have faced a maximum 25-year sentence had he been convicted of attempted murder. (International Herald Tribune)

49. CRIME
Indian authorities believe that not only espionage but many other crimes will [be] exposed. (Time)

50. *DECEIVE/DECEPTION/DECEPTIVE
Whether the Ramsdale doctor was a charlatan or a shrewd old rogue, does not, and did not, really matter. What mattered was that I had been deceived. *(V. Nabokov)*

51. DECIDED/DECIDEDLY
It is decidedly cold today.

52. *DEFILE
The police wonder why his grave was defiled.

53. *DELAY
[The Dutch government] said that it would go ahead with deployment at the delayed date of November this year if present conditions remained unchanged. *(The Guardian)*

54. DELIVER/DELIVERY
a/ His delivery was perfect and certainly helped him.
b/ "I am very critical of the Doman method," says Dr. McCarthy. "In my experience it does not deliver what it promises." *(The Sunday Times)*

55. DEMAND
Crime prevention could be improved by giving the police the power to demand a citizen's name and address. *(The Sunday Times)*

56. DEPOSIT
We'll need a deposit before we can order it.

57. DEPUTY
Mr John Akker, deputy general secretary of the 30,000-strong Association of University Teachers, last night welcomed a public debate. *(The Daily Telegraph)*

58. *DETER/DETERRENT
One in four employers complained about the unfair dismissal legislation, which ministers believe deters firms from hiring young people in particular. *(The Sunday Times)*

59. DISPOSE/DISPOSABLE
He was the professional, concerned only with the unfanciful business of disposing of a body. (E. Ambler)

60. DISPUTE
Customs and immigration officers worked to rule in support of the civil servants' pay dispute. *(The Sunday Times)*

61. *DON
The manners, courtesy and sense of responsibility of the undergraduates has conspicuously improved... I wish I could say the same about the dons. (Lord Stockton)

62. DRAMATICALLY
The preventable death rate from accidents and injuries has declined dramatically since a system of trauma hospitals was formed in 1980. *(Better Homes and Gardens)*

63. EDIT/EDITOR
The Wall Street Journal Europe is edited in Brussels; the editor makes his own judgment about how he fills the news pages, using about 10% of the total copy available to him. *(The Sunday Times)*

64. ELIGIBLE
He is not yet eligible to vote.

65. *EMPHASIS
I did not like the way he put the emphasis on that point.

66. EVADE
Others among [the homeless] evade the reach of state social security agencies, either out of pride or, more likely, because they cannot cope with the bureaucracy involved. *(The Economist)*

67. *EVENTUALLY
When we eventually told her she would have to leave because the hotel was fully booked for the season, she agreed, checked into a hospital the same day and died that night. *(The Times)*

68. EVIDENCE
    I have the evidence of my eyes and ears. (W. Trevor)
69. *EXACT/EXACTION/EXACTING
    I hardly fancy that the death penalty would be exacted so long after the war. (A. Christie)
70. EXCITE/EXCITED/EXCITEMENT
    She loves excitement!
71. EXCLUSIVE
    It's a very exclusive club.
72. EXECUTIVE
    The "investigative" impulse [among journalists] worries many new executives. (Time)
73. EXPERIENCE
    He's experienced so much during his life!
74. EXPOSE/EXPOSURE
    a/ "You make me blush, mademoiselle," he said. "You expose me as a mere gossip." (A. Christie)
    b/ One "clochard" in Lyons died of exposure only 100 yards from a government reception centre. (The Economist)
75. *EXTRA
    The trip to Windsor is extra.
76. *FACILITY
    I check out exercise facilities before I go to hotels. (The Sunday Times)
77. *FASTIDIOUS/FASTIDIOUSNESS
    I wouldn't like to invite her: she's too fastidious.
78. FIGURE
    a/ Don't eat too much: think of your figure!
    b/ Figures published yesterday showed that manufacturing output in Britain rose by 3.3% last year. (The Times)
79. FILE
    [They] photocopied secret files in return for nominal payments. (Time)
80. *FOOL/FOOLISH
    It's the best home-computer on the market: it's totally fool-proof!
81. FORGE/FORGERY
    He forged the will himself.
82. FORMAL
    Formal dress required. (on an invitation)
83. FUNCTION
    You can become an outcast at meetings and conferences if you don't join in all the social functions. (The Sunday Times)
84. *GENIAL
    He genially suggested that we should all have sherry with him.
85. *GRATIFY
    It would be too easy if one could gratify all one's whims!
86. *GRIEF
    Tears of grief, rage and shock came into the eyes of Hitler's Propaganda Minister, Josef Goebels, when he heard of the devastation of Dresden. (The Guardian)
87. HAZARD
    The hazards, burdens, appetites of absolutism seem to have proved too heavy [for Nero]. (The Guardian)
88. HUMOUR
    It was not, he insisted, a trivial matter, nor a girlish whim that should have been humoured. (The Sunday Times)

89. IGNORE
The inquiry examined why Bettaney's superiors either ignored or did not know about Bettaney's increasing dependence on alcohol. *(The Sunday Times)*

90. IMMATERIAL
Don't worry, it's not a problem. It's quite immaterial.

91. INCONSISTENT
He's so inconsistent, it would be better if he did not come at all.

92. INCONVENIENCE
Sorry for the inconvenience! (Notice near roadworks)

93. *INDULGE (IN)/INDULGENCE
No wonder she's so bad-tempered: they've always indulged her!

94. *INGENUITY
Children's ingenuity appears at a very early age.

95. INGENUOUS/INGENUOUSNESS
He is so ingenuous that he will get into trouble some day.

96. INTELLIGENCE
Police intelligence sources believe the groundwork for the latest assault was laid in Lisbon in June last year. *(The Sunday Times)*

97. *INTOXICATED
Had they not, indeed, been intoxicated beyond moral sense, their reeling footsteps must have been palsied by the horrors of the situation. (E.A. Poe)

98. ISSUE
NEW HEAT OVER AN OLD ISSUE: RENEWING THE ABORTION FIGHT *(Time)*

99. *JOLLY
He's a jolly good fellow. (Song)

100. *JOURNEY
The Longest Journey (A novel by E.M. Forster)

101. LABOUR/LABOURER
The applied arts interested him very much. At the same time he laboured slowly at his pictures. (D.H. Lawrence)

102. *LECTURE
Lectures are held two evenings a week, and there are coach outings on Saturdays. *(The Daily Telegraph)*

103. *LEGAL
So far from congenial had the union proved, that separation at last ensued – separation by mutual consent, not after any legal process. (C. Brontë)

104. *LIBRARY
The British Museum Library is the largest in Great Britain.

105. *LICENSED
They've proposed a bill to extend the unlicensed hours.

106. *LIQUOR
He's over-fond of liquor.

107. *LOCATION
I like the location of this flat.

108. *LODGER
We were lucky to find such a good lodger.

109. *MAINTENANCE
The Park Service will be responsible for the future maintenance and planting. *(Better Homes and Gardens)*

110. *MALICE/MALICIOUS
He would never have done it maliciously.

111. *MATCH
a/ [The BBC] has achieved a reputation for political independence and reliability, that gives it a stature no other national radio can match. *(The Guardian)*
b/ In one respect, at any rate, Monsieur and Madame were well-matched: neither liked sleeping with the other. *(The Guardian)*

112. MATRON
She's the best matron this ward has ever had!

113. MINUTE
Have you seen the minute TV set they have just produced?

114. MISERABLE
When her cat died, she was miserable for a week.

115. MODEST/MODESTY
This would shock your modesty.

116. NERVOUS
I feel nervous when I'm alone at night.

117. *NOVEL
It's the best novel he's written.

118. *NURSERY
Sandra's better today. She's playing in the nursery.

119. OFFENCE
I was demolishing the fallacy that any proposal to a woman, in public or private, that may place her in a state of fear should be considered as an offence. (N. Fairbairn)

120. OFFENSIVE
A complaint was made to the police that the film was offensive. *(The Guardian)*

121. OPERATE
The officer spent several hours tailing two black taxis that operate an alternative bus service. *(The Sunday Times)*

122. *OPPORTUNITY
There are so many lobbyists today largely because there are so many opportunities to lobby. *(The Atlantic)*

123. OUTRAGE/OUTRAGEOUS
I won't allow such outrageous behaviour here.

124. *PART
Ramey and Justino Diaz alternated the parts of Giovanni and Leporello. *(The Times)*

125. PARTICULAR
The new boss is very particular.

126. *PARTICULARS
Please include a stamped addressed envelope, if you send for particulars of the course. *(The Daily Telegraph)*

127. *PATRON/PATRONIZE
a/ Have you read the notice to patrons?
b/ A patron of the arts.

128. PERIOD
I found the last period tiring.

129. PETTY
One tends to get petty in close communities. (A. Christie)

130. *PHRASE
There were many difficult phrases in the text.

131. *PHYSICIAN
Many hospital emergency departments were little more than sophisticated first-aid stations staffed by physicians and nurses with no special training. *(Better Homes and Gardens)*

132. PLANT
I find that plant almost attractive in the landscape.

133. *PLATFORM
The Democrats did not have a very good party platform.

134. POSITIVE
I'm positive I saw him there.

135. PRACTICE
He's a G.P. with an excellent practice.

136. PREJUDICE
He says he has no prejudice against gypsies but he doesn't want any in the village.

137. PRESENTLY British use
Presently nanny said: "Ring the bell, dear, and we'll have some tea." (E. Waugh)

138. PROFESSIONS (THE)
We currently have a large number of attractive Permanent and Temporary posts in London and the Home Counties for part and fully qualified staff in commerce and the professions. *(Ad in The Daily Telegraph)*

139. PROPRIETY
I doubt the propriety of asking for such a favour.

140. PROVE
In these tests, Slim Plan proved to be highly successful in getting people to lose weight. *(Ad for "Shaklee")*

141. PROVOKE/PROVOKING
I won't discuss things with him: he's too provoking.

142. PUBLIC
a/ If you think you can't afford public school fees, these figures will come as an education to you. *(Ad for "The Equitable Life")*
b/ He bought a public house when he retired.

143. PURPLE
Purple is fashionable this year.

144. QUALIFY
You should have qualified that statement.

145. RANGE
Be careful; there are lions ranging through the forest at night.

146. REALIZE
Another thing I realized, looking at those pictures, was that back in the sixties we all wore suits on the street. *(The New Yorker)*

147. RECIPIENT
I have been both the recipient and donor of truly magnificent gestures of friendship. *(The Sunday Times)*

148. RECORD
a/ The four men, who are from the Bronx, all have criminal records, many for Subway crimes. *(International Herald Tribune)*
b/ According to the community's records, fresh supplies of chickens and pigs were flown in daily. *(Time)*

149. REDUNDANCY
The economic crisis has led to growing redundancy figures.

150. REFLECT ON/REFLECTION
I'm afraid what happened will reflect on our newspaper.

151. *REFUSE noun
The running water is turned on occasionally to clear away the refuse. (E.M. Forster)

152. RELEVANT/RELEVANCE
Each declared the BBC's programming was far more informative, far more relevant [than VOA]. (The Guardian)

153. RESENT
It was then that organizers decided to transfer the match from the prestigious Hall of Columns in central Moscow to the Hotel Sport on the outskirts, a move that Mr Karpov reportedly resented. (International Herald Tribune)

154. RESIGN
"I am no part of this pettiness. I resign at once from this committee." (W. Trevor)

155. *RESORT
Wailea is Hawaii's superb beach resort. (Ad for "Wailea Maui")

156. RESPOND/RESPONSE
A quick phone call home, if it's possible, would do more to restore and assure them than the more usual response of yet another injection [of tranquillizer]. (The Sunday Times)

157. *RESUME
The United States and the Soviet Union have announced that negotiations on nuclear weapons will resume March 12 in Geneva. (International Herald Tribune)

158. RUDE
We were told that British Rail had set up a school of charm... Soon, we were told, the rude ticket collector would be the exception rather than the rule. (The Sunday Times)

159. SATISFY/SATISFIED
I left when I was quite satisfied that everything was in order.

160. SCHEME
They were scheming to take power.

161. SEARCH
The commission says that it was too lax and that random bag searches of staff must be instituted. (The Sunday Times)

162. SENSE/SENSIBLE
[Many miners] now conclude that their only sensible course is to cut their losses and return [to work]. (The Daily Telegraph)

163. SORT (OUT)
As soon as he arrives, he sorts out the mail.

164. SPORT
a/ She was sporting a brand new dress.
b/ Come on! Be a good sport!

165. SUPPORT
Throughout history some men and women have enslaved those whose work supports them. (The Atlantic)

166. *SURNAME
It is not commonly known that the name Mole, according to a dictionary of surnames, is a corruption of the name Moll. (The Sunday Times)

167. SUSCEPTIBLE
Young animals are more susceptible to cold weather than adults, and they may develop hypothermia. (The Saturday Evening Post)

168. SYMPATHY/SYMPATHETIC/SYMPATHIZE
After hours of grilling in a conference room, [the journalist] confided her guilt to one sympathetic editor. (Time)

169. TERM
a/ Mr Reagan has not conveyed any strong sense of a new political direction for the second term. *(The Guardian)*
b/ Over a third of London schoolboys work more than ten hours per week during term. *(The Economist)*

170. TERRIBLE
She looks terrible today.

171. TERRIFIC
We had a terrific relationship – I translated her Latin for her and she told me about sex. *(The Sunday Times)*

172. *TRESPASS
a/ Forgive us as we forgive them that trespass against us. (The Lord's Prayer)
b/ Trespassers will be prosecuted. (Notice)

173. VENGEANCE (WITH A –)
Maritime piracy, once thought to have died out with the swashbucklers of the 18th century, has come back with a vengeance. *(Newsweek)*

174. VERSATILE
He is an intelligent and versatile writer.

175. *VICAR
When I was a child there was a man called Mr Boriston who was judged pretty odd... because he answered the vicar's rhetorical questions during sermon time. (B. Bainbridge)

176. ZEST
She does everything with zest.

3. ▶ *Imaginez dans quel contexte chacune des phrases suivantes pourrait apparaître, puis traduisez-les.*

1. a/ It's like abusing her hospitality.
   b/ It's trespassing on her hospitality.

2. a/ They presently thought of getting married.
   b/ They actually thought of getting married.
   c/ At that time they thought of getting married.

3. a/ There's nothing we can do in a period of affluence.
   b/ There's nothing we can do in the rush hours.

4. a/ I'm anxious about the results.
   b/ I'm anxious for the results.

5. a/ Art students can apply for this job.
   b/ Arts students can apply for this job.

6. a/ I don't like it; it isn't consistent.
   b/ I don't like it; it isn't substantial.

7. a/ There was a decided increase in prices.
   b/ They decided on an increase in prices.

8. a/ The main problem is keeping the flat.
   b/ The main problem is maintaining the flat.

9. a/ We'd better search his room.
   b/ We'd better look in his room.

10. a/ This wine is super!
    b/ This wine is extra!

4. ▶ *Voici un certain nombre de titres de romans anglais ou américains. Traduisez-les.*

1. *A Personal Record* (J. Conrad)
2. *Pride and Prejudice* (J. Austen)
3. *The Longest Journey* (E.M. Forster)
4. *The Vicar of Wakefield* (O. Goldsmith)
5. *Sense and Sensibility* (J. Austen)
6. *The Ipcress File* (L. Deighton)
7. *The Fool of Quality* (H. Brooke)
8. *In the Teeth of Evidence* (D.L. Sayers)
9. *The Bachelors* (M. Spark)
10. *The Prime of Miss Jean Brodie* (M. Spark)

5. ▶ *Les mots soulignés sont-ils « faux amis » ou non dans les phrases qui suivent ? Si vous pensez qu'ils le sont, suggérez une traduction.*

1. The accused's constant lies <u>aggravated</u> his case.
2. His <u>argument</u> was convincing.
3. What <u>arrangements</u> did you make for the flat?
4. I'm telling you that for your <u>benefit</u>.
5. You are not <u>concerned</u> in this new project.
6. You are not <u>concerned</u> about this new project.
7. I am not kindly <u>disposed</u> to him.
8. The dockers' <u>dispute</u> has been going on for weeks now.
9. I don't know what would have happened if he hadn't <u>maintained</u> me.
10. The <u>files</u> are kept in the corridor.
11. The <u>function</u> of our society is to help disadvantaged people.
12. I <u>contemplated</u> the <u>prospect</u> with interest.
13. Why did you ask this <u>particular</u> person?
14. Why did you ask such a <u>particular</u> person?
15. He had a life <u>term</u>.
16. He reached the <u>term</u> of his life.

6. ▶ *Les traductions qui suivent contiennent des erreurs dues à la présence de « faux amis » dans l'original. Retrouvez quelle était la phrase anglaise et retraduisez-la.*

1. Elle est tellement candide qu'elle lui a dit ses quatre vérités.
2. Pouvez-vous résumer vos fonctions ?
3. Il a été très sympathique quand j'étais déprimé.
4. Les docteurs étaient tout à fait satisfaits de sa folie.
5. Mon fils est trop sensible pour faire des bêtises.
6. L'avion répondit aux contrôles.

7. L'expédition a prouvé le succès.

8. Son record passé était très bon.

9. Même l'éditeur n'a pas remarqué cette faute.

10. Elle suit un régime pour sa figure.

7. *Étudiez les passages suivants et leur traduction. Êtes-vous d'accord avec la façon dont tous les mots ont été traduits ? Si vous pensez qu'un « faux ami » n'a pas été traduit de façon satisfaisante, cette « erreur de traduction » vous semble-t-elle entraîner un contresens grave dans ce contexte précis ? Justifiez votre opinion.*

1. I would be glad if you would pack what clothes there may be there and dispose of all the furniture. (G. Greene)

Je te serais reconnaissante de bien vouloir empaqueter les vêtements qui peuvent y être encore et de disposer de tout le mobilier.

2. Who were all these people? Two Canons and the Dean of Chislehampton. Yes, and another pair of gaitered legs over in the corner, a Bishop, no less! Mere Vicars were scarce. (A. Christie)

Qui étaient donc tous ces gens ? Il reconnut deux chanoines avec le Doyen de Chislehampton et, dans un coin, une autre paire de jambes guêtrées : un évêque pour le moins ! Les simples vicaires étaient rares.

3. When he stepped out [of the bath] he felt almost at peace. The exquisite physical conditions of the moment had dominated him, as indeed often happens in the case of very finely-wrought natures, for the senses, like fire, can purify as well as destroy. (O. Wilde)

Quand il sortit du bain, il se sentait presque apaisé. Le bien-être physique du moment l'avait dominé, comme il arrive souvent aux natures bien organisées, car les sens, ainsi que le feu, peuvent purifier aussi bien que détruire.

4. "Extraordinary!" exclaimed Sir Thomas; "you must really tell my wife's hand too"... but Lady Marvel, a melancholy-looking woman... entirely declined to have her past or her future exposed. (O. Wilde)

– Extraordinaire ! s'exclama Sir Thomas. Il faut absolument que vous regardiez la main de ma femme... Mais Lady Marvel, femme à l'air mélancolique... refusa absolument de laisser exposer son passé et son avenir.

5. "This," she said, "is the cistern." It was the first time Packy had been formally introduced to a cistern, and he was not quite sure of the correct procedure. (P.G. Wodehouse)

– C'est le réservoir, dit-elle. C'était la première fois que Packy était formellement présenté à un réservoir, et il n'était pas tout à fait sûr du cérémonial à suivre.

6. The spectacle of legs where no legs should be is always an arresting one... Taking a snap judgement on the evidence at present to hand, he presumed that the sitter must be the Senator himself. (P.G. Wodehouse)

Le spectacle de jambes, là où il ne devrait pas y en avoir, est toujours captivant... Portant un premier jugement sur l'évidence qui s'offrait à ses yeux, il présuma que leur propriétaire devait être le sénateur en personne.

7. Are real human beings simply extended humours capable of use, and does this cut one off from them a bit? Yes. For observation throws down a field about the observed person or object. Yes. Makes the unconditional response more difficult – the response to the commonties, affections, love and so on. (L. Durrell)

Les êtres humains réels deviennent-ils de simples prolongements d'humeurs capables de servir, et cela nous coupe-t-il un peu d'eux ? Oui. Car l'observation isole la personne ou l'objet observé. Oui. C'est pour cela qu'il est plus difficile de donner une réponse absolue, de trouver la cause profonde des liens, des affections, de l'amour, et ainsi de suite.

8. Jim wonders how much courage he is capable of. The youth would have liked to have discovered another who suspected himself. A sympathetic comparison of mental notes would have been a joy to him. (S. Crane)

Le jeune homme aurait aimé découvrir un autre bleu qui manquât de confiance en soi ; la comparaison sympathique de leurs notes mentales lui eût été une joie.

Les mots composés et les groupes nominaux

Ils posent souvent des problèmes au traducteur qui doit
- **éviter le calque pur et simple**,
- **s'assurer** avant de traduire qu'**il a bien compris le rapport entre les différents termes**.

Un exemple suffira à illustrer le premier point. Dans un ouvrage de B. Ulam consacré aux Bolcheviks, on trouve les deux phrases suivantes dans la traduction de l'anglais :

De connivence avec le général Staff, les socialistes polonais mettaient sur pied des unités de combat… (p. 317)

Depuis le début de la guerre, le gouvernement impérial allemand et le général Staff étaient conscients du parti qu'ils pouvaient tirer du mouvement révolutionnaire russe. (p. 352)

À travers ces phrases, on reconnaîtra bien que le « général Staff » n'est en fait que le calque de general staff, c'est-à-dire « l'état-major général » !

Quant au second point, ce sont surtout les mots composés (*cf.* p. 70) et les adjectifs de relation (*cf.* p. 163) qui peuvent poser problème, comme le montre, par exemple, la différence entre les expressions suivantes :

a bone crusher = un casse os,
a bone folder = un plieur en os (instrument utilisé par les relieurs)
a criminal act = une action criminelle,
a criminal lawyer = un avocat au criminel.

Les calques de structure

Dans les exemples de traduction qui suivent[1] la ressemblance entre certaines structures anglaises et françaises a conduit à des contresens (*cf.* p. 102).

8. *Étudiez ces exemples et corrigez les traductions.*

1. It is not, however, with the outside of the place that we are concerned; on this bright morning of ripened spring its tenants had reason to prefer the shady side of the wall. (H. James)	*Ce n'est cependant pas l'extérieur de cette bâtisse qui nous intéresse ; par ce beau matin de printemps épanoui, ses occupants avaient raison de préférer le côté abrité du mur.*
2. [Farm dogs] like to play and one of their favourite games is chasing cars off the premises. (J. Herriot)	*Les chiens de ferme aiment jouer et un de leurs jeux favoris consiste à poursuivre les voitures à l'extérieur de la ferme.*
3. I could now understand why I had seen so little of the farmers in Kent.	*Je comprenais maintenant pourquoi j'avais vu si peu de fermiers dans le Kent.*
4. The leaves trembled and turned silver with excitement. (G. Durrell)	*Les feuilles tremblaient et devenaient argentées avec agitation.*
5. Now the horses were climbing the steep hill out of town, and, looking through the windows at the back of the coach, Mary could see the lights of Bodmin fast disappearing… (D. du Maurier)	*Les chevaux gravissaient maintenant la colline escarpée, hors la ville, et, regardant par la vitre, au fond du véhicule, Mary pouvait voir les lumières de Bodmin disparaître une à une avec rapidité.*

---

1. La plupart de ces exemples proviennent de copies d'étudiants.

6. She is certain to spend Christmas with us.	*Elle est sûre de passer Noël avec nous.*
7. Dear Sir, Thank you very much for your letter dated Oct. 17th.	*Cher Monsieur,* *Merci beaucoup pour votre lettre du 17 octobre.*
8. In 1888 Lord Salisbury created a new form of rural government in the County Councils.	*En 1888 Lord Salisbury créa une nouvelle forme de gouvernement rural dans les Conseils de Comté.*
9. He went on to repeat a statement he had heard... at the camp that morning. (S. Crane)	*Il continua à répéter une affirmation qu'il avait entendue au camp ce matin-là.*
10. She worked for an American firm until 1969, when she got married and left for Glasgow.	*Elle a travaillé pour une entreprise américaine jusqu'en 1969, quand elle s'est mariée et est partie pour Glasgow.*
11. You can say that again!	*Vous pouvez le répéter.*
12. When I was first married, with a child, she appeared and said: "What are you going to do now?" *(The Sunday Times)*	*Lorsque je me mariai, la première fois, avec un enfant, elle vint me voir et me dit : « Qu'allez-vous faire maintenant ? »*
13. I don't think much of Mr Jones.	*Je ne pense pas beaucoup à M. Jones.*
14. Her husband of twenty-two years.	*Son mari âgé de vingt-deux ans.*

25 Le *journalese*

Le *journalese*, ou langue journalistique, présente certaines caractéristiques syntaxiques et lexicales qui peuvent surprendre et parfois conduire à des erreurs de compréhension. Voici les principales.

Caractéristiques syntaxiques

- **Le verbe d'assertion** introduisant le discours direct peut se trouver

– en tout début de phrase :

> Says Agriculture Secretary John Block: "We need to become competitive in pricing and selling our products." (Time)

Il est alors préférable en traduisant de rétablir l'ordre des mots normal ou de se contenter d'introduire le discours direct ou indirect par une expression telle que : « aux dires de… », « selon les paroles de… », « d'après… ».

– en fin de phrase (également lorsqu'il s'agit de discours indirect) :

> We badly need a tax rethink, he agreed.

Il est alors important de ne pas considérer les deux propositions comme indépendantes l'une de l'autre. (*cf.* p. 53)

En ce qui concerne la traduction, il est plus naturel, ici encore, de commencer par le verbe d'assertion en français : → Il reconnut qu'il y avait grand besoin…

Le fait que les guillemets introduisant le discours direct disparaissent parfois dans le style journalistique ne peut que multiplier les risques de confusion.

- Le *journalese* **utilise fréquemment le passif**, qui permet de mentionner certains événements ou de rapporter des paroles sans avoir besoin de citer la source de l'information, souvent inconnue ou que l'on veut garder secrète.

> The identities of Narain's foreign contacts have not been disclosed, but the CIA, the KGB and Pakistan, all implicated in previous Indian espionage cases, were mentioned. (Time)

Il est donc important de bien reconnaître ces passifs, surtout lorsqu'il y a ellipse. (*Cf.* p. 34, p. 53)

- On rencontre parfois dans les articles de journaux certaines tournures qui seraient considérées comme incorrectes dans d'autres contextes, l'ellipse d'une préposition, par exemple :

> The United States and the Soviet Union have announced that negotiations on nuclear weapons will resume March 12 in Geneva. (The Washington Post) = *on March 12*

- **Emploi fréquent du génitif** avec des noms de pays, de journaux… pour identifier les hommes politiques et personnages célèbres :

> - Time's lawyers wondered what would happen if, say, Libya's President Qadafi, who is regularly accused of outrages in the western press, decided to sue. (The Economist)
>
>   … le président libyen, Kadhafi / le président Kadhafi (Libye)

• Tendance à utiliser de **très longs groupes adjectivaux** :

The 20 million-dollar a year growing and spreading business...

Le *journalese* a aussi souvent recours au procédé qui consiste à donner à une expression ou même une phrase la valeur d'un mot unique en reliant chacun de ses termes par des tirets. Il ne faut surtout pas confondre ces tirets avec ceux qui peuvent, par exemple, encadrer une apposition :

To ensure that non-executive directors are truly independent, the institutional investors who have come to dominate stockmarkets should work against interlocking directorship – i.e., let's-serve-on-each-other's-board arrangements. (The Economist)

Sans aller toujours aussi loin, l'utilisation d'adjectifs composés est d'une façon générale très courante dans les articles :

Atlanta-based talks, briefcase-toting executives, special-interest groups, etc.

• Le *Headlinese*

Les problèmes de compréhension des gros titres viennent principalement du fait que
– il y a souvent omission de *be* et de l'article (*cf.* p. 36) :

BILL SOUGHT TO PROJECT SECRET LEAKS (The Times) = *A bill is sought to...*
BRITONS HELD BY UNITA TO BE FREED SOON (The Times) = *...are to be freed...*

– il n'y a pas toujours de verbe et le rapport entre la suite de noms et d'adjectifs peut ne pas être clair :

PRAVDA HINT ON NEW LEADER (The Times) = *Hint given by Pravda...*
DRIVING BAN FOR HONDA LINK MAN (The Times) = *The man who is liaison manager between Honda and British Leyland is banned from driving.*

Caractéristiques lexicales

• Certains mots sont employés dans la presse avec **un sens particulier**. Notons le cas de l'adverbe *hopefully* dont le premier sens, « avec espoir », ne se rencontre presque plus dans les journaux, où il signifie d'ordinaire : « On espère que... »

• *They will hopefully agree.* Espérons qu'ils se mettront d'accord.

• En plus de la constante et inévitable utilisation de termes spécialisés d'économie, de politique, de sociologie..., il faut noter un certain nombre de tendances.

– La **préférence** qui est souvent donnée **aux expressions idiomatiques** et **imagées** par rapport aux termes plus simples :

to be hand in glove with... = *in close relations with ;*
to turn over a new leaf... = *to make a new start ;*
to trigger off... = *to cause.*

– Une prédilection pour les **termes récents**, nouvellement créés, et dont le sens n'est donc pas toujours très clair pour les non-initiés. Dans un article du *Herald Tribune* (28.1.85) intitulé *The New Takeover Lingo*, William Safire cite quelques exemples qu'il explique :

"Shark repellent" is the action taken by a company's board to shoo away "raiders" – the "sharks" circling the company and hoping to chew it up.

"Greenmail" is patterned on "blackmail," with the green representing "greenbacks..."

Il montre également comment un terme peut en engendrer un autre :

"golden handshake" = *a whopping sum given as severance pay.* (1960)
→ "golden handcuffs"
= *incentives offered executives to keep them from moving to other jobs.* (1976)
→ "golden parachute"
= *agreement to pay an executive his salary and benefits even if the company is taken over.* (1984)

– L'emploi fréquent d'**euphémismes** ou au contraire l'abus qui est fait d'**expressions emphatiques** ou d'**hyperboles**.

Euphémismes :
"a disadvantaged country" = *a poor and backward country* ;
"destabilization" = *overthrowing of a regime.*

Hyperbole :
"crisis" = *any problem* ;
"exciting" = *interesting.*

Fréquents jeux de mots, oxymorons, allusions culturelles
Exemple de **jeux de mots** :

IT'S NO MS-TERY, CALL ME MRS (*Time* article on whether to call Geraldine Ferraro "Mrs Ferraro" or "Ms Ferraro.")

Yachtsmen get berth pains at the marina. (Sunday Times)

Oxymoron :
building down (in armament talks)

Allusions culturelles : *cf.* p. 195

▶ *Traduisez les phrases suivantes.*

1. Baron Rudiger von Wechmar, West Germany's Ambassador, is understood to have made it clear that while Germany seems to manage well with its dullest boys and girls, Britain excels with children of above average intelligence. *(The Daily Telegraph)*

2. "Every so often it looks as though they are going to be released and nothing happens," she said. "Hopefully, this time they will come home." *(The Daily Telegraph)*

3. Said McChristian: "He had the right to question the intelligence, but this isn't what happened at that meeting." *(Time)*

4. A 17-year-old Welsh girl was critically ill last night after being given a new heart in a transplant operation carried out by Mr Magdi Yacoub and his team at Harefield Hospital.
It had been intended that Ruth Phipps, of Newport, Gwent, should also receive new kidneys, but a hospital spokesman said that because of her poor condition the kidney transplant was not carried out and she was put on a dialysis machine. *(The Daily Telegraph)*

5. By all means let us ape the example of the German Bundesbank, and burn the speculators' fingers by leaping to kick the exchange rate up the backside when it is on the turn. By doing a Dutchman's act with fingers in the dyke to halt the sea is no way to run a whelk shop. (Lord Bruce-Gardyne, quoted by G.E. Knight)

TRADUCTION DU TEXTE ANGLAIS

ÉVITER [...] LE MOT À MOT INSIPIDE ET INFIDÈLE À FORCE DE SERVILE FIDÉLITÉ.

Valéry Larbaud,
Sous l'invocation de saint Jérôme.

Il advient presque toujours qu'un vocable, lors même qu'il désigne un objet précis et trouve un équivalent précis dans une autre langue, s'entoure d'un halo d'évocations et de réminiscences, sortes d'harmoniques qui ne sauraient être les mêmes dans l'autre langue et que la traduction ne peut espérer conserver.

André Gide,
Préfaces.

Tout le travail de la traduction est une pesée de mots.

Valéry Larbaud,
Sous l'invocation de saint Jérôme.

La traduction, ce travail d'approximations, avec ses petits contentements, ses repentirs, ses conquêtes et ses résignations.

Paul Valéry,
Variation sur les Bucoliques.

1 Modulation, transposition, équivalence et étoffement

La traduction littérale n'étant que rarement possible :

- *As the door was open, I called her.* Comme la porte était ouverte, je l'appelai.

le traducteur doit la plupart du temps avoir recours à un certain nombre de procédés pour pouvoir restituer le message aussi fidèlement que possible.

Dans leur *Stylistique comparée du français et de l'anglais*, J.P. Vinay et J. Darbelnet ont classé ces procédés. Nous ne retiendrons que les principaux : transposition, modulation et équivalence.

La **transposition** consiste à traduire certains mots ou expressions en faisant appel à d'autres catégories grammaticales dans la langue d'arrivée :

- *The smaller percentage of success can be explained by…*
  ADJ.

  La diminution du pourcentage de réussites peut s'expliquer par…
  NOM

La **modulation** implique un changement de point de vue lorsqu'on passe d'une langue à l'autre :

- *Thanks to the court decision, he will be given a maintenance grant.*
  ABSTRAIT

  Grâce à la décision du tribunal, on lui versera une pension alimentaire.
  CONCRET

L'**équivalence** se situe au niveau du message tout entier, lorsqu'une traduction n'est possible qu'en ayant recours à une expression équivalente dans la langue d'arrivée. C'est le procédé le plus couramment utilisé pour traduire les proverbes, certaines expressions idiomatiques, toutes les expressions figées que l'on peut trouver sur les panneaux, pancartes, etc.

- *(When pouring a drink) Say when!* Tu m'arrêteras…

L'utilisation constante de ces procédés pourra seule donner au traducteur la souplesse qui lui permettra de ne pas rester soumis au texte de départ, de rejeter le joug de la forme, d'oser et de savoir prendre des libertés par rapport au passage à traduire, à condition bien sûr que celles-ci permettent d'en mieux faire sentir le sens.

---

1. *Étudiez les passages qui suivent et leur traduction. Quel(s) procédé(s) le traducteur a-t-il utilisé à chaque fois ?*

1. Actors are so fortunate. They can choose whether they will appear in tragedy or in comedy, whether they will suffer or make merry, laugh or shed tears. (O. Wilde)	Les acteurs sont heureux, songeait-il. Ils peuvent choisir entre la tragédie et la comédie, entre la souffrance et la joie, entre le rire et les pleurs.

2. That evening Nathan was his usual engaging, garrulous self, ordering for me schooners of beer until I was woozy and ready to float away. (W. Styron)	*Ce soir-là Nathan se montra fidèle à lui-même, débordant de charme et de loquacité, m'abreuvant d'énormes demis jusqu'au moment où je me sentis dans les vapes et prêt à larguer les amarres.*
3. We send him up all we've got and he's not satisfied. No, honest, it's enough to make the cat laugh. Why did you send him up all that stuff? (H. Pinter)	*On lui expédie tout ce qu'on a et il n'est pas encore content. Non, franchement, il y a de quoi vous défriser la moustache. Pourquoi tu lui as envoyé toutes ces provisions ?*
4. "That is only the bathroom, the W.C." "I think I'd better take a look." "Of course, major, but there is not much cover there to conceal anything." (G. Greene)	*– Rien que… la salle de bains et les W.C.* *– Je crois qu'il faut que je jette un coup d'œil.* *– Naturellement, Major, mais il n'y a pas beaucoup de coins là-dedans où l'on pourrait dissimuler quelque chose.*
5. Their vague feminine formula for beloved ones doing brave deeds on the field of battle without risk of life would be destroyed. (S. Crane)	*Il bouleverserait les vagues idées que se forgent les femmes, qui s'imaginent que leurs fils ou leurs bien-aimés accomplissent, sans risques pour leur vie, des exploits sur le champ de bataille.*

La transposition

Voici quelques-uns des types de transposition les plus courants : les flèches marquent le passage de l'anglais au français.

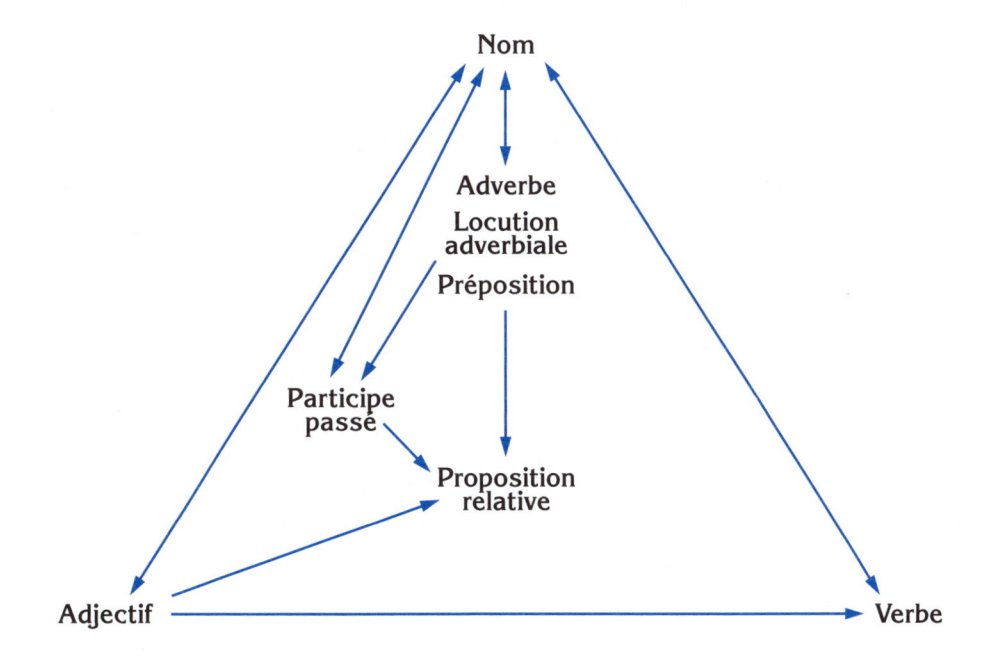

```
                          Nom
                           │
                        Adverbe
                        Locution
                       adverbiale
                       Préposition

              Participe
                passé
                         Proposition
                          relative

      Adjectif ──────────────────────────► Verbe
```

MODULATION, TRANSPOSITION, ÉQUIVALENCE ET ÉTOFFEMENT

Nom → Verbe

- *I threatened him with dismissal.*
  Je menaçai de le renvoyer.

2. ▶ *Traduisez.*
1. Summarizing or even editing turned out to be difficult.
2. This was no occasion for joy.
3. Provision for the care of the elderly should be compulsory.
4. He's angry because I refused him the loan of my car.

Adjectif → Nom

- *As he got older, he became less saturnine.*
  En prenant de l'âge, il devint moins taciturne.

3. ▶ *Traduisez.*
1. They were irritatingly polite.
2. We need a new French teacher.
3. I met him in late autumn.
4. After a momentary pause, he resumed his explanation.

Adverbe → Verbe

- *But I simply went out to get my cardigan!*
  Mais je n'ai fait que sortir pour prendre mon gilet !

4. ▶ *Traduisez.*
1. When he finally left the office, it was dark.
2. In spite of many efforts, the unemployment figures have grown steadily worse.
3. He successfully dealt with the situation.
4. He was inevitably against the project.

Préposition → Verbe, ou Participe Passé

- *She came for some glasses.*
  Elle est venue chercher des verres.

5. ▶ *Traduisez.*
1. The bus stopped for a group of Indian women with baskets. (M. Lowry)
2. He has one foot in the grave as it is. Many would like to help him with the other. (A. Wilson)
3. It's a quotation from Shakespeare.
4. There were three men in the room, in dinner-jackets and top hats.

Adjectif → Proposition relative

- *We're having very unseasonable weather.*
  Nous avons un temps qui n'est pas normal pour la saison.

> **6.** ▶ *Traduisez.*
> 1. The resultant financial benefits will be very high.
> 2. This heart-free young man was to be the hero of a romantic tale.
> 3. When we arrived, we found everything unprepared.
> 4. The cases unprovided for by the rule will have to be considered.

Il faut cependant remarquer que toutes ces opérations possibles de transposition ne sont pas d'égale importance, qu'elles ont des fréquences différentes, c'est-à-dire que chaque langue a tendance à privilégier certaines catégories grammaticales.

Le français, par exemple, à une **prédilection pour les tournures nominales**, alors que l'anglais préfère les **tournures verbales**.
- *He explained what he believed in and hoped for.*
  Il nous exposa ses convictions et ses espoirs.
- *Mount Vesuvio erupted in 1944.*
  Le Vésuve entra en éruption en 1944.

La modulation

Voici quelques exemples de modulation.

Changement de point de vue dans une description spatiale :
- *She had drenched her skirt from the knees down.*
  Sa jupe était trempée jusqu'aux genoux.

> **7.** ▶ *Traduisez.*
> 1. Don't call down the stairs! Come down.
> 2. I locked myself out of the car yesterday. I never felt so stupid in my life!

Passage de l'abstrait au concret
- *He's always using words a yard long.*
  Il utilise toujours des mots qui n'en finissent plus.

> **8.** ▶ *Traduisez.*
> 1. It's time someone taught him he isn't the only pebble on the beach.
> 2. He escaped a similar fate by a hair's breadth.

Affirmation / négation
- *She's rather plain.*
  Elle est sans grande beauté.

> **9.** ▶ *Traduisez.*
> 1. At the end of a visit. Remember the guide!
> 2. He kept phoning at the most unearthly hours.

Une partie pour une autre, ou pour le tout :
- *There he was at his desk, his head bent over his work.*
  Il était là, assis à son bureau, le front courbé sur son travail.

10. ▶ *Traduisez.*
1. The hounds were giving tongue.
2. The food is good in this restaurant.

L'équivalence

11. ▶ *Imaginez dans quel contexte les expressions qui suivent peuvent être employées, puis traduisez-les.*

1. No parking beyond the yellow line.
2. Employees only.
3. No U-turns.
4. Keep out of the reach of children.
5. Over my dead body!
6. Medium rare, please.
7. You're welcome!
8. Don't mention it!
9. It's a dead cert.
10. Behave yourself!
11. Have you heard the latest?
12. Hold on!
13. It's an absolute cinch!

12. ▶ *Faites correspondre les proverbes et leur traduction.*

1. Still waters run deep.
2. Cut your coat according to your cloth.
3. Many a mickle makes a muckle.
4. As you brew, so you must drink.
5. ... (You must not have) too many irons in the fire.
6. When pigs fly.
7. Leave well enough alone.
8. Jack of all trades and master of none.
9. A friend in need is a friend indeed.
10. ... to kill two birds with one stone.
11. The more, the merrier.
12. What is bred in the bone cannot come out of the flesh.
13. Birds of a feather flock together.
14. Ill-gotten goods seldom prosper.
15. Nothing ventured, nothing gained.
16. Don't teach your granny how to suck eggs.
17. The proof of the pudding is in the eating.
18. Spare the rod and spoil the child.
19. It never rains but it pours.

a/ *Faire d'une pierre deux coups.*
b/ *Qui se ressemble s'assemble.*
c/ *Plus on est de fous, plus on rit.*
d/ *Un malheur ne vient jamais seul.*
e/ *Il n'est pire eau que l'eau qui dort.*
f/ *Bon à tout, propre à rien.*
g/ *Les petits ruisseaux font les grandes rivières.*
h/ *Ce n'est pas à un vieux singe qu'on apprend à faire des grimaces.*
i/ *Selon tes ressources, gouverne ta bourse.*
j/ *Qui aime bien châtie bien.*
k/ *Bien mal acquis ne profite guère.*
l/ *Quand les poules auront des dents.*
m/ *Chassez le naturel, il revient au galop.*
n/ *C'est à l'usage qu'on se rend compte de la qualité des choses.*
o/ *Le mieux est l'ennemi du bien.*
p/ *Il ne faut pas courir deux lièvres à la fois.*
q/ *Comme on fait son lit, on se couche.*
r/ *C'est dans le malheur qu'on reconnaît les vrais amis.*
s/ *Qui ne risque rien n'a rien.*

13. ▶ *Traduisez les proverbes qui suivent.*
   1. Sleep on it!
   2. Charity begins at home.
   3. God helps those who help themselves.
   4. Dead men tell no tales.
   5. Let sleeping dogs lie.
   6. Like master, like man.
   7. Don't count your chickens before they are hatched.
   8. Never say die.
   9. Blood is thicker than water.
   10. Better late than never.
   11. Strike while the iron is hot.
   12. All that glitters is not gold.
   13. An ounce of prevention is better than a pound of cure.
   14. To call a spade a spade.
   15. Life is not a bed of roses.
   16. All work and no play makes Jack a dull boy.
   17. A burnt child dreads fire.
   18. A stitch in time saves nine.
   19. Take care of the pence, the pounds will take care of themselves.
   20. Every cloud has a silver lining.
   21. To be as snug as a bug in a rug.
   22. Needs must when the devil drives.
   23. It's a long lane that has no turning.
   24. More haste, less speed.
   25. As well be hanged for a sheep as a lamb.
   26. Half a loaf is better than none.
   27. Don't put the cart before the horse.
   28. It's no use crying over spilt milk.
   29. There is no rose without a thorn.

L'étoffement

On parle d'étoffement lorsque, pour traduire un mot, le traducteur doit faire appel à toute une expression ou du moins à plusieurs mots, un seul ne suffisant pas. On notera surtout ici l'étoffement des prépositions (*cf.* p. 166), des adverbes (*cf.* p. 78) et de certains noms :

> *If the BBC and Civil Service models were adopted for teachers, Sir Keith's system would clearly inherit their weaknesses. Unfortunately, it would not necessarily inherit all their strengths.* (The Guardian)
> - *strengths* leurs points forts

2 Obscurité et ambiguïté

> *But men construe things after their fashion,*
> *Clean from the purpose of the things themselves.*
> W. Shakespeare, *Julius Caesar*, 1, 3.

Une traduction ne doit pas être obscure. C'est donc au traducteur qu'il revient de faire des choix, d'adopter une interprétation et de la rendre clairement en français. (Il faut bien sûr mettre à part les cas où l'ambiguïté est au contraire voulue : parce qu'il y a jeu de mots, ironie, effets de sens particuliers…).

L'exercice de « traduction en chaîne » est très utile pour faire prendre conscience du danger d'une traduction trop vague ou ambiguë.

Il consiste à donner un passage anglais à traduire à un groupe d'étudiants. Leur traduction est ensuite donnée à un second groupe, ne connaissant pas l'original, et qui doit retraduire le texte français en anglais. Deux ou trois autres traductions supplémentaires peuvent suivre de la même façon.

Cet exercice permet de bien mettre en valeur les faiblesses des traductions puisque celles-ci sont à chaque fois considérées comme de nouveaux textes de départ et étudiées en tant que tels, sans référence à l'original. Dans l'exercice qui suit, par exemple, – exercice fait par des élèves d'Hypokhâgne – on peut en particulier noter :

- le passage de

   what space they were likely to allow her, à

   de quelle longueur on lui permettrait que son article fût, à

   how long her article would be allowed to be, (apparition de l'ambiguïté) à

   évaluer le nombre de jours où l'on permettrait, (contresens)

- ainsi que le glissement de

   that would not do, à

   cela ne passerait pas (ambiguïté → n'irait pas / ne serait pas accepté) à

   wouldn't come up (contresens)

Texte de départ

Everything fitted, that she felt above all things, and she began to calculate what space they were likely to allow her in London… "Dr Czinner alive," she thought, working at the headlines, but that would not do at the top, for five years had passed and not many people would remember his name.

G. Greene, *Stamboul Train*.

Première traduction

Tout allait bien, cela elle le sentait par dessus tout, et elle commença à calculer de quelle longueur on lui permettrait que son article fût dans un journal londonien… « Le Docteur Czinner en vie », pensait-elle, en travaillant à l'élaboration des gros titres, mais cela ne passerait pas : cinq ans ont passé et peu de gens se souviennent de ce nom.

Deuxième traduction

Everything was all right, this she knew above all, and she began to calculate how long her article would be allowed to be in a London newspaper... "Docter Czinner is alive," she thought, working out the headlines, but that wouldn't come up: five years have passed and few people remember this name.

Troisième traduction

Ce qu'elle savait par dessus tout c'est que tout allait bien et elle commençait à évaluer le nombre de jours où l'on permettrait à son article de paraître dans un journal londonien... « Le Docteur Czinner est vivant », pensa-t-elle en élaborant les gros titres, mais le problème ne serait pas soulevé : cinq ans ont passé et peu de gens se rappellent son nom.

Étudiez la façon dont les glissements de sens se sont produits dans les trois traductions en chaîne ci-dessous. ATTENTION *! Certains d'entre eux ne sont pas dûs à des ambiguïtés, mais à des contresens.*

Texte de départ.

AN ENGLISHMAN'S HOLIDAY

Day after day the inspection goes on, seeing the prescribed sights, taking the obligatory pictures, driving the necessary distances against the clock, and all with the added hazards of a strange language and a strange currency, most of them spending the odd breaks they get from peering through the windscreen by squinting through a viewfinder. (D. Frost & A. Jay)

a/ Première traduction

LES VACANCES D'UN ANGLAIS

Jour après jour l'inspection se poursuit, on admire les vues recommandées, on prend les photos qu'il faut prendre, on parcourt les indispensables distances contre la montre, et à tout cela s'ajoutent les hasards d'une langue et d'une monnaie étrangères, la plupart des vacanciers passant l'étrange congé qu'ils gagnent en regardant par la fenêtre, à loucher à travers un viseur d'appareil photo.

b/ Deuxième traduction

THE HOLIDAYS OF AN ENGLISHMAN

Day after day, the inspection goes on, one admires the recommended views, and one takes the pictures which have to be taken, one goes over the essential distances of a race against the clock, and to all that, we must add the lucks of both a foreign language and a foreign currency. Most of the holiday-makers spend the strange vacation they earn by looking through the window, having a squint through the zoom of a camera.

c/ Troisième traduction

LES VACANCES D'UN ANGLAIS

Jour après jour, l'exploration continue, on admire les panoramas conseillés, et on prend en photo ce qui doit être pris, on dépasse les distances essentielles d'une course contre la montre, et à cela, on doit ajouter la chance de profiter à la fois d'une langue et d'une monnaie étrangères. La plupart des vacanciers passent les étranges vacances qu'ils peuvent se payer à regarder par la fenêtre, et à loucher dans l'objectif de l'appareil photo.

3 Sous-traduction et sur-traduction

Traits pertinents[1]

Les procédés mentionnés précédemment (transposition, équivalence, modulation, étoffement) ne peuvent être utilisés que lorsque le texte de départ est parfaitement compris et que le traducteur sait exactement quelles sont toutes les **unités de sens** (ou traits pertinents) qu'il doit restituer dans la langue d'arrivée.

Une unité de sens peut se situer au niveau syntaxique : emploi d'une forme progressive pour exprimer l'insistance, place d'un adjectif ou d'un adverbe... ou au niveau lexical : connotation particulière d'un mot dans le contexte. Tout traducteur doit donc s'assurer qu'il restitue bien chacun des traits pertinents du texte de départ[2].

---

1. *Étudiez le passage qui suit et sa traduction.*
Quels sont, à votre avis, les traits pertinents qui n'ont pas été restitués correctement ?
Quels sont ceux qui n'ont pas été restitués du tout ?
Pouvez-vous à chaque fois :
• *repérer l'unité de sens qui vous semble ne pas avoir été traduite correctement.*
S'agit-il d'un trait syntaxique ? lexical ?
• *analyser pourquoi vous ne jugez pas la restitution satisfaisante ?*
• *proposer une autre traduction ?*

"Piggy – where are you, Piggy?"	– Porcinet... où es-tu, Porcinet ?
Something brushed against the back of the shelter. Piggy kept still for a moment, then he had his asthma. He arched his back and crashed among the leaves with his legs. Ralph rolled away from him.	Quelque chose frôla le fond de la cabane. Porcinet se raidit et commença une crise d'asthme. Il s'écroula dans les feuilles et Ralph s'écarta de lui.
Then there was a vicious snarling in the mouth of the shelter and the plunge and thump of living things. Someone tripped over Ralph and Piggy's corner became a complication of snarls and crashes and flying limbs. Ralph hit out; then he and what seemed like a dozen others were rolling over and over, hitting, biting, scratching. He was torn and jolted, found fingers in his mouth and bit them. A fist withdrew and came back like a piston, so that the whole shelter exploded into light. Ralph twisted sideways on top of a writhing body and felt hot breath on his cheek. He began to	Un grognement sinistre résonna à l'entrée de la cabane soudain envahie par une masse vivante et mouvante. Quelqu'un culbuta sur les jambes de Ralph et son coin devint un chaos de membres épars et de chutes bruyantes ponctuées de grincements de dents. Ralph lança son poing au hasard et il lui sembla qu'il se trouvait aux prises avec une douzaine d'ennemis, mordant, griffant, frappant, dans une indescriptible mêlée. Bousculé, égratigné, il sentit soudain des doigts dans sa bouche et il mordit. Un poing s'éleva et s'abaissa comme un piston et Ralph en vit

---

1. Pour reprendre la terminologie de D. Gouadec, dans *Comprendre et Traduire*, Bordas, 1974.
2. Il faut mettre à part les textes non littéraires ou non prestigieux qui pourraient contenir quelques maladresses, redondances ou lourdeurs qu'il est préférable de rectifier dans la traduction (*cf.* p. 196).

pound the mouth below him, using his clenched fist as a hammer; he hit with more and more passionate hysteria as the face became slippery. A knee jerked up between his legs and he fell sideways, busying himself with his pain, and the fight rolled over him. Then the shelter collapsed with smothering finality; and the anonymous shapes fought their way out and through. Dark figures drew themselves out of the wreckage and flitted away, till the screams of the littluns and Piggy's gasps were once more audible. W. Golding, *Lord of the Flies*, Faber & Faber, 1954.	*trente-six chandelles. Il tomba en se tordant de douleur sur un corps qui se débattait. Un souffle chaud frôla sa joue. Ralph se mit à marteler une bouche de son poing fermé ; le visage devenait glissant, mais la rage de Ralph ne faisait qu'augmenter. Un genou vint le frapper entre les jambes et il s'écroula sur le côté, ne pensant plus qu'à sa souffrance. La bataille continuait par-dessus lui. Enfin, la cabane s'effondra, étouffant les combattants dont les silhouettes méconnaissables se dégageaient à grand-peine des décombres. Quand tous furent dispersés, on n'entendit plus que les hurlements des petits et le souffle laborieux de Porcinet.*

C'est parce que cette recherche de traits pertinents est utile avant toute traduction qu'un exercice de **paraphrase** est souvent profitable avant d'aborder la traduction à proprement parler.

Cependant en cherchant à restituer systématiquement tous les traits pertinents du texte de départ, le traducteur risque parfois d'aboutir à un texte lourd, dans une langue peu naturelle qui reflète son souci de **tout** rendre. C'est là un danger qu'il doit toujours garder présent à l'esprit.

Le repérage des traits pertinents du texte de départ et l'étude de la façon dont ils sont traduits en français fait aussi souvent apparaître deux types d'erreurs :

La sous-traduction

Elle consiste à laisser de côté certains traits pertinents, parfois parce que leur traduction ne semble possible qu'aux dépens de la clarté, de la légèreté ou du style. Il en résulte la plupart du temps un texte d'arrivée plus pauvre, plus plat, plus neutre que l'original. Dans le passage qui suit, par exemple, les deux expressions idiomatiques et imagées *rank and file* et *poor devils* qui donnent au passage son ton familier n'ont pas été rendues en français : *poor devils* n'est pas traduit ; quant à *rank and file*, sa traduction par « petit clergé » lui fait perdre toute coloration affective – le mot semble plus appartenir au langage technique d'un manuel d'histoire :

Have to be at least a Canon to afford Bertram's [a hotel], he thought. The rank and file of the clergy certainly couldn't, poor devils. As far as that went, he wondered how on earth people like old Selina Hazy could. (A. Christie)	Il faut être au moins chanoine pour avoir les moyens de descendre au Bertram, pensa-t-il. Le petit clergé ne peut se payer ce luxe. Cette déduction le conduisit à se demander comment diable des personnes telles que Selina Hazy pouvaient se trouver là.

La sur-traduction

C'est le cas où le traducteur, au contraire, ajoute un certain nombre d'unités de sens, souvent pour expliquer ou élucider ce qui pourrait ne pas être très clair dans le texte de départ :

Her career has taken her abroad to Switzerland, Germany, Belgium, Israel, the Scandinavian countries, Austria and Russia. (Philips Record)	Ses tournées de plus en plus nombreuses l'ont amenée à se produire dans la plupart des pays d'Europe et même du monde, en particulier en Suisse, en Allemagne, en Belgique, en Israël, dans les pays scandinaves, en Autriche et en Russie.

2. *Étudiez les passages qui suivent et leur traduction. Dans quels cas pouvez-vous parler de sous-traduction ou de sur-traduction ? Proposez à chaque fois une traduction qui vous semble plus fidèle au texte.*

1. The business of her life was to get her daughters married; its solace was visiting and news. (J. Austen)	*Arriver à trouver un mari pour ses filles était la grande affaire de sa vie, aussi ne songeait-elle qu'à faire des visites et aller aux nouvelles.*
2. I've felt ever since the war that people have got very dishonest now-a-days. I'm sure if I hadn't kept an eye on things that man would have gone off with my green zip bag at Tilbury. And there was another man hanging about near the luggage. I saw him afterwards on the train. I believe, you know that these sneak thieves meet the boats and if the people are flustered or seasick they go off with some of the suitcases. (A. Christie)	*Depuis la guerre, les gens sont devenus tellement malhonnêtes ! Je suis certaine que si j'avais été distraite, un homme se serait emparé de mon sac vert, à Tilbury et un autre rôdait autour des valises. Je l'ai revu dans le train. Ces individus profitent de la fatigue ou du mal de mer des passagers pour les voler.*
3. Biff winced suddenly. He jerked his hands from the strings of the mandolin so that a phrase of music was chopped off. He sat tense in his chair. Then suddenly he laughed quietly to himself. What had made him come across this? Ah, Lordy Lordy Lord! It was the day of his twenty-ninth birthday, and Lucile had asked him to drop by her apartment when he finished with an appointment at the dentist's. He expected from this some little remembrance – a plate of cherry tarts or a good shirt. She met him at the door and blindfolded his eyes before he entered. Then she said she would be back in a second. In the silent room he listened to her footsteps and when she had reached the kitchen he broke wind. He stood in the room with his eyes blindfolded and pooted. Then all at once he knew with horror he was not alone. There was a titter and soon great rolling whoops of laughter deafened him. At that	*Brusquement Biff laissa glisser ses doigts des cordes de la mandoline, interrompant une phrase musicale. Il se redressa sur son fauteuil. Puis il se mit à rire sans bruit. Pourquoi avait-il pensé à ça ? Ah ! Dieu Tout-Puissant ! C'était le jour anniversaire de ses vingt-neuf ans et Lucile lui avait demandé de passer chez elle quand il sortirait de chez le dentiste. Il s'attendait à recevoir un petit souvenir – un plat de tarte aux cerises ou une belle chemise. Elle l'accueillit à la porte et lui banda les yeux avant de le laisser entrer. Puis elle lui dit d'attendre une seconde. Il écouta le bruit de ses pas dans la chambre silencieuse et, lorsqu'elle eut quitté la pièce, il se permit de respirer. Il restait sans bouger, les yeux bandés. Et tout à coup, à sa grande horreur, il se rendit compte qu'il n'était pas seul. Il y eut un rire étouffé et bientôt de grands éclats de rire l'assourdirent. À ce moment Lucile revint et lui enleva son*

minute Lucile came back and undid his eyes. She held a caramel cake on a platter. The room was full of people. Leroy and that bunch and Alice, of course. He wanted to crawl up the wall. He stood there with his bare face hanging out, burning hot all over. They kidded him and the next hour was almost as bad as the death of his mother – the way he took it. Later that night he drank a quart of whisky. And for weeks after – Motherogod!

C. Mc Cullers,
The Heart is a Lonely Hunter, Houghton Mifflin.
© 1940 by C. Mc Cullers.
© renewed 1967 by C. Mc Cullers.

bandeau. Elle avait apporté un gâteau au caramel. La chambre était remplie de monde. Leroy et sa bande et Alice, bien entendu. Il aurait voulu rentrer sous terre. Il restait là, la tête baissée, le corps brûlant. Ils l'avaient traité comme un enfant et l'heure suivante avait été presque aussi affreuse que la mort de sa mère – la façon dont il avait pris ça. Plus tard, cette nuit-là, il avait bu un quart de whisky. Et après, pendant des semaines – Bon Dieu !

4 Les champs sémantiques

There's matter in these sighs, these profound heaves:
You must translate; 'tis fit we understand them.
W. Shakespeare, Hamlet, IV, I, 1–2.

La signification exacte d'un mot ne peut souvent être définie que par rapport aux autres termes appartenant au même champ sémantique. Ainsi, par exemple, les traits pertinents d'un mot comme :

glisten 1. briller, 2. lumière réfléchie et non directe, 3. lumière qui se reflète sur une surface mouillée ou polie,

apparaissent plus clairement lorsqu'on compare ce verbe aux verbes :

glitter 1. briller, 2. lumière réfléchie, 3. lumière qui se reflète sur du métal, d'où un éclat dur,

glimmer, *gleam*, *glow*, etc.

L'étude des champs sémantiques est donc fort utile pour déterminer les différentes « marques » présentes dans un mot.

Voici, à titre d'exemple, quelques exercices portant sur le champ sémantique des bruits. Le tableau suivant permet de retrouver quelques-uns des principaux traits pertinents des mots appartenant au champ sémantique des bruits.

FIRST CONSONANTS (= often the origin of the sound)			MIDDLE VOWELS (main quality of the sound)		FINAL CONSONANTS (duration of the sound)	
s [s] = hissing or whistling	b [b] = explosive		l [l] = clear, metallic	i [i] = thin, brief high-pitched	• echoing sound ng [ŋ] m [m] (softer)	
	c [k] = sudden			ee [iː] } = lasting		
	n [n] = nasal			ea		
	m [m] = low made by the lips		r [r] = hard, dry	a [ei]	• short ck [k]	
t [t] = shrill	th [θ] = soft, muffled			u [ʌ] = deep sound	p [p] = dry sound d [d] = muffled mp [mp] = muffled, but harder	
				o [ɔ] = short, explosive		
	q [kw] = harsh, shrill			oo [uː] } = deep, lasting		
	w [w] = air coming out (or vibration)			oa [oʊ]	• repeated ter [tə]	
	ch [tʃ] = brisk (often of voices)			a [æ] = flat, on a surface)	• prolonged le [l] sh [ʃ] = muffled zz [z] = buzzing ss [s] = hissing ch [tʃ] sn [n]	
	g [g] = low (often unpleasant) coming from the throat			aw or } [ɔː] = nasal quality		

136 | TRADUCTION DU TEXTE ANGLAIS

1. ▶ *Faites correspondre les verbes qui suivent et leur traduction.*

rumble	cliqueter
squeak	renifler
sniffle	pétiller
rattle	émettre un bruit sourd
click	gronder
thud	siffler, susurrer
swish	couiner
fizz	vibrer, crépiter

2. ▶ *Le tableau donné ci-dessous peut-il vous aider à retrouver le sens des verbes qui suivent ?*

	Quel type d'objet (quel mouvement, quel animal, etc.) pourrait provoquer ce type de bruit ?	Traductions possibles
smack		
whizz		
clang		
creak		
snort		
twang		

3. *Dans le livre de Lewis Carroll*, Through The Looking Glass, *se trouve un poème intitulé « Jabberwocky » dont la plupart des mots n'ont aucun sens. Leur sonorité, cependant, est telle, que l'on peut souvent deviner à quoi ils font allusion. Pouvez-vous expliquer le sens des mots soulignés dans les vers qui suivent ?*

> The Jabberwock, with eyes of flame,
> Came whiffling through the tulgey wood,
> And burbled as it came!

Que pensez-vous des deux traductions qui suivent de ces vers ?

a/
> Le Jaseroque, à l'œil flambant,
> Vient siblant dans le bois tullegeais,
> Et burbule en venant.

b/
> Le Bredoulochs, l'œil flamboyant,
> Ruginiflant par le bois touffeté,
> Arrivait en barigoulant !

4. ▶ *Expliquez quelles sont les différences de sens entre les mots à l'intérieur de chacun des groupes qui suivent.*

sniff	chatter	chink
sniffle	clatter	clink
snuffle	patter	clank
snort	mutter	clang
		click

5. ▶ *Traduisez les phrases qui suivent.*

1. The IBM went on buzzing and clattering. (L. Deighton)
2. Shortly after 4 o'clock the last remaining gun gave out a clanging sound and went out of action. (F. Scott Fitzgerald)
3. I heard the flare of a match and the hiss of a gas-ring. (J. Braine)
4. I gave a choked grunt of fear and wanted to run back... (I. Murdoch)
5. Stage directions Sound of paper bag rustle. (T. Mallin)
6. Nothing was to be heard there except the tapping of morse as the signalmen sent out their calls for help. (E. Waugh)
7. He spoke in English with a bit of a cockney twang. (G. Greene)
8. And do what they could they made a great deal of rustling and crackling and creaking (and a good deal of grumbling and dratting) as they went through the trees in the pitch dark. (J.R.R. Tolkien)
9. Almost simultaneously three sounds filled the kitchen - the water's gulping splash, Edith's loud squealing, and the clatter of the empty bowl landing in a corner. (J. Wain)
10. The house-phone in Lister's hand gives a brief gusty sigh. Lister says, "Darling, did you find the files locked or unlocked?" The phone crackles amok while a double crash of thunder beats the sky above the roof. A long wail comes from the top of the house and from another level upstairs comes an intermittent beat of music. The back door rattles, admits footsteps and clicks shut. Lister at the phone listens on. (M. Spark)

6. *Étudiez le passage qui suit et sa traduction.*

What had seemed to be silence now revealed itself as a medley of small sounds, though no sound could tell me which way Hartley had gone. There was a faint lapping and sucking of the wavelets touching the foot of the little cliff, and then retreating and then touching again. There was the very distant murmur of a car on the road near the Raven Hotel. There was a scarcely audible humming which was perhaps, as a result of the wine I had drunk, inside my head. And there was a rhythmical hissing noise followed by a muted echoing report which was the sound produced by the water retreating from Minn's cauldron. Iris Murdoch, *The Sea, The Sea*, Chatto & Windus, © I. Murdoch 1978.	Ce que j'avais pris pour du silence se révélait maintenant être un concert de sons infimes, dont aucun pourtant ne me donnait d'indication sur la direction prise par Hartley. Il y avait le clapotis léger, le petit bruit de succion des vaguelettes qui venaient toucher le bas de la falaise, puis refluaient avant de revenir à la charge. Il y avait le ronflement très lointain d'un moteur de voiture sur la route près de l'Hôtel du Corbeau. Il y avait un vrombissement imperceptible qui se situait peut-être, conséquence du vin que j'avais bu, à l'intérieur de ma tête. Et puis il y avait cette espèce de chuintement rythmique suivi d'une déflagration étouffée et répercutée, qui était le bruit du ressac à la sortie du Chaudron de Minn.

5 Le sens contextuel des mots

> "When I use a word," Humpty Dumpty said, in rather a scornful tone, "it means just what I choose it to mean - neither more nor less."
> "The question is," said Alice, "whether you can make words mean so many different things."
> "The question is," said Humpty Dumpty, "which is to be master – that's all."
>
> L. Carroll, *Through the Looking-Glass*.

> Il advient presque toujours qu'un vocable, lors même qu'il désigne un objet précis et trouve un équivalent précis dans une autre langue, s'entoure d'un halo d'évocations et de réminiscences, sortes d'harmoniques qui ne sauraient être les mêmes dans l'autre langue et que la traduction ne peut espérer conserver.
>
> A. Gide, *Préfaces*.

> Tout le travail de la traduction est une pesée de mots.
>
> V. Larbaud.

Même lorsque la signification du mot est parfaitement claire, le contexte peut souvent lui donner une connotation bien précise (par exemple, emploi propre à un personnage, ironie ou humour, etc.).

Étant donné le nombre presque infini de sens et de colorations que le contexte peut donner au mot, on ne trouvera pas nécessairement dans un dictionnaire bilingue la traduction idéale du mot dans son contexte. Seule l'étude du passage pourra aider le traducteur.

Il est donc important d'analyser le sens du mot dans ce passage et de se garder des correspondances automatiques d'une langue à l'autre telles que *have* = avoir, *make* = faire, *keep* = garder, etc.

1. ▶ *Le mot qui suit apparaît dans des contextes très différents.*
Quel sens donné par le dictionnaire est le plus proche du sens du mot dans chaque contexte ?
L'une des traductions suggérées par le dictionnaire vous semble-t-elle acceptable ?
Pouvez-vous sinon en proposer une autre ?

> **girl** [gɜːl] **1** *n* **(a)** (jeune *or* petite) fille *f*. **a little ~** une petite fille, une fillette; **a ~ of** 17 une (jeune) fille de 17 ans; **an English ~** une jeune Anglaise; **a little English ~** une petite Anglaise; **poor little ~** pauvre petite; **the Smith ~s** les filles des Smith; **the little Smith ~s** les petites Smith.
> **(b)** (*daughter*) fille *f*; (*pupil*) élève *f*; (*servant*) bonne *f*; (*factory-worker*) ouvrière *f*; (*shop assistant*) vendeuse *f*, jeune fille; (**: sweetheart*) petite amie. (*Brit Scol*) **old ~** ancienne élève; **yes, old ~:** oui, ma vieille* **the old ~*** (*wife*) la patronne; la bourgeoise*; (*mother*) ma mère, ma vieille; **the old ~ next door** la vieille (dame) d'à côté.
> **2** *cpd:* (*in office*) **girl Friday** aide *f* de bureau; **girlfriend** [*boy*] petite amie; [*girl*] amie *f*, camarade *f*, copine* *f*; (*Brit*) **girl guide**, (*US*) **girl scout** éclaireuse *f*; (*Roman Catholic*) guide *f*.

Dictionnaire Robert & Collins, Éd. Dictionnaire Le Robert,
Collins Robert Dictionary, Ed. Collins Publishers.

GIRL

1. Every pretty girl likes to be flirted with. (Proverb)
2. Meanwhile Miss Brodie was being questioned by the girls behind on the question of the Brownies and the Girl Guides, for quite a lot of the other girls in the Junior School were Brownies. (M. Spark)
3. When I was a girl I went to Bretton about twice a year, and well I liked the visit. (…) One child in a household of grown people is usually made very much of… (C. Brontë)
4. Whenever I passed, the Colonel's daughter was either playing the gramophone or digging in the garden. She was a small girl in her late twenties with a big knowledgeable-looking head under tobacco-brown curls… (V. S. Pritchett)
5. Lucy Lockett [a cat] placed her forepaws on Alleyn's knee, and leapt neatly into his lap. "Now then baggage," Alleyn said, scratching her head, "that sort of stuff never got a girl anywhere." (N. Marsh)
6. "Foals usually drop at night," Oliver said, and Nigel nodded.
"She started about midnight. She's just lazy, eh, girl?" He patted the brown rump. "Very slow. Same thing every year." (D. Francis)
7. "And Rose saw at once that Vanessa was a girl no longer." (H. Walpole)
8. Alleyn telephoned Troy [his wife] at the Percy Arms in Norminster and asked her if by any chance she could recall [the number] (…)
"I think," said her voice, "it was XKL - 460."
"Now, there!" Alleyn ejaculated. "See what a girl I've got! Thank you my love, and goodnight." (N. Marsh)

sharp [ʃɑːp] **1** adj **(a)** *razor, knife* tranchant, bien affilé, bien aiguisé; *point* aigu (*f* -guë), acéré; *fang* acéré; *needle, pin, nail* pointu, acéré; *pencil* bien taillé, pointu. **take a ~ knife** prenez un couteau qui coupe bien ou bien tranchant; **the ~ edge** *[blade, knife]* le côté coupant, le (côté) tranchant; *[tin etc]* le bord tranchant ou coupant.
(b) (*pointed etc*) *nose, chin* pointu; *features* anguleux; *corner*, angle aigu (*f* -gue); *bend in road* aigu, brusque, **the car made a ~ turn** la voiture a tourné brusquement.
(c) (*abrupt*) *descent* raide; *fall in price, change* brusque, soudain.
(d) (*well-defined*) *outline* net, distinct; (*TV*) *contrast, picture* net; *difference, contrast* marqué, prononcé.
(e) (*shrill, piercing*) *cry, voice* perçant, aigu (*f* -guë).
(f) (*Mus*) **C ~** do dièse; **that note was a little ~** cette note était un peu trop haute.
(g) (*harsh, bitter*) *wind, cold* pénétrant, vif; *frost* fort; *pain* violent, cuisant, vif; *smell, taste, cheese, sauce, perfume* piquant, âpre (*pej*), âcre (*pej*); *words, retort* cinglant, mordant; *rebuke* sévère; *tone* acerbe. **to have a ~ tongue** avoir la langue acérée.
(h) (*brisk etc*) *pace, quarrel* vif. **that was ~ work!** ça n'a pas traîné !*, ça n'a pas pris longtemps !, ça a été vite fait !; **look** *or* **be ~ (about it)!** fais vite !, dépêche-toi !, grouille-toi !
(i) (*acute*) *eyesight* perçant; *hearing, smell* fin; *intelligence, mind* délié, vif. pénétrant; *person* vif, malin (*f* -igne), dégourdi*; *child* vif, éveillé. **to have ~ ears** avoir l'ouïe fine; **to have ~ eyes** avoir une vue perçante; (*fig*) **he has a ~ eye for a bargain** il sait repérer *or* flairer une bonne affaire; **to keep a ~ look-out for sb/sth** guetter qn/qch avec vigilance *or* d'un œil attentif; **he is as ~ as a needle** (*clever*) il est malin comme un singe; (*missing nothing*) il est très perspicace, rien ne lui échappe.
(j) (*pej: unscrupulous*) *person* peu scrupuleux, malhonnête. **~ practice** procédés déloyaux *or* (*stronger*) malhonnêtes.
2 adv **(a)** (*Mus*) *sing, play* trop haut.
(b) (*abruptly*) *stop* brusquement, net. **turn** *or* **take ~ left** tournez à gauche à angle droit ou tout à fait à gauche.
(c) (*punctually*) **at 3 o'clock ~** à 3 heures précises ou sonnantes, à 3 heures pile.
3 *n* (*Mus*) dièse *m*.
4 *cpd* : (*fig*) **sharp-eared** à l'ouïe fine; **sharp-eyed** à qui rien n'échappe; **sharp-faced, sharp-featured** aux traits anguleux; **sharpshooter** tireur *m* d'élite; **sharp-sighted = sharp-eyed**; **sharp-tempered** coléreux, soupe au lait* inv; **sharp-tongued** qui a la langue acérée; **sharp-witted** à l'esprit vif *or* prompt.

Dictionnaire Robert & Collins, Éd. Dictionnaire Le Robert,
Collins Robert Dictionary, Ed. Collins Publishers.

SHARP

9. He looked round his audience. Six rows of sharp-cropped heads. (N. Marsh)
10. Wolf's inmost soul seemed torn up like a piece of turf under a sharp plough-share. (J. Cowper Powys)
11. Just set the aperture to soften backgrounds and accent people, or bring everything into sharp focus. (Ad for Pentax cameras)
12. "I have rather sharp views on gossip," said Troy drily. "And even sharper views on listening in." (N. Marsh)
13. Tissot would not testify for Whistler in the libel trial of 1877... and their old friendship ended, sudden and sharp. *(The Sunday Times)*
14. I shot her a sudden sharp glance, and she flushed. She knew what I was thinking, all right. (J. Jones)
15. Ross Macdonald must be ranked high among American thriller-writers. His evocations of scenes and people are as sharp as those of Raymond Chandler. (Fontana Books)
16. The locomotive chuffed slowly between the banks, hidden. The mare did not like it... The sharp blasts of the chuffing engine broke with more and more force on her. The repeated sharp blows of unknown, terrifying* noise struck through her till she was rocking with terror. (D. H. Lawrence)

6 Le gérondif

Très courant en anglais, le gérondif est pourtant souvent traduit de façon lourde ou maladroite, surtout dans les titres. Voici quelques possibilités de traduction

Traduction par un nom

C'est l'équivalent le plus fréquent et le plus souvent satisfaisant :
- *Leaving for the country*
  Départ pour la campagne
- *Reading is not encouraged enough at school.*
  On n'encourage pas assez la lecture à l'école.

Une **locution** sera cependant souvent nécessaire :

- Le fait de..., la façon de..., l'art de...
  - *I haven't much faith in her driving.*
    Je n'ai pas grande confiance dans sa façon de conduire.

- En / À... + Nom
  - *Cycling in the Cotswolds*
    Les Cotswolds à vélo

- En + Participe Présent
  - *Walking through London*
    En marchant dans Londres

- Quand on...
  - *Getting older...*
    Quand on prend de l'âge

- Où l'on...
  - *Showing how very fond of Oliver Twist the merry old Jew and Miss Nancy were.* (C. Dickens)
    Où l'on voit toute l'affection...

- À + Infinitif... etc.
  - *Looking at her, one would think...*
    À la regarder, on penserait...

ATTENTION ! Beaucoup de gérondifs prennent un sens de collectif et doivent être traduits par un pluriel :
- *There was much questioning in the days that followed.*
  Beaucoup de questions furent posées...
- *There is a lot of air fighting in the area.*
  ...beaucoup de combats aériens...

Traduction par un infinitif

- *Going to the pictures is not fun if you're on your own.*
  Ce n'est pas drôle d'aller...

ATTENTION ! Après *want* et *need* l'infinitif français doit être au passif :

- *Your hair wants cutting.*
  Tes cheveux ont besoin d'être coupés.

Traduction par une proposition

- *Would you mind calling him?*
  Est-ce que cela ne vous dérangerait pas de lui téléphoner ?

1. ▶ *Traduisez les gros titres et titres qui suivent.*

1. SEEING RED OVER THE EURO PASS *(The Sunday Times)*
2. DEFENDING THE FAITH *(The Sunday Times)*
3. ACHIEVING THE UNTHINKABLE *(The Sunday Times)*
4. EATING TO STAY ALIVE *(The Sunday Times)*
5. SEARCHING FOR SCAPEGOATS *(Time)*
6. PUTTING DARWIN BACK IN THE DOCK *(Time)*
7. Decorating the Xmas tree
8. Introducing our hero
9. Dressing for her first ball
10. Sleeping in the open
11. Losing one's customers
12. Taking up a job in the late forties

2. ▶ *Traduisez les phrases suivantes.*

1. Seeing these films makes you wonder why we took six years to win that damned war. (L. Deighton)
2. She took Dr Leidner's waiting on her hand and foot as perfectly natural. (A. Christie)
3. She required much reminding before it came back to her. (H. James)
4. Gaston took some waking and didn't want to leave. (C. Leonard)
5. There were even one or two pieces of Waterford crystal at large, gleaming in a more traditional manner, but thick too, and heavy, with no sparing of substance... (M. Drabble)
6. But my mother stuck to her story, which became enriched later by Colin Mackenzie's having won a very good DSO at Loos. (T.C. Worsley)
7. Talking to each other in their own language, they served the customers without looking at them, their only apparent recognition of their presence the silent passing across the counter of whatever was asked for. (S. Barstow)
8. This young man, she thought, takes a bit of learning. (N. Marsh)

3. *Étudiez la façon dont les gérondifs ont été traduits dans les exemples qui suivent.*

1. The cultivation of the fine arts appeared to necessitate, to her mind, a great deal of by-play, a great standing off with folded arms and head drooping from side to side, stroking of a dimpled chin with a dimpled hand, sighing and frowning and patting of the foot, fumbling in disordered tresses for wandering hairpins. (H. James)	*Sans doute devait-elle considérer que l'exercice des beaux-arts exigeait tout un jeu de scène ; on se reculait, les bras croisés en penchant la tête d'un côté puis de l'autre, on caressait la fossette de son menton d'une main pareillement enjolivée d'une fossette, on soupirait, on fronçait le sourcil, on tapait à petits coups de pied le parquet miroitant, on passait une main distraite dans ses cheveux en désordre à la recherche d'une épingle vagabonde.*
2. The walking and sleeping on the floor kept his leg and back in constant pain... (G. Orwell)	**a/** *L'obligation de marcher continuellement et de coucher sur le plancher lui causait d'incessantes douleurs dans la jambe et dans les reins...*
	b/ *Les journées de marche à travers Paris et les nuits passées à la dure, allongé sur le plancher, n'étaient guère faites pour arranger l'état de ses vertèbres et de sa jambe...*
3. I went back to the office and sat in my swivel chair and tried to catch up on my foot-dangling. (R. Chandler)	*Je revins à mon bureau, m'assis dans mon fauteuil tournant et m'efforçai de rattraper le temps perdu à bosser.*

7 Le passif

Le passif est beaucoup moins courant en français qu'en anglais. C'est en partie parce que le français a tendance à mentionner le thème (c'est-à-dire ce dont on parle, ce qui est déjà connu) avant le propos (l'élément nouveau, l'information apportée par la phrase). C'est la démarche inverse que l'on préfère en anglais.

- *It seems that an enquiry has been asked for.*

    PROPOS

    Il semble que l'on ait demandé une enquête.

Puisque la fréquence d'emploi n'est pas la même dans les deux langues, il faut analyser la valeur du passif dans son contexte anglais et décider quelle structure permettra le mieux de rendre son sens dans la phrase.
Voici quelques possibilités de traduction.

- **Passage à la forme active** avec changement de verbe :
    - *was sent*

      reçut

- **Utilisation de « on »** :
    - *He was believed drowned.*

      On le crut noyé.

- **Recours à la forme impersonnelle** :
    - *What remains to be done?*

      Que reste-t-il à faire ?

- **Utilisation d'une forme pronominale** :
    - *He was killed in a car accident.*

      Il s'est tué dans un accident de voiture.

- **Emploi d'un auxiliaire modal** :
    - *They are supposed to be still in India.*

      Ils seraient encore en Inde.

- **Conservation du passif** (cas plus rare) :
    - *The garden is surrounded by high walls.*

      Le jardin est entouré de hauts murs.

---

1. ▶ *Traduisez les phrases suivantes.*

  1. Skirts are worn very long this summer.

  2. It was arranged that I should go to Tell Yarimjah the following week. (A. Christie)

  3. He said that an unvarnished plain account of the… business was badly needed. (A. Christie)

4. The real target is believed to have been an aircraft. *(The Sunday Times)*

5. Apple-crumble is served warm with cream or custard.

6. I called the desk and was brought coffee, bacon and eggs in my room.

7. Topless sunbathing will be allowed along the Belgian beaches this year, following a policy decision by the Bruges prosecutor to turn a blind eye. Last year several immodest sunbathers were prosecuted in the Bruges area. *(The Sunday Times)*

8. Seven police were reported injured, one seriously. *(The Sunday Times)*

9. More than 100 people were feared dead after a circus "big top" caught fire and collapsed at Bangalore, Southern India. *(The Sunday Times)*

10. With them this time was the twenty-four-year-old fighter pilot... who had been shot in the Adriatic Sea and had not even caught cold. (J. Heller)

11. Pansy seeds are best planted in late summer.

12. Medical students had been known to rush out of his lectures. (C. Wilson)

2. ▶ *Expliquez la différence entre les phrases qui suivent. Dans quel contexte emploierait-on chacune d'entre-elles ?*
Quelle traduction pouvez-vous proposer pour rendre cette différence de sens ?

1. a/ Ann could not finish the work.
   b/ The work could not be finished by Ann.

2. a/ Alsace wine is served chilled.
   b/ They serve Alsace wine chilled.

3. a/ He will finish the work now.
   b/ The work will be finished by now.

3. *Traduisez.*

1.   VALENTINE PANDAS ENGLAND EXPECTS
A St Valentine's Day secret is blown today by the Sunday Times. Romance is in the air for Chia-Chia, London Zoo's male giant panda, and the Washington Zoo's female panda, Ling-Ling.
The mating of the rare animals, which have been used in the past as goodwill gestures between super-powers, was to have been announced later this month when Mrs Thatcher visits the White House...
But the Sunday Times can reveal that Chia-Chia will be flown to Washington on March 6 to begin a courtship which officials at both zoos hope will produce the first giant panda cub to be bred successfully outside China.
Only 13 giant pandas are kept at zoos in the West...; Richard Nixon got Ling-Ling and her male partner for the United States when he visited Peking in 1971; three years later Edward Heath was presented with Chia-Chia and a female, Ching-Ching, for London Zoo.?The Sunday Times, Feb. 81. Times Newspapers Ltd.

2. He turned to the dossier again. "Dimitrios Makropoulos. Born 1889 in Larissa, Greece. Found abandoned. Parents unknown. Mother believed Roumanian. Registered as Greek subject and adopted by Greek family. Criminal record with Greek authorities. Details unobtainable." He looked up at Latimer. "That was before he came to our notice. We first heard of him at Izmir in 1922, a few days after our troops occupied the town. A deunme[1] named Sholem was found in his room with his throat cut. He was a money-lender and kept his money under the floor-boards. These were ripped up and the money had been taken.

There was much violence in Izmir at that time and little notice would have been taken by the military authorities. The thing might have been done by one of our soldiers. Then, another Jew, a relation of Sholem's, drew the attention of the military to a Negro named Dhris Mohammed, who had been spending money in the cafés and boasting that a Jew had lent him the money without interest. Inquiries were made and Dhris was arrested. His replies to the court-martial were unsatisfactory and he was condemned to death. It was Dimitrios, he said, who had killed the Jew.

E. Ambler, *The Mask of Dimitrios*, Hodder & Stoughton Ltd. © 1939 by E. Ambler.
By permission of Campbell Thomson and Mc Laughlin Ltd.

1. *deunme*: Jew turned Moslem.

4. *Étudiez la façon dont le passif a été traduit dans les passages suivants.*

1. These happenings had occupied an incredibly short time, yet the youth felt that in them he had been made aged. New eyes were given to him. And the most startling thing was to learn suddenly that he was very insignificant. (S. Crane)

Tout cela s'était passé en un temps incroyablement court ; pourtant le jeune homme se sentit subitement vieilli. Il voyait le monde avec de nouveaux yeux. Il restait abasourdi, surtout, d'avoir appris tout à coup son peu d'importance...

2. A few Italian phrases were exchanged, and then a tall thin man, elegantly dressed and carrying a little black bag, was ushered up the stairs. Evidently the doctor, called in to write the death-certificate. But if he had been called last night, Uncle Eustace might have been saved (A. Huxley)

Quelques expressions italiennes furent échangées, puis un homme grand et mince, élégamment vêtu, et portant un petit sac noir, fut introduit et monta l'excalier. Evidemment le médecin, qu'on avait fait venir pour rédiger le certificat de décès. Mais si on l'avait appelé hier soir, Oncle Eustache aurait pu être sauvé.

3. Graham, I learned from incidental rumours, had adopted a profession; both he and his mother were gone from Bretton, and were understood to be now in London. (C. Brontë)

Graham, appris-je incidemment, avait choisi une profession et lui et sa mère ayant quitté Bretton, vivaient à présent à Londres.

8 Les reprises par auxiliaires

On utilise très souvent, en anglais, un simple auxiliaire dans une question, une réponse ou une affirmation qui reprennent une idée mentionnée auparavant. Le verbe est alors sous-entendu en anglais.

Un tel emploi de l'auxiliaire avec omission du verbe est rare en français. Voici donc quelques-unes des possibilités auxquelles le traducteur pourra avoir recours.

- **Répétition du verbe** :
    - *"You don't look bad," Lee said to the assistant.*
    "Why should I?"
    – Ça a l'air d'aller, dit Lee à l'assistant.
    – Et pourquoi voudriez-vous que ça n'aille pas ?

- **Omission du groupe verbal** :
    - *"Who has got the book?"*
    "I have."
    – Qui a le livre ?
    – Moi.

- **Traduction par un simple adverbe ou une interjection** :
    - *"Have you ever seen that man before?"*
    Nothing could be heard in the room.
    "Have you?" he asked.
    – Avez-vous déjà vu cet homme ?
    La salle était parfaitement silencieuse.
    – Eh bien ?

- **Utilisation d'une expression équivalente** :
    - *He followed me as soon as I was on my own. He would, you know.*
    Dès que je fus seule, il se mit à me suivre. Cela ne m'étonne pas de lui.
    - *"I'm the one that's taking a risk."*
    – C'est moi qui prend des risques.
    - *"I'll say you are."*
    – Ça j'en suis sûr. / Ça c'est évident.

▶ *Traduisez les expressions soulignées dans les passages qui suivent.*

1. They would arrest Binney Denham and the case would be kept very hush-hush. <u>But would it?</u> (E.S. Gardner)

2. "Perhaps you didn't remember, but you left the intercommunicating system open to my desk when you were talking to Mr Denham yesterday."
"<u>The Devil I did!</u>" (E.S. Gardner)

3. "Tell him," Elsa Griffin said, "<u>or I will.</u>" (E.S. Gardner)

4. When the door had closed Mason looked at Della Street. "That girl has ideas."
"<u>Doesn't she!</u>" (E.S. Gardner)

5. "At times you're rather obvious, Miss Street."
"<u>I am?</u>" Della Street asked. (E.S. Gardner)

6. "And," Mason said, "certain fingerprints that were lifted from cabin twelve were unmistakably yours."
"<u>They couldn't be.</u>"
"<u>They are.</u>" (E.S. Gardner)

7. "The police are wise that you're working on the case."
"<u>It would be a miracle if they weren't.</u>" (E.S. Gardner)

8. "You're certain this is the one you took from the cottage?"
"<u>It has to be.</u>" (E.S. Gardner)

9. "At that time I had identified the fingerprints."
"<u>You had?</u>" (E.S. Gardner)

10. "She thought I wa' gettin' at her."
"<u>An' so you were, Arthur.</u>" (S. Barstow)

11. "<u>He's educated, David is.</u>" (S. Barstow)

12. "Even she doesn't know yet. <u>But she soon will know. She jolly soon will.</u>" (S. Barstow)

13. "There's one or two in there I wouldn't mind getting friendly with."
"<u>I'll say,</u>" Willie says. "Bye, but I'll have me a holiday in Paris next year. <u>Just see if I don't.</u>" (S. Barstow)

14. "He's got it into his head that there's nothing wrong with Kidney."
"<u>And is there?</u>" asked George. (B. Brainbridge)

9 L'insistance

Les formes emphatiques sont beaucoup plus courantes en anglais qu'en français.

• Elles ne posent guère de problème de traduction lorsque l'insistance est exprimée à l'aide d'un **adverbe** :
- *This isn't what I meant at all.*
  Ce n'est pas du tout ce que je voulais dire.
- *He could not possibly have done it.*
  Jamais il n'aurait pu faire cela.

ou de l'**auxiliaire** *do* :
- *I did feel that something was wrong.*
  J'avais bien l'impression que quelque chose n'allait pas.

• Par contre, lorsque l'insistance est simplement marquée par des **italiques**, il est beaucoup plus courant de trouver des erreurs de traduction :
– on oublie souvent purement et simplement de rendre l'insistance en français ;
– on traduit l'insistance de la même façon qu'en anglais, c'est-à-dire en soulignant (ce qui revient à utiliser des italiques), procédé beaucoup plus rare en français et qui aboutit donc souvent à des traductions qui semblent peu naturelles.

• Enfin, il ne faut pas oublier que l'insistance peut être exprimée par certains auxiliaires modaux (*Cf. Shall, will, would*, p. 88)

Voici quelques façons de rendre une forme emphatique en français.

• **Utilisation d'un mot plus fort** :
- *He is **very** intelligent.*
  Il est extrêmement intelligent.

• **Répétition du pronom** :
- *I know who phoned!*
  Je sais qui a téléphoné, moi !

ou d'un adverbe :
- *It's **very** interesting.*
  C'est très, très intéressant.

• Mise en valeur de l'élément sur lequel on veut insister par des **tournures** françaises telles que : C'est... que / qui... Quant à..., ... ne... que...
- *She's not such a very **young** girl.*
  Elle n'est pas si jeune que cela.

Cela entraîne souvent un changement de l'ordre des mots.
– Le mot ou l'expression sur lequel on insiste peut être mis en tête de phrase et repris plus loin par un pronom :
- *I like the book, but I hated **the film**.*
  J'aime bien le livre, mais le film, je l'ai détesté.

– Un pronom peut au contraire annoncer l'expression sur laquelle on veut insister et qui n'apparaîtra qu'en fin de phrase :
- **These people** *get on my nerves.*
  Ils m'énervent, ces gens-là.

- **Utilisation d'expressions ou d'adverbes** tels que : Il est vrai que… / c'est indéniable / bel et bien / totalement…
  - *We were told it was* **really** *a Hogarth print.*
    On nous dit que c'était bel et bien une gravure de Hogarth.

1. ▶ *Traduisez les phrases qui suivent.*

1. How the deuce *can* a person be too English? (J. Lindsay)
2. One of these days I suppose I shall give you something to do which you *will* jib at. (D.L. Sayers)
3. There *was* a Hart Street near here. (J. Wyndham)
4. "I heard grandfather tell Aunt Mattie the other night that she was no more *his* child than I was *her* child," responded Olwen Smith. (J. Cowper Powys)
5. "My dear old thing, you don't know young Bingo. He can fall in love with *anybody*." (P.G. Wodehouse)
6. The distinguishing mark of Man is the *hand*, the instrument with which he does all his mischief. (G. Orwell)
7. I asked him if he would sell me a gallon of *boiled* water.
8. It might be better to tell my life *without* mentioning Hartley. (I. Murdoch)
9. We could also help you to *carry it out* in a rational way. You must see that you need help. You *need* it. (I. Murdoch)
10. That's the kind of thing you *would* say!

2. *Étudiez les passages qui suivent et leur traduction. Si celles-ci ne vous semblent pas satisfaisantes, analysez en quoi consiste la perte en langue d'arrivée : changement de ton, traduction plus plate, contresens… ? Proposez alors une autre traduction.*

1. Dear Dennis, thought Ann to herself, always so exactly the same. It is what I simply couldn't bear if I married him. He *is* rather a pet, all the same. (A. Christie)	Dennis, pensait-elle, restera toujours le même. Exactement ce que je ne pourrais supporter si je l'épousais. Charmant garçon, cependant…
2. And you know (…) he really isn't wrong *factually*, however he expresses himself. (L. Durrell)	Et vous savez (…) ce qu'il vous a dit est juste, en dépit de la manière dont il l'a exposé.
3. "I don't think that *can* be so," said Mount-olive feebly… (L. Durrell)	– Je ne peux pas croire cela, dit Mount-olive faiblement…
4. The corpse of Alec has just been found. "I suppose," Alan muttered, "it *is* Alec Forbes?" (J.D. Carr)	– Je suppose, murmura Alan, que c'est Alec Forbes ?
5. As a life-long sceptic about these things, I don't like to see the impossible happening. But I have an unfortunate weakness for honesty. (…) Her Highness *does* do the *most* fantastic things. (A. Huxley)	Étant depuis toujours un sceptique au sujet de ces choses, je n'aime pas voir se réaliser l'impossible. Mais j'ai un malheureux penchant pour l'honnêteté. (…) Son Altesse fait <u>vraiment</u> les choses les <u>plus</u> fantastiques.

6. "You teach me now how cruel you've been – cruel and false. *Why* did you despise me? *Why* did you betray your own heart, Cathy? I have not one word of comfort. You deserve this. You have killed yourself. Yes, you may kiss me, and cry; and wring out my kisses and tears. They'll blight you – they'll damn you. You loved me – then what *right* had you to leave me? What right – answer me – for the poor fancy you felt for Linton? Because misery, and degradation, and death, and nothing that God or Satan could inflict would have parted *us*, *you* of your own will, did it. I have not broken your heart – *you* have broken it – and in breaking it, you have broken mine. So much the worse for me, that I am strong. Do I want to live? What kind of living will it be when you – oh, God! would *you* like to live with your soul in the grave?"

"Let me alone. Let me alone," sobbed Catherine. "If I've done wrong, I'm dying for it. It is enough! You left me too; but I won't upbraid you! I forgive you. Forgive me!"

"It is hard to forgive, and to look at those eyes, and feel those wasted hands," he answered. "Kiss me again; and don't let me see your eyes! I forgive what you have done to me. I love *my* murderer – but *yours*! How can I?" (E. Brontë, *Wuthering Heights*)

a/ – *Je comprends à présent à quel point vous avez été cruelle et fausse! Pourquoi avoir trahi votre propre cœur, Cathy ? Je n'aurai pas une parole de consolation, vous méritez votre sort, vous vous êtes tuée. Oui, vous pouvez m'embrasser et pleurer et m'arracher des larmes et des baisers, ils vous flétrissent, ils vous condamnent. Vous m'aimiez... quel droit aviez-vous de m'abandonner? Répondez-moi... de quel droit m'avez-vous sacrifié au pauvre caprice que vous éprouviez pour Linton? Quand ni la pauvreté ni la mort n'auraient pu nous séparer, vous de votre plein gré, l'avez fait. Je n'ai pas brisé votre cœur, c'est vous qui l'avez brisé et ainsi vous avez brisé le mien. Tant pis pour moi si je suis fort. Ai-je envie de vivre? Quelle sorte d'existence sera la mienne quand... O Dieu, pourriez-vous vivre avec votre âme dans la tombe?*

– Laissez-moi, laissez-moi, sanglotait Catherine. Si j'ai mal fait, j'en meurs. Cela suffit. Vous aussi m'avez abandonnée, mais je ne vous en ferai pas de reproches! Je vous pardonne. Pardonnez-moi!

– Il est difficile de pardonner quand on regarde ces yeux, quand on sent ces mains si faibles. Embrassez-moi encore et ne me laissez pas voir vos yeux. Je vous pardonne le mal que vous m'avez fait. J'aime mon meurtrier... mais le vôtre, comment le pourrais-je?

b/ – *C'est aujourd'hui que je vois à quel point tu as pu être cruelle et fausse. Pourquoi m'as-tu méprisé? Pourquoi as-tu trahi ton propre cœur, Cathy ? Je n'ai pas une parole de consolation à t'offrir. Tu mérites ton sort. Tu t'es perdue toi-même. Oui, oui, tu peux m'embrasser et pleurer, m'arracher à moi aussi des baisers et des larmes : tu n'en seras que plus flétrie, que plus damnée. Tu m'aimais... alors, de quel droit m'as-tu abandonné? Comment expliques-tu, réponds-moi, ce misérable caprice pour Linton? Alors que ni la misère, ni le déshonneur, ni la mort, ni aucune punition de Dieu ni de Satan n'auraient pu nous séparer... toi, de ton plein gré, tu l'as fait. Ce n'est pas moi qui t'ai brisé le cœur... C'est toi qui te l'es brisé, brisant le mien en même temps. Tant pis pour moi si je suis vigoureux ! Ai-je donc envie de vivre? Que sera la vie lorsque... Ah! Dieu, voudrais-tu vivre, toi, avec ton âme dans la tombe?*

– Laisse-moi! laisse-moi! sanglotait Catherine. Si je t'ai fait souffrir, j'en meurs. Cela te suffit. Toi aussi, tu m'as abandonnée; mais je ne te ferai pas de reproches. Je te pardonne, pardonne-moi!

– Que le pardon est difficile quand on regarde ces yeux douloureux, quand on touche ces faibles mains! répondit-il. Embrasse-moi encore une fois, mais que je ne voie plus tes yeux. Je te pardonne le mal que tu m'as fait. J'aime mon meurtrier... le tien, comment pourrais-je l'aimer?

c/ – *Tu me fais comprendre maintenant combien tu as été cruelle... cruelle et perfide. Pourquoi donc m'as-tu méprisé? Pourquoi donc as-tu trahi ton propre cœur, Cathy? Je n'ai pas une parole de réconfort à te donner. Tu mérites ce qui t'arrive. C'est toi qui t'es tuée. Oui, tu peux toujours m'embrasser et pleurer et faire assez de bruit pour noyer mes baisers et mes larmes : ils vont te flétrir et te damner. Tu m'as aimé... quel droit avais-tu donc de me quitter ? Quel droit tirais-tu... réponds-moi... de ce pauvre caprice qui te poussait vers Linton ? Parce que ni la souffrance, ni l'humiliation, ni la mort, ni rien de ce que pouvaient nous infliger Dieu ou Satan ne nous eût séparés, tu l'as fait toi-même, de ton plein gré. Ce n'est pas moi qui t'ai brisé le cœur... c'est toi qui l'as brisé et, en le brisant, tu as brisé aussi le mien. Mon sort est d'autant plus cruel que je suis robuste. Ai-je le désir de vivre ? Quelle sorte de vie connaîtrai-je quand toi, tu... ah, Dieu ! Aimerais-tu, toi, vivre en ayant ton âme dans la tombe ?*

– Laisse-moi tranquille. Laisse-moi tranquille, dit Catherine en sanglotant. Si j'ai fait le mal, je suis en train d'en mourir. Cela suffit ! Tu m'as quittée, toi aussi : mais je ne veux pas te le reprocher ! Je te pardonne. Pardonne-moi !

– Il est dur de pardonner, tout en regardant ces yeux et en palpant ces mains amaigries, répondit-il. Embrasse-moi encore ; mais ne me laisse pas voir tes yeux ! Je te pardonne ce que tu m'as fait. J'aime mon meurtrier à moi... mais le tien ! Comment pourrais-je l'aimer ?

10 Un seul complément pour plusieurs constructions

C'est là un procédé courant en anglais où l'on accepte très bien que deux verbes, parfois même suivis de prépositions différentes, puissent avoir un même complément mis en facteur commun :

(1) *She was always criticizing and laughing at him.* (criticizing him / laughing at him)

Il est parfois possible de traduire de telles structures presque littéralement.

- *He had once startled and irritated a kindly old don...* (E. Ambler)
    Il avait un jour effrayé et irrité un vieux professeur bienveillant.

Mais dans la plupart des cas cette traduction littérale n'est pas possible. On devra en français, par exemple, faire apparaître le complément ou la proposition mis en facteur commun après le premier élément et le répéter, ou le reprendre par un pronom après le second :

(1) → Elle ne cesse de le critiquer et de se moquer de lui.

ou bien :

- *The police fired on and arrested the two men.*
    La police tira sur les deux hommes et les arrêta.
- *It was impossible that this could be a client of or for the House of Dior.* (P. Gallico)
    Il était impossible qu'il s'agisse là d'un client de la maison Dior ou d'un de ses représentants.

▶ *Traduisez les phrases qui suivent.*

1. They should but will never admit it.
2. They need and pay for constant checking and testing.
3. For many years, he thought of and longed for a little place of his own.
4. The Air Force had located, recognized and flown towards the light of the large flare. (L. Deighton)
5. There is a vast difference between events that arise from and those that merely follow after each other. (M. Spark)
6. The waves hit, dragged and sank into the shingle beach and wore the pebbles smoother. (L. Deighton)

7. The professions epitomize solid middle-class values... This week we analyse the pressures upon, and the prospects in, these traditional bastions. *(The Sunday Times Magazine)*

8. Major Jewish organisations such as the American Jewish Committee and the Anti-Defamation League, staunch champions of, and generous contributors to, the old liberal coalition, will not be marching this week. *(The Sunday Times)*

9. "Cheerio-all-the-best," replied the Colonel with grave courtesy, and passed on to kiss the hand of, and to run an appraising eye over, a stout girl in a bathing costume. (E. Ambler)

10. The police are confident that there are enough individual markings so they can identify the gun if and when they find it. (E. S. Gardner)

11 Les verbes à particule

Lorsque le verbe anglais marque le **moyen** et la particule adverbiale ou l'adverbe marquent le **résultat**, il est souvent possible de traduire en ayant recours à ce que Vinay et Darbelnet appellent un « chassé-croisé ».

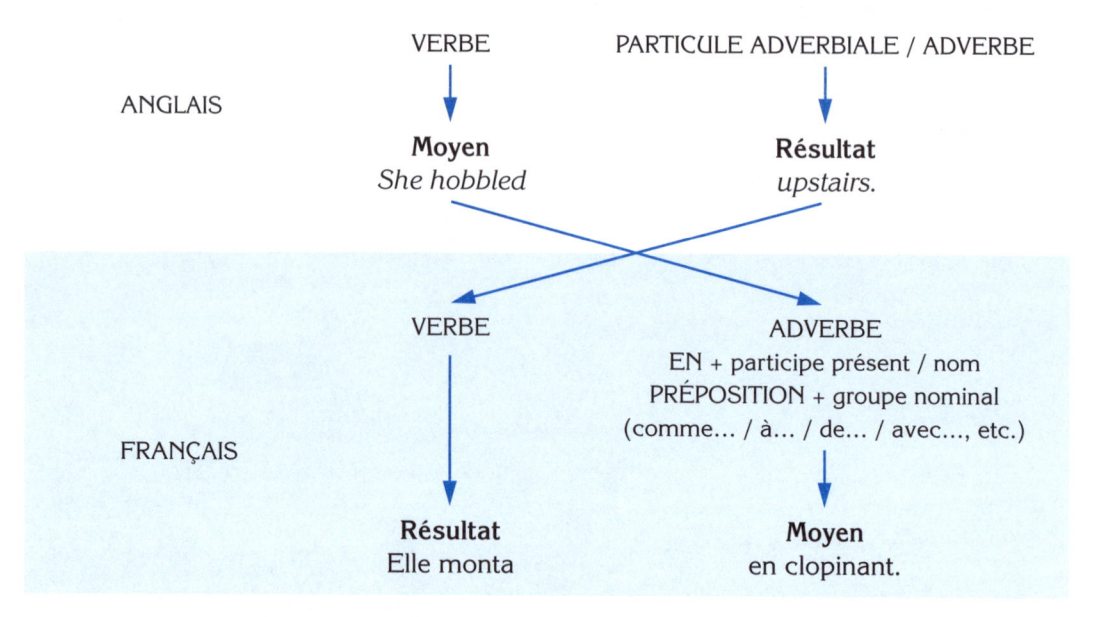

	VERBE	PARTICULE ADVERBIALE / ADVERBE
ANGLAIS	↓	↓
	Moyen She hobbled	**Résultat** upstairs.
	↓	↓
	VERBE	ADVERBE EN + participe présent / nom PRÉPOSITION + groupe nominal (comme… / à… / de… / avec…, etc.)
FRANÇAIS	↓	↓
	Résultat Elle monta	**Moyen** en clopinant.

Mais ce procédé n'est bien sûr pas automatique !
- *The fish swam across the pond.*
   Le poisson traversa le bassin.

(Dans cet exemple *swam* n'a pas besoin d'être traduit.)

---

1. ▶ *Traduisez les phrases qui suivent, toutes tirées d'un chapitre du livre de P.G. Wodehouse,* **Carry On, Jeeves.**

1. The old boy crawled in.
2. Jeeves floated out.
3. Bickby came beetling in.
4. I (…) bustled up.
5. He flitted out.

2. ▶ *En combinant les verbes de la colonne (1) et les adverbes de la colonne (2), trouvez les expressions dont la traduction est donnée en colonne (4).*

(1)	(2)	(3)	(4)
Verbe	Part. Adv.		Traduction
to stream	out	...	= Il avançait à grands pas.
to pant	down	...	= Il revint sur la pointe des pieds.
to cycle	in	...	= L'eau entrait à flots.
to stride	away	...	= Il monta les marches en haletant.
to creep	back	...	= Il passa près de nous en bicyclette.
to hurtle	off	...	= Il entra à pas de loup.
to tiptoe	past	...	= Elle partit en traînant les pieds.
to shuffle	about	...	= Les pierres tombèrent avec fracas.
	around		
	along		
	up		

3. ▶ *Traduisez les phrases suivantes.*

1. I climbed over the railing and kicked the French window in. (R. Chandler)

2. He would again and again climb out of bed; pad down to the library, make a minute correction and return to his room. (E. Waugh)

3. I went behind her to put my hands on her shoulders, but she jerked angrily away. (J. Fowles)

4. He bowed himself out into the hall.

5. John elbowed her sharply away. (M. McCarthy)

6. He rips the whole zip-fastener... and exultantly dances out of the garment. (M. Spark)

7. The reporters with their microphones and cameras have trickled away. (M. Spark)

8. I'm (...) haring down the hill to the bus stop. (S. Barstow)

9. He saw me, came straight over, said good-evening more than politely, and danced me away. (N. Mitford)

10. Some 20,000 farms have been auctioned off since 1981. *(Time)*

4. *Étudiez la façon dont les structures* VERBE + PARTICULE ADVERBIALE *ont été traduites dans les exemples qui suivent. Si vous considérez que la traduction peut être améliorée, proposez-en une autre.*

1. They rambled, and bounced into the main highway, the Avenida de la Revolución, past offices... past the cinema itself. (M. Lowry)	Ils atteignirent cahin-caha la rue principale, Avenida de la Revolución, passèrent devant des bureaux... puis devant le cinéma lui-même.
2. While the ship was tugged out into the yellow tidal rush and the untidy skyscrapers and the castellated customs houses jerked away... (G. Greene)	Tandis que le remorqueur arrachait le navire à la barre jaune du mascaret et que les gratte-ciel malpropres et la douane aux allures de forteresse s'éloignaient par à-coups...

3. But the professor of history, Alan Campbell (…) bumped along with unacademic profanity. (J.D. Carr)	*Avec un manque de courtoisie peu en accord avec sa dignité universitaire, un jeune professeur d'histoire tentait de se frayer un passage à travers la cohue.*
4. "That's rather a flimsy door," he said… "You could kick it in." (J.D. Carr)	*– La porte n'a pas l'air solide, dit-il enfin. Enfoncez-la d'un coup d'épaule, mon garçon !*

12 Les structures résultatives

À côté des problèmes de compréhension (cf, p. 43), les formes résultatives posent souvent des problèmes de traduction parce que

• leur **concision** est difficile à garder en français où l'on aboutit la plupart du temps à des phrases beaucoup plus lourdes,

• l'anglais et le français ont tendance à utiliser un **ordre différent** pour mentionner les différents moments d'un procès.

Voici quelques possibilités de traduction.

– Traduction de la particule (*into* / *out of* / *to*) ou de l'adjectif par un **verbe** :
   • *into* provoquer, devenir, causer…

– Conservation de la même séquence qu'en anglais ; elle correspond le plus souvent à l'**ordre chronologique** :

cause → résultat : … au point de…, … jusqu'à…, … pour…, … tant… que…, … et…
   • *The film moved me to tears.* Le film m'émut jusqu'aux larmes.

– Inversion de l'ordre des éléments.

C'est l'ordre qui est le plus naturel en français, où l'on préfère mentionner le résultat avant la cause ou le moyen. L'anglais, au contraire, tend à suivre le déroulement du procès.

Résultat → cause / moyen : … en…, … de…, … à force de…, … à…, … avec / comme…
   • *It terrified him out of his wits.* Cela lui fit perdre la tête de frayeur.

---

1. *Comparez, puis traduisez les deux phrases qui suivent.*

1. … the Fishguard Alley, where the methylated-spirit drinkers danced into the policemen's arms… (D. Thomas)	2. … the Fishguard Alley, where the methylated-spirit drinkers danced in the policemen's arms…

2. ▶ *Traduisez.*

1. There'll be no one here to scold me away from the fire. (L. Carroll)

2. They've all bled poor Lisa white. (M. Spark)

3. Friends came in, the girls went out, the father drank himself more and more ill. (D.H. Lawrence)

4. Their march had shamed President Roosevelt into guaranteeing fair employment practices.

5. They had laughed him out of his caution before I could be heard. (S. Richardson)

6. He went to the telephone, thinking, if they gyp me out of the reward, it'll be too bad. (J. Hadley Chase)

7. The naked children began to call out and run round until the women bent down… and shook them into silence and stillness. (W. Golding)

8. Factories sweat you to death, labour exchanges talk you to death, insurance and income tax offices milk money from your wage packets and rob you to death. (A. Sillitoe)

9. You walk the streets of Moscow thinking; is the Soviet Union as we have painted it, or have we painted ourselves into a corner? (N. Mailer)

10. Kurtz had to lobby his heart away, even to obtain a modification of their plans. (J. Le Carré)

3. *Étudiez la façon dont les formes résultatives ont été traduites dans les passages qui suivent. Si la traduction ne vous semble pas convenir, proposez une autre possibilité.*

1. I set an occasional table rocking in the hall and something Venetian tinkled into fragments on the floor. (G. Greene)	*J'envoyai valser une table dans le vestibule et je ne sais quoi de vénitien éparpilla un son cristallin sur le sol.*
2. With his talent for tasting every extreme the French poet not only baked himself raw in the oven-like quarries of Larnaca, but succeeded in freezing himself almost insensible on the bony heights of Toodos... (L. Durrell)	*Avec ce don qu'il avait d'embrasser tous les extrêmes, le poète français rôtit dans les carrières de Larnaca et faillit périr de froid sur les hauteurs décharnées de Toodos...*
3. ... a mother still young enough to dance her ball-dresses to rags. (E. Wharton)	*... une mère encore assez jeune pour user furieusement ses robes de bal.*
4. We cannot reason ourselves out of our basic irrationality. (A. Huxley)	*Nous ne sommes pas en mesure de triompher de notre irrationalité fondamentale.*
5. He talked me into doing what he wanted, and I was too goddamn stupid to say no, because at that time I loved him. (B. Malamud)	*Il m'a fait comprendre ce qu'il attendait de moi et comme une andouille je n'ai pas su refuser : en ce temps-là je l'aimais.*
6. If he managed to avoid the pitfall of over-eagerness, perhaps he would be able to talk his father out of the other, avowable reason for refusal. (A. Huxley)	*S'il réussissait à éviter le piège d'un excès d'ardeur, peut-être pourrait-il, en laissant parler son père, passer au travers des autres raisons, avouables, celles-là, d'un refus.*

13 Les expressions avec *verb + one's way*

Elles décrivent la façon dont un procès se déroule ou le moyen par lequel une action se produit. Elles sont souvent suivies d'un groupe prépositionnel marquant le résultat :

- *He had to buy his way to safety.*
       moyen   résultat

L'erreur la plus courante consiste à surtraduire le complément *one's way* (= « Se frayer un chemin », par exemple) ce qui aboutit souvent à un contresens.

C'est le **chassé-croisé** qui permet le plus souvent de traduire de telles expressions :

- *She groped her way towards the telephone.*

  Elle se dirigea à tâtons vers le téléphone.

Il est cependant souvent nécessaire d'avoir recours à une expression équivalente :

- *I can't see my way to doing it.*

  Je ne m'en sens pas capable.

---

1. ▶ *Traduisez les phrases qui suivent.*

1. Martin Eden, with blood still crawling from contact with his brother-in-law, felt his way along the unlighted back hall and entered his room. (J. London)
2. This man had battled his way through every disillusionment life had to offer. (E. Gardner)
3. He remembered Boyns (…) accused of corrupting the boy and lying his way to safety. (W. Trevor)
4. I had faith that the wild youngster would tear his way through the driest pages of reports. (S. Lewis)
5. You'll impertinent your way out of here before long. (L. Deighton)
6. I gave him a lot of stuff about my wife and another fellow, and he 'ho'ed' and 'oh deared' his way through it. (I. Deighton)
7. Most girls managed to battle their way through to marriage without any disasters on the way. (J. Braine)
8. You must try to bluff your way out. (E. Ambler)
9. Rising carefully, Minkel picked his way with unworldly dignity across the room until he had reached the one small island that was not claimed by his erudition. (J. Le Carré)

2. *Comparez la façon dont l'expression worked his way up a été traduite dans les deux passages qui suivent.*

After the war he had first worked in a brush factory, then as a porter at Les Halles, then had become a dishwasher, and had finally worked his way up to be a Waiter. (G. Orwell)

a/ *Après la guerre, il avait travaillé dans une fabrique de brosses, puis comme porteur aux Halles, puis il était devenu plongeur, et enfin garçon d'hôtel.*

b/ *Après la guerre, il avait commencé par travailler dans une fabrique de brosses, puis il avait été porteur aux Halles, plongeur dans un restaurant et avait fini par décrocher une place de garçon d'hôtel.*

14 Les adjectifs de relation

Il ne faut pas confondre adjectifs épithètes et adjectifs de relation. Ces derniers sont à considérer comme des compléments de nom. Ils décrivent non pas une qualité propre au nom mais la relation qui existe entre le nom et un autre élément.

Comparez :
- *a mental disease* une maladie mentale (adj. épithète)
  a mental home une clinique pour malades mentaux (adj. de relation)
- *During the presidential elections…* Pendant les élections présidentielles…
  During the presidential year… Pendant l'année des élections présidentielles…

Ces adjectifs de relation posent souvent des problèmes de traduction puisque la concision de l'expression anglaise ne peut se rendre que par une expression qui explique clairement le rapport existant en français. Ces expressions sont la plupart du temps introduites par des prépositions (de / à / à la / en matière de…).

1. ▶ *Traduisez les phrases qui suivent.*

1. a dental surgery
2. a dental student
3. He's the new French master.
4. I never met such a pair of social cowards. (I. Murdoch)
5. When he gives me an occasional smile, I know something is wrong.
6. Workers at Devonport dockyard take one month's sick leave a year, management admitted yesterday.
7. Ducane had simply felt a small wincing dislike of the man. (I. Murdoch)
8. He was spent now from lack of sleep and hurried food at hurried and curious hours and, sitting in a chair beside the stove, a little hysterical too. (W. Faulkner)
9. Jack Slipper had always found time to loiter in the yard, under the lazy pepper trees. (P. White)
10. About a mannequin Sultry, 5ft 10in and 33–22–34 like her living prototype, the glass fibre Sascha weighs in at an anorexic 20 lb. *(The Sunday Times)*
11. He started walking across the yard with water sloshing gently at each step. I went with him, warily keeping a dry distance. (D. Francis)

15 Le comparatif

On a vu (*cf.* p. 65) qu'il est courant d'employer un comparatif en anglais pour comparer implicitement une chose ou une notion aux autres de la même catégorie :

We drove into a street of better-class villas.

La traduction littérale d'une telle tournure serait étrange en français ou l'on préfère d'ordinaire utiliser

– un **adjectif** qui décrit la qualité de façon absolue :
- *You'll have to appeal to his better feelings.*

  Il vous faudra faire appel à ses bons sentiments.

– un **superlatif** :
- *She spent the better part of the year on the Riviera.*

  Elle passait la plus grande partie de l'année sur la Côte d'Azur.

– un **verbe** :
- publicité *WOODCRAFT furniture for better homes.*

  Les meubles WOODCRAFT, pour embellir votre intérieur.

---

1. *Étudiez la façon dont les comparatifs ont été traduits dans les exemples qui suivent.*

1. The position of the acropolis is admirably chosen, standing as it does above the road at the very point where it turns inland from the sea. Priest and soldier alike would be satisfied by it. From the summit the eye can travel along the kindlier green of a coast tricked out in vineyards and fading away towards the Cape of Cats and Curium. (L. Durrell)

Le site de l'acropole avait été admirablement choisi ; dominant la route à l'endroit où elle s'engage vers l'intérieur, il convenait au prêtre comme au soldat. Du sommet, le regard peut errer le long de la côte parsemée de vignes du vert le plus tendre jusqu'au cap des Chats et à Curium.

2. Although a few members of the graver professions live about Golden Square, it is not exactly in anybody's way to or from anywhere. (C. Dickens)

Bien que quelques personnes appartenant à des professions sérieuses habitent autour de Golden Square, on ne peut pas dire que ce soit à proprement parler un lieu de passage.

3. Avoiding the larger rooms, which were dark and made fast for the night, Monsieur the Marquis, with his flambeau-bearer going on before, went up the staircase to a door in a corridor. (C. Dickens)

Le Marquis évita les grands salons obscurs, fermés pour la nuit, et, toujours précédé de son porte-flambeau, monta l'escalier jusqu'à la porte de ses appartements privés…

4. As piano teachers discovered the value of the suites as an "easy introduction to the Master's greater works," both the title and formation of the set became accepted as gospel. (C. Hogwood, Decca International)

Les professeurs de piano ayant découvert que ces suites constituaient une « introduction facile aux œuvres du maître », le titre et la disposition de l'ensemble en vinrent à être acceptés comme parole d'évangile.

2. ▶ *Traduisez les phrases qui suivent.*

1. The Thomas Cook Challenge, Better deals. Lower rates. Superior information. (Ad. for T. Cook)
2. Toss a better tasting salad. (Ad. for Crisco oil)
3. Renault build a better car. (Ad. for Renault)
4. Blend 37 – richer, darker, distinctly continental. (Ad. for Nescafé)
5. He gave his better work to lesser actresses, wrote a novel, *Il fuoco,* which contains an unflattering portrait of Duse, and openly pursued scores of younger women. *(Time)*
6. We shall also consider how best to improve unemployment for the longer-term unemployed. (Labour Manifesto 1983)

16 L'étoffement des prépositions

1. ▶ *Expliquez pourquoi il y a contresens dans la traduction des phrases suivantes et proposez une autre traduction.*

1. He rang for me.	Il a sonné pour moi.
2. I'll help you with the children.	Je t'aiderai avec les enfants.
3. Passengers to Frankfurt. (titre d'un roman d'A Christie)	Passagers à Francfort.
4. They disappeared out of sight.	Ils disparurent hors de vue.

C'est le recours au calque qui explique les contresens dans les phrases ci-dessus. Même lorsqu'elle n'aboutit pas à des contresens, l'utilisation du calque dans la traduction de groupes prépositionnels mène très souvent à des expressions lourdes et maladroites, voire au charabia. Il est donc essentiel d'être vigilant et de savoir étoffer lorsque cela est nécessaire.

Voici quelques possibilités d'étoffement :

Verb + Preposition → **chassé-croisé** (*cf.* p. 161)
                     → **Proposition relative**
- *I read of what...*
   J'ai lu que...
                     → **Verbe**
- *He came for me.*
   Il est venu me chercher
- *He awoke to her call.*
   Il s'éveilla en entendant qu'elle l'appelait.

Noun + Preposition → **Nom**
- *All flights to England were cancelled.*
   Tous les vols à destination de...
                     → **Participe Passé / Adjectif**
- *The column for receipts is on the right.*
   La colonne réservée aux recettes...
                     → **Proposition relative**
- *The reasons for it...*
   Les raisons qui peuvent expliquer...

Preposition + Noun → **Verbe**
- *Let's stop for gas.*
   Arrêtons-nous pour prendre de...

→ **Proposition relative**
- *An action against the rules...*
  ... qui va contre...
          → **Participe Passé**
- *the girl in white*
  ... vêtue de blanc
          → **Nom**
- *It's from Cathy.*
  C'est de la part de Cathy.

2. ▶ *Traduisez.*

1. All I knew was that I ached for Julie, I was mad for her. (J. Fowles)
2. I don't have to work so hard at universal acceptance. (A. Wilson)
3. Over the lobster Dalby asked me how things were going in the work on Jay. (L. Deighton)
4. She checked the binding for tears. (L. Deighton)
5. A dog barked, too close for comfort. (L. Deighton)
6. This time, at least, he had hoped against hope that his father would be beaten. He flushed with the unfairness of life. (A. Wilson)
7. Isabel Pervin was listening for two sounds – for the sound of wheels on the drive outside and for the noise of her husband's footsteps in the hall. (D.H. Lawrence)
8. On holiday, he frets for his typewriter. *(The Sunday Times)*
9. At night, his father would lock even the internal doors of his house against the police. (G. Greene)
10. He would have gone with equal willingness into steel or soap or building. (J. Braine)
11. The soldiers crossed off the days to the next leave.
12. A working-class man would come to grief over the right way to move through a seven-course dinner. (R. Hoggart)

3. *Étudiez la façon dont les postpositions et prépositions ont été traduites dans les passages ci-dessous.*

1. The migrant people, scuttling for work, scrambling to live, looked always for pleasure, dug for pleasure, manufactured pleasure, and they were hungry for amusement. Sometimes amusement lay in speech, and they climbed up their lives with jokes. And it came about in the camps along the roads, on the ditch banks beside the streams, under the sycamores, that the story-teller grew into being, so that the people gathered in the low firelight to hear the gifted ones. And they listened while the tales were told, and their participation made the stories great. (J. Steinbeck)

Dans leur chasse au travail, leur lutte acharnée pour l'existence, les émigrants étaient toujours à l'affût de distractions, d'un peu de gaieté. Et leur soif d'amusements était telle qu'ils en fabriquaient eux-mêmes. Parfois la joie naissait des conversations; les plaisanteries les aidaient à oublier. Et dans les camps au bord des routes, le long des talus des rivières, sous les sycomores, la nouvelle se colportait de bouche en bouche que des talents de conteurs s'étaient révélés. Alors les gens se rassemblaient autour des feux dansants pour écouter ceux à qui le don avait été dévolu. Et la participation de l'auditoire donnait aux histoires un ton épique.

2. He had only time to glimpse the long, sweet face, before she had gone up the north aisle instead of coming straight across; so that he had to think his blessing after her. (W. Golding)

Il eut à peine le temps d'apercevoir le long visage si doux que déjà elle remontait le bas-côté septentrional, au lieu de traverser directement ; aussi dut-il lui adresser de loin sa bénédiction.

3. So he fretted for an opportunity. (S. Crane)

Il appelait donc l'occasion de toute son impatience.

4. It is the peculiar lowness of poverty that you discover first. (G. Orwell)

a/ *C'est la petitesse inhérente à la pauvreté que vous commencez par découvrir.*

b/ *Ce qui vous frappe tout d'abord, c'est cette sorte d'abaissement qu'entraîne la pauvreté.*

5. He felt his great body again aching for the comfort of the public-house. (J. Joyce)

Il sentit de nouveau son grand corps souffrir tant il aspirait à la consolation de la brasserie.

6. "I dressed myself to learn, against the time you leave me." (C. Brontë)

Je veux apprendre à m'habiller pour le bien savoir le jour où vous me quitterez.

17 Les articles

L'emploi des articles défini et indéfini n'est pas le même en français et en anglais. L'article indéfini est plus courant en anglais qu'en français et correspond donc souvent à l'article défini, un démonstratif ou bien à l'absence d'article. Voici quelques-unes des principales différences entre les deux langues.

	ANGLAIS	FRANÇAIS
apposition	*a* • *It is a pity that his suggestion – an ideal solution to the problem – should not have been adopted.*	Ø Il est dommage que sa suggestion, solution idéale au problème, n'ait pas été retenue.
profession, ou nom attribut	*a* • *He is a dentist.* • *He is a bad loser.* ATTENTION ! La règle n'est pas automatique. • *He is an aesthete.*	Ø Il est dentiste. Il est mauvais joueur. C'est un esthète.
après certaines prépositions	*a* • *He found himself without a friend.*	Ø Il se retrouva sans ami.
expressions toutes faites	*a* • *a devil of a business* • *She was a wall-flower.*	Ø une diable d'affaire Elle faisait tapisserie.
dans de nombreux titres	*a* • *A Walk in the Country*	Ø Promenade champêtre
expressions distributives	*a* • *twice a week* • *Their apples are one dollar a pound.*	Ø ou art. défini deux fois par semaine … un dollar la livre.
vêtements ou parties du corps	*a* • *He has an eye to everything.*	article défini Il a l'œil à tout.
expressions toutes faites	*a* • *He gave her a good lecture.*	article défini Il lui a fait la morale.
devant un titre	Ø • *President Reagan*	article défini le président Reagan

Notez également que :

• *The* a souvent un sens plus fort en anglais qu'en français et peut correspondre à un démonstratif :
- *I found the incident deeply disturbing.*
  Je trouvai cet incident...

• *A* peut être équivalent de *one* :
- *A Mrs Jones telephoned this morning.*
  Une certaine Mrs Jones...

1. ▶ *Traduisez.*

1. He expressed a wish to see her again.
2. Gretel patrons now pay 45 francs for 20 hours of computer time, a fee that will more than double next month because of the popularity of the service. *(Time)*
3. He surrendered with a heavy heart.
4. She had a red nose and swollen eyes.
5. They cost 50 p a dozen.
6. As a rule, we don't accept cheques here.
7. His home village of Greendale is cheerful, idyllic and untroubled, one of the few places left in England where they always have a proper tea. *(The Sunday Times)*
8. Professor Delaunay was late, as usual.
9. Finally he stood in the open doorway and took great gulps of night air. "This is the life," he cried. *(B. Bainbridge)*
10. But Charles seemed not to realize the sacred duty of dressing the part. *(J. Wain)*
11. Young Turgis... went slouching about with a long pale face. *(J.B. Priestley)*

2. ▶ *Traduisez.*

Titres de livres

1. *A Preface to Milton* (L. Potter)
2. *A Treatise of Human Nature* (D. Hume)
3. *A Voyage to Lisbon* (H. Fielding)
4. *A Room with a View* (E.M. Forster)

Titres de chapitres

5. A Defence of Smoking
6. A River Scene
7. An Attack on Darwinism
8. A Train Journey in 1900

Gros-titres

9. OPERA FACES STRIKE THREAT *(The Sunday Times)*
10. SUSPENDED DOCTOR TO RESUME WORK *(The Times)*

11. WHITE SOCIAL WORKER ON BOMB CHARGE *(The Times)*

12. TWO ARRESTED IN SWOOP ON FLAT *(Daily Mail)*

13. MUM WINS FIGHT FOR CHILDREN *(The Sun)*

3. *Comparez l'utilisation de l'article dans les gros titres et titres suivants.*

  1. LONDON TRIAL FOR MAN ACCUSED OF 13 MURDERS *(The Times)*

  2. *DEUX MILITAIRES DE L'AÉRONAVALE TUÉS DANS UN ACCIDENT D'AVION* *(Le Monde)*

  3. *A Clockwork Orange* : L'Orange mécanique (livre d'A. Burgess)

4. *Étudiez la façon dont les articles ont été traduits dans les passages qui suivent.*

1. Murder! that is what the cheiromantist had seen [in his hand]. Murder! The very night seemed to know it, and the desolate wind to howl it in his ear. (O. Wilde)	*Le Crime ! Voilà ce que le chiromancien avait vu dans sa main. Le Crime ! La nuit même semblait le savoir, le vent éploré le lui hurlait aux oreilles.*
2. Titres de chapitres dans *News from Nowhere* de W. Morris	
I Discussion and bed	*I La discussion. Le sommeil*
II A morning bath	*II Baignade matinale*
III The guest house and breakfast therein	*III Petit déjeuner à la maison d'accueil*
IV A market by the way	*IV Le voyage : traversée d'un marché*
V Children on the road	*V Les enfants sur la route*
VI A little shopping	*VI Petites emplettes*
3. Cronin, a tall, bulky-shouldered man with sensitive eyes, and a full brown moustache, smoked too much. (B. Malamud)	*Cronin, grand type costaud aux yeux tendres et à la moustache brune bien fournie, fumait trop.*
4. William Einhorn was the first superior man I knew. He had a brain and many enterprises, real directing power, philosophical capacity… (S. Bellow)	*William Einhorn est le premier homme supérieur que j'aie connu. Il avait un cerveau et des initiatives, une réelle puissance de commandement, un esprit philosophique…*

18 Les possessifs

Leur traduction peut poser quelques problèmes.

• D'une part, parce que le français ne permet pas de distinguer entre *his* et *her*. Lorsqu'il peut y avoir ambiguïté, le traducteur doit donc ou changer l'ordre des mots pour que le référent soit clair, ou indiquer clairement la personne à laquelle « son » renvoie, en utilisant des expressions telles que : « … à elle, » « le… de + nom de la personne ».

- *She returned home as usual, but when he awoke the next morning she was gone. There, under the covers on her side of their bed, was his Minitel. (Time)*
  du côté du lit où elle couchait, il y avait le Minitel de son mari.

• D'autre part, parce qu'ils ne peuvent pas toujours se traduire par des possessifs en français.

ANGLAIS	FRANÇAIS
possessif	**article**
• *I've hurt my shoulder.*	Je me suis fait mal à l'épaule.
• *The cat was passing its paws behind its ear.*	Le chat se passait la patte derrière l'oreille.
Entrent aussi dans cette catégorie les cas où *your* a une valeur générale :	
• *Your true Christian would never accept this interpretation.*	Le véritable chrétien n'accepterait jamais cette interprétation.
	Ø
• *I can't see anything without my glasses.*	Je ne vois rien sans lunettes.
• *He changed his mind.*	Il changea d'avis.

> ▶ *Traduisez les phrases suivantes.*
>
> 1. Even here, most people go for self-catering, though meals can be provided too, cooked by the warden and his or her staff (if any), and sold at very reasonable cost. *(The Sunday Times)*
>
> 2. Irvine is not your average punter in an anorak. Irvine favours Yamamoto blouson shirts and dungaree trousers, which combine just the right qualities of discreet wealth and relaxation. *(The Sunday Times)*
>
> 3. "Come een," she called in English. "I weel play for you. We weel talk. There is no use for too much solitude." But the art student, burdened by his, spurned hers. *(B. Malamud)*

19 Les démonstratifs *this* et *that*

Il faut distinguer les deux cas suivants :

• Lorsque le déictique renvoie à ce qui vient d'être mentionné dans le texte, il peut être nécessaire d'étoffer ou de transposer, « ceci » et « cela » étant souvent plus lourds en français :

- *The writer has towards his material, words, the same relation that an artist, say a modeller, has towards his material, clay. The paragraph is a plastic mass, and it takes its shape from the thought it has to express: its shape is the thought. This is the distinction between the dead paragraph and a living paragraph.* (H. Read)
  C'est là ce qui distingue…
- *As the story ends, Kay succumbs to the terror that besets her, trying to shut it out with her raincoat. In doing this, she also symbolically shuts out life and love.* (E. L. Smith)
  En agissant ainsi…

Exemples d'étoffement ou de transposition :

Voilà qui…
Ce processus / point de vue / comportement…
Cette idée / solution… etc.

• Lorsque le déictique ne renvoie pas à un passage du texte mais à une réalité extra-linguistique, il faut être prudent car cet emploi, courant en anglais, ne peut souvent se traduire qu'en ayant recours à d'autres catégories grammaticales (par exemple, articles, pronoms) ou à des expressions toutes faites :

- *This is Radio 4. Here is the news.*
  Vous écoutez Radio 4. Voici les nouvelles.

▶ *Traduisez les phrases suivantes.*

1. "Nice fellow, this, I rather like him." (J. Galsworthy)
2. Trelawney [a cat], when he's not sleeping, rushes about simply everywhere, and has this game he especially likes to play of an evening, where we get down on our hands and knees and he arches his back and sort of charges us. (A. Powell)
3. "She shouted things outside and threw stones at the tin roof…" "What things?" "This and that." (B. Brainbridge)
4. Fly Delta to Florida. Our low fares give you that warm feeling. (Ad. for Delta Airlines)
5. Description of a gadget If the magnetic field is disturbed on Door Guard ($30) when it is placed on a hotel door, an 85-decibel alarm – which can be shut off only by a three-digit code – is certain to clear the hallway of intruders. It may even put a stop to that loud party in 1406. (Time)
6. In the application of the calculation expounded here there is one overriding principle which must never be lost sight of. It is this. All radiation dosage, however small, is harmful. The only excuse for exposing men to it is demonstrable operational necessity. (The Economist)

20 La dérivation

L'anglais est beaucoup plus souple que le français en matière de dérivation : on forme beaucoup plus facilement qu'en français de nouveaux adverbes ou adjectifs à partir de la plupart des mots.

Il n'est donc pas toujours possible de trouver un mot correspondant en français. Par ailleurs, même lorsqu'un dérivé semblable existe, il est souvent beaucoup plus lourd, beaucoup moins naturel qu'en anglais et il est donc fréquemment préférable d'avoir recours à une transposition ou à une locution adverbiale.

On préférera, par exemple, des expressions telles que « De façon ironique », « Ce qui est ironique »..., à l'adverbe « ironiquement » en traduisant la phrase suivante :

> *Ironically, it happened just the way he had described it.*

Voici, à titre d'exemple, quelques façons de traduire les mots formés à l'aide des trois affixes qui suivent :

...-ly	un-...	...-ness

• ...-ment   d'un air/ton ...
de façon ...   avec/sans ...
de manière ...   par ...
 	
• Si l'adverbe porte sur un adjectif :
Adv. + Adj.
   ✕
Nom + Adj.
     • *majestically unruffled*
      d'un calme majestueux
ou bien :
Adv. + Adj.
 ↓   ↓   calme et majestueux
Adj. + et + Adj.
Cette seconde transformation n'est cependant pas automatique. Une expression telle que *strangely quiet* (étrangement calme, ou, d'un calme étrange) ne peut en aucun cas se traduire par « étrange et calme », expression dont le sens est tout à fait différent.
 	
• Si l'adverbe porte sur la phrase entière :
Traduction par un verbe
  • *It was a regrettably cold day.*
    On pouvait regretter que la journée fût aussi froide.
	in-/dé...
	peu .../pas ...
	avec/sans ...
	de façon ...
	d'une manière
	difficile ⎱
	impossible ⎰ à ...
	ne pas
	pouvoir + Verbe
		caractère ...
		fait d'être ...
		manque de ...
		ce qu'il y a de ...

1. ▶ *Traduisez les phrases qui suivent.*

1. I was struck by the reasonableness of her requirements.
2. As I became more and more "productive" … he became more and more convinced of my hopelessness. (J. Thurber)
3. I tried the lid again, as unrewardingly as before. (J. Fowles)
4. I mustn't overstay my welcome. (N. Marsh)
5. I think he thought the whole affair a little unbusinesslike. (E. Ambler)
6. Devilish thoughtless and inconsiderate of them, I call it. (P.G. Wodehouse)
7. There was something quite illogically reassuring about that fact. (E. Ambler)
8. A piece of cake lay untasted on his plate. (A. Christie)
9. There was an upthereness over our room, though surely not a lodger. (W. Golding)
10. "It was the accidentalness of it," she said. "Sometimes I've nearly gone mad just thinking of it." (I. Murdoch)
11. Dynamically improved!
    Dramatically transformed!
    Radically changed!
    These are just some of the clichés you won't be reading about the latest Audi 80. (Advertisement for Audi 80 car)
12. Lammiter was in no mood to be outstared. (H. MacInnes)
13. On an official paper Details unobtainable.
14. In a grammar book An awkwardly formal sentence.
15. [He gazed down] at the rooftops of the city, spires, cupolas, towers, monuments… It was in sight, possessable, all but its elusive spirit. (B. Malamud)
16. Wilshire is an intriguingly flawed hero, blunt of speech, violent in behaviour and filled with prejudices against the "kanakas" or natives. *(Time)*

2. *Étudiez la façon dont les dérivés ont été traduits dans les exemples qui suivent.*

1. Dear Doctor Manette, I love your daughter fondly, dearly, disinterestedly, devotedly. (C. Dickens)	Cher Docteur Manette, c'est d'un amour ardent, respectueux, désintéressé, que j'aime votre fille.
2. I think of Glenn Gould as an artist of strong intentionality. (CBS record)	À propos de Glenn Gould, je pense à un artiste aux intentions arrêtées.
3. Forbidden themes, repulsively fascinating, disgustingly attractive! (A. Huxley)	Thèmes interdits, répugnants et fascinateurs, dégoûtamment attrayants !

21 And

On trouve, en anglais, une tendance à utiliser fréquemment les marqueurs de coordination, *and* en particulier. Il sera souvent plus naturel en français de le rendre par

une simple juxtaposition :
- *a long and tiring journey*
  un long voyage fatigant

Il faut ici noter l'emploi de *and* après les verbes *try, come, go, mind* à l'impératif, qui se rend presque toujours par une juxtaposition en français :
- *Try and be a good boy.*
  Essaye d'être sage.

la préposition « sans » ou la locution conjonctive « sans que » lorsque *and* est suivi d'une négation :
- *How could one know him and not like him?*
  Comment pourrait-on le connaître sans l'aimer ?

un mot de liaison plus explicite
(par exemple : puis, alors, pour) marquant clairement le rapport logique entre les deux membres de phrase :
- *Move and I shoot!*
  Si vous bougez, je tire !
- *Did he once straighten himself and look over the horizon?* (A. Bell)
  S'est-il jamais redressé pour regarder au loin ?

Étudiez et discutez les traductions de and *qui suivent.*

1. It was literally a moral revolution and accomplished in the depths of her nature. (H. James)	*Ce fut littéralement une révolution morale qui se produisit dans les profondeurs de sa nature.*
2. Papa, on whose knee she sat, burst into one of those loud laughs of his that, however prepared she was, seemed always, like some trick in a frightening game, to leap forth and make her jump. *(ibid.)*	*Papa, sur les genoux de qui elle était assise, eut un de ces bruyants éclats de rire qui, si préparée qu'elle y fût, semblaient toujours jaillir comme un diable d'une boîte à la faire sursauter.*
3. If he ever again says anything as horrid as that to you I shall carry you straight off and we'll go and live somewhere together and be good quiet little girls. *(ibid.)*	*S'il répète encore de pareilles horreurs en votre présence, je vous enlève, et nous allons vivre ensemble toutes seules comme de sages petites filles.*
4. Even Lisette, even Mrs Wix had never, she felt, in spite of hugs and tears, been so intimate with her as so many persons at present were with Mrs Beale and as so many others of old had been with Mrs Farange. *(ibid.)*	*Ni Lisette, ni même Mrs Wix, en dépit de ses baisers et de ses larmes, n'avaient jamais été pour elle l'amie intime que tant de personnes semblaient être à présent pour Mrs Beale, ou avaient été jadis pour Mrs Farange.*

5. It was with this purpose... that he crossed the Park and called at her house... (E. Waugh, *Scoop,* 1938, A. D. Peters. © The Estate of E. Waugh 1938)	*Ce fut avec cette intention... qu'il traversa le parc pour aller sonner à sa porte...*
6. ... an uncompromising denunciation of the Prime Minister's public and private honesty... *(ibid.)*	*... dénoncer férocement la moralité tant publique que privée du premier ministre...*
7. ... with no desire except to sleep and awake from his nightmare... *(ibid.)*	*... n'ayant plus qu'un désir, dormir, et puis se réveiller de ce cauchemar...*
8. Why should he commit himself to this abominable city merely to be railed at and ... physically assaulted? *(ibid.)*	*Pourquoi s'aventurer dans cette ville maudite ? Il savait ce qui l'attendait : non seulement des invectives ordurières, mais sans doute même... des coups !*

22 When

Si *when* pose des problèmes de traduction, c'est que l'on a trop souvent tendance à le traduire automatiquement par « quand », ce qui conduit fréquemment à des maladresses ou contresens. En effet, *when* peut indiquer une **simultanéité** ou un **rapport logique**.

On peut donc également le traduire par :

- « **où** » (« le jour où », « l'année où, » etc.) ;
- **un étoffement** (par exemple : « date à laquelle », « moment où, » « année qui... ») ;
- **un simple marqueur de coordination** (par exemple : « et ») ;
- **une conjonction** ou **locution conjonctive** marquant l'opposition (par exemple : « alors que ») ;
- « **que** » (après *hardly, scarcely, barely*).

▶ *Traduisez les phrases qui suivent.*

1. The Queen will be in Bristol tomorrow, when she will open the new wing of St Stephen's Hospital.

2. She had barely started on her explanation when we were interrupted.

3. What's the good of encouraging such dreams when you know he'll never be able to enter University?

4. I well remember the first occasion when I realised that my father wasn't a private person, but someone with a public following. *(The Sunday Times)*

5. Yet she has never before spoken about her family or about the assassination five years ago, when an IRA bomb killed her father, her mother-in-law, one of her young twin sons and a 15-year-old family friend. *(The Sunday Times)*

6. It is an uncommon day, I recognize now, when I do not brood over whether America is better or worse than I think it is. (N. Mailer)

7. Two of the guards came smartly to attention, marched to meet each other, faced front, saluted, about-turned and marched out. Absolute stillness followed this proceeding. Sounds from outside could be heard. Gibson's men in the garden, no doubt, and once, almost certainly, Gibson's voice. When the silence had become very trying indeed, the soldiers returned with the spear-carrier between them. (N. Marsh)

LES DÉFIS DE LA TRADUCTION

Toutes lesquelles choses se peuvent autant exprimer en traduisant comme un peintre peut représenter l'âme avec le corps de celui qu'il entreprend tirer après le naturel.

Joachim Du Bellay

… Plus une œuvre d'apparence poétique survit à sa mise en prose et garde une valeur certaine après cet attentat, moins elle est d'un poète.

Paul Valéry,
Variation sur les Bucoliques.

*TRADUTTORE
TRADITORE*

adage italien

1 Images et métaphores

> Le traducteur est le singe du romancier. Il doit faire les mêmes grimaces, que cela lui plaise ou non.
>
> Maurice-Edgar Coindreau

Doit-on traduire les images et les métaphores de façon littérale pour respecter l'intention de l'auteur ? Ne risque-t-on pas alors de surtraduire ? Et que faire lorsque l'image passe mal dans la langue d'arrivée ? Ce sont là quelques-uns des problèmes que pose leur traduction.

Il convient tout d'abord d'analyser la **valeur de la métaphore** ou de l'image et de décider s'il s'agit d'une métaphore usée ou d'une métaphore vivante.

Une **métaphore usée** a perdu sa force originelle, elle s'est figée avec l'usage si bien qu'elle n'évoque plus aucune analogie entre deux éléments. Il semble donc normal de la traduire par une expression équivalente en français, puisqu'une traduction littérale ne permettrait pas, la plupart du temps, d'aboutir à une expression figée[1], si bien que le lecteur penserait qu'il y a invention et originalité de la part de l'auteur. Ceci vaut également pour les images.

- *He's at the top of the tree.*

    Il est en haut de l'échelle. (**et non** : « en haut de l'arbre ») qui serait un exemple de surtraduction puisqu'on recréerait une métaphore vivante.) Lorsqu'il y a plusieurs expressions équivalentes possibles, on peut bien sûr choisir celle qui se rapproche le plus de la métaphore dans la langue de départ.

- *He has a bee in his bonnet.*

    Il a une araignée au plafond. (**plutôt que** : Il a un grain.)

Ce sont les **métaphores vivantes** qui posent en fait le plus de problèmes. Dans la mesure où il y a originalité, il est important de garder l'image pour rendre l'intention de l'auteur et non d'affadir le texte par l'utilisation d'une expression française figée. Il faut cependant noter que :

• La traduction littérale de la métaphore anglaise peut aboutir à une expression qui a des connotations différentes en français et qui n'est donc pas acceptable. Il faudrait, par exemple, se méfier en traduisant une expression où il y aurait analogie avec le mot anglais *camel*, étant donné la valeur du mot « chameau » en français.

• On utilise plus volontiers en anglais qu'en français des métaphores dites « incohérentes » (= *mixed metaphor*) qui associent plusieurs analogies différentes et souvent contradictoires. Il peut être nécessaire de moduler ou de changer légèrement l'image en français pour éviter une traduction qui pourrait parfois paraître à la limite du ridicule.

---

1. Cela est cependant parfois possible : • *in the heart of winter* au cœur de l'hiver.

- Certaines métaphores sont suivies tout au long d'une phrase ou d'un paragraphe et il est important de filer la métaphore de la même façon en français.
- Quelques métaphores, sans être véritablement usées, sont des références littéraires ou bibliques plus ou moins directes qu'il convient de conserver dans la traduction.

Le traducteur doit être conscient de ces différents points avant de choisir entre :

- une **traduction littérale** de l'image ou métaphore ;
- la **transformation** d'une métaphore qui peut sembler un peu artificielle en une comparaison. La présence de « comme », « tel », « semblable à », etc., atténue en effet la force de l'image ;
- l'**explicitation** de la métaphore lorsque celle-ci pourrait ne pas être comprise par tous les lecteurs :
    - *One of those Dickensian characters*
    Un de ces personnages excentriques sortis d'un roman de Dickens.

C'est ici l'adjectif « excentrique » qui explique la métaphore. Il va de soi que dans certains contextes ce type d'explication serait tout à fait superflu.

- un **glissement** vers une métaphore légèrement différente.

Il est enfin important de ne pas oublier que ce qui compte avant tout c'est de rendre le ton du passage et que l'on choisira donc la métaphore qui permet le mieux de faire sentir ce ton en français.

N. B. Les remarques ci-dessus valent surtout pour la traduction d'un texte littéraire. En traduisant un autre type de texte, une publicité par exemple, il sera la plupart du temps préférable de privilégier l'effet global du message, quitte à abandonner la métaphore et à compenser d'une autre façon.

1. ▶ *Faites correspondre les expressions des colonnes a/ et b/ de façon à obtenir des images passées dans la langue courante anglaise et qui ont valeur de cliché. Traduisez ensuite chacune de ces images en trouvant des clichés équivalents en français.*

a/		b/	
as blind as…	as pretty as…	a bat	honey
as brave as…	as quiet as…	a bee	a horse
as busy as…	as quick as…	a bell	ice
as cold as…	as sharp as…	a church-mouse	a judge
as cool as…	as sober as…	a cucumber	leather
as cunning as…	as soft as…	a daisy	lightning
as dead as…	as solemn as…	a deacon	a lion
as drunk as…	as sound as…	ditchwater	a lord
as dry as…	as stiff as…	a door-nail	a mouse
as dull as…	as strong as…	dust	a mule
as fresh as…	as stubborn as…	a flash	mustard
as good as…	as sweet as…	a fox	a picture
as mad as…	as tough as…	a ghost	a poker
as old as…	as true as…	gold	putty
as pale as…	as ugly as…	a March hare	a sheet
as poor as…	as white as…	a hatter	sin
		the hills	steel

2. ▶ *Dans les exemples suivants, décidez si les images et métaphores sont usées ou vivantes, puis traduisez-les.*

1. He knew there were capable hands at the helm.

2. The hall of the house was cool as a vault. Mrs Dalloway raised her hand to her eyes, and, as the maid shut the door to, and she heard the swish of Lucy's skirts, she felt like a nun who has left the world and feels fold round her the familiar veils and the response to old emotions. (V. Woolf)

3. "I smell a rat. I see it floating in the air. I shall nip it in the bud." (Lloyd George)

4. I'm not the only one who finds poor Miss R. C. difficult. Her sledge-hammer tact crashes over Dr. N. like a shower of brickbats, so anxious is she to be unracial. (N. Marsh)

5. "And you, Mr. Gardiner? What do you think about the bad season on The Street?" Chance shrank. He felt that the roots of his thoughts had been suddenly yanked out of their wet earth and thrust, tangled, into the unfriendly air. He stared at the carpet. Finally, he spoke: "In a garden," he said, "growth has its season. There are spring and summer, but there are also fall and winter. And then spring and summer again. As long as the roots are not severed, all is well and all will be well." (J. Kosinski)

6. "He's a pleasant fellow to talk to – I like having him here myself... But there's one thing as old as the hills and as plain as daylight: if he'd wanted you the right way he'd have said so. (E. Wharton)

7. I have a dream that one day every valley shall be exalted, every hill and mountain shall be made low, the rough places will be made plain, and the crooked places will be made straight. (M.L. King)

8. Truth is the glue that holds government together. (G. Ford)

3. *Étudiez la façon dont les images et métaphores ont été traduites dans les passages qui suivent. Ces traductions vous semblent-elles satisfaisantes ?*

1. She sat with her chin cupped in her hands, her eyes fixed on the window splashed with mud and rain, hoping with a sort of desperate interest that some ray of light would break the heavy blanket of sky, and but a momentary trace of that lost blue heaven that had mantled Helford yesterday shine for an instant as a fore-runner of fortune. (D. Du Maurier)	*Le menton dans les mains, les yeux rivés à la vitre éclaboussée d'eau et de boue, Mary espérait contre tout espoir qu'un rayon de lumière viendrait percer la lourde croûte du ciel et que – ne fût-ce que pour une minute – un petit coin du ciel bleu d'Helford, qu'elle avait quittée la veille, brillerait un instant en signe de bon augure.*
2. A girl stood before him in midstream, alone and still, gazing out to sea. She seemed like one whom magic had changed into the likeness of a strange and beautiful seabird. Her long slender bare legs were delicate as a crane's and pure save where an emerald trail of seaweed had fashioned itself as a sign upon the flesh. (J. Joyce)	*Une fillette lui apparut au milieu du courant, seule, immobile, le regard perdu au large. On eût dit que quelque enchanteur avait fait d'elle l'image d'un étrange et bel oiseau des mers. Longues et graciles, ses jambes nues étaient délicates comme celles de l'échassier et seule l'émeraude d'une traînée d'algue dessinant son signe sur la chair en rompait la pureté.*
3. HENRY (With real appeal) Great God, Thomas, why do you hold out against me in the desire of my heart – the very wick of my heart? (R. Bolt)	*HENRI (avec beaucoup de passion) Mon Dieu, Thomas, pourquoi voulez-vous m'empêcher de réaliser le désir le plus profond de mon cœur ? Le seul qui me brûle ?*

4. MORE... And whoever hunts for me, Roper, God or Devil, will find me hiding in the thickets of the law! And I'll hide my daughter with me! Not hoist her up the mainmast of your seagoing principles! (R. Bolt)

MORE... Eh bien, que ce soit Dieu ou Diable qui me poursuive, Roper, il me trouvera caché dans les maquis de la loi. Et j'y cacherai ma fille avec moi. Ainsi du moins elle échappera, elle, à vos principes !

5. As the guest answered nothing, but took his seat, and looked thoroughly indifferent what sentiments she cherished concerning him, she turned, and whispered an earnest appeal for liberty to her tormentor.
"By no means!" cried Mrs. Linton in answer. "I won't be named a dog in the manger again. You shall stay: now then, Heathcliff, why don't you evince satisfaction at my pleasant news? Isabella swears that the love Edgar has for me is nothing to that she entertains for you. I'm sure she made some speech of the kind, did she not, Ellen? And she has fasted ever since the day before yesterday's walk, from sorrow and rage that I despatched her out of your society, under the idea of its being unacceptable."
"I think you belie her," said Heathcliff, twisting his chair to face them. "She wishes to be out of my society now, at any rate!"
And he stared hard at the object of discourse, as one might do at a strange repulsive animal, a centipede from the Indies, for instance, which curiosity leads one to examine in spite of the aversion it raises. (E. Brontë. *Wuthering Heights*)

(a) Comme le visiteur ne répondait mot et s'installait dans son fauteuil, d'un air prodigieusement indifférent aux sentiments qu'elle nourrissait à son égard, elle se retourna et glissa à l'oreille de sa tourmenteuse une ardente demande de mise en liberté.
– Absolument pas ! s'écria Mme Linton en guise de réponse. Je ne veux plus qu'on me traite de chien du jardinier. Il va falloir que tu restes : allons ! Heathcliff, pourquoi ne manifestes-tu pas ta satisfaction devant mes bonnes nouvelles ? Isabelle jure que l'amour qu'Edgar a pour moi n'est rien en comparaison de celui qu'elle te porte. Je t'assure qu'elle a tenu des propos de ce genre ; n'est-ce pas, Ellen ? Et elle jeûne depuis la promenade d'avant-hier, tant elle est chagrine et irritée que je l'aie chassée loin de ta compagnie dans la pensée qu'elle te serait intolérable.
– Je crois que tu ne lui rends pas justice, dit Heathcliff, qui fit pivoter son fauteuil pour se trouver face aux deux autres. Elle a envie d'être loin de ma compagnie à présent, en tout cas !
Et il dévisagea fixement la personne dont il parlait, comme on pourrait considérer un animal étrange et repoussant, par exemple un myriapode des Indes, que la curiosité nous conduit à examiner en dépit de l'aversion qu'il soulève.

(b) Comme le visiteur, sans rien répondre, prenait un siège et semblait parfaitement indifférent au sentiment qu'il lui avait inspiré, elle se retourna vers son bourreau, lui demandant instamment de la laisser.
– Sous aucun prétexte ! s'écria Mme Linton en réponse. Je ne veux plus être traitée de chien devant sa pâtée. Vous resterez maintenant ! Heathcliff, pourquoi ne manifestez-vous pas de plaisir en apprenant ces agréables nouvelles ? Isabelle jure que l'amour qu'Edgar a pour moi n'est rien en comparaison de celui qu'elle entretient pour vous. Je suis sûre qu'elle a dit quelque chose de ce genre, n'est-ce pas, Ellen ? Et elle jeûne depuis notre promenade d'avant-hier, par chagrin et par fureur de ce que je l'aie expédiée loin de votre compagnie que je jugeais sans intérêt pour elle.
– Je crois que vous la représentez faussement, dit Heathcliff en tournant sa chaise de leur côté. En tout cas, pour l'instant, elle voudrait bien fuir cette compagnie !
Et il dévisagea cyniquement celle qui faisait l'objet de la conversation, comme on pourrait regarder un animal inconnu et repoussant, quelque reptile exotique, par exemple, que la curiosité vous amène à examiner en dépit de l'aversion qu'il soulève.

6. The Circumlocution Office was (as everybody knows without being told) the most important Department under Government. No public business of any kind could possibly be

Le bureau des Circonlocutions était (comme chacun sait) le Ministère le plus important de tous. Nulle affaire publique, de quelque nature qu'elle fût, ne pouvait, à aucun moment, se

done at any time, without the acquiescence of the Circumlocution Office. Its finger was in the largest public pie, and in the smallest public tart. (C. Dickens)	*traiter sans le consentement du Ministère des Circonlocutions. Il mettait le doigt dans le plus grand pâté public aussi bien que dans la plus petite tarte publique.*
7. Your treatment of the elections of 1680, if you will excuse my plain speaking, would make a cat laugh. (J. D. Carr)	*Votre analyse des élections de 1680, ferait, passez-moi l'expression, rire un demeuré.*
8. The cat is out of the bag, along with various other pussies. You have heard that my wife Bertha came back to my unloving arms, and took up her abode in the cottage: where, to speak disrespectfully, she smelled a rat, in the shape of a little bottle of Coty. (D. H. Lawrence)	*Le pot aux roses est découvert ; et il y a plus de roses encore qu'on n'aurait cru. Vous avez su que ma femme Bertha était revenue à mes peu tendres embrassements et avait pris domicile au cottage, où elle a flairé quelque chose sous forme d'un petit flacon de Coty.*

4. *Étudiez la traduction des images et métaphores dans les deux versions françaises du poème de Dylan Thomas,* **I Dreamed my Genesis.**

I dreamed my genesis in sweat of sleep, breaking
Through the rotating shell, strong
As motor muscle on the drill, driving
Through vision and the girdered nerve.

From limbs that had the measure of the worm, shuffled
Off from the creasing flesh, filed
Through all the irons in the grass, metal
Of suns in the man-melting night.

Heir to the scalding veins that hold love's drop, costly
A creature in my bones I
Rounded my globe of heritage, journey
In bottom gear through night-geared man.

I dreamed my genesis and died again, shrapnel
Rammed in the marching heart, hole
In the stitched wound and clotted wind, muzzled
Death on the mouth that ate the gas.

Sharp in my second death I marked the hills, harvest
Of hemlock and the blades, rust
My blood upon the tempered dead, forcing
My second struggling from the grass.

And power was contagious in my birth, second
Rise of the skeleton and
Rerobing of the naked ghost. Manhood
Spat up from the resuffered pain.

I dreamed my genesis in sweat of death, fallen
Twice in the feeding sea, grown
Stale of Adam's brine until, vision
Of new man strength, I seek the sun.

D. Thomas, *Collection Poems*, Dent & Sons 1952.
© 1952 by D. Thomas. By permission of D. Higham Associates Ltd.

a/ *J'AI RÊVÉ MA GENÈSE*	b/ *J'AI RÊVÉ MA GENÈSE*
J'ai rêvé ma genèse en sueur de sommeil, perçant *À travers la rotation de l'obus, forçant* *Comme un muscle moteur sur le foret, traversant* *La vision et le faisceau des nerfs bandés en force.*	*J'ai rêvé ma genèse dans la sueur du sommeil,* *défonçant* *La coquille enroulée, puissant* *Comme un muscle moteur au perçage, traversant* *La vision et le nerf aussi épais qu'une poutre.*
Partant de membres à l'étalon du ver, éjectés *Des plis de la chair, limés* *À travers les éclats dans l'herbe, métal* *De soleils épars dans la nuit, creuset d'hommes.*	*Des membres taillés à la mesure du ver, chassé* *De la chair chiffonnée, passé* *À tous les laminoirs dans l'herbe, métal de soleils* *Dans la nuit où l'homme était en fusion.*

Héritier des brûlantes veines qui cachent
         péniblement,
L'essence de l'amour, présence vivante dans mes os, j'
Arrondissais mon globe, mon héritage, voyage
En démultiplié à travers l'homme axé sur la nuit.
	Héritier des veines brûlantes gardiennes de la goutte
	            d'amour,
	Cette créature précieuse dans mes os, j'ai fait le tour
	Du globe qui m'échut en héritage, croisière
	À travers l'homme harnaché dans la nuit.

J'ai rêvé ma genèse pour mourir encore, shrapnel
Crevant le cœur qui bat, trou
Dans la plaie suturée et les caillots du vent, muselière
De la mort sur la bouche qui avala le gaz.
	Je rêvai ma genèse et mourus de nouveau, un
	            shrapnel
	En plein cœur enfoncé, la plaie recousue
	De nouveau béante et des caillots plein le souffle, la
	             mort
	Muselant la bouche gazée.

Prompt dans ma seconde mort j'observais les collines,
            moisson
De ciguë et les lames, rouille
Mon sang sur les morts trempés comme l'acier, forçant
Ma seconde lutte à se dégager de l'herbe.
	Ma seconde mort laissa des marques aux collines,
	Moisson des ciguës et des lames, mon sang
	Se rouillant sur les morts bien trempés, j'ai lutté
	Pour la seconde fois de toutes mes forces contre
	            l'herbe.

Dans ma naissance, la puissance fut contagieuse,
           seconde
Résurrection du squelette et
Vêture du fantôme nu. Crachée, la virilité
Jaillit de la douleur soufferte à nouveau.
	Et la vigueur se propagea dans ma naissance, le
	            squelette
	De nouveau sur pied et le spectre nu
	De nouveau rhabillé, la race humaine
	Gicla comme un crachat de la douleur ressoufferte.

J'ai rêvé ma genèse en sueur de mort, tombé *Deux fois dans la mer nourricière, rendue insipide* *Par les larmes d'Adam, jusqu'au moment où, vision* *De la nouvelle force de l'homme, je cherche le soleil.*	*J'ai rêvé ma genèse dans la sueur de la mort, tombé* *Deux fois dans la mer nourricière, usé* *Dans la saumure d'Adam jusqu'à ce que, vision* *D'un homme à la vigueur nouvelle, je cherche le* *soleil.*

2 Les répétitions et les phrases longues

Les répétitions sont beaucoup plus courantes en anglais qu'en français, ce qui pose au traducteur un problème constant : doit-il éviter ces répétitions en français, langue dans laquelle elles sont souvent ressenties comme peu naturelles, ou bien les conserver pour rendre un effet voulu par l'auteur ?

Ici encore, comme dans le cas des métaphores, c'est l'intention de l'auteur qui doit être respectée. Il faut essayer de déterminer si la répétition est voulue ; si elle contribue à un effet stylistique.

Si c'est le cas, il sera préférable de la conserver en français, à moins que le même effet ne puisse être rendu à l'aide d'un procédé français différent mais convenant mieux dans le contexte.

Par contre, dans le cas contraire, le traducteur pourra avoir recours à un certain nombre de procédés pour introduire des variations dans son texte. Par exemple :

- utilisation de **synonymes** ;
- **changement de la structure** de la phrase de façon à mettre certains mots en facteur commun ;
- **reprise par des pronoms** ;
- utilisation de **tournures elliptiques**.

Ce même critère (intention de l'auteur) permettra de décider si l'on doit ou non couper une phrase très longue afin de la rendre plus claire en français.

▶ *Traduisez les passages qui suivent en prêtant une attention particulière au problème des répétitions et à la longueur des phrases.*

1. Secretaries spend less time rummaging through files, executives spend less time waiting for secretaries, and management spends more time building business.
   But it only works if it comes from the right supplier. *(Ad. for Honeywell)*

2. Monty is about the only person I know who hasn't got an ounce of fat on him purely because he never keeps still; when he talks, his arms are always moving about like windmills, he's always on his feet, when he walks he always walks fast. *(The Sunday Times)*

3. It is true that How not to do it was the great study and object of all public departments and professional politicans all round the Circumlocution Office [...]. It is true that from the moment when a general election was over, every returned man who had been asking the friends of the honourable gentleman in the opposite interest on pain of impeachment to tell him it hadn't been done, and who had been asserting that it must be done, and who had been pledging himself that it should be done, began to devise How it was not to be done. It is true that the debates of both Houses of Parliament the Whole session through, uniformly tended to the protracted deliberation, How not to do it. *(C. Dickens)*

4. This world in which she lived was like a circle lighted by a lamp. This lighted area, lit up by man's completest consciousness, she thought was all the world: that here all was disclosed for ever. Yet all the time, within the darkness she had been aware of points of light, like the eyes of wild beasts, gleaming, penetrating, vanishing. And her soul had acknowledged in a

great heave of terror only the outer darkness. This inner circle of light in which she lived and moved, wherein the trains rushed and the factories ground out their machine-produce and the plants and the animals worked by the light of science and knowledge, suddenly it seemed like the area under an arc-lamp, wherein the moths and children played in the security of blinding light, not even knowing there was any darkness, because they stayed in the light. (D. H. Lawrence)

5. The narrator is looking at a tree in Giorgione's picture of Saint Anthony and Saint George. There it was in the middle of clarity, in the middle of bright darkness, in the middle of limpid sultry yellow air, in the middle of nowhere at all with distant clouds creeping by behind it, linking the two saints yet also separating them and also being itself and nothing to do with them at all, a ridiculously frail poetical vibrating motionless tree which was also a special particular tree on a special particular evening when the two saints happened (how odd) to be doing their respective things (ignoring each other) in a sort of murky yet brilliant glade (what on earth however was going on in the foregound?) beside a luscious, glistening pool out of which two small and somehow domesticated demons were cautiously emerging for the benefit of Saint Anthony, while behind them Saint George, with a helmet like a pearl, was bullying an equally domesticated and inoffensive little dragon.

(I. Murdoch, *The Sacred and Profane Love Machine*, Chatto & Windus, © I. Murdoch 1974)

3 Les textes peu clairs ou mal écrits

Il arrive parfois au traducteur de se trouver devant un passage obscur, non pas parce que la pensée exprimée est complexe mais parce que le texte est mal écrit. Dans quelle mesure doit-il alors respecter le texte de départ ?

Il est important tout d'abord de s'assurer que tel effet de style qui peut nous sembler regrettable sinon « mauvais » n'est pas en fait voulu, ou ne sert pas à souligner la pensée et le message de l'auteur.

Si ce n'est pas le cas, et si le message que l'on traduit n'est pas une œuvre « prestigieuse » que l'on se doit de rendre avec fidélité même lorsqu'il y a obscurité ou confusion, il sera préférable de réécrire quelque peu le texte de départ de façon à le rendre plus compréhensible et plus lisible. Dans son essai intitulé *Politics and the English Language*, George Orwell cite un certain nombre d'extraits qu'il qualifie de mal écrits. Et il précise : *The writer either has a meaning and cannot express it, or he inadvertently says something else, or he is almost indifferent as to whether his words mean anything or not.* Voici quatre de ces extraits.

> *Analysez les raisons pour lesquelles chacun de ces textes vous semble peu clair (syntaxe ? vocabulaire ? emploi des métaphores ?). Puis suggérez une traduction possible.*
>
> 1. I am not, indeed, sure whether it is not true to say that the Milton who once seemed not unlike a seventeenth-century Shelley had not become, out of an experience ever more bitter in each year, more alien [sic] to the founder of that Jesuit sect which nothing could induce him to tolerate. (Professor Harold Laski, Essay in *Freedom of Expression*)
>
> 2. Above all, we cannot play ducks and drakes with a native battery of idioms which prescribes such egregious collocations of vocables as the Basic put up with for tolerate or put at a loss for bewilder. (Professor Lancelot Hogben, *Interglossa*)
>
> 3. On the one side we have the free personality: by definition it is not neurotic, for it has neither conflict nor dream. Its desires, such as they are, are transparent, for they are just what institutional approval keeps in the forefront of consciousness; another institutional pattern would alter their number and intensity; there is little in them that is natural, irreducible, or culturally dangerous. But on the other side, the social bond itself is nothing but the mutual reflection of these self-secure integrities. Recall the definition of love. Is not this the very picture of a small academic? Where is there a place in this hall of mirrors for either personality or fraternity? (Essay on Psychology in *Politics*, New York)
>
> 4. If a new spirit is to be infused into this old country, there is one thorny and contentious reform wich must be tackled, and that is the humanization and galvanization of the B.B.C. Timidity here will bespeak canker and atrophy of the soul. The heart of Britain may be sound and of strong beat, for instance, but the British lion's roar at present is like that of Bottom in Shakespeare's *Midsummer Night's Dream* – as gentle as any sucking dove. A virile new Britain cannot continue indefinitely to be traduced in the eyes, or rather ears, of the world by the effete languors of Langham Place brazenly masquerading as "standard English." (Letter in *Tribune*)

4 Les jeux de mots

> A sentence is but a chev'ril glove to a good wit – how quickly the wrong side may be turned outward!
>
> W. Shakespeare, *Twelfth Night*, III, I.

Comment rendre les jeux de mots en français ? Certains d'entre eux sont heureusement assez facilement traduisibles :

- *Beer was the main constituent of his constituents.* (En parlant d'un député)
  La bière était la boisson d'élection de ses électeurs.

Mais ce n'est que rarement le cas. Parmi les possibilités on peut noter :

L'abandon pur et simple du jeu de mots

Le jeu de mots n'est pas traduit. C'est là bien sûr, dans la plupart des cas, appauvrir le texte, sans parler des cas – nombreux – où le contexte fait allusion au fait qu'il y a eu jeu de mots (voir exemple n° 1, dans l'exercice ci-dessous : « ...*other, less acceptable connotations* »).

Le recours à une note explicative

La note signale au lecteur qu'il y a jeu de mots dans l'original et explique ce jeu de mots. C'est parfois la seule solution possible, bien qu'elle ne soit pas vraiment satisfaisante : la note tend à alourdir le texte, à rappeler au lecteur qu'il est en train de lire une traduction, et le texte devrait surtout se suffire à lui-même.

La recherche d'une expression ou d'une idée différente

Celle-ci pourra permettre de rendre un autre jeu de mots. Cette possibilité est satisfaisante lorsque le fait qu'il y a jeu de mots passe avant le contenu précis de celui-ci. Dans ce cas, le problème du traducteur sera donc de décider jusqu'où il peut aller en se détachant du texte.

Il n'y a donc bien sûr pas de règle. Il s'agit à chaque fois d'un choix qui sera dicté par le contexte, par le ton et le style du passage.

Voici quelques exemples de passages contenant des jeux de mots ainsi que leur traduction. Étudiez ces traductions et discutez le procédé utilisé par le traducteur dans chacun des exemples. Qu'en pensez-vous ? Pouvez-vous dans certains cas proposer d'autres possibilités ?

1. "Well," said Elizabeth defiantly, "is this the last we see of you for the week-end? Are the little pansy faces calling?" She felt a little stab of disgust. It was her usual manner of referring

« Alors », demanda Élisabeth d'un air de défi, « est-ce que nous te reverrons pendant le week-end ou entends-tu l'appel des pensées ? »[1] Elle ressentit une pointe de

to her mother's gardening, but it had at the moment other, less acceptable connotations." (A. Wilson)

dégoût. Bien que ce fût sa manière habituelle de faire allusion au jardinage de sa mère, ces mots revêtaient ce jour-là un sens différent et moins acceptable.

---

[1] Jeu de mots intraduisible en français : *pansy* qui signifie « pensée » veut également dire « pédéraste » en langage familier. (N.d.T.)

2. So anyway, I married the S.O.B., and I had it all planned out... He was the groom... he was going to be groomed. He'd take over some day... first, he'd take over the History Department, and then when Daddy retired, he'd take over the College... you know? That's the way it was supposed to be. (E. Albee)

Bon... alors j'ai épousé ce con... C'est que j'avais tout combiné dans ma tête... Il était le dauphin... Il serait le dauphin... Un jour, il serait le patron... Il dirigerait d'abord la section d'Histoire et, après, quand papa passerait la main, il dirigerait l'Université... Comprenez ? Je voyais cette route-là toute tracée...

3. Oliver had not been within the walls of the workhouse a quarter of an hour, and had scarcely completed the demolition of a second slice of bread, when Mr Bumble, who had handed him over to the care of an old woman, returned, and, telling him it was a board night, informed him that the board had said he was to appear before it forthwith.
Not having a very clearly defined notion of what a live board was, Oliver was rather astounded by this intelligence, and was not quite certain whether he ought to laugh or cry. He had no time to think about the matter, however; for Mr Bumble gave him a tap on the head with his cane to wake him up, and another on the back to make him lively, and bidding him follow, conducted him into a large white-washed room where eight or ten fat gentlemen were sitting round a table, at the top of which, seated in an arm-chair rather higher than the rest, was a particularly fat gentleman with a very round, red face.
"Bow to the board," said Bumble. Oliver brushed away two or three tears that were lingering in his eyes, and seeing no board but the table, fortunately bowed to that. (C. Dickens, *Oliver Twist*, Chapter 2)

a/ Il n'y avait pas un quart d'heure qu'Olivier avait franchi le seuil du dépôt de mendicité, et il avait à peine fini de faire disparaître un second morceau de pain, quand M. Bumble, qui l'avait confié aux soins d'une vieille femme, revint lui dire que c'était jour de conseil et que le conseil le mandait.
Olivier, qui n'avait pas une idée précise de ce que c'était qu'un conseil, fut fort étonné à cette nouvelle, ne sachant pas trop s'il devait rire ou pleurer ; du reste, il n'eut pas le temps de faire de longues réflexions : M. Bumble lui donna un petit coup de canne sur la tête pour le rendre attentif, un autre sur le dos pour le rendre alerte, lui ordonna de le suivre et le conduisit dans une grande pièce badigeonnée de blanc, où huit ou dix gros messieurs siégeaient autour d'une table, au bout de laquelle un monsieur d'une belle corpulence, au visage rond et rouge, était assis dans un fauteuil plus élevé que les autres.
« Saluez le conseil », dit Bumble.
Olivier essuya deux ou trois larmes qui roulaient dans ses yeux et salua la table du conseil.

b/ N'ayant pas une idée bien nette de ce que pouvait bien être un Conseil en chair et en os[1], Olivier, assez ébahi de cette nouvelle, ne sut pas trop s'il devait en rire ou en pleurer. Il n'eut d'ailleurs pas le temps de réfléchir à la question, car M. Bumble lui administra un léger coup de canne sur la tête pour lui rafraîchir les idées et un autre sur le dos pour lui donner un peu d'allant, puis, après lui avoir intimé l'ordre de le suivre, il le conduisit dans

c/ Olivier n'était pas depuis un quart d'heure dans les murs de l'hospice et il avait à peine eu le temps de dévorer une seconde tranche de pain que M. Bumble, qui l'avait remis aux soins d'une vieille femme, revenait ; il lui annonça que c'était un soir de réunion du Bureau et l'avisa que celui-ci demandait sa comparution incontinent.
N'ayant pas une notion bien définie de ce qu'était un bureau vivant, Olivier fut assez aba-

une grande pièce blanchie à la chaux, où huit à dix messieurs bien gras siégeaient autour d'une table. Au bout de la table, dans un fauteuil un peu plus haut que les autres, se trouvait un monsieur particulièrement gras, au visage très rond et très rouge.
– Salue le Conseil, ordonna Bumble.
L'enfant essuya deux ou trois larmes qui restaient encore dans ses yeux et s'inclina devant la table.

1 Le mot *board*, « conseil d'administration », signifie aussi « table », d'où l'étonnement d'Olivier. (N.d.T.)

sourdi de cette information et ne sut trop s'il devait rire ou pleurer. Il n'eut d'ailleurs guère le temps de réfléchir à la question, car M. Bumble lui donna un petit coup sur la tête avec sa canne pour le tirer de sa torpeur et un autre sur le dos pour le mettre en train ; puis il enjoignit de le suivre et le mena dans une grande pièce blanchie à la chaux, où une dizaine de messieurs corpulents siégeaient autour d'une table. Au haut bout, assis dans un fauteuil légèrement plus grand que les autres se trouvait un monsieur particulièrement grassouillet, qui avait une figure très ronde et très rouge.
— Salue le Bureau, dit M. Bumble.
L'enfant essuya vivement deux ou trois larmes attardées dans ses yeux et, ne voyant d'autre bureau que la table, s'inclina heureusement devant ce meuble.

4. "Where did you see her [Liz]?" I asked.
"I don't know. Walking up Infirmary Street," said Stamp.
"Why, frightened she's got another boy friend?" he said in his nauseating, elbow-prodding way.
I said carefully: "Thought she'd gone to Canada or somewhere," naming the first country that came into my head.
"What's she come back for, then?" said Stamp.
I was trying to find a cautious way of going on with it when Arthur came to the rescue. He had been handling the switch-board.
"Never use a preposition to end a sentence with," he said.
I often told myself that I had no friends, only allies, banded together in some kind of conspiracy against the others. Arthur was one of them. We spoke together mainly in catchphrases, hidden words that the others could not understand.
"I must ask you to not split infinitives," I said gratefully, in a light relieved voice.
"Hear about the bloke who shot the owl?" said Arthur. "It kept saying to who instead of to whom."
"Shouldn't it be Who's Whom instead of Who's Who?" I said, not for the first time that week. Even our ordinary conversations were like the soft-shoe shuffle routine with which we enlivened the ordinary day. (Keith Waterhouse. *Billy Liar*, Michael Joseph, © K. Waterhouse 1959. By permission of D. Higham Associates Ltd.)

– Où l'as-tu vue ? demandai-je.
– Je ne sais pas. Montant la rue de l'Infirmerie. Pourquoi, t'as peur qu'elle ait un autre bon ami ? dit Stamp de son air répugnant en me poussant le coude.
Je dis prudemment : « Je pensais qu'elle était partie au Canada ou quelque part », citant le premier pays qui me passait par la tête.
– Et si elle est revenue, alors pourquoi c'est faire ? dit Stamp.
J'essayais de trouver une façon prudente de continuer quand Arthur vint à la rescousse. Il avait manipulé le disjoncteur.
– On n'interroge pas en mettant l'infinitif au bout, dit-il.
Je m'étais souvent dit que je n'avais pas d'amis, seulement des alliés, ligués en une sorte de conspiration contre les autres. Arthur était l'un d'eux. Nous conversions surtout par bribes de phrases, mots couverts que les autres ne comprenaient pas.
– Je te prie de ne pas dire au bout, mais à la fin, dis-je avec reconnaissance, d'une voix légère, soulagée.
– T'as entendu parler du mec qui a descendu le hibou ? dit Arthur. C'est parce qu'il disait toujours Hou Hou au lieu de Où Où.
– Est-ce qu'on ne devrait pas dire Hou là là ! au lieu de Où là là ? dis-je, et ce n'était pas la première fois de la semaine. Même nos conversations courantes étaient un peu comme le train-train bonasse dont nous animions les journées banales.

5. "Well, there's the Horse-fly," Alice began, counting off the names on her fingers. "All right," said the Gnat: "half-way up that bush, you'll see a Rocking-horse-fly, if you look. It's made entirely of wood, and gets about by swinging itself from branch to branch."
"What does it live on?" Alice asked, with great curiosity.
"Sap and sawdust," said the Gnat. "Go on with the list."
Alice looked at the Rocking-horse-fly with great interest, and made up her mind that it must have been just repainted, it looked so bright and sticky; and then she went on.
"And there's the Dragon-fly."
"Look on the branch above your head," said the Gnat, "and there you'll find a Snap-dragon-fly. Its body is made of plum-pudding, its wings of holly-leaves, and its head is a raisin burning in brandy." "And what does it live on?" Alice asked, as before.
"Frumenty and mince-pie," the Gnat replied; "and it makes its nest in a Christmas-box."
"And then there's the Butterfly," Alice went on, after she had taken a good look at the insect with its head on fire, and had thought to herself, "I wonder if that's the reason insects are so fond of flying into candles – because they want to turn into Snap-dragon-flies!"
"Crawling at your feet," said the Gnat (Alice drew her feet back in some alarm), "you may observe a Bread-and-butter-fly. Its wings are thin slices of bread-and-butter, its body is a crust, and its head is a lump of sugar."
"And what does it live on?"
"Weak tea with cream in it."
A new difficulty came into Alice's head. "Supposing it couldn't find any?" she suggested.
"Then it would die, of course."
"But that must happen very often," Alice remarked thoughtfully.
"It always happens," said the Gnat.
(L. Carroll, *Through the Looking Glass*, 1871)

a/ – *Eh bien ! Il y a le taon, commença Alice en comptant sur ses doigts.*
– Très bien ! dit le Moustique. Sur ce buisson, si vous regardez bien, vous verrez un taon à bascule. Il est en bois et en se balançant il va de branche en branche.
– Et que mange-t-il ? demanda Alice très intriguée.
– De la sève et de la sciure de bois, dit le Moustique. Continuez la liste.
Alice regarda le Taon à bascule avec beaucoup d'intérêt et se figura qu'il venait d'être repeint : il semblait si brillant et si collant. Puis elle reprit : – Il y a la Libellule.
– Regardez la branche au-dessus de votre tête, dit le Moustique, et vous verrez une Libellule-de-Noël. Son corps est en plum-pudding, ses ailes sont des ailes de houx et sa tête que vous voyez brûler est un raisin arrosé de rhum.
– Et que mange-t-elle ? demanda encore Alice.
– Du blé bouilli dans du lait sucré et du pâté, répondit le Moustique et elle fait son nid parmi les étrennes de Noël.
– Et puis il y a le Papillon, continua Alice après avoir attentivement considéré l'insecte à la tête en flammes. Et elle se disait : est-ce pour cela que les insectes aiment tant voler autour des bougies... parce qu'ils veulent se transformer en Libellule-de-Noël ?
– Rampant à vos pieds, dit le Moustique (Alice recula tout effrayée) vous pouvez observer un Papillon-Tartine[1]. Ses ailes sont de minces tartines de pain beurré, son corps est un croûton et sa tête un morceau de sucre.
– Et que mange-t-il ?
– Du thé léger avec de la crème.
Une nouvelle difficulté traversa la tête d'Alice :
– Et s'il n'en trouvait pas ? suggéra-t-elle ? – Eh bien ! il mourrait, bien entendu.
– Mais cela doit arriver souvent, remarqua Alice d'un air pensif.
– Cela arrive toujours, dit le Moustique.

---

1 Jeu de mots. En anglais « papillon » se dit *butterfly*, butter signifie « beurre », d'où l'insecte *Bread and Butter fly* pain et beurre.

b/ – *Eh bien, il y a d'abord le Taon, commença Alice, en comptant sur ses doigts.*
– Et qu'est-ce que le Taon ?
– Si tu préfères, c'est une Mouche-à-chevaux, parce qu'elle s'attaque souvent aux chevaux.
– Je vois. Regarde cet animal sur ce buisson : c'est une Mouche-à-chevaux-de-bois. Elle est

c/ « *Eh bien, il y a le Taon* », commença de dire, en comptant les noms sur ses doigts, Alice.
« *Parfait, dit le Moucheron. Tournez les yeux vers ce buisson ; vous y verrez, si vous regardez bien, un Mirli-taon. Il est fait de roseau et de baudruche, et il est affligé d'une voix nasillarde et ridicule.* »

faite entièrement de bois, et se déplace en se balançant de branche en branche.
– De quoi se nourrit-elle ? demanda Alice avec beaucoup de curiosité.
– De sève et de sciure. Continue, je t'en prie.
Alice examina la Mouche-à-chevaux-de-bois avec grand intérêt, et décida qu'on venait sans doute de la repeindre à neuf, tellement elle semblait luisante et gluante. Puis, elle reprit :
– Il y a aussi la Libellule-des-ruisseaux.
– Regarde sur la branche qui est au-dessus de ta tête, et tu y verras une Libellule-des-brûlots. Son corps est fait de plum-pudding ; ses ailes, de feuilles de houx ; et sa tête est un raisin sec en train de brûler dans de l'eau-de-vie¹.
– Et de quoi se nourrit-elle ?
– De bouillie de froment et de pâtés au hachis de fruits ; elle fait son nid dans une boîte à cadeaux de Noël.
– Ensuite, il y a le Papillon, continua Alice, après avoir bien examiné l'insecte à la tête enflammée (tout en pensant : « Je me demande si c'est pour ça que les insectes aiment tellement voler dans la flamme des bougies..., pour essayer de devenir des Libellules-des-brûlots ! »)
– En train de ramper à tes pieds, dit le Moucheron (Alice recula ses pieds vivement non sans inquiétude), se trouve un Tartinillon. Ses ailes sont de minces tartines de pain beurré, et sa tête est un morceau de sucre.
– Et de quoi se nourrit-il ?
– De thé léger avec du lait dedans.
Une nouvelle difficulté se présenta à l'esprit d'Alice :
– Et s'il ne pouvait pas trouver de thé et de lait ? suggéra-t-elle.
– En ce cas, il mourrait, naturellement.
– Mais ça doit arriver très souvent, fit observer Alice d'un ton pensif.
– Ça arrive toujours, dit le Moucheron.

1 Un brûlot est un mélange d'eau-de-vie et de sucre que l'on fait brûler. À la Noël, en Angleterre, on pratique un jeu qui consiste à retirer avec ses doigts des raisins secs plongés dans un bol plein d'eau-de-vie en train de brûler. C'est ce qui explique la description que donne le Moucheron de la Libellule-des-brûlots.

d/ – Eh bien, il y a la mouche du cheval, commença Alice, en comptant sur ses doigts.
– Très bien, dit le Moucheron ; sur ce buisson, à mi-hauteur, vous verrez une mouche du

« De quoi se nourrit-il ? » s'enquit Alice avec beaucoup de curiosité.
« De rébus et de vers mi-sots¹, répondit le Moucheron. Poursuivez la lecture de votre liste. »
Alice examina le Mirli-taon avec grand intérêt et se persuada que l'on venait de le repeindre, tant il paraissait brillant et rutilant ; puis elle reprit :
« Ensuite il y a la Libellule ou Demoiselle. »
« Tournez les yeux vers la branche qui se trouve au-dessus de votre tête, dit le Moucheron : vous y verrez un Damoiseau. Sa chevelure le fait ressembler à une jeune dame et ses ailes à un oiseau. »
« Et de quoi se nourrit-il ? » s'enquit Alice, comme elle l'avait fait pour l'insecte précédemment mentionné.
« De brioche et de massepain, répondit le Moucheron. Et il nidifie dans les tourelles des châteaux. »
« Ensuite il y a le Papillon, dit encore Alice après avoir bien examiné l'insecte chevelu tout en murmurant à part soi : Je me demande si c'est pour cela que tant de Demoiselles rêvent d'épouser un Damoiseau : parce qu'elles aiment la brioche et la vie de château. »
« En train de ramper à vos pieds, dit le Moucheron (Alice recula ses pieds, passablement effrayée), vous pouvez observer un « Papapillon »² et un « Grand-Papa-pillon »³. Le « Papapillon » est un Papillon père de famille, tandis que le « Grand-Papapillon » est un « Papapillon » très âgé. »
« Et de quoi se nourrissent-ils ? »
« De barbillons, de carpillons et de tortillons. »
Une nouvelle objection vint à l'esprit d'Alice :
« Et s'ils n'en trouvent pas ? » demanda-t-elle.
« En ce cas, ils succombent, évidemment. »
« Mais cela doit arriver souvent », fit observer Alice, pensive. « Cela arrive toujours », répondit le Moucheron.

1 Communément appelés : vers de mirli-taon. (N.d.T.)
2. 3. Il est fait mention de ces deux curieux insectes dans un poème de notre regretté ami Jean Arp : *Bestiaire sans prénom (Jours effeuillés)*, Gallimard, 1966). (N.d.T.)

e/ – Eh bien, il y a le Taon, ou Mouche-Cheval, commença Alice en comptant sur ses doigts.
– Très bien, dit le Moustique. À mi-hauteur sur ce buisson, vous verrez une Mouche-Cheval à

cheval à bascule, si vous regardez bien. Elle est entièrement en bois et se déplace en se balançant de branche en branche.
– De quoi vit-elle ? demanda Alice, curieuse.
– De sève et de sciure de bois, dit le Moucheron. Continuez votre énumération.
Alice regarda la mouche du cheval à bascule avec beaucoup d'intérêt, elle pensa qu'elle venait d'être repeinte tant elle était brillante et vernie, et elle poursuivit :
– Et il y a la mouche du Diable.
– Regardez sur la branche, au-dessus de votre tête, dit le Moucheron et vous verrez une drôle de mouche du Diable. Son corps est en pudding, ses ailes en feuilles de houx et sa tête est un grain de raisin dans de l'eau-de-vie enflammée.
– Et de quoi vit-elle ? demanda Alice, comme précédemment.
– De bouillie de farine de blé et de pâté, répondit le Moucheron, et elle fait son miel dans les jouets de Noël.
– Et ensuite, il y a le papillon-beurre, dit Alice, après avoir regardé longuement l'insecte dont la tête brûlait et avoir pensé en elle-même : « Je me demande si c'est pour cette raison que les insectes aiment tant voler autour des bougies... ils veulent devenir comme cette mouche du Diable ! »
– Rampant à vos pieds, dit le Moucheron (Alice, effrayée, retira ses pieds), vous pouvez voir le papillon-pain-beurre. Ses ailes sont de fines tartines de pain beurré, son corps est un croûton, et sa tête est un morceau de sucre.
– Et de quoi vit-il ?
– De thé léger, avec de la crème.
Une nouvelle difficulté se présenta à l'esprit d'Alice.
– Et s'il n'en trouvait pas ? suggéra-t-elle.
– Alors, il mourrait, évidemment.
– Mais cela doit arriver souvent, remarqua pensivement Alice.
– Cela arrive toujours, dit le Moucheron.

bascule, si vous regardez bien. Elle est entièrement faite en bois et se déplace en se balançant de branche en branche.
– De quoi vit-elle ? demanda Alice pleine de curiosité.
– De sève et de sciure de bois, dit le Moustique. Continuez avec la liste.
Alice regarda la Mouche-Cheval à bascule avec un grand intérêt, et se dit qu'elle avait dû être fraîchement repeinte : elle avait un aspect si brillant. et collant. Elle poursuivit :
– Et il y a la libellule ou Mouche-Dragon.
– Regardez la branche qui est au-dessus de votre tête, dit le Moustique, et vous verrez une Mouche-Dragon. Son corps est en pudding, ses ailes en feuilles de houx, et sa tête est un raisin sec qui flambe dans du rhum.
– Et de quoi vit-elle ? demanda Alice comme précédemment.
– De bouillie et de pâté en croûte, répondit le Moustique. Et elle fait son nid dans une bûche de Noël.
– Et puis, il y a le Papillon, continua Alice, après avoir bien regardé l'insecte avec sa tête en feu et avoir pensé en elle-même : « Je me demande si c'est pour ça que les insectes aiment tant voler dans la flamme des bougies... parce qu'ils veulent devenir des Mouches-Dragons ! »
– Rampant à vos pieds, dit le Moustique (Alice retira ses pieds, effrayée), vous pouvez observer un Papillon-Mouche-Thé. Ses ailes sont de minces tranches de pain beurré, son corps est de la croûte et sa tête est un morceau de sucre.
– Et de quoi vit-il ?
– De thé léger, avec de la crème.
Une nouvelle difficulté se présenta à l'esprit d'Alice.
– Et en supposant qu'il n'en trouve pas ? suggéra-t-elle.
– Eh bien, naturellement, il mourrait.
– Mais ça doit arriver très souvent, remarqua pensivement Alice.
– Cela arrive toujours, dit le Moustique.

5 Les allusions et les termes culturels

> Transférer les significations pour ainsi dire captives dans sa propre langue avec le droit du vainqueur.
>
> Saint Jérôme, *Lettre à Pammachius*.

> Aussi longtemps que l'on sent l'étranger mais non l'étrangeté, la traduction a atteint ses buts suprêmes.
>
> Von Humboldt

Toute traduction pose des problèmes de références culturelles. Même lorsqu'un mot peut avoir une traduction littérale dans la langue d'arrivée, les deux termes recouvrent rarement la même réalité dans les deux langues. Catford cite l'exemple du mot *bathroom* qui renvoie à des réalités, fonctions, concepts totalement différents en anglais, en finnois et en japonais.

Mais que faire lorsqu'un terme n'a aucun équivalent, même approximatif, dans la langue d'arrivée parce qu'il renvoie à une réalité ou un concept qui n'y existe pas ? Le mot *brass-rubbing*, par exemple, décrit la technique qui consiste à frotter à l'aide d'un crayon une plaque de cuivre (du type de celles qu'on trouve dans les églises) après l'avoir recouverte d'un papier de façon à décalquer les dessins qui y sont gravés. Aucun terme français ne correspond à ce mot anglais, très courant pourtant puisqu'il s'agit d'un passe-temps assez populaire. Les dictionnaires donnent « frottis d'une plaque tombale en cuivre » (Harrap's) et « technique de décalque par frottement » (Robert et Collins), expressions qui sembleraient longues et bien lourdes dans la plupart des contextes. Les deux solutions extrêmes consistent à

- **garder** le mot anglais, ou

- trouver un **équivalent français**.

Mais toutes deux présentent certains inconvénients.

La première, si elle est utilisée trop fréquemment, risque de conduire à une traduction truffée de termes anglais, à un texte en franglais.

La seconde peut amener à trahir totalement le texte de départ, à lui donner un contexte français et non plus anglais. Or, il est bien sûr essentiel de garder la couleur locale.

Il n'existe pas, dans ce domaine, de solution toujours valable ou de recette. Tout dépend du texte, de sa fonction, du type de lecteur auquel il est destiné (peut-on, par exemple, attendre de lui qu'il comprenne les termes s'ils sont gardés tels quels ?), etc. Une traduction française d'un manuel d'histoire anglaise, par exemple, devra garder certains termes anglais précis qui permettent de comprendre la société ou le phénomène dont il est question (par exemple, *Home Rule*).

Voici quelques possibilités, en plus des deux « solutions » mentionnées plus haut :

• le recours à une **note**,

• l'utilisation d'une **expression** qui **explique** le terme,

• l'introduction d'un **synonyme** ou d'une **explication** juste après le terme anglais gardé tel quel.

Quant aux allusions culturelles (par exemple, références à un personnage de roman, à une citation connue, à une coutume, etc.) qui sont la plupart du temps comprises immédiatement dans la langue de départ, c'est au traducteur de juger si elles peuvent ou non être comprises de la même façon dans la langue d'arrivée. Il pourra donc :

• **garder l'allusion telle quelle** s'il juge qu'un lecteur français n'aura pas plus de difficulté à la comprendre qu'un lecteur anglais,

• **la garder** en ajoutant **une note explicative**,

• **insérer l'explication dans le texte lui-même**, en ajoutant par exemple une expression du genre « pour reprendre l'expression de Churchill », ou « comme le répète sans cesse un personnage de Dickens ».

• laisser tomber l'allusion et **traduire simplement l'idée** qu'elle exprime.

---

1. *Chacun des passages anglais qui suivent contient un mot ou une expression difficile à traduire en français car ce mot ou cette expression fait référence à un concept, un objet, une coutume… qui n'existent pas en France.*
Étudiez la façon dont les mots ou expressions ont été traduits et discutez ces traductions. Vous semblent-elles satisfaisantes ?

1. "We are serving very good seed cake, my lady. I can recommend it." "Seed cake? I haven't eaten seed cake for years. Is it real seed cake?" "Oh, yes, my lady. The cook has had the receipt for years. You'll enjoy it, I'm sure." (A. Christie)	– *Nous avons de très bons "seed cake"[1], Madame.* – *"Seed cake". Je n'en ai pas mangé depuis bien des années. Voulez-vous dire de vrais "seed cake" ?* – *Certainement, Madame. Le cuisinier utilise la même recette depuis très long-temps. Vous les apprécierez, j'en suis sûr. »* 1 *Seed cake* : gâteau parfumé au carvi ou à l'anis.
2. "His mother's main reason for sending him to us is that she wants him to have a few weeks of complete abstinence." "Say, what is this joint? A Keeley Cure Institute?" (P.G. Wodehouse)	*La principale raison de sa mère, en nous l'envoyant ici, est qu'elle désire qu'il fasse quelques semaines d'abstinence complète.* – *Dites donc, mais qu'est-ce que c'est que cette boîte ? Un institut de la cure Keely[1] ?* 1 Cure de désintoxication pour alcooliques. (N.d.T.)
3. … Lady Blemley might be excused for pouring out the saucerful of milk rather unsteadily. "I'm afraid I've spilt a good deal of it," she said apologetically. "After all, it's not my Axminster," was Tobermory's rejoinder. (Saki)	… *L'on comprend que Lady Blemley fît tomber un peu de lait en emplissant la soucoupe d'une main légèrement tremblante.* – *Je crois bien que j'en ai renversé la plus grande partie, fit-elle d'un ton d'excuse.* – *Bah, fit Tobermory, ce n'est pas mon tapis de haute laine.*

4. "When I wake up in the mornings there's nothing to look forward to, except on Saturdays," he said then, "or when I come up to your house for Lexicon…" (D. Thomas)

« Quand je me réveille, le matin, je sais que je n'ai rien à attendre de la journée, sauf le samedi, ou quand je vais chez toi faire une partie de lexicon. »

5. "Besides, you see, I'm a public-school man. That means everything." (E. Waugh)

Vous comprenez, je sors d'une publicschool : c'est ce qui fait toute la différence.

6. "… the ghost has been seen by several living members of my family, as well as by the rector of the parish, the Rev. Augustus Dampier, who is a fellow of King's College, Cambridge." (O. Wilde)

… le fantôme a été vu par plusieurs membres encore vivants de ma famille, ainsi que par le curé de la paroisse, le Rév. Augustus Dampier, agrégé de King's College, à Cambridge.

7. By "us", he meant the Cambridge college of which I had been a Fellow before the war. I still had many friends there, including my brother Martin, who was himself a Fellow, and went to see them two or three times a year. (C.P. Snow)

Par « nous », il entendait le collège de l'Université de Cambridge où j'avais été, avant la guerre, boursier de recherche. J'avais encore de nombreux amis là-bas, y compris mon frère Martin, lui-même fellow, et j'allais les voir deux ou trois fois par an.

8. We have no festival, nor procession, nor ceremony, not excepting our Cattle-shows and so-called Thanksgivings, by which the farmer expresses a sense of the sacredness of his calling, or is reminded of its sacred origin. (Thoreau)

Nous n'avons pas de festival, de procession, de cérémonie, sans excepter nos Comices Agricoles et Fête d'Action de Grâces, par quoi le fermier exprime le sens qu'il a du caractère sacré de sa vocation, ou grâce à quoi il se rappelle son origine sacrée.

9. On the second Sunday of term the Chaplain asked Paul to breakfast. "It's a sad thing," he said, "the way that the 'Varsity breakfast – 'brekker' we used to call it in my day – is dying out. People haven't time for it. Always off to lectures at nine o'clock, except on Sundays. Have another kidney, won't you?"
There was another don present, called Mr Sniggs, who addressed the Chaplain rather superciliously, Paul thought, as "Padre." (E. Waugh)

Le second dimanche, l'aumônier invita Paul au petit déjeuner.
– C'est triste, mais le breakfast universitaire – le bon vieux brekker de ma jeunesse – est incontestablement en voie de disparition. Les gens n'ont plus le temps, que voulez-vous, avec les cours à neuf heures, sauf le dimanche. Encore un peu de rognons ?
Il y avait un autre professeur à la même table, un Mr Sniggs qui donnait du padre à l'aumônier en le prenant d'un peu trop haut, pensa Paul.

10. When the motorcycle cop came roaring up, unexpectedly, out of Never-Never Land (the way motorcycle cops do), the man was on his hands and knees in the long grass beside the road, barking like a dog. (J. Thurber)

Quand la moto du flic sortit en grondant (comme toutes les motos de flic) de Never Never Land[1], l'homme était accroupi sur les mains et les genoux dans l'herbe haute et il aboyait comme un chien.

---
[1] *Never-Never Land* : jeu de mots intraduisible en français (N.d.T.)

2. *Pensez-vous qu'il soit possible de conserver les allusions culturelles en traduisant les passages suivants ? Si vous pensez que non, suggérez une traduction qui vous permettra de produire un effet équivalent.*

1. She had a firm, tidy-looking face with brown wavy hair greying at the sides: the sort of face that launched a thousand pony clubs and church bazaars, worthy, well-intentioned, socially secure. (D. Francis)

2. article about an attack against Arab students gathered for lunch HIGH NOON *(Time,* 8.8.83)

3. article about the Pope's journey to Poland RETURN OF THE NATIVE *(Time,* 27.6.83)

4. article about a portrait of Mrs Thatcher BIG SISTER *(The Guardian)*

5. review of a book on Governments and Intelligence Communities TINKER, TAILOR, SPY, HISTORIAN *(The Sunday Times,* August 84)

6. The Law, as it stands, creates a huge chasm between the legitimate Edgars and bastard Edmunds of this world. *(The Sunday Times)*

6 Registre, dialecte et idiolecte

Un texte peut être écrit dans une langue officielle, littéraire, familière, vulgaire, etc. (**registre**) ; il peut s'agir d'une variété régionale (**dialecte**) ou bien de caractéristiques personnelles (**idiolecte**).

Cette langue peut refléter la classe sociale, la profession, l'éducation, l'âge, la région d'origine, etc., de celui qui parle ou écrit. Essayer de trouver une coloration équivalente dans la langue d'arrivée pose souvent des problèmes au traducteur.

Il faut tout d'abord noter que ces caractéristiques peuvent apparaître à trois niveaux

- au niveau phonologique :

    "Go on," she says, "Drop hit in. Go on. Git hit over with." (W. Faulkner)

- au niveau syntaxique :

    You ain't got no right to…

- au niveau lexical :

    It was a starry cally sort of a mesto that I could not remember going into since I was a very small malenky malchick, no more than about six years old… (A. Burgess, *A Clockwork Orange*)

Dans chacun de ces cas, le traducteur devra trouver un équivalent, qui n'appartiendra d'ailleurs pas nécessairement à la même catégorie. Ainsi dans le premier exemple donné ci-dessus, il est difficile de trouver un équivalent aux [h] prononcés devant les voyelles dans certains dialectes ou parlers populaires. Une solution peut alors consister à chercher un procédé au niveau syntaxique qui permettra de produire le même effet :

- *"Whar hit gone to, den?"* (W. Faulkner)

    Où que c'est passé alors ?

La traduction des dialectes appelle une remarque supplémentaire. Les traducteurs sont en général partagés entre deux attitudes :

• Certains insistent sur le côté artificiel qu'il peut y avoir à rendre un dialecte anglais particulier par un dialecte français sans correspondance aucune. Doit-on rendre un dialecte du Yorkshire par un dialecte français breton, auvergnat, savoyard ? Quels critères peuvent guider le choix ?

• Mais ce choix est-il important ? Non, à en croire un traducteur aussi célèbre que Maurice-Edgar Coindreau : « Si les paysans de Faulkner parlent un dialecte du Mississippi, ils parlent surtout comme tous les paysans du monde, et c'est cela qui compte. Le même raisonnement s'applique aux Noirs. »

La plupart des traductions optent d'ailleurs pour une solution intermédiaire : le dialecte est rendu, mais il devient neutre. Il n'a presque aucune caractéristique régionale, ce qui est une façon de résoudre le problème du choix mentionné ci-dessus mais aboutit souvent à une perte certaine : une bonne partie de la saveur, de l'humour, de la richesse de certains dialectes anglais ou américains disparaissent en français.

Un dernier point mérite d'être évoqué : comment traduire les gallicismes ? Si un personnage parle anglais en utilisant sans cesse des mots français, le traducteur a au moins la possibilité de mettre ces mots en italique et d'ajouter une note : « En français dans le texte. »

Mais que faire lorsque les personnages utilisent des gallicismes ? On trouve par exemple dans *Down and Out in Paris and London*, de George Orwell, la phrase suivante :

> A short time before, Boris had given me an address in the rue du Marché des Blancs Manteaux. All he had said in his letter was that « things were not marching too badly » and I had assumed that he was back at the Hôtel Scribe...

Les deux traductions existantes rendent simplement le gallicisme par « les affaires ne marchaient pas trop mal », ce qui représente de toute évidence une perte. On touche ici aux limites de la traduction.

1. ▶ *En étudiant le contexte, devinez le sens des mots soulignés dans les paragraphes qui suivent et trouvez leur équivalent dans un autre registre. Puis traduisez chaque paragraphe en essayant de rendre le niveau de langue en français.*

1. "It's a bit nippy," his father remarked, buttoning his coat as they turned into the street. "What do you expect for November?" Arthur said. (A. Sillitoe)

   a/ cool   b/ cold   c/ warmer   d/ dark

2. "I'ad me book stole, miss. Carry Burdock pinched it." (L. Lee)

   a/ saw   b/ remembered c/ kept   d/ stole

3. "Dig this, Wiz," I said to him: "the way you're going on you'll kill yourself, which I'd regret." (C. MacInnes)

   a/ understand b/ do   c/ forget   d/ feel

4. For Suze, in the course of business at her fashion house, meets lots of kinky characters, usually among the daddies of the chicks who dress there... (C. MacInnes)

   a/ women   b/ girls   c/ ladies   d/ men

5. "You're wanted in the Big Room, for 'itting Vera. You're 'alf going to cop it!" they said. (L. Lee)

   a/ be punished b/ be taken by the police c/ be called d/ reach it

6. I'd been in a Remand Home for a high-wall job before; and Mike was put through the same mill because all the local cops knew he was my best pal. (A. Sillitoe)

   • a/ home   b/ prison   c/ experience   d/ shame
   • e/ friend   f/ brother   g/ policeman   h/ fellow-prisoner

7. The thing really started in the Park – at the Marble Arch end – where weird birds of every description collect on Sunday afternoons and stand on soap-boxes and make speeches... It did me good to listen to the lads giving tongue. (P. G. Wodehouse)

   • a/ girls   b/ men   c/ beggars   d/ politicians
   • e/ boys   f/ noises   g/ shouts   h/ words
   • i/ screaming j/ talking   k/ singing   l/ playing

8. Once a year the Committee... decides that the old club could do with a wash and brush up, so they shoo us out and dump us down for a few weeks at some other institution. This time we were roosting at the Senior Liberal... (P.G. Wodehouse)

   • a/ write to us   b/ drive us out   c/ take us out   d/ ask us out
   • e/ allow us   f/ recommend us   g/ put us   h/ write our names down
   • i/ staying   j/ eating   k/ going   l/ leaving

2. ▶ *Faites correspondre les mots qui suivent et leurs équivalents dans un autre registre. Quels mots français appartenant au même registre pouvez-vous proposer pour les traduire ?*

Noms		Équivalents	
1 booze	16 nipper	mean person	honest person
2 quid	17 fag	friend	friend
3 loony	18 swipe	girl	stomach/courage
4 guts	19 clock	drink	rubbish
5 bloke	20 lark	hands	face
6 copper	21 mug	pound	policeman
7 pal	22 crap	good time	blow
8 governor	23 cat	madman	prison
9 clink	24 in-law	child	cigarette
10 mate	25 bird	money	joke
11 lolly	26 bugger	cinema	man
12 dough	27 binge	a person who annoys you	
13 paws	28 flicks	telephone	
14 blower	29 buddy	boss	
15 bleeder			

Adjectifs		
30 barmy		miserly
31 daft		mad
32 bloody		self-satisfied
33 cranky		stupid
34 tightfisted		intensifier
35 ratty		bad-tempered
36 cocky		moody

Verbes		
37 to conk out		to drink
38 to do a bunk		to understand
39 to twig		to try and make s.o. believe sthg which is not true
40 to swill		
41 to be crackers		to run away
42 to cop it		to get caught
43 to be kidding		to be mad
44 to dig		to die

3. *Quelle est la situation commune aux deux passages qui suivent ? Étudiez la différence de registre entre les deux passages et imaginez qui peuvent être les personnages et quelle peut être la situation dans chacun des deux cas. Puis traduisez chaque passage.*

1. A: You'll get into trouble if you're not more careful.
   B: I won't tolerate...
   A: It's not a question of tolerating. How many times have I...How could you!
   B: I didn't mean to.
   A: Could you please hurry now. That's all.

2. BEN: You'll get a swipe round your earhole if you don't watch your step.
   GUS: Now look here, Ben –
   BEN: I'm not looking anywhere! How many times have I –! A bloody liberty!
   GUS: I didn't mean that.
   BEN: You just get on with it, mate. Get on with it, that's all. (Harold Pinter)

4. *Réécrivez les passages qui suivent dans un anglais moins familier, puis traduisez-les*

1. Thought you'd like a cuppa. How did it go, ducks? (E.R. Braithwaite)

2. I reckon he must be either very fond of it like, or too skinny, because blokes who talk like him are usually tight with their money. (S. Barstow)

3. "Oh, your dad," she says, rolling her eyes. "A fat lot o'use he is on a day like this." I stop in front of the hallstand to run my comb through my hair. "You'll do, you'll do," the Old Lady says. "It's not you `at's gettin' married." (S. Barstow)

4. I'm sorry that [my dad] can't see through rotten old variety rubbish on his T.V. set; and I'm sorry that he doesn't know what's really good, and what's really corny. I'm sorry as hell... (F. Hooper)

5. *Traduisez.*

1. "Well, try to think of something."
"I have thought of something already, sir."
"You have!"
"The scheme I would suggest cannot fail of success, but it has what may seem to you a drawback, sir, in that it requires a certain financial outlay."
"He means," I translated to Corky, "that he has got a pippin of an idea, but it's going to cost a bit." (P.G. Wodehouse)

2. "Do you think if I won the football pools I'd gi'yo' a penny on it? Or gi'anybody else owt? Not likely. I'd keep it all mysen, except for seeing my family right. I'd buy 'em a house and set 'em up for life, but anybody else could whistle for it. I've 'eard that blokes as wins football pools get thousands o'beggin' letters, but yer know what I'd do if I got 'em? I'll tell you what I'd do: I'd mek a bonfire on 'em. (A. Sillitoe)

6. *Étudiez la façon dont les dialectes et registres ont été traduits dans les passages qui suivent.*

1. FREDDY: Oh, very well: I'll go. *He opens his umbrella and dashes off Strandwards, but comes into collision with a flower girl who is hurrying in for shelter, knocking her basket out of her hands. A blinding flash of lightning, followed instantly by a rattling peal of thunder, orchestrates the incident.*

THE FLOWER GIRL: Nah then, Freddy: look wh'y' gowin, deah.

FREDDY: Sorry. *He rushes off.*

THE FLOWER GIRL *picking up her scattered flowers and replacing them in the basket:* Theres menners f' yer! Ta-oo banches o voylets trod into the mad. *She sits down on the plinth of the column, sorting her flowers, on the lady's right. She is not at all a romantic figure. She is perhaps eighteen, perhaps twenty, hardly older. She wears a little sailor hat of black straw that has long been exposed to the dust and soot of London and has seldom if ever been brushed. Her hair needs washing rather badly: its mousy color can hardly be natural (...)*

THE MOTHER: How do you know that my son's name is Freddy, pray?

THE FLOWER GIRL: Ow, eez, ye-ooa san, is e? Wal, fewd dan y' d-ooty bawmz a mather should, eed now bettern to spawl a pore gel's flahrzn than ran awy athaht pyin. Will ye-oo py me f'them? *Here, with apologies, this desperate attempt to represent her dialect without a phonetic alphabet must be abandoned as unintelligible outside London.*

THE DAUGHTER: Do nothing of the sort, mother. The idea!

THE MOTHER: Please allow me, Clara. Have you any pennies?

THE DAUGHTER: No, Ive nothing smaller than sixpence.

THE FLOWER GIRL *hopefully:* I can give you change for a tanner, kind lady.

THE MOTHER *to Clara:* Give it to me. *Clara parts reluctantly. Now to the girl:* This is for your flowers.

THE FLOWER GIRL: Thank you kindly, lady.

G. B. Shaw, *Pygmalion*, 1916. © 1957 The Public Trustee al Executor of the Estate of G.B. Shaw. By permission of the Society of Authors.

FREDDY : *Oh, très bien, j'y vais, j'y vais.*
Il ouvre son parapluie et file par Strandwards, mais se heurte à une vendeuse de fleurs qui se précipite pour se mettre à l'abri, et il lui fait sauter son panier des mains. Un éclair aveuglant, aussitôt suivi d'un coup de tonnerre fracassant, sert de fond sonore à l'incident.

LA VENDEUSE DE FLEURS : *Eh ! Dis un peu, le Freddy. Regarde où tu t'tailles, vieux.*

FREDDY : *Désolé.*
Il disparaît précipitamment.

LA VENDEUSE DE FLEURS, ramassant ses fleurs pour les replacer dans le panier : *En v'là des façons, dis donc ! Eun' paire d'bouquets d'violettes fichues dans la boue.*
Elle s'assied à droite de la dame, sur le socle de la colonne, pour trier ses fleurs. Ce n'est nullement le genre romantique. Elle doit avoir dix-huit ans, peut-être vingt, guère plus. Elle est coiffée d'un petit chapeau de marin en paille noire, depuis longtemps exposé à la poussière et à la suie de Londres, et guère brossé s'il le fut jamais. Ses cheveux ont grand besoin d'une bonne lessive : leur teinte gris souris n'est certainement pas naturelle...

LA MÈRE : *Comment savez-vous que mon fils s'appelle Freddy, je vous prie ?*

LA VENDEUSE DE FLEURS : *Non ! c'est-y pas vrai ? C'est vot' gars ? Eh ben ; si qu'vous faisiez vot-devoir, qu'eune mère ell' devrait, i s'rait-i assez bêta pour m'fiche en l'air les fleurs d'eune pov'fille et filer au lieu de les cracher. Vous allez t'y les payer, vous, hein, oui ou non ?*
Ici, et avec nos excuses, il nous faut renoncer à cette tentative désespérée de reproduire son idiome sans le secours d'un alphabet phonétique, car il serait incompréhensible en dehors de Londres.

LA FILLE : *Cette idée ! Mère, n'en fais rien !*

LA MÈRE : *Je t'en prie, Clara, laisse-moi faire. As-tu quelques pennies ?*

LA FILLE : *Non, je n'ai pas moins que des pièces de six pence.*

LA VENDEUSE DE FLEURS, d'une voix chargée d'espoir : *Je peux vous faire la monnaie de six pence, ma bonne dame.*

LA MÈRE, à Clara : *Donne-la moi.* Clara s'en défait de mauvaise grâce. *Tenez c'est pour vos fleurs.*

LA VENDEUSE DE FLEURS : *Merci bien, madame.*

2. "That reminds me," I says, "I've got a couple of tickets they gave me." I took them out of my coat.
"You fixin to use um?" Luster says.

"Not me, "I says. "I wouldn't go to it for ten dollars."
"Gimme one of um, Mr Jason," he says.
"I'll sell you one," I says. "How about it?"
"I ain't got no money," he says.
"That's too bad," I says. I made to go out.
"Gimme one of um, Mr Jason," he says.
"You ain't gwine need um bofe."

– *À propos, dis-je. J'ai deux billets qu'on m'a donnés. Je les sortis de ma poche.*

– *Vous avez-t-y l'intention de les employer ? dit Luster.*

– *Moi, non, dis-je. Je n'irais pas pour dix dollars.*
– *Donnez-m'en un, Mr. Jason, dit-il.*
– *Je t'en vendrai un, dis-je. Ça te va ?*
– *J'ai pas d'argent, dit-il.*
– *Dommage, dis-je. Je fis mine de partir.*
– *Donnez-m'en un, Mr. Jason, dit-il. Vous n'aurez pas besoin des deux.*

"Hush yo mouf," Dilsey says, "Don't you know he ain't gwine give nothing away?" "How much you want fer hit?" he says. "Five cents," I says. "I ain't got dat much," he says. "How much you got?" I says. "I ain't got nothing," he says. "All right," I says. I went on. "Mr Jason," he says. "Whyn't you hush up?" Dilsey says. "He jes teasin you. He fixin to use dem tickets hisself. Go on, Jason, and let him lone." (W. Faulkner, *The Sound & The Fury*, Chatto & Windus 1954. The Estate of W. Faulkner. 1931)	– Tais ton bec, dit Dilsey. Tu ne sais donc pas qu'il ne donne jamais rien ? – Combien que vous en voulez ? dit-il. – Cinq cents, dis-je. – J'les ai pas, dit-il. – Combien as-tu ? dis-je. – J'ai rien, dit-il. – Alors, dis-je. Je m'éloignai. – Mr. Jason, dit-il. – Pourquoi que tu te tais pas ? dit Dilsey. C'est pour te taquiner. Il compte les employer lui-même, ces billets. Allons, Jason, laissez-le tranquille.

3. We made ourselves as snug as our means allowed in the arch of the dresser. I had just fastened our pinafores together, and hung them up for a curtain, when in comes Joseph, on an errand from the stables. He tears down my handywork, boxes my ears, and croaks –

"T maister nobbut just buried, and Sabbath nut oe'red, und t'sahnd uh't gospel still i'yer lugs, and yah darr be laiking! shame on ye! sit ye dahn, ill childer! they's good books enuff if ye'll read 'em; sit ye dahn, and think uh yer sowls!"

"Saying this, he compelled us so to square our positions that we might receive, from the far-off fire, a dull ray to show us the text of the lumber he thrust upon us.

"I could not bear the employment. I took my dingy volume by the scroop, and hurled it into the dog-kennel, vowing I hated a good book.

"Heathcliff kicked his to the same place.

"Then there was a hubbub!

"Maister Hindley! shouted our chaplain. Maister, coom hither! Miss Cathy's riven th'back off "Th'Helmet uh Salvation," un' Heathcliff's pawsed his fit intuh't first part uh "T'Brooad Way to Destruction!" It's fair flaysome ut yah let 'em goa on this gait Ech! th' owd man ud uh laced 'em properly – bud he's goan! (E. Brontë, *Wuthering Heights*)

a/ *Nous nous étions installés le mieux possible, blottis dans la niche qui est sous le dressoir. Je venais à peine de nouer ensemble les coins de nos tabliers, pour nous en faire un rideau, quand surgit Joseph qui revenait de faire une tournée aux écuries. Et le voilà qui démolit mon œuvre, me gifle et se met à croasser : « À peine si l'maît' est enterré, l'jour du Sabbat n'est point fini, l'son d'l'Évangile est 'core dans nos oreilles, et v'là comment vous vous conduisez ! C'est honteux ! Redressez-vous, asseyez-vous, vilains enfants ! Si seulement vous vouliez les lire, les bons liv' y n'manquent point ici. T'nez-vous assis, j'vous dis, et songez à vot' âme ! »*

« Là-dessus, il nous a obligés à nous relever et à nous asseoir de manière que la lointaine lueur du feu projetât une faible clarté sur le fatras de textes qu'il amoncelait devant nous. Je n'ai pu supporter cette occupation ; j'ai empoigné mon volume crasseux, et je l'ai lancé dans la niche à chiens, en disant que je détestais les bons livres. Heathcliff, d'un coup de pied, a envoyé le sien à la même place. Il y eut alors un fameux vacarme : « Monsieur Hindley ! cria notre chapelain, monsieur Hindley, not' maît', v'nez ici ! Miss Cathy elle a arraché l'dos au Casque du Salut, et Heathcliff a flanqué un coup de pied dans la Large voie de la Perdition ! Fi ! L'défunt maît' les aurait-y rossés ! Mais y n'y est plus. Qué misère ! »

b/ *Nous nous serrâmes autant qu'il nous fut possible dans la niche du buffet. Je venais à peine d'attacher ensemble nos tabliers et de les pendre pour en faire un rideau, quand Joseph entra, revenant d'une tournée aux écuries. Il arracha mon ouvrage, me gifla et se mit à croasser :*

« – Le maître est juste à peine enterré et le jour du Sabbat n'a point fini, et l'évangile résonne encore à vos oreilles, et vous osez vous traîner par terre ?... Quelle honte ! Asseyez-vous, méchants enfants ! Il y a assez de livres pieux, si vous voulez lire ; asseyez-vous et pensez à vos âmes ! »

« Sur ces paroles, il nous obligea à nous redresser, afin qu'une faible lueur venue du feu éclairât le texte des vieux livres qu'il nous donna de force. Je ne pus supporter ce passe-temps. Je pris mon livre crasseux et le lançai dans la niche du chien déclarant que je détestais les livres pieux. Heathcliff expédia le sien d'un coup de pied dans la même direction. Alors, il y en eut un vacarme !

– Monsieur Hindley, cria notre chapelain, Monsieur, venez par ici ! Mlle Cathy a déchiré tout le dos du Casque du Salut... et Heathcliff a eu un accès de rage contre la Voie de la Perdition. Quelle pitié que vous les laissiez aller sur ce beau chemin ! Ah ! le vieil homme les aurait bien arrangés. Mais il n'est plus là ! »

c/ *Nous nous sommes installés aussi confortablement que possible au creux de l'arceau du buffet. Je venais d'attacher ensemble nos tabliers et de les suspendre en guise de rideau, quand apparut Joseph, qui sortait des écuries et venait aux ordres. Il arracha mon beau travail à la main, me donna une taloche et croassa :*

– L'maître est à peine sous terre, et le sabbat point fini, et l'écho de l'Écriture Sainte encore dans vos oreilles, et vous v'là à jouer ! Honte à vous ! Asseyez-vous, mauvais garnements ! Il y a assez de bons livres à lire ! Asseyez-vous et pensez à vos âmes ! Tout en parlant, il nous obligea à rectifier notre position de façon à recevoir de l'âtre lointain une faible lueur suffisante pour nous permettre de lire le fatras qu'il nous mit de force entre les mains. Cette occupation me parut insupportable. J'ai pris mon minable volume par le dos et l'ai lancé dans la niche du chien, proclamant que j'abominais les lectures édifiantes. D'un coup de pied, Heathcliff envoya le sien suivre le même chemin. Ce fut un beau tapage !

– Monsieur Hindley ! cria le chapelain improvisé, maître, venez par ici ! Miss Cathy a arraché le dos du Casque du Salut et Heathcliff a posé son pied sur la première partie du Chemin de la Perdition ! C'est une horreur que vous les laissiez aller de ce train-là ! Ah ! Le vieux monsieur les aurait proprement mouchés – mais il n'est plus là !

d/ *Nous nous installâmes aussi confortablement que nous le permettaient nos ressources dans le renfoncement du buffet. Je venais d'attacher nos tabliers bout à bout et de les accrocher pour nous servir de rideau quand mon Joseph arrive (il était allé chercher quelque chose à l'écurie). Il arrache mon ouvrage, me frotte les oreilles et se met à croasser :*

« *– Y a not' maît' qu'on vient tout juste d'porter en terre, y a le Sabbat qu'est pas encore fini, y a les paroles de l'Évangile que vous avez encore dans l'oreille, et vous avez le toupet de musarder comme ça ! Si c'est pas honteux ! Asseyez-vous, méchants enfants ! On manque pas de livres pieux, si vous voulez de la lecture ; asseyez-vous et pensez à vot'âme !*

« *Ce disant, il nous contraignit à rectifier la position de telle sorte que nous pussions recevoir un pâle reflet de la lointaine cheminée pour éclairer le texte des fatras qu'il nous imposait. Je ne pus tolérer pareille occupation. Je saisis mon volume crasseux par le dos de la reliure et le précipitai dans la niche du chien en jurant que j'avais les livres pieux en horreur. Heathcliff lança le sien au même endroit d'un coup de pied ce qui déclencha le tumulte.*

« *– Maît' Hindley ! hurla notre chapelain. Not' maît', v'nez vouère ici ! Mzelle Cathy, alle a arraché le dos du Casque du Salut, et Heathcliff, l'a flanqué des coups de pied dans la première partie du Grand Chemin de la perdition[1] ! C'est tout d'même abominable de penser que vous les laissez faire de c'te façon-là ! Ouais le vieux, il vous les aurait rossés proprement... mais l'est pus là maintenant !*

---

1. De pieux opuscules portant des titres de ce genre, allégoriques ou allusifs, sont innombrables en Angleterre, où ils ont connu un succès remarquable au XVIIe siècle, époque de John Bunyan et de son *Pilgrim's Progress*.

Le franglais

Un certain nombre de facteurs doivent à chaque fois entrer en ligne de compte lorsqu'on se trouve devant un exemple de « franglais » :

- La **fréquence** du mot en français. Est-il couramment accepté ? Figure-t-il dans un dictionnaire français ?

- Les **registres** auxquels appartiennent le mot anglais et l'emprunt français. Il arrive souvent, en effet, que le mot relève de registres différents dans les deux langues.

- Le **niveau de langue** du texte traduit. Le choix peut ne pas être le même selon qu'il s'agit d'un texte littéraire, d'un article technique, d'une conversation, etc.

---

7. ▶ *Chacune des phrases qui suivent contient un mot souligné que l'on peut maintenant souvent rencontrer en français sous la même forme. Traduisez les phrases en décidant si le mot emprunté à l'anglais peut être gardé ou bien s'il est préférable d'utiliser un équivalent français.*

1. On average, a ferry, or a hovercraft leaves Dover every 15 minutes, during peak periods. So you can leave for the Continent at virtually any time of the day, or night. (Ad. for Dover Harbour)

2. The impact of radio today is immense. (The Guardian)

3. That short stay at the pub cost me the best part of five quid, so I was glad to get out of it and back on the road. (A. Sillitoe)

4. Marketing executives say that while the British market is "over-heated" there is considerable scope for export. (The Daily Telegraph)

5. But in the middle of the speeches a burly leather-clad man, carrying a black objet, burst out of the crowd and attempted to approach the Royal Party. (The Daily Telegraph)

6. Small flat near Knightsbridge, living-room, one bedroom, bathroom and kitchenette. £ 38,000. (Ad. for a flat)

7. The profits slump follows a poor performance by Steinberg's up-market ladies retail chain, Alexan, which has suffered from tough competition. (The Sunday Times)

8. Well, I'd better go now. I've still got some Christmas shopping to do. Thanks for the tea!

9. If you are a leader, it is dangerous to remain silent, unseen or unfelt for too long. (D. Morris)

10. Where to get rid of stress… Finland. The land of the sauna, a thousand adventures and the warmest of welcomes. (Ad. for the Finnish Tourist Board)

11. Indeed, for all its international prestige, economic stringency poses a serious continuing problem for the BBC and inevitably bears on its standing. (The Guardian)

12. John Swain of The Sunday Times has been given the "scoop of the year" award by the Granada Television programme What the Papers Say. (The Sunday Times)

7 Le style et le ton

> Poetry is what gets lost in translation.
>
> R. Frost

> En fin de compte, toute poésie est traduction.
>
> Novalis

Bien traduire, c'est pouvoir donner au lecteur une impression de spontanéité, de naturel, lui faire oublier qu'il y a eu processus de traduction, c'est pour reprendre l'expression de Cesare Pavese « une seconde création ». Et pourtant tout l'art du traducteur consiste à concilier cette apparente facilité au respect de l'original, du style et du ton du texte de départ, de façon à ne pas trahir l'intention de l'auteur car c'est bien là ce qu'il faut faire sentir en priorité. (Ceci est surtout vrai pour les textes littéraires. Lorsqu'on traduit un texte publicitaire, par exemple, on peut souvent obtenir un effet équivalent en ayant recours à des procédés tout à fait différents.)

Respecter le **style**, ce peut être respecter des aspects aussi divers que la ponctuation propre à l'auteur (par opposition aux règles de ponctuation qui diffèrent de l'anglais au français), la longueur des phrases, leur complexité, l'utilisation de tournures rares ou la répétition de certaines structures, certains procédés d'insistance ou de mise en valeur lexicale ou syntaxique, le vocabulaire, les réseaux d'images, le rythme, les sonorités et allitérations, s'il s'agit d'un poème la rime et le type de vers. Il va de soi cependant que le traducteur, s'il veut que sa version sonne juste et semble naturelle, pourra rarement restituer tous les traits stylistiques présents dans le texte de départ, surtout lorsqu'il s'agit de textes comme les poèmes, plus allusifs et où les contraintes de la forme sont plus nombreuses. C'est pourquoi il faut avant tout **analyser** le texte pour déterminer les priorités et faire des choix.

La plupart de ces traits stylistiques contribuent à donner son ton au passage. Qu'il s'agisse d'ironie, de persuasion, de tendresse, etc., ce ton est d'une façon générale la caractéristique principale du passage. Un texte peut contenir plusieurs contresens et garder son effet global, provoquer une émotion ou une réaction équivalentes chez le lecteur, mais ceci est impossible si le ton n'est pas rendu car c'est toute la fonction communicative du texte qui est alors ignorée. Mais cette priorité qu'est la restitution du ton n'est pas toujours facile à atteindre car elle demande une parfaite compréhension du texte de départ. Elle implique que :

- Tout exercice de traduction est d'abord un exercice d'interprétation et de jugement.

- Un texte ne peut être bien traduit que si l'on connaît bien le contexte plus large dans lequel il s'inscrit, l'œuvre entière si possible : roman, recueil de poèmes, rapport, etc.

Il faut également mentionner ici le problème particulier que pose la traduction de **textes non contemporains**. Dans quelle langue traduire ces textes ? Celle de notre époque ? Celle de l'époque du texte que l'on traduit ? En « modernisant » la langue, on accentue bien sûr les différences entre les deux cultures. Deux mots équivalents dans deux

langues, qui ne renvoient déjà pas à la même réalité à une même époque, renverront vraisemblablement à des concepts encore plus différents avec un ou deux siècles d'intervalle. La seconde solution peut cependant être très artificielle : qui peut vraiment traduire de nos jours en un français du XVIIe ou du XVIIIe siècle ? C'est pourquoi sans doute on trouve dans la plupart des traductions de textes non contemporains une solution intermédiaire : un français d'aujourd'hui allié à quelques mots « vieillots » ou structures légèrement archaïques.

1. *Dans le passage qui suit, Ezra Pound classe les problèmes de traduction poétique en trois catégories. Étudiez ce passage et discutez-le en essayant de vous appuyer sur des exemples précis.*

...there are three "kinds of poetry":
MELOPŒIA, wherein the words are charged, over and above their plain meaning, with some musical property, which directs the bearing or trend of that meaning.
PHANOPŒIA, which is a casting of images upon the visual imagination.
LOGOPŒIA, "the dance of the intellect among words," that is to say, it employs words not only for their direct meaning, but it takes count in a special way of habits of usage, of the context we expect to find with the word, its usual concomitants, of its known acceptances, and of ironical play. It holds the aesthetic content which is peculiarly the domain of verbal manifestation, and cannot possibly be contained in plastic or in music. It is the latest come, and perhaps most tricky and undependable mode.
The *melopœia* can be appreciated by a foreigner with a sensitive ear, even though he be ignorant of the language in which the poem is written. It is practically impossible to transfer or translate it from one language to another, save perhaps by divine accident, and for half a line at a time.
Phanopœia can, on the other hand, be translated almost, or wholly, intact. When it is good enough, it is practically impossible for the translator to destroy it save by very crass bungling, and the neglect of perfectly well-known and formulative rules.
Logopœia does not translate; though the attitude of mind it expresses may pass through a paraphrase. Or one might say, you can not translate it "locally", but having determined the original author's state of mind, you may or may not be able to find a derivative or an equivalent.

Ezra Pound "How to Read," Literary Essays of Ezra Pound, Faber & Faber Ltd.

2. *Voici un extrait de* The Big Money *de John Dos Passos et sa traduction. Étudiez cette traduction en vous attachant surtout au style et au ton. Qu'en pensez-vous ? (Analysez plus particulièrement le rythme, la ponctuation, la longueur des phrases, la technique d'amalgame de mots et son effet.)*

ADAGIO DANCER

The nineteen year-old son of a veterinary in Castellaneta in the south of Italy was shipped off to America like a lot of other unmanageable young Italians when his parents gave up trying to handle him, to sink or swim and maybe send a few lire home by international postal moneyorder. The family was through with him. But Rodolfo Guglielmi wanted to make good.

He got a job as assistant gardener in Central Park, but that kind of work was the last thing he wanted to do; he wanted to make good in the brightlights; money burned his pockets.

He hung around cabarets doing odd jobs, sweeping out for the waiters, washing cars; he was lazy handsome wellbuilt slender

LE DANSEUR D'ADAGIOS

Âgé de dix-neuf ans, ce fils d'un vétérinaire de Castellaneta, dans l'Italie du Sud, quand ses parents s'aperçurent qu'ils n'en pouvaient rien faire, fut expédié en Amérique pour y nager ou pour s'y noyer, comme tant d'autres enfants terribles italiens ; peut-être aussi pour envoyer quelques lires à sa famille, par mandats-poste internationaux. La famille en avait assez, mais Rodolfo Guglielmi voulait réussir.

Il obtint un emploi d'aide-jardinier au Central Park ; genre de travail qui était bien le dernier qu'il souhaitât. Il rêvait de réussir sous les projecteurs ; l'argent lui brûlait les poches.

Il rôda autour des boîtes de nuit, faisant mille et un métiers : balayant les salles pour les garçons, lavant les voitures ; il était paresseux, bel homme,

goodtempered and vain; he was a born tangodancer.

Lovehungry women thought he was a darling. He began to get engagements dancing the tango in ballrooms and cabarets; he teamed up with a girl named Jean Acker on a vaudeville tour and took the name of Rudolph Valentino.

Stranded on the Coast he headed for Hollywood, worked for a long time as an extra for five dollars a day; directors began to notice he photographed well.

He got his chance in *The Four Horsemen*
and became the gigolo of every woman's dreams.

Valentino spent his life in the colorless glare of klieg lights, in stucco villas obstructed with bricabrac. Oriental rugs, tigerskins, in the bridalsuites of hotels, in silk bathrobes in private cars.

He was always getting into limousines or getting out of limousines,
or patting the necks of fine horses.
Wherever he went the sirens of the motorcyclecops screeched ahead of him,
flashlights flared,
the streets were jumbled with hysterical faces, waving hands, crazy eyes; they stuck out their autographbooks, yanked his buttons off, cut a tail off his admirablytailored dresssuit; they stole his hat and pulled at his necktie; his valets removed young women from under his bed; all night in nightclubs and cabarets actresses leching for stardom made sheepseyes at him under their mascaraed lashes.

He wanted to make good under the glare of the million-dollar searchlights.
of El Dorado:
the Sheik, the Son of the Sheik;
personal appearances.

He married his old vaudeville partner, divorced her, married the adopted daughter of a millionaire, went into law-suits with the producers who were debasing the art of the screen, spent a million dollars on one European trip;
he wanted to make good in the bright-lights.
When the Chicago *Tribune* called him a pink powderpuff
and everybody started wagging their heads over a slave-bracelet he wore that he said his wife had given him and his taste for mushy

bien bâti, mince, d'un caractère enjoué et vaniteux. C'était un danseur-né de tango.

Les femmes assoiffées d'amour le trouvaient adorable. Il commença à obtenir des engagements pour danser le tango dans les dancings et les boîtes de nuit. Au cours d'une tournée, il fit un numéro avec une petite nommée Jean Acker et prit le nom de Rudolph Valentino.

Ayant échoué sans le sou sur la côte, il fit route vers Hollywood et il travailla longtemps comme figurant à cinq dollars par jour. Des metteurs en scène finirent pourtant par s'apercevoir qu'il était photogénique.

La chance lui sourit avec Les Quatre Cavaliers
et il devint le gigolo rêvé de toutes les femmes.
La vie de Valentino s'écoula dans l'éclat incolore des lampes Klieg, dans des villas en stuc encombrés de bric-à-brac, de tapis orientaux et de peaux de tigre; dans les appartements d'hôtels réservés aux jeunes mariés; dans des peignoirs de bain en soie, dans des voitures particulières.

Il passait sa vie à monter en limousine ou à en descendre,
ou bien à caresser le cou de merveilleux chevaux.
Partout où il allait, les sirènes des motos des « flics » le précédaient en hurlant,
les projecteurs flamboyaient,
les rues étaient embouteillées de visages hystériques, de mains agitées, de regards fous; chacun lui tendait son carnet d'autographes, lui arrachait ses boutons, coupait les pans de son admirable habit à la dernière mode, lui volait son chapeau et tentait de lui arracher sa cravate. Ses valets de chambre tiraient des jeunes femmes de dessous son lit. Toutes les nuits, dans les boîtes et dans les cabarets, des actrices excitées à la pensée de coucher avec une étoile, lui faisaient des yeux de merlan frit sous leurs longs cils postiches.

Il entendait réussir sous l'éclat des projecteurs de millions de dollars de l'El Dorado :
Lui, le Sheik, le fils du Sheik;
lui-même... en personne...

Il se maria avec son ancienne partenaire de tournées et divorça, épousa la fille adoptive d'un milliardaire et eut des procès avec ses producteurs qu'il accusait de rabaisser l'art de l'écran, il dépensa un million de dollars dans un seul voyage en Europe;
il voulait à tout prix réussir sous les projecteurs.
Lorsque la Chicago Tribune l'appela : « une houppette rose à poudre de riz » et que tout le

verse of which he published a small volume called *Daydreams* and the whispers grew about the testimony in his divorce case that he and his first wife had never slept together,

   it broke his heart.

He tried to challenge the Chicago *Tribune* to a duel;

   he wanted to make good

   in heman twofisted broncobusting pokerplaying stock-juggling America. (He was a fair boxer and had a good seat on a horse; he loved the desert like the sheik and was tanned from the sun of Palm Springs.) He broke down in his suite in the Hotel Ambassador in New York: gastric ulcer.

John Dos Passos, The Big Money, in USA,
Houghton Mifflin 1946. © Mrs J. Dos Passos.

monde se mit à hocher la tête, à cause de son bracelet d'esclave qu'il prétendait lui avoir été donné par sa femme; à cause de son goût pour les vers trop sentimentaux, dont il publia un petit volume appelé : « Songes éveillés », et aussi à cause de la rumeur qui courut à la suite d'un témoignage, au cours de son divorce, qu'il n'avait jamais couché avec sa femme,

   cela lui brisa le cœur.

Il tenta de provoquer en duel la Chicago Tribune

   parce qu'il voulait réussir

   dans cette Amérique faite par et pour les hommes, ce pays des poings solides, des dresseurs de chevaux sauvages, des joueurs de poker, des spéculateurs à la Bourse. (Il était lui-même bon boxeur, montait bien à cheval, adorait le désert, comme le Sheik, et avait la peau bronzée par le soleil de Palm Springs.) Il s'effondra dans son appartement de l'hôtel Ambassador à New York, il avait un ulcère de l'estomac.

---

3. *Étudiez les passages qui suivent puis comparez et discutez les différentes traductions qui en sont données. Quelles sont celles qui vous semblent le mieux rendre le style et le ton des passages?*

1.   THE CHIMNEY SWEEPER

  A little black thing among the snow,
  Crying 'weep! 'weep!' in notes of woe!
  'Where are thy father & mother? say?'
  'They are both gone up to the church to pray.

  'Because I was happy upon the heath,
  'And smil'd among the winter's snow,
  'They cloth'd me in the clothes of death,
  'And taught me to sing the notes of woe.

  'And because I am happy & dance & sing,
  'They think they have done me no injury,
  'And are gone to praise God & his Priest & King,
  'Who make up a heaven of our misery.'

W. Blake, Songs of Experience.

LE RAMONEUR

a/ *Une petite chose noire sur la neige*
   Criant « amoneur, amoneur... » avec des accents plaintifs!
   « Où sont ton père et ta mère, dis ?... »
   – « Ils sont tous deux partis jusqu'à l'église pour prier.

   Parce que j'étais joyeux sur la lande
   Et que je souriais dans la neige de l'hiver,
   Ils m'ont vêtu d'habits de deuil,
   Ils m'ont appris à chanter en me plaignant.

   Et parce que je suis heureux et que je danse et que je chante.
   Ils pensent qu'ils ne m'ont fait aucun tort
   Et ils sont partis louer le Seigneur, et son prêtre et son roi
   Qui édifient un paradis de notre misère. »

b/ *Petit être noir dans la neige
Jetant plaintivement un appel douloureux!
« Où sont ton père, ta mère, dis-moi ? »
« Ils sont tous deux allés à l'église prier.*

*« Parce que j'étais heureux sur la lande,
Et souriais dans les neiges de l'hiver,
Ils m'ont habillé de vêtements de mort,
Et enseigné ce chant douloureux.*

*Et parce que je suis gai, danse, chante,
Ils croient ne m'avoir pas fait de tort,
Et ont été louer Dieu, son Prêtre et son Roi,
Qui de notre misère font un paradis. »*

c/ *Un petit être noir et que la neige empêtre
Geignant : v'l'à l'ramoneur sur un timbre éraillé...
« Et ton père ? et ta mère ? ils te cherchent peut-être ? »
« Ils sont montés ensemble à l'église prier. »*

*« Parce qu'ils me voyaient plein de fougue à m'ébattre
Par la lande, et sourire à la neige d'hiver,
Ils m'ont empaqueté dans le deuil de ces hardes
Et m'ont fait marmonner l'appel du ramoneur...*

*Parce que, par moments, je suis gai, siffle, saute,
Ils croient qu'ils ont agi comme il faut envers moi,
Et sont allés louer Dieu, Son prêtre, Son roi
Qui font un Paradis avec ce qu'ils nous ôtent. »*

d/ *Un petit être noir parmi la neige
Crie « R'moneur, r'moneur » d'un ton de douleur.
« Où sont-ils, dis-moi, ton père et ta mère ? »
« Montés à l'église, où ils prient l'bon Dieu.*

*Comme ils me voyaient joyeux sur la lande
Et que je souriais dans la neige d'hiver,
Ils m'ont fait r'vêtir cette vêture de mort,
Appris à chanter cet air de douleur.*

*Comme je suis joyeux, dansant et chantant,
Ils m'ont pas idée qu'ils m'ont fait du tort,
Et ils louent l'bon Dieu, son Prêtre et son Roi,
Qui fabriquent un ciel avec not' misère. »*

2. HAMLET To be, or not to be: that is the question:
Whether 'tis nobler in the mind to suffer
The slings and arrows of outrageous fortune,
Or to take arms against a sea of troubles,
And by opposing end them? To die: to sleep;
No more; and by a sleep to say we end
The heart-ache, and the thousand natural shocks
That flesh is heir to, 'tis a consummation
Devoutly to be wish'd. To die to sleep;
To sleep: perchance to dream: ay, there's the rub;
For in that sleep of death what dreams may come,

When we have shuffled off this mortal coil,
Must give us pause: there's the respect
That makes calamity of so long life;
For who would bear the whips and scorns of time,
The oppressor's wrong, the proud man's contumely,
The pangs of despised love, the law's delay,
The insolence of office, and the spurns
That patient merit of the unworthy takes,
When he himself might his quietus make
With a bare bodkin? who would these fardels bear,
To grunt and sweat under a weary life,
But that the dread of something after death,
The undiscover'd country from whose bourn
No traveller returns, puzzles the will,
And makes us rather bear those ills we have
Than fly to others that we know not of?
Thus conscience does make cowards of us all,
And thus the native hue of resolution
Is sicklied o'er with the pale cast of thought,
And enterprises of great pitch and moment.
With this regard their currents turn awry
And lose the name of action.

W. Shakespeare, *Hamlet*, III, I.

a/ *Demeure ; il faut choisir, et passer à l'instant*
De la vie à la mort, ou de l'être au néant.
Dieux cruels ! S'il en est, éclairez mon courage.
Faut-il vieillir courbé sous la main qui m'outrage,
Supporter ou finir mon malheur et mon sort ?
Qui suis-je ? qui m'arrête ? et qu'est-ce que la mort ?
C'est la fin de nos maux, c'est mon unique asile ;
Après de longs transports, c'est un sommeil tranquille ;
On s'endort, et tout meurt. Mais un affreux réveil
Doit succéder peut-être aux douceurs du sommeil.
On nous menace, on dit que cette courte vie
De tourments éternels est aussitôt suivie.
O mort ! moment fatal ! affreuse éternité !
Tout cœur à ton seul nom se glace, épouvanté.
Eh ! qui pourrait sans toi supporter cette vie,
De nos Prêtres menteurs bénir l'hypocrisie,
D'une indigne maîtresse encenser les erreurs,
Ramper sous un Ministre, adorer ses hauteurs,
Et montrer les langueurs de son âme abattue
À des amis ingrats qui détournent la vue ?
La mort serait trop douce en ces extrémités ;
Mais le scrupule parle, et nous crie : « Arrêtez. »
Il défend à nos mains cet heureux homicide,
Et d'un Héros guerrier fait un chrétien timide… Ne croyez pas que j'aie rendu ici l'anglais mot pour mot ; malheur aux faiseurs de traductions littérales, qui en traduisant chaque parole énervent le sens ! C'est bien là qu'on peut dire que la lettre tue, et que l'esprit vivifie.

b/ Être ou ne pas être : telle est la question. Y a-t-il pour l'âme plus de noblesse à endurer les coups et les revers d'une injurieuse fortune, ou à s'armer contre elle pour mettre frein à une *marée de douleurs ? Mourir : dormir ; c'est tout. Calmer enfin, dit-on, dans le sommeil les affreux battements du cœur ; quelle conclusion des maux héréditaires serait plus dévotement souhaitée ? Mourir, dormir ; dormir... rêver peut-être. C'est là le hic ! Car, échappés des liens charnels, si, dans ce sommeil du trépas, il nous vient des songes... halte-là ! Cette considération prolonge la calamité de la vie. Car, sinon, qui supporterait du sort les soufflets et les avanies, les torts de l'oppresseur, les outrages de l'orgueilleux, les affres de l'amour dédaigné, les remises de la justice, l'insolence des gens officiels, les rebuffades que les méritants rencontrent auprès des indignes, alors qu'un petit coup de pointe donnerait quitus de tout cela ? Qui donc assumerait ces charges, accepterait de geindre et de suer sous le faix écrasant de la vie, s'il n'y avait cette crainte de quelque chose après la mort, mystérieuse contrée d'où nul voyageur ne revient ? Voici l'énigme qui nous engage à supporter les maux présents, plutôt que de nous en échapper vers ces autres dont nous ne connaissons rien. Et c'est ainsi que la conscience fait de chacun de nous un peureux ; c'est ainsi que la verdeur première de nos résolutions s'étiole à l'ombre pâle de la pensée ; c'est ainsi que nos entreprises de grand essor et conséquence tournent leur courant de travers et se déroutent de l'action.*

c/ *Être, ou n'être pas ; c'est ça la question ; est-il plus noble de subir passivement les coups et les traits de l'outrageuse fortune, ou de prendre les armes contre un océan d'ennuis, pour en triompher par la lutte ? Mourir-Dormir-Rien de plus. Et quand on songe que par un sommeil on met fin aux souffrances du cœur, et à ces mille accidents qui sont le lot de toute chair, certes c'est un dénouement qu'on peut appeler de tous ses vœux. Mourir-Dormir... Dormir, peut-être rêver... Aie ! ça ne va plus ! Car dans ce sommeil de la mort quels rêves pourront nous hanter quand nous serons débarrassés de la guenille qui nous enserre ? Voilà ce qui doit nous faire hésiter. C'est cette considération qui donne si longue vie aux malheureux ! Car qui supporterait le fouet et le mépris du monde, l'injure du tyran, l'affront de l'orgueilleux, les tourments de l'amour bafoué, les lenteurs de la justice, l'insolence des gens en place, et les mépris que des vauriens infligent au mérite résigné, quand on pourrait avec une simple dague se donner à soi-même un éternel repos ? Qui voudrait porter ces fardeaux, geindre et suer sous le poids de la vie, sans la crainte de quelque chose après la mort, ce pays inexploré d'où nul voyageur ne revient jamais ? C'est cela qui disloque la volonté, qui nous fait supporter les maux que nous avons, plutôt que fuir vers d'autres que nous ne savons pas ! Ainsi la réflexion fait des lâches de nous tous. Ainsi le teint bronzé de l'énergie se fane et pâlit sous la lumière blême de la pensée, des entreprises importantes et vastes sont détournées de leur cours, et perdent jusqu'au nom d'action !*

d/ *Être ou n'être pas, voilà la question. Savoir s'il est plus noble de souffrir en son âme les flèches et les coups de la Fortune hostile, ou bien de s'insurger contre un océan d'ennuis et d'y mettre fin par la révolte ? Mourir. Dormir. Pas davantage, et se dire que par un sommeil on met fin à la peine du cœur, aux mille contusions du corps qui sont le lot de la chair, c'est une conclusion à souhaiter dévotement ! Mourir, dormir. Dormir. Rêver peut-être ! Eh oui, c'est le hic : car dans ce sommeil de la mort, quels rêves peuvent nous venir, une fois désenchevêtrés de ces liens mortels, voilà qui doit nous arrêter ; voilà la réflexion qui fait durer si longtemps nos misères. Car enfin qui voudrait supporter les fouets et les mépris du siècle, les injures du tyran, les dédains de l'orgueil, les tourments de l'amour méprisé, les lenteurs de la justice, l'insolence des gens en place, les rebuffades dont les médiocres accablent le mérite patient, quand avec un simple poignard il pourrait se donner lui-même son quitus ? Qui voudrait porter des fardeaux, geindre et suer sous le poids d'une vie épuisante, si la terreur d'on ne sait quoi après la mort, ce pays inconnu dont la frontière ne voit repasser aucun voyageur, n'inquiétait pas notre volonté, nous faisant supporter les maux que nous avons plutôt que de s'enfuir vers d'autres qu'on ignore ! C'est ainsi que la réflexion fait de nous tous des pleutres, c'est ainsi que le naturel éclat de la volonté prend les pâles couleurs de la pensée, et que des desseins de grande portée, de large envergure, changent de cours à cette idée et perdent le nom de l'action.*

3. Me miserable! – which way shall I fly
Infinite wrath and infinite despair?
Which way I fly is Hell; myself am Hell;
And in the lowest deep, a lower deep
Still threatening to devour me opens wide,
To which the Hell I suffer seems a Heav'n.
O then at last relent! Is there no place
Left for repentance, none for pardon left?
None left but by submission; and that word
Disdain forbids me, and my dread of shame
Among the spirits beneath, whom I seduc'd
With other promises and other vaunts
Than to submit, boasting I could subdue
Th'Omnipotent.

Milton, *Paradise Lost*, IV.

a/ *Où me cacher ? où fuir son pouvoir souverain,*
Son œil inévitable, et sa terrible main ?
Sa puissance est sans borne, et mon malheur l'égale.
Vainement j'ai brisé ma prison infernale :
Ah ! l'enfer véritable est au fond de mon cœur ;
Lui-même est un enfer creusé par ma fureur ;
Gouffre plus effrayant, plus dévorant abîme
Que l'autre épouvantable où m'a plongé mon crime.
Près de lui, je le sens, l'enfer même est un ciel :
Eh bien, sois repentant, si tu fus criminel :
N'est-il plus de remords ? ou n'est-il plus de grâce ?
Devant le Dieu vengeur fais plier ton audace.
Moi, plier ! ce mot seul est un affront pour moi.
Que diraient ces guerriers dont j'ai séduit la foi ?
Ah ! quand ils m'opposaient à ce Dieu que je brave,
Leur ai-je donc promis de revenir esclave ?
Dois-je, aux pieds du tyran me courbant en leur nom,
Au lieu de la vengeance emporter le pardon ?

b/ *Ah ! Malheureux que je suis ! par quel chemin puis-je fuir*
La colère infinie et l'infini désespoir ?
Où que je fuie, c'est l'enfer, moi-même je suis l'enfer ;
Dans l'abîme le plus profond un plus profond abîme,
Menaçant sans cesse de me dévorer, s'ouvre tout grand,
Et auprès de lui l'enfer que je souffre semble un ciel.
O Dieu, prends enfin pitié ! N'est-il point de place
Laissée au repentir, point de place laissée au pardon ?
Aucune place sauf par ma soumission ; et ce mot
Le dédain me le défend, et ma crainte de la honte
Parmi les esprits inférieurs que j'ai séduits
Avec d'autres promesses et d'autres assurances
Que des assurances de soumission, me vantant de pouvoir vaincre
Le Tout-Puissant.

TRADUCTIONS À ÉTUDIER

LE TEXTE, ENNEMI DE TOUTE TRADUCTION.
Charles Péguy

Une œuvre non traduite
n'est publiée qu'à demi.
Ernest Renan

*Dis-moi qui tu traduis
et je te dirai qui tu es.*
Valéry Larbaud

Voici un certain nombre de textes et leur traduction. Certaines sont excellentes, appartenant dans plusieurs cas à des traductions qui ont fait date. D'autres pourront vous sembler infidèles, trop loin du texte, ou critiquables pour d'autres raisons.

Étudiez chacun de ces extraits. S'ils ne vous semblent pas satisfaisants, suggérez une traduction différente.

Texte 1

By daylight, the bower of Oak's new-found mistress, Bathsheba Everdene, presented itself as a hoary building, of the early stage of Classic Renaissance as regards its architecture, and of a proportion which told at a glance that, as is so frequently the case, it had once been the manorial hall upon a small estate around it, now altogether effaced as a distinct property,
5 and merged in the vast tract of a non-resident landlord, which comprised several such modest demesnes.

Fluted pilasters, worked from the solid stone, decorated its front, and above the roof the chimneys were panelled or columnar, some coped gables with finials and like features still retaining traces of their Gothic extraction. Soft brown mosses, like faded velveteen, formed
10 cushions upon the stone tiling, and tufts of the houseleek or sengreen sprouted from the eaves of the low surrounding buildings. A gravel walk leading from the door to the road in front was encrusted at the sides with more moss – here it was a silver-green variety, the nut-brown of the gravel being visible to the width of only a foot or two in the centre. This circumstance, and the generally sleepy air of the whole prospect here, together with the animated and contrasting
15 state of the reverse façade, suggested to the imagination that on the adaptation of the building for farming purposes the vital principle of the house had turned round inside its body to face the other way. Reversals of this kind, strange deformities, tremendous paralyses, are often seen to be inflicted by trade upon edifices – either individual or in the aggregate as streets and towns – which were originally planned for pleasure alone.

20 Lively voices were heard this morning in the upper rooms, the main staircase to which was of hard oak, the balusters, heavy as bed-posts, being turned and moulded in the quaint fashion of their century, the handrail as stout as a parapet-top, and the stairs themselves continually twisting round like a person trying to look over his shoulder. Going up, the floors above were found to have a very irregular surface, rising to ridges, sinking into valleys; and being just then
25 uncarpeted, the face of the boards was seen to be eaten into innumerable vermiculations. Every window replied by a clang to the opening and shutting of every door, a tremble followed every bustling movement, and a creak accompanied a walker about the house, like a spirit, wherever he went. In the room from which the conversation proceeded Bathsheba and her servant-companion, Liddy Smallbury, were to be discovered sitting upon the floor, and sorting
30 a complication of papers, books, bottles, and rubbish spread out thereon – remnants from the household stores of the late occupier.

T. Hardy, Far from the Madding Crowd, 1874.

N'oubliez pas cependant que de nombreuses traductions se prêtent facilement à la critique, à première lecture, mais qu'il n'est parfois pas aisé de faire une meilleure proposition.
Essayez également de définir les caractéristiques de chacune de ces traductions[1].
Permettent-elles de produire un effet semblable à celui du texte de départ ?

Vue de jour, l'habitation de la nouvelle maîtresse de Oak avait l'aspect d'un vieux bâtiment de style gothico-Renaissance. Ses dimensions indiquaient au premier coup d'œil que, comme cela arrive souvent, cette maison avait autrefois été une demeure seigneuriale qui commandait un petit domaine environnant, divisé maintenant en plusieurs propriétés.
5 Des pilastres cannelés en pierre décoraient la façade, et, sur le toit, quelques cheminées étaient, çà et là, reliées par une arcade. Les pignons et certaines lignes du bâtiment gardaient encore la trace de son origine gothique. Une mousse brune formait sur les tuiles un moelleux coussin, et des touffes de joubarbe couvraient les avant-toits des constructions peu élevées qui entouraient la maison. Une avenue sablée conduisant de la route à la porte d'entrée était
10 également bordée de chaque côté par une bande de mousse vert argenté. Cet aspect, et, en général, l'air d'assoupissement répandu sur tout ce côté, contrastant avec l'animation de la façade opposée, faisait naître l'impression que, par l'adaptation du bâtiment aux besoins d'une ferme, l'élément vital de la maison s'était tourné de l'autre côté. Des renversements de ce genre, étranges anomalies, effrayant abandon, sont souvent imposés par le commerce sur
15 des édifices – soit isolés, soit réunis comme une ville – qui, à l'origine, étaient destinés au plaisir seulement.
À l'intérieur, le grand escalier se déroulait en tire-bouchon avec sa rampe massive comme celle d'un parapet et ses balustres aussi lourds que les colonnes d'un lit, travaillés dans le style bizarre de leur époque. Les parquets des chambres n'étaient point recouverts de tapis
20 et s'élevaient çà et là en monticules ou redescendaient en vallées ; les boiseries, les panneaux, les portes des armoires étaient vermoulus, et les fenêtres tremblaient chaque fois qu'une porte s'ouvrait ou se fermait, tandis que le bruit de craquements mystérieux accompagnait comme un esprit celui qui s'aventurait dans ces pièces.
Des voix animées remplissaient les chambres de l'étage supérieur où Barbara, avec sa ser-
25 vante et compagne, Lydie, était assise par terre au milieu de papiers, de livres, de bouteilles et d'objets de peu de valeur ayant appartenu au propriétaire décédé.

---

1. Les références de toutes les traductions données dans cet ouvrage se trouvent pp. 295-298.

Texte 2

He had been diligent, he had been ambitious, but he had not yet been successful. During the few weeks preceding the moment at which we meet him again, he had even begun to lose faith altogether in his earthly destiny. It became much of a question with him whether success in any form was written there; whether for a hungry young Mississippian, without
5 means, without friends, wanting, too, in the highest energy, the wisdom of the serpent, personal arts and national prestige, the game of life was to be won in New York. He had been on the point of giving it up and returning to the home of his ancestors, where, as he heard from his mother, there was still just a sufficient supply of hot corn-cake to support existence. He had never believed much in his luck, but during the last year it had been guilty of aberrations
10 surprising even to a constant, an imperturbable, victim of fate. Not only had he not extended his connexion, but he had lost most of the little business which was an object of complacency to him a twelvemonth before. He had had none but small jobs, and he had made a mess of more than one of them. Such accidents had not had a happy effect upon his reputation; he had been able to perceive that this fair flower may be nipped when it is so tender a bud as
15 scarcely to be palpable. He had formed a partnership with a person who seemed likely to repair some of his deficiencies – a young man from Rhode Island, acquainted, according to his own expression, with the inside track. But this gentleman himself, as it turned out, would have been better for a good deal of remodelling, and Ransom's principal deficiency, which was, after all, that of cash, was not less apparent to him after his colleague, prior to a sudden and
20 unexplained departure for Europe, had drawn the slender accumulations of the firm out of the bank. Ransom sat for hours in his office, waiting for clients who either did not come, or, if they did come, did not seem to find him encouraging, as they usually left him with the remark that they would think what they would do. They thought to little purpose, and seldom reappeared, so that at last he began to wonder whether there were not a prejudice against his Southern
25 complexion. Perhaps they didn't like the way he spoke. If they could show him a better way, he was willing to adopt it; but the manner of New York could not be acquired by precept, and example, somehow, was not in this case contagious. He wondered whether he were stupid and unskilled, and he was finally obliged to confess to himself that he was unpractical.

H. James, *The Bostonians*, 1886.

Il n'avait manqué ni d'activité, ni d'ambition, et cependant, il n'avait pas encore de clientèle. Au cours des quelques semaines qui s'étaient écoulées juste avant le moment où il va de nouveau entrer dans notre histoire, il avait même complètement perdu tout espoir de se faire jamais une place au soleil. C'était au point qu'il se demandait parfois s'il avait la moindre chance de jamais réussir dans cette ville, si un jeune Mississipien avide, pauvre, sans amis, et dépourvu également de véritable force morale, de prudence, de talents personnels et de prestige militaire, pouvait remporter une partie se jouant à New York. Il avait bien failli tout abandonner et retourner au pays de ses aïeux, où, d'après ce que lui écrivait sa mère, on avait encore assez de maïs pour ne pas mourir de faim. Il n'avait jamais beaucoup cru en son étoile, mais au cours de l'année qui venait de s'écouler, sa malchance avait dépassé tout ce qu'est en droit d'attendre même une constante et imperturbable victime du sort. Car non seulement son cabinet d'avocat ne s'était pas développé, mais il avait perdu presque toute la menue clientèle dont il acceptait dédaigneusement de suivre les affaires l'année précédente. Il n'avait eu que des causes de peu d'importance à défendre, et il s'en était très mal tiré la plupart du temps. Tout cela n'avait pas précisément contribué à lui faire une réputation brillante ; il en était venu à craindre que son avenir d'avocat risquât d'être ruiné avant qu'il ait eu même le temps et l'occasion de montrer ce qu'il savait faire. Il s'était associé avec un jeune homme qui aurait dû normalement suppléer à ses déficiences – un garçon de Rhode Island, qui la connaissait dans les coins, pour employer ses propres mots. Mais le jeune homme en question avait, lui aussi, quelques défauts très regrettables, comme Ransom put s'en apercevoir lorsque cet associé, à l'occasion d'un départ subit et inexplicable pour l'Europe, tira de la banque les maigres sommes déposées conjointement par les deux partenaires. Or, la pire déficience de Ransom n'était-elle pas avant tout son manque d'argent ? Ransom passait des heures dans son bureau à attendre des clients qui ne venaient pas, ou bien qui, lorsqu'ils venaient, n'avaient pas l'air de trouver cet avocat éventuel très encourageant, et s'en allaient généralement en disant qu'ils allaient réfléchir. Leurs réflexions ne les menaient pas loin, car ils ne revenaient presque jamais, si bien que Ransom finit par se demander s'il n'était pas victime d'un préjugé contre les gens qui avaient le type du Sud. C'est peut-être son accent qu'ils n'aimaient pas, après tout. Si quelqu'un pouvait lui apprendre comment on acquiert un autre teint et une autre manière de parler, il ne demandait qu'à essayer ; mais le genre de New York ne s'enseigne pas à coup de préceptes et l'exemple seul ne suffisait visiblement pas dans son cas. Il se dit qu'il était probablement complètement idiot et incapable, et il finit par s'apercevoir tout simplement qu'il n'avait aucun sens pratique.

Texte 3

Captain MacWhirr could expect no relief (of that sort) from anyone on earth. Such is the loneliness of command. He was trying to see, with that watchful manner of a seaman who stares into the wind's eye as if into the eye of an adversary, to penetrate the hidden intention and guess the aim and force of the thrust. The strong wind swept at him out of a vast obscurity;
5 he felt under his feet the uneasiness of his ship, and he could not even discern the shadow of her shape. He wished it were not so; and very still he waited, feeling stricken by a blind man's helplessness.

To be silent was natural to him, dark or shine. Jukes, at his elbow, made himself heard yelling cheerily in the gusts, "We must have got the worst of it at once, sir." A faint burst of lightning
10 quivered all round, as if flashed into a cavern - into a black and secret chamber of the sea, with a floor of foaming crests.

It unveiled for a sinister, fluttering moment a ragged mass of clouds hanging low, the lurch of the long outlines of the ship, the black figures of men caught on the bridge, heads forward, as if petrified in the act of butting. The darkness palpitated down upon all this, and then the real
15 thing came at last.

It was something formidable and swift, like the sudden smashing of a vial of wrath. It seemed to explode all round the ship with an overpowering concussion and a rush of great waters, as if an immense dam had been blown up to windward. In an instant the men lost touch of each other. This is the disintegrating power of a great wind: it isolates one from one's kind. An
20 earthquake, a landslip, an avalanche, overtake a man incidentally, as it were – without passion. A furious gale attacks him like a personal enemy, tries to grasp his limbs, fastens upon his mind, seeks to rout his very spirit out of him.

Jukes was driven away from his commander. He fancied himself whirled a great distance through the air. Everything disappeared – even, for a moment, his power of thinking; but his
25 hand had found one of the rail stanchions. His distress was by no means alleviated by an inclination to disbelieve the reality of this experience. Though young, he had seen some bad weather, and had never doubted his ability to imagine the worst; but this was so much beyond his powers of fancy that it appeared incompatible with the existence of any ship whatever. He would have been incredulous about himself in the same way, perhaps, had he not been so
30 harassed by the necessity of exerting a wrestling effort against a force trying to tear him away from his hold. Moreover, the conviction of not being utterly destroyed returned to him through the sensations of being half-drowned, bestially, and partly choked.

J. Conrad, *Typhoon*, 1902.

Mais le capitaine MacWhirr, lui, ne pouvait espérer de personne sur terre un soulagement (analogue). Tel est l'isolement du commandement. Il s'efforçait de scruter les intentions cachées de cette attaque, d'en supputer les directions, les ressources, à la manière des marins vigilants dont le regard plonge dans l'œil du vent comme dans l'œil d'un adversaire. Mais le vent qui fonçait sur lui surgissait de l'obscurité. MacWhirr sentait bien sous ses pieds le malaise de son navire, mais ce navire, il ne le voyait même plus ; il ne pouvait même pas distinguer ses contours. Et MacWhirr restait immobile ; il attendait, faisait des vœux, figé dans l'impuissante détresse de l'aveugle.

Le silence était son état naturel, nuit et jour. À son côté, Jukes à travers la rafale poussait de cordiaux jappements :

– Nous aurons eu tout le pire d'un coup, capitaine.

Un faible éclair tremblota tout autour comme sur les parois d'une caverne, d'une chambre de la mer secrète et noire, au pavement d'écume et de flots. Sa palpitation sinistre découvrit un instant la masse basse et déchiquetée des nuages, le profil allongé du Nan-Shan, et sur le pont, les sombres silhouettes des matelots à la tête baissée, surpris dans quelque élan, butés et comme pétrifiés. Puis les flottantes ténèbres se rabattirent. Et c'est alors enfin que la réelle chose arriva.

Ce fut je ne sais quoi de formidable et de prompt, pareil à l'éclatement soudain du grand vase de la Colère. L'explosion enveloppa le navire avec un jaillissement tel qu'il sembla que quelque immense digue venait d'être crevée à l'avant. Chaque homme aussitôt perdit contact. Car tel est le pouvoir désagrégeant des grands souffles : il isole. Un tremblement de terre, un éboulement, une avalanche s'attaque à l'homme incidemment pour ainsi dire et sans colère. L'ouragan, lui, s'en prend à chacun comme à son ennemi personnel, tâche à l'intimider, à le ligoter membre à membre, met en déroute sa vertu.

Jukes fut balayé d'auprès de son commandant. Roulé par le tourbillon, il lui sembla qu'il était porté dans les airs à une grande distance. Tout disparut devant lui, et durant quelques instants, il perdit la faculté de penser ; mais sa main alors rencontra une des batayoles de la rambarde. La propension qu'il avait à ne pas croire à la réalité de ce qui lui arrivait ne diminuait en rien sa détresse. Bien que jeune encore, il avait eu à essuyer des mauvais temps et se flattait de pouvoir imaginer le pire ; mais voici qui dépassait étrangement ses ressources imaginatives et qu'il n'aurait jamais cru que navire au monde pût supporter. Il eût professé pareille incrédulité à l'endroit de sa propre personne, sans doute, s'il n'avait été tout absorbé par la lutte épuisante qu'il lui fallait soutenir contre cette force qui prétendait lui arracher son point d'appui. Mais pour se sentir ainsi à moitié noyé, sauvagement secoué, étouffé, maté, il lui fallait tout de même enfin se convaincre qu'il n'était pas encore absolument supprimé.

Texte 4

Mrs Peniston was one of the episodical persons who form the padding of life. It was impossible to believe that she had herself ever been a focus of activities. The most vivid thing about her was the fact that her grandmother had been a Van Alstyne. This connection with the well-fed and industrious stock of early New York revealed itself in the glacial neatness of Mrs Peniston's drawing-room and in the excellence of her cuisine. She belonged to the class of old New Yorkers who have always lived well, dressed expensively, and done little else; and to these inherited obligations Mrs Peniston faithfully conformed. She had always been a looker-on at life, and her mind resembled one of those little mirrors which her Dutch ancestors were accustomed to affix to their upper windows, so that from the depths of an impenetrable domesticity they might see what was happening in the street.

Mrs Peniston was the owner of a country-place in New Jersey, but she had never lived there since her husband's death – a remote event, which appeared to dwell in her memory chiefly as a dividing point in the personal reminiscences that formed the staple of her conversation. She was a woman who remembered dates with intensity, and could tell at a moment's notice whether the drawing-room curtains had been renewed before or after Mr Peniston's last illness. Mrs Peniston thought the country lonely and trees damp, and cherished a vague fear of meeting a bull. To guard against such contingencies she frequented the more populous watering-places, where she installed herself impersonally in a hired house and looked on at life through the matting screen of her verandah. In the care of such a guardian, it soon became clear to Lily that she was to enjoy only the material advantages of good food and expensive clothing; and, though far from underrating these, she would gladly have exchanged them for what Mrs Bart had taught her to regard as opportunities. She sighed to think what her mother's fierce energies would have accomplished, had they been coupled with Mrs Peniston's resources. Lily had abundant energy of her own, but it was restricted by the necessity of adapting herself to her aunt's habits. She saw that at all costs she must keep Mrs Peniston's favour till, as Mrs Bart would have phrased it, she could stand on her own legs. Lily had no mind for the vagabond life of the poor relation, and to adapt herself to Mrs Peniston she had, to some degree, to assume that lady's passive attitude. She had fancied at first that it would be easy to draw her aunt into the whirl of her own activities, but there was a static force in Mrs Peniston against which her niece's efforts spent themselves in vain. To attempt to bring her into active relation with life was like tugging at a piece of furniture which had been screwed to the floor.

E. Wharton, *The House of Mirth*, 1905.
© Mr. W.R. Tyler. By permission of T. Sayle Literary & Dramatic Agency.

Mrs Peniston était un de ces personnages épisodiques qui servent en quelque sorte à rembourrer l'étoffe de la vie. Il était impossible de se la figurer comme ayant jamais été elle-même un foyer d'activité. Le fait le plus saillant qui la concernait était que sa grand'mère eût été une Van Alstyne. Cette alliance avec la race bien nourrie et industrieuse de l'ancienne New-York se révélait dans la propreté glaciale du salon de Mrs Peniston et dans l'excellence de sa cuisine. Elle appartenait à cette classe de vieux New Yorkais qui ont toujours vécu largement, dépensé beaucoup pour leur toilette, et n'ont guère fait autre chose ; à ces obligations héréditaires Mrs Peniston se conformait fidèlement. Elle avait toujours tenu dans la vie l'emploi de spectatrice, et son esprit ressemblait à un de ces petits miroirs que ses ancêtres hollandais avaient coutume de fixer à leurs fenêtres, afin que des profondeurs d'une impénétrable retraite ils pussent voir ce qui se passait dans la rue.

Mrs Peniston avait une propriété dans la province de New-Jersey ; mais elle n'y avait jamais habité depuis la mort de son mari, - événement déjà lointain qui semblait subsister dans sa mémoire surtout comme point de repère pour les souvenirs personnels qui formaient le fond de sa conversation. Elle était de ces femmes qui se rappellent les dates avec intensité, et elle pouvait sans un moment d'hésitation vous dire si les rideaux du salon avaient été changés avant ou après la dernière maladie de M. Peniston.

Mrs Peniston trouvait la campagne triste et les arbres humides, et elle nourrissait une peur vague de rencontrer un taureau. Pour se garder contre ces contingences, elle fréquentait les villes d'eaux les plus visitées ; elle s'y installait d'une manière toute impersonnelle, dans une maison louée, et contemplait la vie à travers les stores nattés de sa véranda. Aux soins d'une semblable tutrice, Lily comprit bien vite qu'elle n'aurait que les avantages matériels d'une bonne cuisine et d'une élégante garde-robe ; et, bien qu'elle fût loin de les déprécier, elle les eût changés avec joie pour ce que Mrs Bart l'avait instruite à regarder comme des occasions. Elle soupirait à la pensée de tout ce que les indomptables énergies de sa mère eussent accompli, si elles avaient été unies aux ressources de Mrs Peniston. Lily elle-même était fort énergique, mais elle était entravée par la nécessité de s'adapter aux habitudes de sa tante. Elle voyait qu'il lui fallait à tout prix rester dans les bonnes grâces de Mrs Peniston jusqu'à ce qu'elle pût, comme eût dit Mrs Bart, se tenir toute seule sur ses pieds. L'existence vagabonde du parent pauvre ne charmait nullement Lily, et pour s'adapter à Mrs Peniston, il lui fallait, dans une certaine mesure, imiter l'attitude passive de cette dame. Elle s'était imaginé tout d'abord qu'il serait facile d'entraîner sa tante dans le tourbillon de ses propres activités, mais il y avait chez Mrs Peniston une force statique contre laquelle tous les efforts de sa nièce se brisèrent en vain. Tenter de la mettre en contact direct avec la vie, c'était comme si l'on voulait arracher un meuble préalablement vissé au parquet.

Texte 5

A lost long candle wandered up the sky from Mirus bazaar in search of funds for Mercer's hospital and broke, drooping, and shed a cluster of violet but one white stars. They floated, fell: they faded. The shepherd's hour: the hour of holding: hour of tryst. From house to house, giving his everwelcome double knock, went the nine o'clock postman, the glow-
5 worm's lamp at his belt gleaming here and there through the laurel hedges. And among the five young trees a hoisted lintstock lit the lamp at Leahy's terrace. By screens of lighted windows, by equal gardens a shrill voice went crying, wailing: *Evening Telegraph, stop press edition! Result of the Gold Cup race!* and from the door of Dignam's house a boy ran out and called. Twittering the bat flew here, flew there. Far out over the sands the coming surf crept,
10 grey. Howth settled for slumber tired of long days, of yumyum rhododendrons (he was old) and felt gladly the night breeze lift, ruffle his fell of ferns. He lay but opened a red eye unsleeping, deep and slowly breathing, slumberous but awake. And far on Kish bank the anchored lightship twinkled, winked at Mr Bloom.

Life those chaps out there must have, stuck in the same spot. Irish Lights board. Penance for
15 their sins. Coastguards too. Rocket and breeches buoy and lifeboat. Day we went out for the pleasure cruise in the Erin's King, throwing them the sack of old papers. Bears in the zoo. Filthy trip. Drunkards out to shake up their livers. Puking over-board to feed the herrings. Nausea. And the women, fear of God in their faces. Milly, no sign of funk. Her blue scarf loose, laughing. Don't know what death is at that age. And then their stomachs clean. But being lost
20 they fear. When we hid behind the tree at Crumlin. I didn't want to. Mamma! Mamma! Babes in the wood. Frightening them with masks too. Throwing them up in the air to catch them. I'll murder you. Is it only half fun? Or children playing battle. Whole earnest. How can people aim guns at each other? Sometimes they go off. Poor kids. Only troubles wildfire and nettlerash. Calomel purge I got her for that. After getting better asleep with Molly. Very same teeth she
25 has. What do they love? Another themselves? But the morning she chased her with the umbrella. Perhaps so as not to hurt. I felt her pulse. Ticking. Little hand it was: now big.

J. Joyce, *Ulysses*. First published in Paris 1922.
© The Estate of James Joyce. By permission of the Society of Authors.

De la kermesse Mirus une dernière chandelle échappée sondait le ciel à la recherche de fonds pour l'hôpital Mercer, et crevait, s'affaissait, laissant fuir une grappe d'étoiles violettes fors une blanche. Elles fleurissent, se fanent, finissent. L'heure du berger, l'heure des étreintes, l'heure des serments. De maison en maison, avec son double heurt qui réjouit le cœur, voici le facteur de neuf heures, et la lampe électrique ver luisant à sa ceinture, lueur çà et là dans les haies de lauriers. Et parmi les cinq jeunes arbres de Leahy's Terrace, la lampe brandie de l'allumeur donna du feu au réverbère. Le long des écrans éclairés des fenêtres, le long des jardinets symétriques, une voix pointue criait et gémissait en s'éloignant : *Télégramme du Soir, dernière édition ! Résultat des Courses, la Coupe d'Or !* et, sorti de la maison Dignam en courant, un petit garçon appela. Le vol de la chauve-souris froufroutait çà et là. Là-bas sur le sable le jusant gris montait en rampant, spumeux. Howth se disposait au sommeil, las des longs jours, las des rhododendrons niamniam (il se fait vieux) et sentait avec satisfaction la brise nocturne ébouriffer sa fourrure de fougères. Il reposait tout en gardant ouvert son œil rouge, l'haleine profonde et lente, sommeillant sans dormir. Et là-bas le bateau-phare de Kish papillotait, clignant de l'œil vers M. Bloom.

La vie que ces bonshommes doivent avoir là, vissés au même endroit. Direction des Phares d'Irlande. Font pénitence pour leurs péchés. Et les garde-côtes. Fusées canons lance-amarres et bateau de sauvetage. Le jour où nous faisions cette excursion en mer à bord du Roi d'Erin, nous leur avons jeté le sac de vieux journaux. Les ours du Jardin Zoologique dans leur fosse. Infecte partie de plaisir. Des ivrognes en excursion pour se ramoner l'intérieur. Dégobillant par-dessus bord pour donner à manger aux poissons. Nauséeux. Et les têtes des femmes qui voyaient l'enfer s'ouvrir. Milly pas trace de frousse. Son écharpe bleue flottante, elle riait. À cet âge-là ne savent pas ce que c'est que la mort. Et puis leurs estomacs sont sains. Mais ils ont peur quand ils se croient perdus. Quand nous nous cachions derrière l'arbre à Crumlin. Moi, je ne voulais pas. Maman ! Maman ! Le Petit Poucet dans le bois. On les effraie avec des masques. Et les jeter en l'air pour les rattraper. Je vais te couper le cou. Est-ce tout à fait pour rire ? Ou des enfants qui jouent à la guerre. Ils y vont franc jeu. Comment est-ce que les gens peuvent se mettre en joue avec de vrais fusils ? Quelquefois ils partent. Pauvres gosses. Ses seules misères la rougeole et l'urticaire. C'est une purge au calomel que je lui avais achetée pour ça. Allant mieux et dormant contre Molly. Leurs dents bien pareilles. Qu'est-ce qu'elles aiment ? Une autre elles-mêmes ? Mais le matin elle lui courait après avec le parapluie. Peut-être pour ne pas lui faire bien mal. Je tâtais son pouls. Tictaquant. Où est sa petite menotte d'alors ? main de femme aujourd'hui.

Texte 6

JOURNEY OF THE MAGI

'A cold coming we had of it,
   Just the worst time of the year
For a journey, and such a long journey:
The ways deep and the weather sharp,
5 The very dead of winter.'
And the camels galled, sore-footed, refractory,
Lying down in the melting snow.
There were times we regretted
The summer palaces on slopes, the terraces,
10 And the silken girls bringing sherbet.
Then the camel men cursing and grumbling
And running away, and wanting their liquor and women,
And the night-fires going out, and the lack of shelters,
And the cities hostile and the towns unfriendly
15 And the villages dirty and charging high prices:
A hard time we had of it.
At the end we preferred to travel all night,
Sleeping in snatches,
With the voices singing in our ears, saying
20 That this was all folly.

Then at dawn we came down to a temperate valley,
Wet, below snow line, smelling of vegetation;
With a running stream and a water-mill beating the darkness,
And three trees on the low sky,
25 And an old white horse galloped away in the meadow.
Then we came to a tavern with vine-leaves over the lintel,
Six hands at an open door dicing for pieces of silver,
And feet kicking the empty wine-skins.
But there was no information, and so we continued
30 And arrived at evening, not a moment too soon
Finding the place; it was (you may say) satisfactory.

All this was a long time ago, I remember,
And I would do it again, but set down
This set down
35 This: were we led all that way for
Birth or Death? There was a Birth, certainly,
We had evidence and no doubt, I had seen birth and death,
But had thought they were different; this Birth was
Hard and bitter agony for us, like Death, our death.
40 We returned to our places, these Kingdoms,
But no longer at ease here, in the old dispensation,
With an alien people clutching their gods.
I should be glad of another death.   1927

T.S. Eliot, *Collected Poems*, Faber & Faber, 1963. © T.S. Eliot.

Le voyage des mages

« Ce fut une froide équipée,
La pire saison de l'année
Pour un voyage, surtout pour un si long voyage :
« Les chemins ravinés, la rafale cinglante,
5 « Le plus morfondu de l'hiver[1] »
Et les chameaux meurtris, éclopés, réfractaires
Qui se couchaient dans la neige fondue.
Plus d'une fois, certes, nous regrettâmes
Les palais d'été sur les pentes, les terrasses
10 Et les filles soyeuses qui passaient des sorbets.
Sans compter les chameliers qui juraient, qui maugréaient,
Qui fuyaient, qui voulaient leur boisson et leurs femmes,
Et les feux de bivouac qui s'éteignaient et le manque d'abri,
Et les cités hostiles, les bourgs rébarbatifs,
15 Les villages crasseux qui demandaient les yeux de la tête :
Ce fut une rude équipée.
Vers la fin nous allions toute la nuit durant,
En sommeillant par bribes,
Et des voix résonnaient à nos oreilles, chantant
20 Que tout cela était folie.

Une aube, nous descendîmes dans un val tempéré,
Humide bien au-dessous de la limite des neiges,
Imprégné d'odeurs végétales,
Avec une eau courante, un moulin battant l'ombre,
25 Trois arbres contre le ciel bas,
Et ce vieux cheval blanc qui galopait dans la prairie.
Ensuite, ce fut une taverne au linteau orné de corymbes,
Six mains devant la porte ouverte jouaient aux dés des pièces d'argent
Et des pieds envoyaient baller les outres vides.
30 De renseignements, point ; aussi nous continuâmes,
Pour arriver le soir ; ayant, mais juste à temps,
Trouvé l'endroit : c'était (pourrait-on dire)
Un résultat satisfaisant.

Tout ceci est fort ancien, j'en ai mémoire
35 Et serais prêt à le refaire, mais notez bien
Ceci, notez
Ceci : tout ce chemin, nous l'avait-on fait faire
Vers la Naissance ou vers la Mort ? Qu'il y ait eu
Naissance, la chose est sûre, car nous en eûmes
40 La preuve, pas de doute. J'avais vu la naissance
Et j'avais vu la mort ; mais je les avais crues
Toutes deux différentes. Cette Naissance-là
Fut pour nous agonie amère et douloureuse,
Fut comme la Mort, fut notre mort.
45 Nous sommes revenus chez nous, en ces royaumes,
Mais sans plus nous sentir à l'aise dans l'ancienne dispensation
Avec nos peuples étrangers qui se cramponnent à leurs dieux.
Une autre mort serait la bienvenue.

---

1. Citation d'un sermon de Lancelot Andrewes sur la Nativité (N.d.T.).

Texte 7

"I've always been a religious man, all my life I have. I've always done the best I could, no matter how much I was provoked, and I've tried to get my boys and girls to do the same. You see that piece of ground over yonder, Pluto? Well, that's God's little acre. I set aside an acre of my farm for God twenty-seven years ago, when I bought this place, and every year I give the church all that comes off that acre of ground. If it's cotton, I give the church all the money the cotton brings at market. The same with hogs, when I raised them, and about corn, too, when I plant it. That's God's little acre, Pluto. I'm proud to divide what little I have with God."

"What's growing on it this year?"

"Growing on it? Nothing, Pluto. Nothing but maybe beggar-lice and cockle-burs now. I just couldn't find the time to plant cotton on it this year. Me and the boys and the darkies have been so busy with other things I just had to let God's little acre lie fallow for the time being."

Pluto sat up and looked across the field towards the pine woods. There were such great piles of excavated sand and clay heaped over the ground that it was difficult to see much farther than a hundred yards without climbing a tree.

"Where'd you say that acre of land was, Ty Ty?"

"Over there near the woods. You won't be able to see much of it from here."

"Why did you put it 'way over there? Ain't that a sort of out-of-the-way place for it to be, Ty Ty?"

"Well, I'll tell you, Pluto. It ain't always been where it is now. I've been compelled to shift it around a heap during the past twenty-seven years. When the boys get to discussing where we'll start digging anew, it seems like it always falls on God's little acre. I don't know why that is, either. I'm set against digging on His ground, so I've been compelled to shift it around over the farm to keep from digging it up."

"You ain't scared of digging on it and striking a lode, are you, Ty Ty?"

"No, I wouldn't say that, but I'd hate to have to see the lode struck on God's little acre the first thing, and be compelled to turn it all over to the church. That preacher's getting all he needs like it is. I'd hate something awful to have to give all the gold to him. I couldn't stand for that, Pluto."

E. Caldwell, *God's Little Acre*, William Heinemann Ltd.
© 1933 by M. Secker. By permission of L. Pollinger Ltd, London.

J'ai toujours été religieux, toute ma vie. J'ai toujours agi pour le mieux, même quand j'étais point content, et c'est de cette façon que j'ai toujours essayé d'élever mes garçons et mes filles. Tu vois cette pièce de terre, là-bas, Pluto ? Eh bien, c'est le petit arpent du Bon Dieu. Il y a vingt-sept ans, quand j'ai acheté cette ferme, j'en ai mis à part un arpent pour le Bon Dieu.
5 Et, depuis lors, je donne tous les ans à l'église ce qui pousse sur cet arpent. Si c'est du coton, j'donne à l'église tout l'argent que le coton me rapporte sur le marché. La même chose avec les cochons, si j'en élève, et avec le maïs aussi, si j'en plante. C'est le petit arpent du Bon Dieu, Pluto. J'aime bien partager avec Dieu le peu que je récolte.
– Qu'est-ce qui y pousse, cette année ?
10 – Ce qui y pousse ? Rien, Pluto, rien, ou bien de l'ivraie peut-être, ou des gratte-cul. J'ai pas eu une minute pour planter du coton cette année. Le reste m'a tellement occupé avec mes garçons et les nègres, que j'ai dû momentanément laisser le petit arpent du Bon Dieu en jachère.
Pluto se mit sur son séant et regarda par-delà le champ, vers les bois de pins. Le terrain était
15 couvert de si gros monticules de sable et d'argile qu'il était difficile de voir à plus de cent mètres sans grimper sur un arbre.
– Où c'est-il que t'as dit qu'il était cet arpent, Ty Ty ?
– Là-bas, près des bois. Tu n'pourras pas bien le voir d'ici.
– Pourquoi que tu l'as mis si loin ? Est-ce que c'est pas un peu trop écarté, Ty Ty ?
20 – Ben, j'vais te dire, Pluto. Il n'a pas toujours été là. Depuis vingt-sept ans, j'ai changé de place bien des fois. Quand mes garçons commencent à discuter où il faudra se mettre à creuser un autre trou, on dirait toujours que ça tombe sur le petit arpent du Bon Dieu. Pourquoi ça, j'en sais rien. Mais j'veux point qu'on creuse sur Son terrain ; alors j'ai été obligé de le transporter tout autour de la ferme pour éviter qu'on le défonce.
25 – C'est pas que t'as peur de creuser et d'y trouver le filon, hein, Ty Ty ?
– Non, j'dirais pas ça, mais j'aimerais pas qu'on trouve le filon sur le petit arpent du Bon Dieu et que je sois obligé de tout donner à l'église. Notre pasteur en reçoit bien assez comme ça. Sûr que j'aimerais pas lui donner tout mon or. Non, j'supporterais pas ça, Pluto.

Texte 8

"Ah, doctor," said Flory, supine in the long chair, "what a joy to be here after that bloody Club. When I come to your house I feel like a Nonconformist minister dodging up to town and going home with a tart. Such a glorious holiday from *them*" – he motioned with one heel in the direction of the Club – "from my beloved fellow Empire-builders. British prestige, the white man's burden, the pukka sahib *sans peur et sans reproche* – you know. Such a relief to be out of the stink of it for a little while."

"My friend, my friend, now come, come, please! That iss outrageous. You must not say such things of honourable English gentlemen!"

"You don't have to listen to the honourable gentlemen talking, doctor. I stood it as long as I could this morning. Ellis with his 'dirty nigger', Westfield with his jokes, MacGregor with his Latin tags and please give the bearer fifteen lashes. But when they got on to that story about the old havildar – you know, the dear old havildar who said that if the British left India there wouldn't be a rupee or a virgin between – you know; well, I couldn't stand it any longer. It's time that old havildar was put on the retired list. He's been saying the same thing ever since the Jubilee in 'eighty-seven.'"

The doctor grew agitated, as he always did when Flory criticized the Club members. He was standing with his plump white-clad behind balanced against the veranda rail, and sometimes gesticulating. When searching for a word he would nip his black thumb and forefinger together, as though to capture an idea floating in the air.

"But truly, truly Mr Flory, you must not speak so! Why iss it that always you are abusing the pukka sahibs, ass you call them? They are the salt of the earth. Consider the great things they have done – consider the great administrators who have made British India what it iss. Consider Clive, Warren Hastings, Dalhousie, Curzon. They were such men – I quote your immortal Shakespeare – ass, take them for all in all, we shall not look upon their like again!"

"Well, do you want to look upon their like again? I don't."

"And consider how noble a type iss the English gentleman! Their glorious loyalty to one another! The public school spirit! Even those of them whose manner iss unfortunate – some Englishmen are arrogant, I concede – have the great, sterling qualities that we Orientals lack. Beneath their rough exterior, their hearts are of gold."

"Of gilt, shall we say? There's a kind of spurious good-fellowship between the English and this country. It's a tradition to booze together and swap meals and pretend to be friends, though we all hate each other like poison. Hanging together, we call it. It's a political necessity. Of course drink is what keeps the machine going. We should all go mad and kill one another in a week if it weren't for that. There's a subject for one of your uplift essayists, doctor. Booze as the cement of empire."

G. Orwell, *Burmese Days*, Victor Gollancz, 1935.
© The Estate of Eric Blair, 1934. By permission of La Nouvelle Agence, Paris.

— Ah ! docteur, dit Flory, étendu dans sa chaise-longue, quelle joie de se trouver ici après ce damné Club ! Quand je viens chez vous je me sens comme un ministre non-conformiste se détournant de la ville et rentrant chez lui avec une belle petite. Etre loin d'eux. Quel glorieux jour de fête ! – Il remua un talon dans la direction du Club, – loin de mes chers camarades, fondateurs de l'Empire. Le prestige anglais, la charge de l'homme blanc, le « *pukka sahib*[1] sans peur et sans reproche » – vous savez ! Quel soulagement d'être pour un moment loin de cette puanteur !

— Mon ami, mon ami, alors, venez, venez, je vous prie. Mais c'est outrageant. Vous ne devez pas dire de telles choses à propos d'honorables gentlemen anglais.

— Vous n'avez pas, vous, à entendre parler ces honorables gentlemen, docteur. J'y ai résisté aussi longtemps que j'ai pu ce matin. Ellis avec son « sale nègre », Westfield avec ses plaisanteries, Mac Grégor avec ses clichés latins et son « veuillez donner quinze coups de fouet au porteur ». Mais quand ils en sont venus à cette histoire du vieil *havildar* – vous savez, le vieux sergent, qui dit que, si les Anglais quittaient l'Inde, il n'y aurait plus une roupie ni une vierge entre… Vous savez ? bon ! Je n'ai pu y tenir ; il est temps que le vieil *havildar* soit mis sur la liste des retraités. Il répète toujours la même chose depuis le Jubilé de 87.

Le docteur s'agita, comme il faisait toujours quand Flory critiquait les membres du Club. Debout, son dos replet vêtu de blanc appuyé contre la rampe de la véranda, il se balançait et quelquefois, gesticulait. Quand il cherchait un mot, il mordait à la fois son pouce et son index noirs, comme pour capturer une idée flottant dans l'air.

— Mais vraiment, vraiment, monsieur Flory, vous ne devez pas parler ainsi. Pourquoi insultez-vous les *pukka sahibs*, comme vous les appelez. Ils sont le sel de la terre. Considérez les grandes choses qu'ils ont entreprises – considérez les grands administrateurs qui ont fait de l'Inde anglaise ce qu'elle est. Considérez Clive, Warren Hastings, Dalhousie, Curzon. « De tels hommes – je cite votre immortel Shakespeare – prenez-les tous en bloc, nous n'en reverrons plus ! »

— Bon ! vous voulez en revoir de pareils ? Moi, pas.

— Et considérez de quel noble type sont les gentlemen anglais ! Leur glorieuse loyauté les uns envers les autres ! L'esprit de l'école publique ! Même ceux dont les manières sont à déplorer – quelques Anglais sont arrogants, je le concède – ont les grandes qualités de bon aloi dont nous manquons nous, Orientaux. Sous leur rude extérieur, ils ont des cœurs d'or.

— Dorés, dirons-nous. Il y a une sorte de fausse camaraderie entre les Anglais, en ce pays. C'est une tradition de riboter ensemble et d'échanger des repas, et de prétendre être amis, bien que nous nous haïssions les uns les autres autant que du poison. « Faire bloc », disons-nous. C'est une nécessité politique. Naturellement, la boisson est ce qui fait manœuvrer la machine. Sans cela, nous deviendrions tous fous au bout d'une semaine, fous à tout massacrer. Il y a là un sujet pour un de vos essayistes élevés, docteur : la boisson devenant le ciment de l'Empire.

---

1. *Pukka sahib*, en hindou, signifie « vrai Seigneur, vrai maître ». En Angleterre, on applique souvent ironiquement cette expression aux Anglais des Indes.

Texte 9

Senator Windrip's father was a small-town Western druggist, equally ambitious and unsuccessful, and had named him Berzelius after the Swedish chemist. Usually he was known as "Buzz." He had worked his way through a Southern Baptist college, of approximately the same academic standing as a Jersey City business college, and through a Chicago law
5   school, and settled down to practice in his native state and to enliven local politics. He was a tireless traveler, a boisterous and humorous speaker, an inspired guesser at what political doctrines the people would like, a warm handshaker, and willing to lend money. He drank Coca-Cola with the Methodists, beer with the Lutherans, California white wine with the Jewish village merchants – and, when they were safe from observation, white-mule corn whisky with
10 all of them.

Within twenty years he was as absolute a ruler of his state as ever a sultan was of Turkey.

He was never governor; he had shrewdly seen that his reputation for research among planters-punch recipes, varieties of poker, and the psychology of girl stenographers might cause his defeat by the church people, so he had contented himself with coaxing to the gubernatorial
15 shearing a trained baa-lamb of a country schoolmaster whom he had gaily led on a wide blue ribbon. The state was certain that he had "given it a good administration," and they knew that it was Buzz Windrip who was responsible, not the Governor.

Windrip caused the building of impressive highroads and of consolidated country schools; he made the state buy tractors and combines and lend them to the farmers at cost. He was certain
20 that some day America would have vast business dealings with the Russians and, though he detested all Slavs, he made the State University put in the first course in the Russian language that had been known in all that part of the West. His most original invention was quadrupling the state militia and rewarding the best soldiers in it with training in agriculture, aviation, and radio and automobile engineering.

25 The militiamen considered him their general and their god, and when the state attorney general announced that he was going to have Windrip indicted for having grafted $3200,000 of tax money, the militia rose to Buzz Windrip's orders as though they were his private army and, occupying the legislative chambers and all the state offices, and covering the streets leading to the Capitol with machine guns, they herded Buzz's enemies out of town.

30 He took the United States Senatorship as though it were his manorial right, and for six years, his only rival as the most bouncing and feverish man in the Senate had been the late Huey Long of Louisiana.

He preached the comforting gospel of so redistributing wealth that every person in the country would have several thousand dollars a year (monthly Buzz changed his prediction as to how
35 many thousand), while all the rich men were nevertheless to be allowed enough to get along, on a maximum of $500,000 a year. So everybody was happy in the prospect of Windrip's becoming president.

The Reverend Dr. Egerton Schlemil, dean of St. Agnes Cathedral, San Antonio, Texas stated (once in a sermon, once in the slightly variant mimeographed press handout on the sermon,
40 and seven times in interviews) that Buzz's coming into power would be "like the Heaven-blest fall of revivifying rain upon a parched and thirsty land." Dr. Schlemil did not say anything about what happened when the blest rain came and kept falling steadily for four years.

S. Lewis, *It Can't Happen Here*, © 1935 by S. Lewis;
© renewed 1963 by M. Lewis and Ernst, Cane, Gitlin & Winick Counsellors at Law, New York.
By permission of the Estate of M. Lewis and Ernst, Cane, Gitlin & Winick Counsellors at Law, New York.

Windrip était le fils d'un pharmacien ambitieux et raté qui l'avait prénommé Berzélius, en l'honneur du célèbre chimiste suédois. Berzélius, par abréviation, donnait « Buzz » – c'est-à-dire le « bourdonnant ». Il avait fait de médiocres études dans un médiocre collège anabaptiste du Sud, puis étudié le droit à Chicago. Il s'était alors mis sérieusement à la politique et s'acoquina avec les politiciens de l'endroit. Voyageur infatigable, il obtenait de grands succès oratoires ; tantôt violent, tantôt humoristique, il était capable de soutenir la cause de n'importe quel parti. Il distribuait généreusement les poignées de main – et, en intention, les billets de banque (qu'il ne possédait pas). Il buvait du coca-cola avec les Méthodistes, de la bière avec les Luthériens, du vin blanc de Californie avec les commerçants juifs de province, – et du whisky avec tous, quand il n'y avait pas de journalistes présents.

En vingt ans, il était devenu maître absolu de son État, un véritable sultan. Il n'avait jamais posé sa candidature pour être gouverneur ; il avait compris que sa réputation d'amateur de punch, de poker et de sténos pouvait lui faire du tort auprès des gens bien pensants. Aussi avait-il fait élire gouverneur un homme de paille, un instituteur de village qui obéissait à Windrip au doigt et à l'œil. L'État était bien « gouverné » : et l'on savait qu'on devait cette bonne administration au sénateur Buzz Windrip et non au gouverneur.

À l'instigation de Windrip, on avait construit de superbes routes et des écoles monumentales ; l'État avait acheté des tracteurs et des machines agricoles qu'il louait ensuite aux fermiers. Windrip ne doutait pas qu'un jour d'importants échanges commerciaux n'aient lieu entre la Russie et l'Amérique et, bien qu'il détestât tous les Slaves, il avait fait décider la création de cours de russe à l'université de « son » État ; c'était la première fois qu'on enseignait cette langue dans cette partie de l'Ouest. Son initiative la plus originale avait été de quadrupler la milice d'État et de récompenser les meilleurs soldats en leur offrant des débouchés dans l'agriculture, l'aviation, la radio ou l'automobile. Les miliciens le considéraient comme leur général et leur dieu ; lorsque le procureur général annonça qu'il allait poursuivre Windrip pour concussion, la milice se dressa comme un seul homme, et la garde prétorienne de Windrip occupa les bâtiments fédéraux, mit la ville en état de siège et chassa ses ennemis.

Il exerçait ses fonctions de sénateur comme un droit seigneurial, et son seul rival en coups de gueuloir et en fiévreuse activité avait été feu Huey Long, sénateur de la Louisiane.

Il prêchait le réconfortant évangile de la redistribution des richesses, de telle sorte que chaque citoyen jouirait chaque année d'un revenu de plusieurs milliers de dollars (Windrip variait chaque semaine sur le nombre exact), tandis que les riches auraient le droit de conserver leurs revenus jusqu'à concurrence de 500 000 dollars par an. De sorte que tout le monde ne voyait qu'avantages dans l'élection de Windrip.

Le révérend Egerton Schlemil, doyen de la cathédrale de Sainte-Agnès, San Antonio, Texas, déclara dans un sermon – puis aux actualités, puis dans sept interviews – que l'arrivée de Buzz au pouvoir, serait comme « la bienfaisante pluie tombant du Ciel sur une terre desséchée et brûlante ». Le révérend ne disait rien de ce qui arriverait si la bienfaisante pluie du ciel se mettait à tomber sans arrêt pendant quatre ans.

Texte 10

It is hardly a coincidence that the struggle to free woman began in America on the heels of the Revolutionary War, and grew strong with the movement to free the slaves. Thomas Paine, the spokesman for the Revolution, was among the first to condemn in 1775 the position of women "even in countries where they may be esteemed the most happy, constrained in their
5 desires in the disposal of their goods, robbed of freedom and will by the laws, the slaves of opinion…" During the Revolution, some ten years before Mary Wollstonecraft spearheaded the feminist movement in England, an American woman, Judith Sargent Murray, said women needed knowledge to envision new goals and grow by reaching for them. In 1837, the year Mount Holyoke opened its doors to give women their first chance at education equal to men's,
10 American women were also holding their first national anti-slavery convention in New York. The women who formally launched the women's rights movement at Seneca Falls met each other when they were refused seats at an anti-slavery convention in London. Shut off behind a curtain in the gallery, Elizabeth Stanton, on her honeymoon, and Lucretia Mott, demure mother of five, decided that it was not only the slaves who needed to be liberated.
15 Whenever, wherever in the world there has been an upsurge of human freedom, women have won a share of it for themselves. Sex did not fight the French Revolution, free the slaves in America, overthrow the Russian Tsar, drive the British out of India; but when the idea of human freedom moves the minds of men, it also moves the minds of women.

B. Friedan, *The Feminine Mystique*, Victor Gollancz, 1963. © B. Friedan, 1963.
By permission of Agence Hoffman, Paris.

Ce n'est pas absolument par hasard que la lutte pour l'émancipation féminine commença aux États-Unis à la fin de la guerre de Sécession et s'accentua avec le mouvement anti-esclavagiste. Thomas Paine, le leader de la Révolution, fut le premier à condamner en 1775 la condition des femmes : « Même dans les pays où l'on peut considérer qu'elles sont le plus heureuses, on les empêche de s'exprimer, de développer leurs aspirations. Des lois les oppriment dans leur liberté, leur dérobent leur volonté. Elles sont les esclaves de l'opinion… » Pendant la révolution, quelque dix années avant que Mary Wollstonecraft ne lançât le mouvement féministe en Angleterre, une femme américaine, Judith Sargent Murray, disait déjà que la femme avait besoin de nouvelles connaissances pour accéder à de nouvelles perspectives et s'élever au niveau des tâches qui l'attendaient. En 1837, au moment où Mount Holyoke ouvrit aux femmes ses portes et leur offrit pour la première fois une instruction identique à celle des hommes, les femmes américaines tenaient leur premier colloque national anti-esclavagiste à New York. Les femmes qui avaient lancé le mouvement des « droits de la femme » à Seneca Falls se réunirent après s'être vu refuser le droit de siéger au colloque anti-esclavagiste de Londres. Reléguées derrière un rideau dans une galerie, Elizabeth Stanton alors en voyage de noces et Lucretia Mott, une femme posée, mère de cinq enfants, comprirent que les esclaves n'étaient pas les seuls qu'il fallait libérer. Toutes les fois que l'on a vu se dessiner dans le monde un mouvement de libération, les femmes en ont bénéficié quelque peu. Ce ne sont pas les femmes qui prirent les armes sous la Révolution française, qui libérèrent les esclaves aux États-Unis, qui renversèrent le Tsar, qui chassèrent les Britanniques des Indes, mais quand les hommes bougent pour que la liberté triomphe, les femmes ne restent pas indifférentes.

Texte 11

Boys are playing basketball around a telephone pole with a backboard bolted to it. Legs, shouts. The scrape and snap of Keds on loose alley pebbles seems to catapult their voices high into the moist March air blue above the wires. Rabbit Angstrom, coming up the alley in a business suit, stops and watches, though he's twenty-six and six three. So tall, he
5 seems an unlikely rabbit, but the breadth of white face, the pallor of his blue irises, and a nervous flutter under his brief nose as he stabs a cigarette into his mouth partially explain the nickname, which was given to him when he too was a boy. He stands there thinking. The kids keep coming, they keep crowding you up.

His standing there makes the real boys feel strange. Eyeballs slide. They're doing this for
10 themselves, not as a show for some adult walking around town in a double-breasted cocoa suit. It seems funny to them, an adult walking up the alley at all. Where's his car? The cigarette makes it more sinister still. Is this one of those going to offer them cigarettes or money to go out in back of the ice plant with him? They've heard of such things but are not too frightened; there are six of them and one of him.

15 The ball, rocketing off the crotch of the rim, leaps over the heads of the six and lands at the feet of the one. He catches it on the short bounce with a quickness that startles them. As they stare hushed he sights squinting through blue clouds of weed smoke, a suddenly dark silhouette like a smoke-stack against the afternoon spring sky, setting his feet with care, wiggling the ball with nervousness in front of his chest, one widespread white hand on top of
20 the ball and the other underneath, jiggling it patiently to get some adjustment in air itself. The cuticle moons on his fingernails are big. Then the ball seems to ride up the right lapel of his coat and comes off his shoulder as his knees dip down, and it appears the ball will miss because though he shot from an angle the ball is not going toward the backboard. It was not aimed there. It drops into the circle of the rim, whipping the net with a ladylike whisper.

25 "Hey!" he shouts in pride.

"Luck," one of the kids says.

"Skill," he answers, and asks, "Hey. O.K. if I play?"

J. Updike, *Rabbit, Run*. © John Updike 1960, 1964. All rights reserved.

De jeunes garçons jouent au basket-ball autour d'un poteau télégraphique auquel on a fixé un panier rudimentaire. Galopades ; des cris fusent. Le crissement des semelles sur les cailloux de l'allée semble catapulter leurs voix dans le bleu du ciel de mars, au-dessus des fils électriques. Rabbit Angstrom passant par là en costume de ville, s'arrête pour les regarder, bien qu'il ait vingt-six ans et un mètre quatre-vingt-huit. Il est si grand qu'il ne fait guère lapin[1], mais son visage blême et large, la pâleur de ses yeux bleus et un tic qui agite les ailes de son nez court quand il se colle une cigarette aux lèvres expliquent en partie ce sobriquet de Rabbit qu'on lui a donné quand lui aussi était un jeune garçon. Il reste là, songeur, et les gosses continuent à se démener, à envahir la chaussée.

Ils trouvent bizarre qu'il reste planté là, ils lui lancent des coups d'œil en coulisse. C'est qu'ils jouent pour s'amuser, et pas pour faire une démonstration à un adulte qui se balade en complet marron croisé. D'ailleurs, ça leur paraît drôle qu'une grande personne passe par ici. Où est donc sa voiture, à celui-là ? La cigarette au bec lui donne un air encore plus louche. Et si s'était encore un de ces types qui va leur offrir des cigarettes ou de l'argent pour l'accompagner derrière l'usine à glace ? Ils ont entendu parler de ces choses-là, mais ça ne leur fait pas trop peur : ils sont six et lui est tout seul.

Le ballon, rebondissant sur le rebord du panier, passe par-dessus la tête des six garçons pour venir atterrir aux pieds de l'homme tout seul. Il le saisit au vol avec une vivacité qui les surprend. Tandis qu'ils le regardent interloqués, il vise en clignant des yeux derrière la fumée bleue de sa cigarette : soudain, c'est une silhouette sombre comme une cheminée d'usine dans le ciel de cet après-midi printanier, il est bien calé sur ses pieds, jonglant nerveusement avec le ballon devant lui, une main pâle étendue par-dessus, l'autre par-dessous, s'appliquant à trouver dans l'air un point d'appui, étalant ses doigts aux larges lunules. Le ballon d'un coup semble s'élever jusqu'au revers droit de son veston et jaillir de son épaule en même temps que ses genoux se ploient ; on dirait qu'il va passer à côté car, malgré l'angle sous lequel l'homme a shooté, le ballon se dirige vers le panier, et puis voilà qu'il tombe à l'intérieur du cercle, fouettant au passage le filet avec un petit froissement distingué et venant ignominieusement frapper sur la tête un petit garçon aux réflexes trop lents, appuyé au poteau.

– Vous avez vu ? crie-t-il, tout fier.

– C'est du pot, dit un des gosses.

– De l'adresse, réplique-t-il, et il demande : Dites donc. Ça vous va si je joue ?

---

1. *Rabbit* en anglais signifie « lapin » (N.d.T.).

TEXTES À TRADUIRE

translate [trænz'leit] **1** *vt* **(a)** (*gen, Ling*) traduire (*from* de, *into* en). **how do you ~ "weather"?** quelle est la traduction de "weather"?, comment traduit-on "weather"?; **the word is ~ d as...** le mot se traduit par...; **which when ~ d means...** ce qu'on peut traduire par...; (*fig*) **to ~ ideas into actions** passer des idées aux actes; **the figures, ~ d in terms of hours lost, mean...** exprimés *or* traduits en termes d'heures perdues, ces chiffres signifient...
(b) (*Rel*) *bishop, relics* transférer; (*convey to heaven*) ravir.
2 *vi* [*person*] traduire; [*word, book*] se traduire, **it won't ~** c'est intraduisible.
translation [trænz'letʃen] *n* (a) traduction *f*; (*Scol etc*) version *f*. **the poem loses in ~** le poème perd à la traduction; **it is a ~ from the Russian** c'est traduit du russe.
traduction [tʀadyksjɔ̃] *nf* **(a)** (*action, opération, technique*) translation, translating (*dans, en* into); (*phrase, texte, Scol : exercice*) translation, **la ~ en arabe pose de nombreux problèmes** translation *ou* translating into Arabic presents many problems; **la ~ de ce texte a pris 3 semaines** the translation of *ou* translating this text took 3 weeks; **c'est une ~ assez libre** it's a fairly free translation *ou* rendering; **une excellente ~ de Proust** an excellent translation of Proust; **la ~ automatique** machine *ou* automatic translation; **la ~ simultanée** simultaneous translation.
(b) (*fig : interprétation*) rendering, expression. **traduire** [tʀaduiʀ] (38) *vt* **(a)** *mot, texte, auteur* to translate (*en, dans* into), **traduit de l'allemand** translated from (the) German.
(b) (*exprimer*) to convey, render, express; (*rendre manifeste*) to be the expression of, **les mots traduisent la pensée** words convey *ou* render *ou* express thought; **ce tableau traduit un sentiment de désespoir** this picture conveys *ou* expresses a feeling of despair; **sa peur se traduisait par une grande volubilité** his fear found expression in great volubility.

Dictionnaire Robert et Collins,
Éd. Dictionnaire Le Robert.

2. traduire (tʀaduiʀ) v. tr. [71] **1.** Faire passer d'une langue dans une autre en visant à l'équivalence entre l'énoncé original et l'énoncé obtenu. *Cet ouvrage a été traduit en six langues. Bien, mal traduit.* **2.** Exprimer par des moyens divers. *Traduis ta pensée en termes plus simples.* – Manifester. *Une peinture qui traduit une grande sensibilité aux couleurs.* – V. pron. *Sa nervosité se traduisait par un léger tremblement des mains.* – V. traduire 1; 1520. •
traducteur, trice (tʀadyktœʀ, tʀis] n. Personne qui traduit d'une langue dans une autre. *C'est le traducteur de ce livre.* – (Profession). *Être traducteur à l'O.N.U.* – 1540. • **traduction** (tʀadyksjo] *n.f.* **1.** Action de traduire. *Traduction littérale,* mot à mot. *Traduction libre,* qui s'éloigne du texte original. – *Traduction automatique. Traduction assistée par ordinateur (T.A.O.).* **2.** Résultat de l'action de traduire, version d'un ouvrage dans une langue autre que sa langue d'origine. *De nombreux romans policiers sont des traductions.*

Dictionnaire Hachette, Hachette Éducation.

Les astérisques indiquent la difficulté des textes :
* Texte assez facile, ** Texte difficile, *** Texte très difficile.

*Texte 12

LISTENING TO BEETHOVEN

One programme came on after another, and all of them were punk. She didn't especially care. She smoked and picked a little bunch of grass blades. After a while a new announcer started talking. He mentioned Beethoven. She had read in the library about that musician – his name was pronounced with an a and spelled with double e. He was a German
5 fellow like Mozart. When he was living he spoke in a foreign language and lived in a foreign place – like she wanted to do. The announcer said they were going to play his third symphony. She only half-way listened because she wanted to walk some more and she didn't care much what they played. Then the music started. Mick raised her head and her fist went up to her throat.
10 How did it come? For a minute the opening balanced from one side to the other. Like a walk or march. Like God strutting in the night. The outside of her was suddenly frozen and only that first part of the music was hot inside her heart. She could not even hear what sounded after, but she sat there waiting and froze, with her fists tight. After a while the music came again, harder and loud. It didn't have anything to do with God. This was her, Mick Kelly, walking in
15 the day-time and by herself at night. In the hot sun and in the dark with all the plans and feelings. This music was her – the real plain her.
She could not listen good enough to hear it all. The music boiled inside her. Which? To hang on to certain wonderful parts and think them over so that later she would not forget – or should she let go and listen to each part that came without thinking or trying to remember? Golly! The
20 whole world was this music and she could not listen hard enough. Then at last the opening music came again, with all the different instruments bunched together for each note like a hard, tight fist that socked at her heart. And the first part was over. This music did not take a long time or a short time. It did not have anything to do with time going by at all. She sat with her arms held tight around her legs, biting her salty knee very hard. It might have been five
25 minutes she listened or half the night. The second part was black-coloured – a slow march. Not sad, but like the whole world was dead and black and there was no use thinking back how it was before. One of those horn kind of instruments played a sad and silver tune. Then the music rose up angry and with excitement underneath. And finally the black march again.

C. Mc Cullers, *The Heart is a Lonely Hunter*, Houghton Mifflin.
© 1940 by C. Mc Cullers. © renewed 1967 by C. Mc Cullers.

- Les temps, p. 55
- Registre, p. 199

*Texte 13

THE TASKERSONS

For Geoffrey and he were – as at Courseulles – left much to themselves. And Jacques now understood more clearly why he'd seen so little of the Taskersons in Normandy. Those boys were unprecedented, portentous walkers. They thought nothing of walking twenty-five or thirty miles in a day. But what seemed stranger still, considering none was above school age,
5 they were also unprecedented, portentous drinkers. In a mere five-mile walk they would stop at as many "pubs" and drink a pint or two of powerful beer in each. Even the youngest, who had not turned fifteen, would get through his six pints in an afternoon. Neither Jacques, who had a weak stomach – though he was used to a certain amount of wine at home – nor Geoffrey, who disliked the taste of beer, and besides attended a strict Wesleyan school, could stand this
10 medieval pace. But indeed the whole family drank inordinately. Old Taskerson, a kindly sharp man, had lost the only one of his sons who'd inherited any degree of literary talent; every night he sat brooding in his study with the door open, drinking hour after hour, his cats on his lap, his evening newspaper crackling distant disapproval of the other sons, who for their part sat drinking hour after hour in the dining-room. Mrs Taskerson, a different woman at home, where
15 she perhaps felt less necessity of making a good impression, sat with her sons, her pretty face flushed, half disapproving too, but nevertheless cheerfully drinking everyone else under the table. It was true the boys usually had a head start. – Not that they were the sort ever to be seen staggering about outside in the street. It was a point of honour with them that, the drunker they became, the more sober they should appear. As a rule they walked fabulously upright,
20 shoulders thrown back, eyes front, like guardsmen on duty, only, towards the end of the day, very very slowly, with that same 'erect manly carriage', in short, that had so impressed M. Laruelle's father. Even so it was by no means an unusual occurrence in the morning to discover the entire household sleeping on the dining-room floor. Yet no one seemed to feel any the worse for it. And the pantry was always bulging with barrels of beer to be tapped by anyone
25 who did. Healthy and strong, the boys ate like lions. They devoured appalling messes of fried sheep's stomachs and pudding known as black or blood puddings, a sort of conglomerate offal rolled in oatmeal that Jacques feared might be intended at least partly for his benefit – *boudin*, don't you know, Jacques – while the Old Bean, now often referred to as "that Firmin", sat bashful and out of place, his glass of pale bitter untouched, shyly trying to make conversation
30 with Mr Taskerson.

M. Lowry, *Under the Volcano*, Jonathan Cape, 1947.
© The Estate of M. Lowry 1947.

- L'adjectif et les degrés de comparaison, p. 64
- Quelques mots de liaison, p. 94
- Les structures résultatives, p. 159

*Texte 14

THE THEFT

The guide had finished her account of the treasures in the room - the picture, *my* picture, was given two sentences, and a misattribution – and walked out now with one arm raised stiffly above her head, still talking, shepherding the party behind her. When they had gone I waited, staring fixedly at the doorknob, expecting her to come back and haul me out briskly
5 by the scruff of the neck. Somewhere inside me a voice was moaning softly in panic and fright. This is something that does not seem to be appreciated – I have remarked on it before – I mean how timorous I am, how easily daunted. But she did not return, and I heard them tramping away up the stairs. I set to work again feverishly. I see myself, like the villain in an old three-reeler, all twitches and scowls and wriggling eyebrows. I got the picture off the wall, not without
10 difficulty, and laid it flat on the floor – shying away from that black stare – and began to tear off lengths of wrapping-paper. I would not have thought that paper would make so much noise, such scuffling and rattling and ripping, it must have sounded as if some large animal were being flayed alive in here. And it was no good, my hands shook, I was all thumbs, and the sheets of paper kept rolling back on themselves, and I had nothing to cut the twine with, and
15 anyway the picture, with its thick, heavy frame, was much too big to be wrapped. I scampered about on my knees, talking to myself and uttering little squeaks of distress. Everything was going wrong. Give it up, I told myself, oh please, please, give it up now, while there's still time! but another part of me gritted its teeth and said, no you don't, you coward, get up, get on your feet, do it. So I struggled up, moaning and snivelling, and grasped the picture in my arms and
20 staggered with it blindly, nose to nose, in the direction of the french window. Those eyes were staring into mine, I almost blushed. And then – how shall I express it – then somehow I sensed, behind that stare, another presence, watching me.

I stopped, and lowered the picture, and there she was, standing in the open window, just as she had stood the day before, wide-eyed, with one hand raised. This, I remember thinking bitterly,
25 this is the last straw. I was outraged. How dare the world strew these obstacles in my path. It was not fair, it was just not fair!

J. Banville, *The Book of Evidence*, Secker & Warburg, 1989.

- Registre, p. 199
- Les verbes à particule, p. 156
- Les champs sémantiques, p. 136

*Texte 15

THE GENERAL'S VISIT

I should explain here that I am one of two brothers—and that my elder brother, Leonard, was killed during the South African War while I was still a boy. Naturally, my father would have felt this loss keenly; but to make matters worse the usual comfort a father has in these situations—that is, the notion that his son gave his life gloriously for king and country—was
5 sullied by the fact that my brother had perished in a particularly infamous manoeuvre. Not only was it alleged that the manoeuvre had been a most un-British attack on civilian Boer settlements, overwhelming evidence emerged that it had been irresponsibly commanded with several floutings of elementary military precautions, so that the men who had died—my brother among them—had died quite needlessly. In view of what I am about to relate, it would
10 not be proper of me to identify the manoeuvre any more precisely, though you may well guess which one I am alluding to if I say that it caused something of an uproar at the time, adding significantly to the controversy the conflict as a whole was attracting. There had been calls for the removal, even the court-martialling, of the general concerned, but the army had defended the latter and he had been allowed to complete the campaign. What is less known is that at
15 the close of the Southern African conflict, this same general had been discreetly retired, and he had then entered business, dealing in shipments from Southern Africa. I relate this because some ten years after the conflict, that is to say when the wounds of bereavement had only superficially healed, my father was called into Mr John Silvers's study to be told that this very same personage—I will call him simply 'the General'—was due to visit for a number of days to
20 attend a house party, during which my father's employer hoped to lay the foundations of a lucrative business transaction. Mr Silvers, however, had remembered the significance the visit would have for my father, and had thus called him in to offer him the option of taking several days' leave for the duration of the General's stay.

My father's feelings towards the General were, naturally, those of utmost loathing; but he
25 realized too that his employer's present business aspirations hung on the smooth running of the house party—which with some eighteen or so people expected would be no trifling affair.

K. Ishiguro, *The Remains of the Day*, Faber and Faber, 1989.
(Concours St Cloud-Fontenay)

- Le passif, p. 145
- Les auxiliaires modaux, p. 85
- Les temps, p. 55
- L'adjectif: les degrés de comparaison, p. 64

Midwich

What made it the more odd was that Midwich was, almost notoriously, a place where things did not happen...

This must not be taken, however, to mean that Midwich is altogether without history. It has had its moments. In 1931 it was the centre of an untraced outbreak of foot-and-mouth disease. And in 1916 an off-course Zeppelin unloaded a bomb which fell in a ploughed field and fortunately failed to explode. And before that it hit the headlines – well, anyway, the broadsheets – when Black Ned, a second-class highwayman, was shot on the steps of The Scythe and Stone Inn by Sweet Polly Parker, and although this gesture of reproof appears to have been of a more personal than social nature, she was, nevertheless, much lauded for it in the ballads of 1768.

Then, too, there was the sensational closure of the nearby St Accius Abbey, and the redistribution of the brethren for reasons which have been a subject of intermittent local speculation ever since it took place in 1493.

Other events include the stabling of Cromwell's horses in the church, and a visit by William Wordsworth, who was inspired by the Abbey ruins to the production of one of his more routine commendatory sonnets.

With these exceptions, however, recorded time seems to have flowed over Midwich without a ripple.

Nor would the inhabitants – save, perhaps, some of the youthful in their brief pre-marital restlessness – have it otherwise. Indeed, but for the Vicar and his wife, the Zellabys at Kyle Manor, the doctor, the district nurse, and ourselves, they had most of them lived there for numerous generations in a placid continuity which had become a right.

During the day of the 26th of September there seems to have been no trace of a foreshadow. Possibly Mrs Brant, the blacksmith's wife, did feel a trace of uneasiness at the sight of nine magpies in one field, as she afterwards claimed; and Miss Ogle, the postmistress, may have been perturbed on the previous night by a dream of singularly large vampire bats; but, if so, it is unfortunate that Mrs Brant's omens and Miss Ogle's dreams should have been so frequent as to nullify their alarm value. No other evidence has been produced to suggest that on that Monday, until late in the evening, Midwich was anything but normal. Just, in fact, as it had appeared to be when Janet and I set off for London. And yet, on Tuesday the 27th...

J. Wyndham, *The Midwich Cuckoos*, Michael Joseph, 1957,
© The Estate of J. Wyndham, 1957. By permission of D. Higham Associated Ltd, London.

- Mots de liaison, p. 94

*Texte 17

THE BOOK OF HUMAN FOLLY

One Sunday morning, I went into a crowded deli with the absurd name of La Bagel Delight. I was intending to ask for a cinnamon-raisin bagel, but the word caught in my mouth and came out as cinnamon-reagan. Without missing a beat, the young guy behind the counter answered: "Sorry, we don't have any of those. How about a pumpernixon instead?" Fast. So
5 damned fast, I nearly wet my drawers.

After that inadvertent slip of the tongue, I finally hit upon an idea that Rachel would have approved of. It wasn't much of an idea, perhaps, but at least it was something, and if I stuck to it as rigorously and faithfully as I intended to, then I would have my project, the little hobbyhorse I'd been looking for to carry me away from the indolence of my soporific routine.
10 Humble as the project was, I decided to give it a grandiose, somewhat pompous title – in order to delude myself into thinking that I was engaged in important work. I called it *The Book of Human Folly*, and in it I was planning to set down in the simplest, clearest language possible an account of every blunder, every pratfall, every embarrassment, every idiocy, every foible, and every inane act I had committed during my long and checkered career as a man. When I
15 couldn't think of stories to tell about myself, I would write down things that had happened to people I knew, and when that source ran dry as well, I would take on historical events, recording the follies of my fellow human beings down through the ages, beginning with the vanished civilizations of the ancient world and pushing on to the first months of the twenty-first century. If nothing else, I thought it might be good for a few laughs. I had no desire to bare my
20 soul or indulge in gloomy introspections. The tone would be light and farcical throughout, and my only purpose was to keep myself entertained while using up as many hours of the day as I could.

I called the project a book, but in fact it wasn't a book at all. Working with yellow legal pads, loose sheets of paper, the backs of envelopes and junk-mail form letters for credit cards and
25 home-improvement loans, I was compiling what amounted to a collection of random jottings, a hodgepodge of unrelated anecdotes that I would throw into a cardboard box each time another story was finished. There was little method to my madness. Some of the pieces came to no more than a few lines, and a number of them, in particular the spoonerisms and malapropisms I was so fond of, were just a single phrase. Chilled greaseburger instead of
30 grilled cheeseburger, for example, which came out of my mouth sometime during my junior year of high school, or the unintentionally profound, quasi-mystical utterance I delivered to Edith while we were engaged in one of our bitter marital spats: I'll see it when I believe it. Every time I sat down to write, I would begin by closing my eyes and letting my thoughts wander in any direction they chose. By forcing myself to relax in this way, I managed to dredge up considerable amounts of material from the distant past, things that until then I had assumed were lost forever.

P. Auster, *The Brooklyn Follies*, Faber & Faber, 2005.

- Les auxiliaires modaux, p. 85
- Les jeux de mots, p. 189

*Texte 18

Request stop

A queue at a Request Bus Stop. A WOMAN *at the head, with a* SMALL MAN *in a raincoat next to her, two other* WOMEN *and a* MAN

WOMAN (*To* SMALL MAN.) I beg your pardon, what did you say? (*Pause.*) All I asked you was if I could get a bus from here to Shepherds Bush. (*Pause.*)
Nobody asked you to start making insinuations. (*Pause.*)
Who do you think you are? (*Pause.*)
Huh. I know your sort, I know your type. Don't worry, I know all about people like you. (*Pause.*) We can all tell where you come from. They're putting your sort inside every day of the week. All I've got to do, is report you, and you'd be standing in the dock in next to no time. One of my best friends is a plain clothes detective. *Pause.*
I know all about it. Standing there as if butter wouldn't melt in your mouth. Meet you in a dark alley it'd be... another story. (*To the others who stare into space.*) You heard what this man said to me. All I asked him was if I could get a bus from here to Shepherds Bush. (*To him.*) I've got witnesses, don't you worry about that. (*Pause.*)
Impertinence. *Pause.*
Ask a man a civil question he treats you like a threepenny bit. *To him.* I've got better things to do, my lad, I can assure you. I'm not going to stand here and be insulted on a public highway. Anyone can tell you're a foreigner. I was born just around the corner. Anyone can tell you're just up from the country for a bit of a lark. I know your sort.
Pause. She goes to a LADY.
Excuse me, lady. I'm thinking of taking this man up to the magistrate's court, you heard him make that crack, would you like to be a witness?
The LADY *steps into the road.*
LADY Taxi...
WOMAN We know what sort she is. (*Back to position.*) I was the first in this queue. (*Pause.*)
Born just round the corner. Born and bred. These people from the country haven't the faintest idea of how to behave. Peruvians. You're bloody lucky I don't put you on a charge. You ask a straightforward question
The others suddenly thrust out their arms at a passing bus. They run off left after it. The WOMAN, *alone, clicks her teeth and mutters. A man walks from the right to the stop, and waits. She looks at him out of the corner of her eye. At length she speaks shyly, hesitantly, with a slight smile.*
Excuse me. Do you know if I can get a bus from here... to Marble Arch?

H. Pinter, Review Sketches, Plays: Two, 1959. Methuen Ltd.
By permission of Associated Book Publishers (U.K.) Ltd.

- L'équivalence, p. 124
- Équivalence ou respect de l'originalité de l'auteur, p. 207

*Texte 19

BEREAVEMENT

The subject of bereavement is one that has often been treated powerfully by poets, who have run the whole gamut of the emotions while laying bare for us the agony of those who have lost parents, wives, children, gazelles, money, fame, dogs, cats, doves, sweethearts, horses, and even collar-studs. But no poet has yet treated of the most poignant bereavement
5 of all—that of the man half-way through a detective-story who finds himself at bedtime without the book.
Cyril did not care to think of the night that lay before him. Already his brain was lashing itself from side to side like a wounded snake as it sought for some explanation of Inspector Mould's strange behaviour. Horatio Slingsby was an author who could be relied on to keep faith with
10 his public. He was not the sort of man to fob the reader off in the next chapter with the statement that what had made Inspector Mould look horrified was the fact that he had suddenly remembered that he had forgotten all about the letter his wife had given him to post.
If looking through cellar doors disturbed a Slingsby detective, it was because a dismembered corpse lay there, or at least a severed hand.
15 A soft moan, as of some thing in torment, escaped Cyril. What to do? What to do? Even a makeshift substitute for "Strychnine in the Soup" was beyond his reach...
And suddenly, as if in answer to the question, came the solution. Electrified, he saw the way out.
The hour was now well advanced. By this time Lady Bassett must surely be asleep.
20 "Strychnine in the Soup" would be lying on the table beside her bed. All he had to do was to creep in and grab it...
He hesitated no longer. Donning a dressing-gown, he left his room and hurried along the passage...
The place was in darkness, but that did not deter him. He knew where the bed-table was, and
25 he made for it with stealthy steps.
In the manner in which Cyril Mulliner advanced towards the bed-table there was much which would have reminded Lady Bassett, had she been an eye-witness, of the furtive prowl of the Lesser Iguanodon tracking its prey. In only one respect did Cyril and this creature of the wild differ in their technique. Iguanodons—and this applies not only to the Lesser but to the Larger
30 Iguanodon—seldom, if ever, trip over cords on the floor and bring the lamps to which they are attached crashing to the ground like a ton of bricks.
Cyril did.

P. G. Wodehouse, *Mulliner Nights* (1933).
(Concours St Cloud-Fontenay)

- Les auxiliaires modaux, p. 85
- Les verbes à particule, p. 156
- Images et métaphores, p. 180

*Texte 20

A FANTASTIC MARRIAGE

I was bridesmaid when my mother married Mr Mason in Spanish Town. Christophine curled my hair. I carried a bouquet and everything I wore was new – even my beautiful slippers. But their eyes slid away from my hating face. I had heard what all these smooth smiling people said about her when she was not listening and they did not guess I was. Hiding from them in
5 the garden when they visited Coulibri, I listened.

"A fantastic marriage and he will regret it. Why should a very wealthy man who could take his pick of all the girls in the West Indies, and many in England too probably?" "Why *probably*?" the other voice said. "*Certainly*."

"Then why should he marry a widow without a penny to her name and Coulibri a wreck of a
10 place? Emancipation problems killed old Cosway? Nonsense – the estate was going downhill for years before that. He drank himself to death. Many's the time when – well! And all those women! She never did anything to stop him – she encouraged him. Presents and smiles for the bastards every Christmas. Old customs? Some old customs are better dead and buried. Her new husband will have to spend a pretty penny before the house is fit to live in – leaks like a
15 sieve. And what about the stables and the coach house dark as pitch, and the servants' quarters and the six-foot snake – saw with my own eyes curled up on the privy seat last time I was here. Alarmed? I screamed. Then that horrible old man she harbours came along, doubled up with laughter. As for those two children – the boy an idiot kept out of sight and mind and the girl going the same way in my opinion – a lowering expression."

20 "Oh I agree," the other one said, "but Annette is such a pretty woman. And what a dancer. Reminds me of that song 'light as cotton blossom on the something breeze,' or is it air? I forget."

J. Rhys, *Wide Sargasso Sea*, A. Deutsch, 1966. © 1966 by J. Rhys.

- Point de vue, p. 53
- Les temps, p. 55
- Équivalence ou respect de l'originalité de l'auteur, p. 207

Texte 21

THE CHAR AND THE MADMAN

The drawing room of Muldoon Manor
MRS. DRUDGE *is the char, middle-aged, turbaned. She heads straight for the radio, dusting on the trot. (…)*
RADIO (*without preamble, having been switched on by* MRS. DRUDGE) We interrupt our programme for a special police message.
5 MRS. DRUDGE *stops to listen.*
The search still goes on for the escaped madman who is on the run in Essex.
MRS. DRUDGE (*fear and dismay*): Essex!
RADIO County police led by Inspector Hound have received a report that the man has been seen in the desolate marshes around Muldoon Manor.
10 *Fearful gasp from* MRS. DRUDGE.
The man is wearing a darkish suit with a lightish shirt. He is of medium height and build and youngish. Anyone seeing a man answering to this description and acting suspiciously, is advised to phone the nearest police station.
A man answering this description has appeared behind MRS. DRUDGE. *He is acting*
15 *suspiciously. He creeps in. He creeps out.* MRS. DRUDGE *does not see him (…)*
The phone rings. MRS. DRUDGE *seems to have been waiting for it to do so and for the last few seconds has been dusting it with an intense concentration. She snatches it up.*
MRS. DRUDGE (*into phone*) Hello, the drawing-room of Lady Muldoon's country residence one morning in early spring? … *Hello!* the draw – Who? Whom did you wish to speak to? I'm afraid
20 there is no one of that name here, this is all very mysterious and I'm sure it's leading up to something, I hope nothing is amiss for we, that is Lady Muldoon and her houseguests, are here cut off from the world, including Magnus, the wheelchair-ridden halfbrother of her ladyship's husband Lord Albert Muldoon who ten years ago went out for a walk on the cliffs and was never seen again.
25 Should a stranger enter our midst, which I very much doubt, I will tell him you called. Goodbye.
She puts down the phone and catches sight of the previously seen suspicious character who has now entered again, more suspiciously than ever, through the French windows. He senses her stare, freezes, and straightens up.

T. Stoppard, *The Real Inspector Hound*, 1968. Faber and Faber.

• Ton et style, p. 207

*Texte 22

Musée des beaux arts

About suffering they were never wrong,
The Old Masters: how well they understood
Its human position; how it takes place
While someone else is eating or opening a window or just walking dully along;

5 How, when the aged are reverently, passionately waiting
For the miraculous birth, there always must be
Children who did not specially want it to happen, skating
On a pond at the edge of the wood:

They never forgot
10 That even the dreadful martyrdom must run its course
Anyhow in a corner, some untidy spot
Where the dogs go on with their doggy life and the torturer's horse
Scratches its innocent behind on a tree.

In Brueghel's *Icarus*, for instance: how everything turns away
15 Quite leisurely from the disaster; the ploughman may
Have heard the splash, the forsaken cry,
But for him it was not an important failure; the sun shone
As it had to on the white legs disappearing into the green
Water; and the expensive delicate ship that must have seen
20 Something amazing, a boy falling out of the sky,
Had somewhere to get to and sailed calmly on.   1968

W. H. Auden, *Collected Poems*, Faber and Faber. © W. H. Auden.

- *Must*, p. 90

Texte 23

A LABYRINTH

Surely there never was, in any other borough, city, or hamlet in the world, such a singular sort of place as Todgers's. And surely London – to judge from that part of it which hemmed Todgers's round, and hustled it, and crushed it, and stuck its brick-and-mortar elbows into it, and kept the air from it, and stood perpetually between it and the light – was
5 worthy of Todgers's and qualified to be on terms of close relationship and alliance with hundreds and thousands of the odd family to which Todgers's belonged.
You couldn't walk about in Todgers's neighbourhood as you could in any other neighbourhood. You groped your way for an hour through lanes and by-ways, and courtyards, and passages, and never once emerged upon anything that might be reasonably called a street. A kind of
10 resigned distraction came over the stranger as he trod these devious mazes, and, giving himself up for lost, went in and out and round about, and quietly turned back again when he came to a dead wall or was stopped by an iron railing, and felt that the means of escape might possibly present themselves in their own good time, but that to anticipate them was hopeless. Instances were known of people who, being asked to dine at Todgers's, had travelled round
15 and round it for a weary time, with its very chimney-pots in view; and finding it, at last, impossible of attainment, had gone home again with a gentle melancholy on their spirits, tranquil and uncomplaining. Nobody had ever found Todgers's on a verbal direction, though given within a minute's walk of it. Cautious emigrants from the North of England or Scotland had been known to reach it safely, by impressing a charity-boy, town-bred, and bringing him
20 along with them, or by clinging tenaciously to the postman; but these were rare exceptions, and only went to prove the rule that Todgers's was in a labyrinth, whereof the mystery was known but to a chosen few.

C. Dickens, *Martin Chuzzlewit*, 1843-1844.

• Le passif, pp. 34 & 145

Texte 24

IN THE CAGE

It had occurred to her early that in her position – that of a young person spending, in framed and wired confinement, the life of a guinea-pig or a magpie – she should know a great many persons without their recognizing the acquaintance. That made it an emotion the more lively – though singularly rare (…) – to see any one come in whom she knew, as she called it,
5 outside, and who could add something to the poor identity of her function. Her function was to sit there with two young men – the other telegraphist and the counter-clerk; to mind the 'sounder', which was always going, to dole out stamps and postal orders, weigh letters, answer stupid questions, give difficult change and, more than anything else, count words as numberless as the sands of the sea, the words of the telegrams thrust, from morning to night,
10 through the gap left in the high lattice, across the encumbered shelf that her forearm ached with rubbing. This transparent screen fenced out or fenced in, according to the side of the narrow counter on which the human lot was cast, the duskiest corner of a shop pervaded not a little, in winter, by the poison of perpetual gas, and at all times by the presence of hams, cheese, dried fish, soap, varnish, paraffin, and other solids and fluids that she came to know
15 perfectly by their smells without consenting to know them by their names […]. There were times when all the wires in the country seemed to start from the little hole-and-corner where she plied for a livelihood, and where, in the shuffle of feet, the flutter of 'forms' and the ring of change over the counter, the people she had fallen into the habit of remembering and fitting together with others, and of having her theories and interpretations of, kept up before her their
20 long procession and rotation. What twisted the knife in her vitals was the way the profligate rich scattered about them, in extravagant chatter over their extravagant pleasures and sins, an amount of money that would have held the stricken household of her frightened childhood, her poor pinched mother and tormented father and lost brother and starved sister, together for a lifetime. During her first weeks she had often gasped at the sums people were willing to pay
25 for the stuff they transmitted – the 'much love's, the 'awful' regrets, the compliments and wonderments and vain, vague gestures that cost the price of a new pair of boots. She had had a way then of glancing at the people's faces, but she had early learned that if you became a telegraphist you soon ceased to be astonished. Her eye for types amounted nevertheless to genius, and there were those she liked and those she hated, her feeling for the latter of which grew to a positive possession, an instinct of observation and detection.

H. James, *In the Cage and Other Stories*, 1898.
Agrégation Lettres Modernes.

- Les phrases complexes, p. 28
- L'ellipse, p. 36
- Particules adverbiales, p. 78
- L'adjectif et les degrés de comparaison, p. 64

An embarrassing entrance

Their entrance was even more embarrassingly conspicuous than Illidge had anticipated. The great staircase at Tantamount House comes down from the first floor in two branches which join, like a pair of equal rivers, to precipitate themselves in a single architectural cataract of Verona marble into the hall. It debouches under the arcades, in the centre of one of the sides of the covered quadrangle, opposite the vestibule and the front door. Coming in from the street, one looks across the hall and sees through the central arch of the opposite arcade the wide stairs and shining balustrades climbing up to a landing on which a Venus by Canova, the pride of the third marquess's collection, stands pedestalled in an alcove, screening with a modest but coquettish gesture of her two hands, or rather failing to screen, her marble charms. It was at the foot of this triumphal slope of marble that Lady Edward had posted the orchestra; her guests were seated in serried rows confronting it. When Illidge and Lord Edward turned the corner in front of Canova's Venus, tiptoeing, as they approached the music and the listening crowd, with steps ever more laboriously conspiratorial, they found themselves suddenly at the focus of a hundred pairs of eyes. A gust of curiosity stirred the assembled guests. The apparition from a world so different from theirs of this huge bent old man, pipe-smoking and tweed-jacketed, seemed strangely portentous. He had a certain air of the skeleton in the cupboard – broken loose; or of one of those monsters which haunt the palaces of only the best and most aristocratic families. The Beastie of Glamis, the Minotaur itself could hardly have aroused more interest than did Lord Edward. Lorgnons were raised, there was a general craning to left and right, as people tried to look round the well-fed obstacles in front of them. Becoming suddenly aware of so many inquisitive glances, Lord Edward took fright. A consciousness of social sin possessed him; he took his pipe out of his mouth and put it away, still smoking, into the pocket of his jacket. He halted irresolutely. Flight or advance? He turned this way and that, pivoting his whole bent body from the hips with a curious swinging motion, like the slow ponderous balancing of a camel's neck. For a moment he wanted to retreat. But love of Bach was stronger than his terrors. He was the bear whom the smell of molasses constrains in spite of all his fears to visit the hunters' camp; the lover who is ready to face an armed and out-raged husband and the divorce court for the sake of an hour in his mistress's arms. He went forward, tiptoeing down the stairs more conspiratorially than ever – Guy Fawkes discovered, but yet irrationally hoping that he might escape notice by acting as though the Gunpowder Plot were still unrolling itself according to plan. Illidge followed him. His face had gone very red with the embarrassment of the first moment; but in spite of this embarrassment, or rather because of it, he came downstairs after Lord Edward with a kind of swagger, one hand in his pocket, a smile on his lips. He turned his eyes coolly this way and that over the crowd. The expression on his face was one of contemptuous amusement. Too busy being the Martian to look where he was going, Illidge suddenly missed his footing on this unfamiliarly regal staircase with its inordinate treads and dwarfishly low risers. His foot slipped, he staggered wildly on the brink of a fall, waving his arms, to come to rest, however, still miraculously on his feet, some two or three steps lower down. He resumed his descent with such dignity as he could muster up.

A. Huxley, *Point Counterpoint*, Chatto & Windus, 1928, © Mrs L. Huxley, 1928.

• La dérivation, p. 174

Texte 26

PHILBRICK

Mr Philbrick, Senior, was a slightly eccentric sort of a cove. He made a big pile out of diamond mines while he was quite young and settled in the country and devoted his declining years to literature. He had two kids: Philbrick and a daughter called Gracie. From the start Philbrick was the apple of the old chap's eye, while he couldn't stick Miss Gracie at any
5   price. Philbrick could spout Shakespeare and Hamlet and things by the yard before Gracie could read "The cat sat on the mat." When he was eight he had a sonnet printed in the local paper. After that Gracie wasn't in it anywhere. She lived with the servants like Cinderella, Philbrick said, while he, sensible little beggar, had the best of everything and quoted classics and flowery language to the old boy upstairs. After he left Cambridge he settled down in
10 London and wrote away like blazes. The old man just loved that; he had all Philbrick's books bound in blue leather and put in a separate bookcase with a bust of Philbrick on top. Poor old Gracie found things a bit thin, so she ran off with a young chap in the motor trade who didn't know one end of a book from the other, or of a car for that matter, as it turned out. When the old boy popped off he left Philbrick everything, except a few books to Gracie. The young man
15 had only married her because he thought the old boy was bound to leave her something, so he hopped it. That didn't worry Philbrick. He lived for his art, he said. He just moved into a bigger house and went on writing away fifteen to the dozen. Gracie tried to get some money out of him more than once, but he was so busy writing books, he couldn't bother about her. At last she became a cook in a house at Southgate. Next year she died. That didn't worry
20 Philbrick at first. Then after a week or so he noticed an odd thing. There was always a smell of cooking all over the house, in his study, in his bedroom, everywhere. He had an architect in who said he couldn't notice any smell, and rebuilt the kitchen and put in all sorts of ventilators. Still, the smell got worse. It used to hang about his clothes so that he didn't dare go out, a horrible fatty smell. He tried going abroad, but the whole of Paris reeked of English cooking.
25 That was bad enough, but after a time plates began rattling round his bed when he tried to sleep at nights and behind his chair as he wrote his books. He used to wake up in the night and hear the frizzling of fried fish and the singing of kettles.
Then he knew what it was: it was Gracie haunting him.

E. Waugh, *Decline and Fall*, A.D. Peters & Co. Ltd.
© The Estate of E. Waugh, 1928.

- Les structures causatives, p. 40
- Le pronom *It*, p. 75
- L'équivalence, p. 124
- Registre, p. 199

Texte 27

A MARRIAGE CEREMONY

"Our turn," Mr Prewitt said, rising briskly. He led the way through the room where the clerks worked. Nobody bothered to look up. Nibs wrote smooth numerals and ran on. In a small inner room with green washed walls like a clinic's the registrar waited: a table, three or four chairs against the wall. It wasn't what she thought a marriage would be like – for a
5 moment she was daunted by the cold poverty of a state-made ceremony.

"Good morning," the registrar said. "If the witnesses will just sit down – would you two" – he beckoned them to the table and stared at them with gold-rimmed and glassy importance: it was as if he considered himself on the fringe of the priestly office. The Boy's heart beat: he was sickened by the reality of the moment. He wore a look of sullenness and of stupidity.
10 "You're both very young," the registrar said.

"It's fixed," the Boy said. "You don't have to talk about it. It's fixed."

The registrar gave him a glance of intense dislike; he said, "Repeat after me," and then ran too quickly on, "I do solemnly declare that I know not of any lawful impediment," "so that the Boy couldn't follow him. The registrar said sharply, "It's quite simple. You've only to repeat after
15 me..."

"Go slower," the Boy said. He wanted to lay his hand on speed and brake it down, but it ran on: it was no time at all, a matter of seconds, before he was repeating the formula "my lawful wedded wife." He tried to make it careless, he kept his eyes off Rose, but the words were weighted with shame.
20 "No ring?" the registrar asked sharply.

"We don't need any ring," the Boy said. "This isn't a church," feeling he could never now rid his memory of the cold green room and the glassy face. He heard Rose repeating by his side: "I call upon these persons here present to witness..." and then the word "husband," and he looked sharply up at her. If there had been any complacency in her face then he would have
25 struck it. But there was only surprise as if she were reading a book and had come to the last page too soon.

The registrar said, "You sign here. The charge is seven and sixpence."

G. Greene, *Brighton Rock*, William Heinemann, 1938. © 1938 by Graham Greene.
By permission of L. Pollinger Ltd, London.

- **Les expressions avec *verb* + *one's way*, p. 161**
- ***Will* et *would*, pp. 188 & 189**

Texte 28

ABOUT THE LOCK-KEEPER

And by the Leem lived a lock-keeper. Who was my father. Who was a phlegmatic yet sentimental man. Who told me, when I was even younger than you, that there was no one walking the world who hadn't once sucked… And that the stars… Who was wounded at the third battle of Ypres. And had a brother killed in the same battle. Who when asked about his
5 memories of the War, would invariably reply that he remembered nothing. Yet who when he was not asked would sometimes recount bizarre anecdotes of those immemorial trenches and mudscapes, as if speaking of things remote and fantastical in which his involvement was purely speculative. How, for example, the Flanders eels, countless numbers of which had for ever made their abode in those watery and low-lying regions, undeterred by the cataclysmic
10 conflict that was devastating their haunts, found their way into flooded saps and even into shell craters, where there was no shortage of well-ripened food…

Who trapped eels himself in his native Fens. Who showed me as a boy all the various ways of cooking eels – poached in vinegar and water; in a white sauce; in a green sauce; in pies; in a stew with onion and celery; jellied, with horseradish; chopped, skewered and roasted on an
15 open fire – and so I became just as partial as he to their subtle and versatile flesh. And so did my brother. But my mother, Fenwoman though she was and far from squeamish, could not abide them. She would scream if she saw a not quite dead eel begin to slither on the kitchen table…

Who when he returned from the Great War in 1918, not only wounded in the knee but
20 profoundly dazed in the mind, was shunted for four years from this hospital to that. But was despatched in due course to Kessling Hall, until recently country mansion of the Atkinson family, but now converted as a convalescent home for war invalids. Who spent many weeks in the spring and summer of 1922, sitting on the tree-girt and secluded lawns of that curative establishment amongst several other be-scarred, be-crutched and be-patched-up victims, all
25 of whom in that scene of apparent tranquillity (and four years after the guns had stopped) were desperately attempting to find their peace-time bearings.

Who fell in love with one of the nurses. Who came home from the war, a wounded soldier, and married the nurse who nursed him back to health. A story-book romance. Who, delivered from the holocaust, could scarcely believe that this enchanted chapter of events was happening to
30 him. Whose love was returned with surprising readiness. Who married, in August 1922, this woman whom for several weeks his numbed brain had registered only as "nurse, brunette" and who even after his return to lucidity – and notwithstanding their growing mutual affection was reluctant to disclose her name. Who discovered only after a while that this white-aproned, war-volunteer, now regular nurse, who was familiar in more ways than one with Kessling Hall, was
35 the daughter of a well known – indeed notorious – and come-down-in-the-world brewer.

G. Swift, *Waterland*, 1983, William Heinemann Ltd.

- **La dérivation, p. 174**
- **Les expressions avec *verb + one's way*, p. 161**

Mr and Mrs Pugh

FIRST VOICE   In the blind-drawn dark dining-room of School House, dusty and echoing as a dining-room in a vault, Mr and Mrs Pugh are silent over cold grey cottage pie. Mr Pugh reads, as he forks the shroud meat in, from *Lives of the Great Poisoners*. He has bound a plain brown-paper cover round the book. Slyly, between slow mouthfuls, he sidespies up at Mrs Pugh,
5 poisons her with his eyes, then goes on reading. He underlines certain passages and smiles in secret.

MRS PUGH   Persons with manners do not read at table,

FIRST VOICE   says Mrs Pugh. She swallows a digestive tablet as big as a horse-pill, washing it down with clouded peasoup water.

10 *Pause.*

MRS PUGH   Some persons were brought up in pigsties.

MR PUGH   Pigs don't read at table, dear.

FIRST VOICE   Bitterly she flicks dust from the broken cruet. It settles on the pie in a thin gnat-rain.

15 MR PUGH   Pigs can't read, my dear.

MRS PUGH   I know one who can.

FIRST VOICE   Alone in the hissing laboratory of his wishes, Mr Pugh minces among bad vats and jeroboams, tiptoes through spinneys of murdering herbs, agony dancing in his crucibles, and mixes especially for Mrs Pugh a venomous porridge unknown to toxicologists which will
20 scald and viper through her until her ears fall off like figs, her toes grow big and black as balloons, and steam comes screaming out of her navel.

MR PUGH   You know best, dear.

FIRST VOICE   says Mr Pugh, and quick as a flash he ducks her in rat soup.

MRS PUGH   What's that book by your trough, Mr Pugh?

25 MR PUGH   It's a theological work, my dear. *Lives of the Great Saints*.

D. Thomas, *Under Milk Wood*, 1951. Dent & Sons Ltd. © by D. Thomas.
By permission of D. Higham Associates Ltd.

- Images et métaphores, p. 180

Professor Gingrass

Gingrass still had his uneasy setting. Most of the professors inhabited quarters having the appearance of lumber-rooms hastily three-parts cleared for them on their arrival. They sat on, wrote at, prowled amid, and balanced their books against junk that must have been mouldering *in situ*, little troubled by broom or duster, since the close of the Victorian age. It
5 had been remarked that there was always dust on the seat of their pants, and that those who were over five foot eight commonly had cobwebs in their hair. In general all this became them very well. They were most of them genuine, if low-grade scholars, their persons distinguished by marmalade stains, missing buttons, improvised shoe-laces, and their minds directed upon distant and impalpable things. But Gingrass, who had married a lady with means and a
10 shadowy past in interior decorating, owned a room designed to proclaim other affiliations. One of the walls was a deep violet. Against this Gingrass, now a pallid, flaccid fifty, showed like one of those reclusive fish that haunt the farthest ooze. Another wall was papered in thin grey stripes on a black ground. Viewed against this, Gingrass became a creature of nocturnal habit, prowling his cage in some darkened menagerie. A third wall exhibited, more deliberately, the
15 man of learning, being clothed in massive calf-bound books – all impressively anonymous, since their spines were innocent of the slightest trace of lettering. Some maintained that these were a sham, and that pressure upon a concealed spring would cause them to slide away, revealing row upon row of lubricious romances. But this was undoubtedly a libel. So perhaps was the assertion that the litter of large dimly-patterned pots, upon the originating Dynasties
20 of which Gingrass would make obscure remarks when hard up for something to say, were in fact commercial ginger-jars obtained from a whole-sale grocer's. Clout had always rather liked the pots. Indeed, he now found that he had a kind of affection for the room as a whole. Perhaps this was simply because his upbringing had been among objects that were sometimes hideous but always conventional, and this had been the first queer room he had ever entered.

M. Innes, *Old Hall, New Hall*, Victor Gollancz Ltd, 1956.

- **Les phrases complexes, p. 28**
- **L'ellipse, p. 36**
- **Calques de structure, p. 102**

Texte 31

AFTER THE CRASH

It was no trouble handling him until he came to and looked at her. She could do anything if nobody watched her. But the moment a pair of eyes focused on her, she was a beetle stuck on a pin, arms and legs beating the air. There was no purchase. It was an impalement and a derailment.

5 So it had been in school. Alone at her desk she could do anything, solve any problem, answer any question. But let the teacher look over her shoulder or, horror of horrors, stand her up before the class: she shriveled and curled up like paper under a burning glass.

The lieder of Franz Schubert she knew by heart, backwards and forwards, as well as Franz ever knew them. But when four hundred pairs of eyes focused on her, they bored a hole in her
10 forehead and sucked out the words.

When he landed on the floor of her greenhouse, knocking himself out, he was a problem to be solved, like moving the stove. Problems are for solving. Alone. After the first shock of the crash, which caught her on hands and knees cleaning the floor, her only thought had been to make some sense of it, of him, a man lying on her floor smeared head to toe with a whitish
15 grease like a channel swimmer. As her mind cast about for who or what he might be—new kind of runner? masquerader from country-club party? Halloween trick-or-treater?—she realized she did not yet know the new world well enough to know what to be scared of. Maybe the man falling into her house was one of the things that happened, albeit rarely, like a wood duck flying down the chimney.

20 But wait. Was he a stranger? Strange as he was, smeared with clay and bent double, there was something about the set of his shoulders, a vulnerability in their strength, that struck in her a sweet smiling pang. She recognized him. No, in a way she knew who he was before she saw him. The dog recognized him. It was the dog, a true creature of the world, who knew when to be affrighted and enraged, e.g., when a man falls on him, who therefore had attacked as before
25 and as before had as quickly stopped and spat out the hand, the furious growl winding down to a little whine of apology. Again the dog was embarrassed.

Perhaps she ought to be an engineer or a nurse of comatose patients. For, from the moment of her gazing down at him, it was only a matter of figuring out how to do what needed to be done, of calculating weights and angles and points of leverage. Since he had crashed through
30 one potting table, the problem was to get him up on the other one. But first make sure he wasn't dead or badly hurt. It seemed he was neither, though he was covered with bumps and scrapes and blood and clay. He smelled of a freshly dug ditch. A grave. Again her mind cast about. Had he been digging a well for her in secret, knowing her dislike of help? But how does one fall from a well? Perhaps he had found a water supply on the ridge above.

W. Percy, *The Second Coming*, 1980.
(Capes Anglais 1990)

- Les verbes à particule, p. 156
- Quelques mots pouvant prêter à confusion, p. 94

Texte 32

Lady-killer

The next of the Lights was Uncle Tom, a dark, quiet talker, full of hidden strength, who possessed a way with women. As I first remember him he was coachman-gardener at an old house in Woodchester. He was married by then to my Auntie Minnie – a tiny, pretty, parted-down-the-middle woman who resembled a Cruickshank drawing. Life in their small, neat
5 stable-yard – surrounded by potted ferns, high-stepping ponies, and bright-painted traps and carriages – always seemed to me more toylike than human, and to visit them was to change one's scale and to leave the ponderous world behind.

Uncle Tom was well-mannered, something of a dandy, and he did peculiar things with his eyebrows. He could slide them independently up and down his forehead, and the habit was
10 strangely suggestive. In moments of silence he did it constantly, as though to assure us he wished us well; and to this trick was ascribed much of his success with women – to this and to his dignified presence. As a bachelor he had suffered almost continuous pursuit; but though slow in manner he was fleet of foot and had given the girls a long run. Our mother was proud of his successes. "He was a cut above the usual," she'd say. "A proper gentleman. Just like
15 King Edward. He thought nothing of spending a pound."

When he was young, the girls died for him daily and bribed our Mother to plead their cause. They were always inviting her out to tea and things, and sending him messages, and ardent letters, wrapped up in bright scarves for herself. "I was the most popular girl in the district," she said. "Our Tom was so refined…"

20 For years Uncle Tom played a wily game and avoided entanglements. Then he met his match in Effie Mansell, a girl as ruthless as she was plain. According to Mother, Effie M. was a monster, six foot high and as strong as a farm horse… No sooner had she decided that she wanted Uncle Tom than she knocked him off his bicycle and told him. The very next morning he ran away to Worcester and took a job as a tram-conductor. He would have done far better
25 to have gone down the mines, for the girl followed hot on his heels. She began to ride up and down all day long on his tram, where she had him at her mercy; and what made it worse, he had to pay her fares: he had never been so humiliated. In the end his nerve broke, he muddled the change, got the sack, and went to hide in a brick-quarry. But the danger passed, Effie married an inspector, and Uncle Tom returned to his horses.

30 By now he was chastened and the stables reassured him – you could escape on a horse, not a tram. But what he wished for more than anything was a good woman's protection: he had found the pace too hot. So very soon after, he married the Minnie of his choice, abandoned his bachelor successes, and settled for good with a sigh of relief and a few astonishing runs on his eyebrows.

L. Lee, *Cider with Rosie*, The Hogarth Press, 1959. © by L. Lee 1959.
Agrégation Lettres Modernes.

- Les articles, p. 169
- Les possessifs, p. 172
- Les démonstratifs, p. 173

Texte 33

THEM AND US

You might think it a bit rare, having long-distance cross-country runners in Borstal, thinking that the first thing a long-distance runner would do when they set him loose at them fields and woods would be to run as far away from the place as he could get on a bellyful of Borstal slumgullion – but you're wrong, and I'll tell you why. The first thing is that them
5 bastards over us aren't as daft as they most of the time look, and for another thing I am not so daft as I would look if I tried to make a break for it on my long-distance running, because to abscond and then get caught is nothing but a mug's game, and I'm not falling for it. Cunning is what counts in this life, and even that you've got to use in the slyest way you can; I'm telling you straight: they're cunning, and I'm cunning. If only "them" and "us" had the same ideas
10 we'd get on like a house on fire, but they don't see eye to eye with us and we don't see eye to eye with them, so that's how it stands and how it will always stand. The one fact is that all of us are cunning, and because of this there's no love lost between us. So the thing is that they know I won't try to get away from them: they sit there like spiders jackdaws on the roof, watching out over the drives and fields like German generals from the tops of tanks. And even
15 when I jog-trot on behind a wood and they can't see me anymore they know my sweeping-brush head will bob along that hedge-top in an hour's time and that I'll report to the bloke on the gate. Because when on a raw and frosty morning I get up at five o'clock and stand shivering my belly off on the stone floor and all the rest still have another hour to snooze before the bells go, I slink downstairs through all the corridors to the big outside door with a permit
20 running-card in my fist, I feel like the first and last man on the world, both at once, if you can believe what I'm trying to say. […]
They're training me up fine for the big sports day when all the pig-faced snotty-nosed dukes and ladies – who can't add two and two together and would mess themselves like loonies if they didn't have slavies to beck-and-call – come and make speeches to us about sports being
25 just the thing to get us leading an honest life and keep our itching finger-ends off them shop locks and safe handles and hairgrips to open gas meters. They give us a bit of blue ribbon and a cup for a prize after we've shagged ourselves out running or jumping, like race horses, only we don't get so well looked-after as race horses, that's the only thing.

A. Sillitoe, *The Loneliness of the Long-Distance Runner*. W.H. Allen & Co. Ltd.
© A. Sillitoe, 1958. By permission of T. Sayle Literary & Dramatic Agency.

- Les pronoms, p. 72
- Le pronom *It*, p. 75
- Registre, p. 199

Texte 34

ARRIVAL IN A STRANGE PLACE

Marian has just arrived at Gaze Castle to take up a job as a governess.

Scottow and Jamesie carried her bags. Not looking up at the staring windows, she followed up the steps to the terrace of cracked weedy paving-stones, on to the big ornate stone porch and through swinging glass doors. Inside there was a new kind of silence, and it was dark and rather cold and there was a sweetish smell of old curtains and old damp. Two maids
5 with tall white lace caps and black streaky hair and squints came forward to take her luggage. Jamesie had vanished into the darkness. Scottow said, "I expect you would like to wash and so on. There's no hurry. Of course, we don't usually change for dinner here, not seriously, I mean. The maids will show you to your room. Perhaps you'd like to find your way down again in half an hour or so, and I'll be waiting about on the terrace."
10 The maids were already whisking the luggage away up the stairs. Marian followed them through the semi-darkness. The floors were mostly uncarpeted, tilting, creaking, echoing, but there were soft hangings above her head, curtains in archways and vague cobwebby textiles which hung down at doors and corners and tugged her passing sleeve. At last she was ushered into a big room full of evening light. The maids disappeared.
15 She crossed to the window. She had the big view across the valley to Riders[1] and the sea. The sea was peacock blue now and the cliffs were jet black, receding to where the distant islands were again to be seen against a tawny sky. She looked and sighed, forgetting herself.
The case containing her brand-new field-glasses was slung about her neck. Still absorbed in looking, she fumbled them out. They were yet a delightful toy. She focused them upon the
20 valley. Startlingly close the wooden bridge sprang into view, and slowly the magic circle moved up the hill toward the opposite house. She came to a wall, discerning the uneven texture of the stone where the sinking sun struck it obliquely and cast small shadows; and then unexpectedly there was a stone balustrade, like the one at Gaze, and behind it a shuttered window. She moved the glasses slowly, pausing at a group of gay deck-chairs and white table with a bottle
25 on it. The next moment she was looking at a man. He was standing on the terrace and looking straight into her eyes with lifted binoculars trained on Gaze. Marian dropped her glasses and moved hastily back from the window. The panic returned.

I. Murdoch, *The Unicorn*, Chatto & Windus, 1963. © I. Murdoch 1963.

1. Riders: a large house she has passed on he way to Gaze.

- **Étoffement des prépositions, p. 166**
- **Les expressions avec *verb* + *one's way*, p. 161**
- **Verbes à particule, p. 156**

Texte 35

A STYGIAN DOMAIN

The basement kitchen of Mrs Poulteney's large Regency house, which stood, an elegantly clear simile of her social status, in a commanding position on one of the steep hills behind Lyme Regis, would no doubt seem today almost intolerable for its functional inadequacies. Though the occupants in 1867 would have been quite clear as to who was the tyrant in their
5 lives, the more real monster, to an age like ours, would beyond doubt have been the enormous kitchen range that occupied all the inner wall of the large and ill-lit room. It had three fires, all of which had to be stoked twice a day, and riddled twice a day; and since the smooth domestic running of the house depended on it, it could never be allowed to go out. Never mind how much a summer's day sweltered, never mind that every time there was a south-westerly gale
10 the monster blew black clouds of choking fumes – the remorseless furnaces had to be fed. And then the color of those walls! They cried out for some light shade, for white. Instead they were a bilious leaden green, one that was – unknown to the occupants (and to be fair, to the tyrant upstairs) – rich in arsenic. Perhaps it was fortunate that the room was damp and that the monster disseminated so much smoke and grease. At least the deadly dust was laid.
15 The sergeant major of this Stygian domain was a Mrs. Fairley, a thin, small person who always wore black, but less for her widowhood than by temperament. Perhaps her sharp melancholy had been induced by the sight of the endless torrent of lesser mortals who cascaded through her kitchen. Butlers, footmen, gardeners, grooms, upstairs maids, downstairs maids – they took just so much of Mrs Poulteney's standards and ways and then they fled. This was very
20 disgraceful and cowardly of them. But when you are expected to rise at six, to work from half past six to eleven, to work again from half past eleven to half past four, and then again from five to ten, and every day, thus a hundred-hour week, your reserves of grace and courage may not be very large…
Exactly how the ill-named Mrs Fairley herself had stood her mistress so long was one of the
25 local wonders. Most probably it was because she would, had life so fallen out, have been a Mrs Poulteney on her own account. Her envy kept her there; and also her dark delight in the domestic catastrophes that descended so frequently on the house. In short, both women were incipient sadists; and it was to their advantage to tolerate each other.

J. Fowles, *The French Lieutenant's Woman*, Little, Brown & Co. Inc.
© 1969 by J. Fowles. By permission of A. Sheil Associates Ltd. Literary Agents.

- L'adjectif et les degrés de comparaison, p. 64
- Étoffement des prépositions, p. 166

Texte 36

A VETERINARY SURGEON'S BEST FRIEND

A lot of farm dogs are partial to a little light relief from their work. They like to play and one of their favourite games is chasing cars off the premises. Often I drove off with a hairy form galloping alongside and the dog would usually give a final defiant bark after a few hundred yards to speed me on my way. But Jock was different.

5 He was really dedicated. Car chasing to him was a deadly serious art which he practised daily without a trace of levity. Comer's farm was at the end of a long track, twisting for nearly a mile between its stone walls, down through the gently sloping fields to the road below and Jock didn't consider he had done his job property until he had escorted his chosen vehicle right to the very foot. So his hobby was an exacting one.

10 I watched him now as I finished stitching the foal's leg and began to tie on a bandage. He was slinking about the buildings, a skinny little creature who, without his mass of black and white hair would have been almost invisible, and he was playing out a transparent charade of pretending he was taking no notice of me—wasn't the least bit interested in my presence, in fact. But his furtive glances in the direction of the stable, his repeated criss-crossing of my line
15 of vision gave him away. He was waiting for his big moment.

When I was putting on my shoes and throwing my Wellingtons into the boot 1 saw him again. Or rather part of him; just a long nose and one eye protruding from beneath a broken door. It wasn't till I had started the engine and begun to move off that he finally declared himself, stealing out from his hiding place, body low, tail trailing, eyes fixed intently on the car's front
20 wheels, and as I gathered speed and headed down the track he broke into an effortless lope. I had been through this before and was always afraid he might run in front of me so I put my foot down and began to hurtle downhill. This was where Jock came into his own. I often wondered how he'd fare against a racing greyhound because by golly he could run.

There was a sharp bend about half way down and here Jock invariably sailed over the wall and
25 streaked across the turf, a little dark blur against the green, and having craftily cut off the comer he reappeared like a missile zooming over the grey stones lower down. This put him into a nice position for the run to the road and when he finally saw me on to the tarmac my last view of him was of a happy panting face looking after me.

J. Herriot, *Vet in Harness*, Michael Joseph, 1974.

- Les temps, p. 55
- Les verbes à particule, p. 156

Texte 37

A LOGICAL SUCCESSION

Vladimir, a secret agent, has been found dead. George Smiley is asked to help with the investigation.

Proofs. Proofs too precious to post. He was bringing something. Two somethings. Not just in his head – in his pocket. And was playing Moscow Rules. Rules that had been drummed into the General from the very day of his recruitment as a defector in place. By Smiley himself, no less, as well as his case officer on the spot. Rules that had been invented for his survival; and the survival of his network. Smiley felt the
5 excitement seize his stomach like a nausea. Moscow Rules decree that, if you physically carry a message, you must also carry the means to discard it! That, however it is disguised or concealed – microdot, secret writing, undeveloped film, any one of the hundred risky, finicky ways – still as an object it must be the first and lightest thing that comes to hand, the least conspicuous when jettisoned!
Such as a medicine bottle full of tablets, he thought, calming a little. Such as a box of matches.
10 *One box Swan Vesta matches partly used, overcoat left*, he remembered. A smoker's match, note well.
And in the safe flat, he thought relentlessly – tantalising himself, staving off the final insight – there on the table waiting for him, one packet of cigarettes, Vladimir's favourite brand. And in Westbourne Terrace on the food safe, nine packets of Gauloises Caporal. Out of ten.
But no cigarettes in his pockets. None, as the good Superintendent would have said, on his person. Or not
15 when they found him, that is to say.
So the premise, George? Smiley asked himself, mimicking Lacon – brandishing Lacon's prefectorial finger accusingly in his own intact face – the premise? The premise is thus far, Oliver, that a smoker, a habitual smoker, in a state of high nervousness, sets off on a crucial clandestine meeting equipped with matches but not even so much as an *empty* packet of cigarettes, though he possesses quite demonstrably a whole stock
20 of them. So that either the assassins found it, and removed it – the proof, or proofs, which Vladimir was speaking of, or – or what? Or Vladimir changed his stick from his right hand to his left in time. And put his right hand in his pocket in time. And took it out again, also in time, at the very spot where it could not be seen. And got rid of it, or them, according to Moscow Rules. [...]
Having satisfied his own insistence upon a logical succession, George Smiley stepped cautiously into the
25 long grass that led to the spinney, soaking his trousers from the knees down. For half an hour or more he searched, groping in the grass and among the foliage, retreading his tracks, cursing his own blundering, giving up, beginning again, answering the fatuous enquiries of passers-by which ranged from the obscene to the excessively attentive... He found two broken kites, a quantity of Coca-Cola tins. He found scraps of the female body, some in colour, some in black and white, ripped from magazines. He found four beer
30 bottles, empty, and four empty cigarette packets so sodden and old that after one glance he discounted them. And in a branch, slipped into the fork just where it joined its parent trunk, the fifth packet, or better perhaps the tenth – that was not even empty; a relatively dry packet of Gauloises Caporal, *Filtre*, and Duty Free, high up... He found a stick, poked the packet free, opened it. Four cigarettes remained.
And behind those four cigarettes, half concealed, and protected by its own skin of cellophane, something
35 he recognised but dared not even disturb with his wet and trembling fingers.

J. Le Carré, *Smiley's People*, Hodder & Stoughton. © 1979 by Authors Workshop A. G.

- **L'ellipse, p. 36**
- **Quelques mots de liaison, p. 94**

✳✳✳ Texte 38

A WHIRLWIND WOOING

Willoughby aired his amiable superlatives in the eye of Miss Middleton; he had a leg. He was the heir of successful competitors. He had a style, a tone, an artist tailor, an authority of manner; he had in the hopeful ardour of the chase among a multitude a freshness that gave him advantage; and together with his undeviating energy when there was a prize to
5 be won and possessed, these were scarce resistible. He spared no pains, for he was adust and athirst for the winning-post. He courted her father, aware that men likewise, and parents preeminently, have their preference for the larger offer, the deeper pocket, the broader lands, the respectfuller consideration. Men, after their fashion, as well as women, distinguish the bettermost, and aid him to succeed, as Dr Middleton certainly did in the crisis of the
10 memorable question proposed to his daughter within a month of Willoughby's reception at Upton Park. The young lady was astonished at his whirlwind wooing of her, and bent to it like a sapling. She begged for time; Willoughby could barely wait. She unhesitatingly owned that she liked no one better, and he consented. A calm examination of his position told him that it was unfair so long as he stood engaged, and she did not. She pleaded a desire to see a little
15 of the world before she plighted herself. She alarmed him; he assumed the amazing god of love under the subtlest guise of the divinity. Willingly would he obey her behests, resignedly languish, were it not for his mother's desire to see the future lady of Patterne established there before she died. Love shone cunningly through the mask of filial duty, but the plea of urgency was reasonable. Dr Middleton thought it reasonable, supposing his daughter to have an
20 inclination. She had no disinclination, though she had a maidenly desire to see a little of the world – grace for one year, she said. Willoughby reduced the year to six months, and granted that term, for which, in gratitude, she submitted to stand engaged; and that was no light whispering of a word. She was implored to enter the state of captivity by the pronunciation of vows – a private but a binding ceremonial. She had health and beauty, and money to gild these
25 gifts; not that he stipulated for money with his bride, but it adds a lustre to dazzle the world; and, moreover, the pack of rival pursuers hung close behind, yelping and raising their dolorous throats to the moon. Captive she must be.

G. Meredith, The Egoist, 1879.

- L'inversion, p. 32
- Les articles, p. 169

WAITING FOR ROYALTY

A small crowd, meanwhile, had gathered at the gates of Buckingham Palace. Listlessly, yet confidently, poor people all of them, they waited; looked at the Palace itself with the flag flying; at Victoria, billowing on her mound, admired her shelves of running water, her geraniums; singled out from the motor cars in the Mall first this one, then that; bestowed
5 emotion, vainly, upon commoners out for a drive; recalled their tribute to keep it unspent while this car passed and that; and all the time let rumours accumulate in their veins and thrill the nerves in their thighs at the thought of Royalty looking at them; the Queen bowing; the Prince saluting; at the thought of the heavenly life divinely bestowed upon Kings; of the equerries and deep curtsies; of the Queen's old doll's house; of Princess Mary married to an Englishman, and
10 the Prince – ah! the Prince! who took wonderfully, they said, after old King Edward, but was ever so much slimmer. The Prince lived at St James's; but he might come along in the morning to visit his mother.

So Sarah Bletchley said with her baby in her arms, tipping her foot up and down as though she were by her own fender in Pimlico, but keeping her eyes on the Mall, while Emily Coates
15 ranged over the Palace windows and thought of the housemaids, the innumerable housemaids, the bedrooms, the innumerable bedrooms. Joined by an elderly gentleman with an Aberdeen terrier, by men without occupation, the crowd increased. Little Mr Bowley, who had rooms in the Albany and was sealed with wax over the deeper sources of life, but could be unsealed suddenly, inappropriately, sentimentally, by this sort of thing – poor women waiting to see the
20 Queen go past – poor women, nice little children, orphans, widows, the War – tut-tut – actually had tears in his eyes. A breeze flaunting ever so warmly down the Mall through the thin trees, past the bronze heroes, lifted some flag flying in the British breast of Mr Bowley and he raised his hat as the car turned into the Mall and held it high as the car approached and let the poor mothers of Pimlico press close to him, and stood very upright. The car came on.

V. Woolf, *Mrs Dalloway*, Chatto and Windus. © 1925 – The Estate of V. Woolf.

- Répétitions, p. 186
- Ton et style, p. 207

***Texte 40

IN THE HEART OF ENGLAND

Middle Ashton had grown up, centuries ago, around the Jacobean manor house — Ashton House — at its centre, still occupied by a distant relative of the original owner-builder-proprietor, one Trefor Parry, a seventeenth-century Welsh wool-merchant-made-good who, flaunting his great wealth, had built his grand demesne here in the middle of England itself.
5 Now, after generation upon generation of reckless, spendthrift Parrys and their steadfast, complacent neglect, the manor house was falling down, on its last woodwormed legs, giving up its parched ghost to entropy. Sagging tarpaulins covered the roof of the east wing, rusting scaffolding spoke of previous vain gestures at restoration and the soft yellow Cotswold stone of its walls came away in your hand like wet toast. There was a small damp dark church near
10 by, overwhelmed by massive black-green yews that seemed to drink the light of day; a cheerless pub – the Peace and Plenty, where the hair on your head brushed the greasy, nicotine varnish of the ceiling in the bar – a post office with a shop and an off-licence, and a scatter of cottages, some thatched, green with moss, and interesting old houses in big gardens. The lanes in the village were sunk six feet beneath high banks with rampant hedges growing on
15 either side, as if the traffic of ages past, like a river, had eroded the road into its own mini-valley, deeper and deeper, a foot each decade. The oaks, the beeches, the chestnuts were towering, hoary old ancients, casting the village in a kind of permanent gloaming during the day and in the night providing an atonal symphony of creaks and groans, whispers and sighs as the night breezes shifted the massive branches and the old wood moaned and complained.

W. Boyd, *Restless*, Bloomsbury, 2006.

- Les allusions et termes culturels, p. 195
- Les structures résultatives, p. 159

✱✱✱ Texte 41

ON THE ROAD

What is that feeling when you're driving away from people and they recede on the plain till you see their specks dispersing? – it's the too-huge world vaulting us, and it's goodbye. But we lean forward to the next crazy venture beneath the skies.

We wheeled through the sultry old light of Algiers, back on the ferry, back towards the mud-splashed, crabbed old ships across the river, back on Canal, and out; on a two-lane highway to Baton Rouge in purple darkness; swung west there, crossed the Mississippi at a place called Port Allen. Port Allen – where the river's all rain and roses in a misty pinpoint darkness and where we swung around a circular drive in yellow foglight and suddenly saw the great black body below a bridge and crossed eternity again. What is the Mississippi River? – a washed clod in the rainy night, a soft plopping from drooping Missouri banks, a dissolving, a riding of the tide down the eternal waterbed, a contribution to brown foams, a voyaging past endless vales and trees and levees, down along, down along, by Memphis, Greenville, Eudora, Vicksburg, Natchez, Port Allen, and Port Orleans and Port of the Deltas, by Potash, Venice, and the Night's Great Gulf, and out.

With the radio on to a mystery programme, and as I looked out the window and saw a sign that said USE COOPER'S PAINT and I said "Okay, I will," we rolled across the hoodwink night of the Louisiana plains – Lawtell, Eunice, Kinder, and De Quincy, western rickety towns becoming more bayou-like as we reached the Sabine. In Old Opelousas I went into a grocery store to buy bread and cheese while Dean saw to gas and oil. It was just a shack; I could hear the family eating supper in the back. I waited a minute; they went on talking. I took bread and cheese and slipped out the door. We had barely enough money to make Frisco. Meanwhile Dean took a carton of cigarettes from the gas station and we were stocked for the voyage – gas, oil, cigarettes, and food. Crooks don't know. He pointed the car straight down the road.

J. Kerouac, On the Road, André Deutsch, 1958.
© J. Kerouac 1955–1957. By permission of Intercontinental Literary Agency.

- Mots composés, p. 70
- Particules adverbiales, pp. 58 & 78
- Le gérondif, p. 142

***Texte 42

CHILDHOOD MEMORIES

Gnats circling near the surface shatter and reassemble as he splashes through them, cleaving the plane of liquid stillness, sending ripples right and left toward muddy rooty banks city blocks away. A film of mist sits visible on the skin of the lake if the hour is early enough. He was never an early-to-rise freak but sees the point of it now, you get into the day
5 at the start, before it gets rolling, and roll with it. The film of mist tastes of evening chill, of unpolluted freshness in a world waking with him. As a kid Rabbit never went to summer camps, maybe Nelson is right they were too poor, it never occurred to them. The hot cracked sidewalks and dusty playground of Mt. Judge were summer enough, and the few trips to the Jersey Shore his parents organized stick up in his remembrance as almost torture, the hours
10 on poky roads in the old Model A and then the mud-brown Chevy, his sister and mother adding to the heat the vapors of female exasperation. Pop dogged at the wheel, the back of his neck sweaty and scrawny and freckled while the flat little towns of New Jersey threw back at Harry distorted echoes of his own town, his own life, for which he was homesick after an hour. Town after town numbingly demonstrated to him that his life was a paltry thing, roughly duplicated
15 by the millions in settings where houses and porches and trees mocking those in Mt. Judge fed the illusions of other little boys that their souls were central and dramatic and invisibly cherished. He would look at the little girls on the sidewalks they drove alongside wondering which of them he would marry, for his idea of destiny was to move away and marry a girl from another town. The traffic as they neared the Shore became thicker, savage, metropolitan. Cars,
20 he has always found cars, their glitter, their exhalations, cruel. Then at last arriving in a burst of indignities—the parking lot full, the bathhouse attendant rude—they would enter upon a few stilted hours on the alien beach whose dry sand burned the feet and scratched in the crotch and whose wet ribs where the sea had receded had a deadly bottomless smell, a smell of vast death. Every found shell had this frightening faint stink. His parents in bathing suits alarmed
25 him. His mother didn't look obscenely fat like some of the other mothers but bony and long and hard, and as she stood to call him or little Mim back from the suspect crowds of strangers or the dangerous rumor of undertow her arms seemed to be flapping like featherless wings. Not Rabbit then, he would be called as "Hassy! Hassy!" And his father's skin where the workclothes always covered it seemed so tenderly white. He loved his father for having such
30 whiteness upon him, secretly, a kind of treasure; in the bathhouse he and Pop changed together rapidly, not looking at one another, and at the end of the day changed again. The ride back to Diamond County was always long enough for the sunburn to start hurting.

J. Updike, *Rabbit is Rich*, Knopf, 1981.

- **Les temps, p. 55**
- **L'étoffement des prépositions, p. 166**
- **Les allusions et les termes culturels, p. 195**

***Texte 43

A DIPLOMAT'S CAREER

And punctually now as the calendar years succeeded each other, as his posts changed, so the image of Leila was shot through with the colours and experiences of the countries which passed like fictions before his eyes: cherry-starred Japan, hook-nosed Lima. But never Egypt, despite all his entreaties for postings which he knew were falling or had fallen vacant.
5 It seemed that the Foreign Office would never forgive him for having learned Arabic, and even deliberately selected posts from which leave taken in Egypt was difficult or impossible. Yet the link held. Twice he met Nessim in Paris, but that was all. They were delighted with each other, and with their own worldliness.

In time his annoyance gave place to resignation. His profession which valued only judgement,
10 coolness and reserve, taught him the hardest lesson of all and the most crippling – never to utter the pejorative thought aloud. It offered him too something like a long Jesuitical training in self-deception which enabled him to present an ever more highly polished surface to the world without deepening his human experience. If his personality did not become completely diluted it was due to Leila; for he lived surrounded by his ambitious and sycophantic fellows
15 who taught him only how to excel in forms of address, and the elaborate kindnesses which, in pleasing, pave the way to advancement. His real life became a buried stream, flowing on underground, seldom emerging into that artificial world in which the diplomat lives – slowly suffocating like a cat in an air-pump. Was he happy or unhappy? He hardly knew any longer. He was alone, that was all. And several times, encouraged by Leila, he thought to solace his
20 solitary concentration (which was turning to selfishness) by marrying. But somehow, surrounded as he was by eligible young women, he found that his only attraction lay among those who were already married, or who were much older than himself. Foreigners were beyond consideration for even at that time mixed marriages were regarded as a serious bar to advancement in the service. In diplomacy as in everything else there is a right and a wrong
25 kind of marriage. But as the time slipped by he found himself climbing the slow gyres – by expediency, compromise and hard work – towards the narrow anteroom of diplomatic power: the rank of councillor or minister. Then one day the whole bright mirage which lay buried and forgotten reawoke, re-emerged, substantial and shining from the past; in the fullness of his powers he woke one day to learn that the coveted 'K' was his, and something else even more
30 desirable – the long-denied Embassy to Egypt...

L. Durrell, *Mountolive*, Faber and Faber, 1958.

- Mots de liaison, p. 94
- Calque, p. 102

Considering the snail

The snail pushes through a green
night, for the grass is heavy
with water and meets over
the bright path he makes, where rain
5 has darkened the earth's dark. He
moves in a wood of desire,

pale antlers barely stirring
as he hunts. I cannot tell
what power is at work, drenched there
10 with purpose, knowing nothing.
What is a snail's fury? All
I think is that if later

I parted the blades above
the tunnel and saw the thin
15 trail of broken white across
litter, I would never have
imagined the slow passion
to that deliberate progress.

1961

T. Gunn, *My Sad Captains*, Faber and Faber.

• Ton et style, p. 207

Stalking Mlle Morphy

He had now been stalking his beautiful Mlle Morphy, whose real name was Mrs Meehawl O'Sullivan, for some six weeks, and she had appeared to be so amused at every stage of the hunt, so responsive, *entraînante*, even *aguichante*, that he could already foresee the kill over the next horizon. At their first encounter, during the Saint Patrick's Day cocktail party at the Dutch embassy, accompanied by a husband who had not a word to throw to a cat about anything except the scissors and shears that he manufactured somewhere in the West of Ireland, and who was obviously quite ill at ease and drank too much Irish whiskey, what had attracted him to her was not only her splendid Boucher figure (whence his sudden nickname for her, La Morphée), or her copper-coloured hair, her lime-green Irish eyes and her seemingly poreless skin, but her calm, total and subdued elegance: the Balenciaga costume, the peacock-skin gloves, the gleaming crocodile handbag, a glimpse of tiny, lace-edged lawn handkerchief and her dry, delicate scent. He had a grateful eye and nose for such things. It was, after all, part of his job. Their second meeting, two weeks later, at his own embassy, had opened the doors. She came alone.

Now, at last, inside a week, perhaps less, there would be an end to all the probationary encounters that followed – mostly her inventions, at his persistent appeals – those wide-eyed fancy-meeting-you-heres at the zoo, at race-meetings, afternoon cinemas, in art galleries, at more diplomatic parties (once he had said gaily to her, "The whole diplomacy of Europe seems to circle around our interest in one another,") those long drives over the Dublin mountains in his Renault coupé, those titillating rural lunches, nose to nose, toe to toe (rural because she quickly educated him to see Dublin as a stock exchange for gossip, a casino of scandal), an end, which was rather a pity, to those charming unforeseen-foreseen, that is to say proposed but in the end just snatched, afternoon *promenades champêtres* under the budding leaves and closing skies of the Phoenix Park, with the first lights of the city springing up below them to mark the end of another boring day for him in Ailesbury Road, Dublin's street of embassies, for her another possibly cosier but, he selfishly hoped, not much more exciting day in her swank boutique on Saint Stephen's Green. Little by little those intimate encounters, those murmured confessions had lifted acquaintance to friendship, to self-mocking smiles over some tiny incident during their last meeting, to eager anticipation of the next, an aimless tenderness twanging to appetite like an arrow. Or, at least, that was how he felt about it all. Any day now, even any hour, the slow countdown, slower than the slow movement of Mendelssohn's Concerto in E Minor, or the most swoony sequence from the Siegfried Idyll, or that floating spun-sugar balloon of Mahler's "Song of the Earth," to the music of which on his gramophone he would imagine her smiling sidelong at him as she softly disrobed, and his ingenious playing with her, his teasing and warming of her moment by moment for the roaring, blazing takeoff. To the moon!

S. O'Faolain, *Foreign Affairs and Other Stories*, *The Faithless Woman*, Constable Publishers, 1976.
CAPES d'anglais.

- Portée de l'adjectif, p. 61
- Portée de l'adverbe, p. 58

***Texte 46

THE FIRST PERFORMANCE

"O, villains, vipers, damned without redemption!
Dogs easily won to fawn on any man!"

The voice, firm and noble, rang out in all the contempt that need be mustered to crush those who had dared to darken the sun with the shadows of their mean forms. Piers, standing by the prompter, thought, I've done it. Cowley, who's never had a thought in his handsome head beyond springing, deerlike, in the air to catch the ball, has come over as a
5 King, glorious moulder of his realm and his subjects, man of flair and imagination and regality. "Three Judases, each thrice worse than Judas…" the young voice heaped scorn. An absurdity came into Piers' mind – the Lambkin's copy of the play which he had used at rehearsals, all bordered with inane comments in the old fool's neat hand. Here, against Richard's magnificent violent denunciation, the ass had written, "He believes them to be disloyal." He had again, as
10 at rehearsal, to stifle his laughter. Mocking thoughts and words, the wonderful essence of everyday play, what kept one afloat in face of the stupidities and frets of school and home and Tothill; but he had learned in these intense weeks of production that it could not go with creation, with seeing how the play should be shaped and moulding the actors to make those shapes. There was no time for anything that distracted – even a giggle could weaken the
15 tension that was needed.
   It was Shakespeare's words and the way the actors, following all he had taught them, spoke them, that stood first – not the surface show of bodies and faces and movements and costumes and sets. These came second, were but the outward show. Yet now, against the rule he had set himself, he felt the need to open his eyes and reassure himself. Cowley stood the visual test
20 as well – tall, slim, like an elegant hawk in his gold-embroidered, long-sleeved royal robe, his well-meaning, foolish cricket-captain's face looked visionary, inspired, the dull blue eyes flashing with light too intense for anger. And the audience was held, moved – he could see the headmaster's mouth open, for once not in chatter, but in wonder, and his housemaster's lips set stern, not in their usual lines of self-conscious whimsy. A big old woman's eyes looked out
25 scared as a child woken from a nightmare at the King's terrible majesty. There too, surely, were Ma's eyes, showing amazed behind the mascaraed lashes. What was she thinking?
   He closed his own eyes; he had sworn that he would take no peep at the audience, would judge all by what it should be judged by – the play's speech as he had instructed them.
   He willed the cast to be as he had shown them how to be.

A. Wilson, *Setting the World on Fire*, M. Secker & Warburg Ltd., 1980.
© A. Wilson, 1980.

- Phrases complexes, p. 28
- Étoffement des prépositions, p. 166

***Texte 47

IN A TUBE TRAIN

Just at that moment, thank God, the lights flickered back on, and a muted cheer went up around the carriage. The speaker system also crackled into life, and we heard the laconic drawl of a London Underground guard who, without actually apologizing for the delay, explained that the train was experiencing 'operating difficulties' which would be rectified as
5 soon as possible. It wasn't the most satisfying of explanations, but at least we no longer felt quite so irredeemably alone and abandoned, and now as long as nobody tried leading us into prayer or starting a singalong to keep our spirits up, I felt that I could cope with a few more minutes. The guy with the inhaler was looking worse and worse, though. I'm sorry, he said, as his breathing began to get faster and more frantic, 1 don't think 1 can take much more of this,
10 and the man next to him started making reassuring noises but I could sense the silent resentment of the other passengers at the thought that they might soon have to deal with the problem of someone fainting or having a fit or something. At the same time I could also sense something else, something quite different: a strong, sickly, meaty sort of smell which was now beginning to establish itself above the competing bouquets of sweat and body odour. Its source
15 quickly became apparent as the lanky businessman next to me squeezed open his briefcase and took out a paper bag with the logo of a well-known fast food chain on it. I watched him in amazement and thought, He isn't going to do this, he can't be going to do this, but yes, with the merest grunt of apology – 'It'll go cold otherwise' – he opened his gaping jaws and crammed in a great big mouthful of this damp, lukewarm cheeseburger and started chomping
20 on it greedily, every chew making a sound like wet fish being slapped together and a steady dribble of mayonnaise appearing at the corners of his mouth. There was no question of being able to look away or block my ears: I could see every shred of lettuce and knob of gristle being caught between his teeth, could hear whenever the gummy mixture of cheese and masticated bread got stuck to the roof of his mouth and had to be dislodged with a probing tongue. Then
25 things started to go a bit hazy, the carriage was getting darker and the floor was giving way beneath my feet and I could hear someone say, Watch out, he's going!, and the last thing I can remember thinking was, poor guy, it's no wonder, with asthma like that: and then nothing, no memory at all of what happened next, just blackness and emptiness for I don't know how long.

J. Coe, *What A Carve Up!*, Viking, 1994.

- Les verbes à particule, p. 156
- Les structures résultatives, p. 159
- Les champs sémantiques, p. 136

***Texte 48

Herzog

As for my late unlucky father, J. Herzog, he was not a big man, one of the small-boned Herzogs, finely made, round-headed, keen, nervous, handsome. In his frequent bursts of temper he slapped his sons swiftly with both hands. He did everything quickly, neatly, with skilful Eastern European flourishes: combing his hair, buttoning his shirt, stropping his bone-handled
5 razors, sharpening pencils on the ball of his thumb, holding a loaf of bread to his breast and slicing towards himself, tying parcels with tight little knots, jotting like an artist in his account book. There each cancelled page was covered with a carefully drawn X. The 1s and 7s carried bars and streamers. They were like pennants in the wind of failure. First Father Herzog failed in Petersburg, where he went through two dowries in one year. He had been importing onions from
10 Egypt. Under Pobedonostsev the police caught up with him for illegal residence. He was convicted and sentenced. The account of the trial was published in a Russian journal printed on thick green paper. Father Herzog sometimes unfolded it and read aloud to the entire family, translating the proceedings against Ilyona Isakovitch Gerzog. He never served his sentence. He got away. Because he was nervy, hasty, obstinate, rebellious. He came to Canada, where his
15 sister Zipporah Yaffe was living.

In 1913 he bought a piece of land near Valleyfield, Quebec, and failed as a farmer. Then he came into town and failed as a baker; failed in the dry-goods business; failed as a jobber; failed as a sack manufacturer in the War, when no one else failed. He failed as a junk dealer. Then he became a marriage broker and failed – too short-tempered and blunt. And now he was failing as
20 a bootlegger, on the run from the provincial Liquor Commission. Making a bit of a living.

In haste and defiantly, with a clear tense face, walking with mingled desperation and high style, a little awkwardly dropping his weight on one heel as he went, his coat, once lined with fox, turned dry and bald, the red hide cracking. This coat sweeping open as he walked, or marched his one-hand Jewish march, he was saturated with the odour of the Caporals he smoked as he
25 covered Montreal in his swing - Papineau, Mile-End, Verdun, Lachine, Point St Charles. He looked for business opportunities – bankruptcies, job lots, mergers, fire sales, produce – to rescue him from illegality. He could calculate percentages mentally at high speed, but he lacked the cheating imagination of a successful businessman. And so he kept a little still in Mile-End, where goats fed in the empty lots. He travelled on the tramcar. He sold a bottle here and there and waited for
30 his main chance. American rum-runners would buy the stuff from you at the border, any amount, spot cash, if you could get it there. Meanwhile he smoked cigarettes on the cold platforms of streetcars. The Revenue was trying to catch him. Spotters were after him. On the roads to the border were hijackers. On Napoleon Street he had five mouths to feed. Willie and Moses were sickly. Helen studied the piano. Shura was fat, greedy, disobedient, a plotting boy. The rent, back
35 rent, notes due, doctors' bills to pay, and he had no English, no friends, no influence, no trade, no assets but his still – no help in all the world. His sister Zipporah in St Anne was rich, very rich, which only made matters worse.

S. Bellow, *Herzog*, Viking Press, 1964.

- Les temps, p55
- Les répétitions, p. 186
- Les formes en *-ing*, p. 4

***Texte 49

A NEW YORK CABBIE

As my cab pulled off FDR Drive, somewhere in the early Hundreds, a low-slung Tomahawk full of black guys came sharking out of lane and sloped in fast right across our bows. We banked, and hit a deep welt or grapple-ridge in the road; to the sound of a rifle-shot the cab roof ducked down and smacked me on the core of my head. I really didn't need that, I tell you, with my head and face and
5 back and heart hurting a lot all the time anyway, and still drunk and crazed and ghosted from the plane.
'Oh man,' I said.
'Yeah,' said the cabbie from behind the shattered plastic of his screen. 'Fuckin A.'
My cabbie was fortyish, lean, balding. Such hair as remained scurried long and damp down his neck and shoulders. To the passenger, that's all city cabbies are – mad necks, mad rugs. This mad neck was
10 explosively pocked and mottled, with a flicker of adolescent virulence in the crimson underhang of the ears. He lounged there in his corner, the long hands limp, on the wheel.
'Only need about a hundred guys, a hundred guys like me,' he said, throwing his voice back, 'take out all the niggers and PRs in this fuckin town,'
I listened, on my seat there. Owing to this fresh disease 1 have called tinnitus, my ears have started
15 hearing things recently, things that aren't strictly auditory. Jet take-offs, breaking glass, ice scratched from the tray. It happens mostly in the morning but at other times too. It happened to me in the plane, for instance or at least I think it did.
'What?' I shouted. 'A hundred guys? That's not many guys.'
'We could do it. With the right gunge, we could do it.'
20 'Gunge?'
'Gunge, yeah. Fifty-sixes. Automatics.'
I sat back and rubbed my head. I'd spent two hours in Immigration, Go damn it. I have this anti-talent for queues. You know the deal. Ho ho ho, I think, as I successfully shoulder and trample my way to the end of the shortest line. But the shortest line is the shortest line for an interesting reason. The people
25 ahead of me are all Venusians, pterodactyls, men and women from an alternative timestream. They all have to be vivisected and bodybagged by the unsmiling 300-pounder in his lit glass box. 'Business or pleasure?' this guy eventually asked me. 'I hope business only,' I said, and meant it. With business I'm usually okay. It's pleasure that gets me into all this expensive trouble... Then a half hour in customs, and another half before I firmed up this cab - yeah, and the usual maniac fizzing and crackling at its
30 wheel. I've driven in New York. Five blocks, and you' re reduced to tears of barbaric nausea. So what happens to these throwbacks they hire to do it all day for money? You try it.
I said,
'Why would you want to go and do a thing like that?'
'Uh?'
35 'Kill al! the niggers and PRs?'
'They think, you know, you drive a yellow cab,' he said, and raised one limp splayed hand from the wheel, 'you must be some kind of a scumbag.'
I sighed and leaned forward. 'You know something' I asked him. 'You realty *are* a scumbag. I thought it was just a swearword until you came along- You're the first real one I've met.'

M. Amis, *Money*, Jonathan Cape, 1984.

- Le registre, p. 199
- Les allusions et les termes culturels, p. 195
- La dérivation, p. 174
- Les mots composés, p. 70
- Les expressions avec *verb* + *one's way*, p. 161

✱✱✱Texte 50

THE FLOODED RIVER

As the short convict had testified, the tall one, when he returned to the surface, still retained what the short one called the oar. He clung to it, not instinctively against the time when he would be back inside the boat and would need it, because for a time he did not believe he would ever regain the skiff or anything else that would support him, but because he did not have time
5 to think about turning it loose. Things had moved too fast for him. He had not been warned, he had felt the first snatching tug of the current, he had seen the skiff begin to spin and his companion vanish violently upward like in a translation out of Isaiah, then he himself was in the water, struggling against the drag of the paddle which he did not know he still held each time he fought back to the surface and grasped at the spinning skiff which at one instant was ten feet
10 away and the next poised above his head as though about to brain him, until at last he grasped the stem, the drag of his body becoming a rudder to the skiff, the two of them, man and boat and with the paddle perpendicular above them like a jackstaff, vanishing from the view of the short convict (who had vanished from that of the tall one with the same celerity though in a vertical direction) like a tableau snatched offstage intact with violent and incredible speed.
15 He was now in the channel of a slough, a bayou, in which until today no current had run probably since the old subterranean, outrage which had created the country. There was plenty of current in it now though; from his trough behind the stern he seemed to see the trees and sky rushing past with vertiginous speed, looking down at him between the gouts of cold yellow in lugubrious and mournful amazement. But they were fixed and secure in something; he thought of that, he
20 remembered in an instant of despairing rage the firm earth fixed and founded strong and cemented fast and stable forever by the generations of laborious sweat, somewhere beneath him, beyond the reach of his feet, when, and again without warning, the stern of the skiff struck him a stunning blow across the bridge of his nose. The instinct which had caused him to cling to it now caused him to fling the paddle into the boat in order to grasp the gunwale with both hands
25 just as the skiff pivoted and spun away again. With both hands free he now dragged himself over the stern and lay prone on his face, streaming with blood and water and panting, not with exhaustion but with that furious rage which is terror's aftermath.

W. Faulkner, *The Wild Palms*, Chatto & Windus, 1940, Vintage, 2000.

- Les phrases complexes, p. 28
- Les temps, p.55
- L'étoffement des prépositions, p. 166

Corrigés des exercices

Conseils généraux

L'analyse du texte

1. p. 12

1. (a) Culturisme
   (b) Une entreprise en plein essor
   (c) Ensemble immobilier

3. p. 14

1. Il doit y avoir une coupure de courant. Où est-ce que tu mets (/tu ranges) tes bougies?
2. – C'est bien propre ici.
   – C'est nécessaire. Comme ça, elle risque moins de tomber malade.
3. Lorsqu'il travaillait pour la société Rojax, Wilhem avait un petit appartement à Roxbury, deux pièces dans une grande maison avec une petite véranda et un jardin.
4. Un excentrique, perdu dans les rites de son obsession, est assis entre un célibataire que sa soeur mariée n'accepte de loger que pour jouir de sa pension de guerre et un veuf âgé habitant un meublé bon marché.

4. p. 15

1. (a) Comment a-t-il pu oser me le dire ? / Comment a-t-il pu m'en parler ?
   (b) Comment a-t-il pu savoir que c'était bien moi ?

L'inférence

p. 16

1. Le mot *ichthyologically* se termine en *-ly* et devrait donc être un adverbe. Il est suivi d'un tiret qui annonce une explication, ce que souligne l'écho *all wrong > should have been ... not...* Puisque *a cod* est une morue et *a bass* un bar, l'adverbe devrait pouvoir être paraphrasé : en tant que poisson. Le mot "ichtyologie" existe également en français ; il est donc possible de créer l'adverbe "ichtyologiquement".
2. La formation du mot (*an* + *hydrous*) peut aider. Le préfixe *an* a le sens "qui manque de". Quant à *hydrous*, c'est un adjectif formé à partir de *hydro*, l'eau. Le sens de *anhydrous*, dénué d'eau, s'impose donc. Mais le contexte seul – *Where did all the water go?* - aurait suffi à inférer le sens.

Que traduire?

1. p. 21

1. La température atteignait presque les trente degrés (/ était en hausse et s'approchait des trente degrés.)

2. Mais j'ai enfin eu ma revanche... Aujourd'hui elle pèse plus de cent trente kilos.
3. Trente mètres plus haut, les pas des deux hommes résonnaient sous la voûte... À l'une des extrémités de la pièce caverneuse, éclairée par un projecteur caché, La Crucifixion de Saint Pierre du Greco flamboyait / resplendissait dans les ténèbres.
4. Lorsqu'il disparut, John Marcus Fielding transgressa donc toutes les lois de probabilité sociales et statistiques. Âgé de cinquante-sept ans, il était riche, heureux en ménage, père d'un fils et de deux filles ; il faisait partie du conseil d'administration de plusieurs sociétés de la City (et c'était loin d'être seulement pour le prestige / pour enjoliver ses en-têtes de lettres) ; il possédait un des plus beaux manoirs élisabéthains de l'East Anglia et s'intéressait vivement à l'exploitation de sa ferme attenante de 700 hectares ; il était l'un des grand veneurs locaux – bien que ce titre fût quelque peu honorifique – et c'était un excellent tireur... Voilà un homme qui, s'il existait un musée des stéréotypes humains vivants, aurait très bien pu y figurer comme représentant de son espèce : l'homme d'affaires prospère de la City qui est aussi propriétaire terrien et (à tous égards, même s'il n'en avait pas le titre) le seigneur du village.

Compréhension du texte anglais

La ponctuation

1. p. 27

1. Le personnel n'avait jamais vraiment accepté l'idée qu'il soit au courant de ce qu'avait fait la direction.
2. Il savait que le personnel n'avait jamais vraiment accepté ce qu'avait fait la direction.
3. Ils lui ont acheté le disque (le disque en question), qui a Brendel pour interprète.
4. Ils lui ont acheté celui des disques qui a Brendel pour interprète.
5. Quelles que soient les limites de... de la bienséance, je peux vous assurer que vous ne les avez pas dépassées.

Les phrases complexes

1. p. 30

1. (a) Je suppose qu'il viendra.
   (b) Je m'attends à ce qu'il vienne. Ou : J'attends de lui qu'il vienne.
2. (a) Je me demande s'il est encore là.
   (b) Cela m'étonne qu'il soit encore là.

2. p. 31

1. La plupart de mes étudiants trouvent très mauvais le manuel qui est à mes yeux le meilleur.
2. C'étaient de vagues cousins, que je connaissais bien.
3. C'étaient des cousins d'un genre que je connaissais bien.
4. Vous m'avez supplié de vous emmener avec moi.
5. Il empoisonnait ses parents pour qu'ils se pressent d'aller sur le pré communal.
6. Il y a toujours quelque chose de fascinant dans la situation de quelqu'un assez naïf pour se croire maître de son propre destin alors qu'il est en fait le jouet de circonstances indépendantes de sa volonté.

L'inversion

1. p. 33

1. L'avais-je jamais rencontré ? Je ne m'en souvenais plus.
2. Si je l'avais rencontré un jour, je m'en serais souvenu.
3. Il refusa de faire une déclaration. Tout comme il refusa d'écrire pour se justifier.
4. Ils se couvriraient de ridicule si l'opération échouait.
5. Tout concordait, voilà le sentiment qui dominait en elle.
6. La plupart des gens s'accordent pour reconnaître qu'un bon traducteur est avant tout un bon écrivain.

Le Passif

1. p. 35

1. On dit au directeur d'être très patient.
2. On disait que le directeur était très patient.
3. On pensait que cet homme avait reçu un pot-de-vin de £500.
4. On s'accordait généralement pour reconnaître que Mingo tenait plus du mouton que du chien.
5. – Mais il faut faire en sorte qu'il en entende parler, dit Lady Chiltern.

L'ellipse

1. p. 39

1. (a) (f) ; (b) (d) ; (c) (e)
2. (a) (d); (b) (f) ; (c) (e)

2. p. 39

1. (*PM is to allow...*) Projet de loi sur les embryons : le Premier ministre permet un vote de conscience
2. (*Footballers are held...*) Arrestation de deux footballeurs après des vols dans une boîte de nuit.
3. (*they found fault with the project, not with the speaker*) Il faut remarquer que c'est le projet, et non le conférencier, qu'ils ont critiqué.

4. (*I am anything but that.*) N'allez pas croire que je suis l'une de ces femmes qui ne manquent pas de mettre en avant leur faiblesse. Pas du tout !
5. (*while we were out and while there were...*) Il ne leur aurait pas été facile de se glisser ici alors que nous étions sortis et que la police était encore sur les lieux.
6. (*His mind was not a mind...*) Il n'était pas vif d'esprit.

Les structures causatives

1. p. 42

1. Le moteur est si froid que je n'arrive pas à le démarrer.
2. En 1964, des douaniers à l'aéroport de Rome entendirent des bruits provenant d'une malle que des diplomates égyptiens venaient de faire envoyer au Caire.
3. Il n'a jamais tué personne. Il emploie un tueur à gages.
4. Une absente gênante de priorités se faisait de plus en plus sentir.

Les structures résultatives

1. p. 44

1. (a) Il lui posa la question dans le jardin.
   (b) Il lui demanda de venir dans le jardin.
2. (a) Nous avons porté notre café dans le salon.
   (b) Nous avons pris notre café dans le salon.
3. (a) Elle-même parla, d'une voix enrouée.
   (b) Elle s'enroua à force de parler.
4. (a) Mary luttait à ses pieds.
   (b) Mary se releva avec difficulté.

2. p. 45

1. Je me suis endormi en lisant hier soir.
2. Le livre se referma en tombant.
3. Il te faudra le faire rentrer à coups de marteau.
4. George buvait tant que sa femme le quitta.
5. Mais, vous voyez, je n'ai pas vraiment été tué. Je me suis échappé. J'étais prisonnier mais j'ai creusé un trou et je me suis enfui.
6. Il est probable que les grilles sont rouillées et ne ferment plus.
7. Ils klaxonnaient pour fêter la fin de l'ancien gouvernement et l'arrivée au pouvoir du nouveau.

Les formes en *-ing*

p. 47

1. (a) adjectif - J'aime les livres qui valent la peine d'être lus.
   (b) gérondif - J'aime récompenser les étudiants.

2. (a) gérondif - Il ne fut pas facile de faire adhérer le plâtre.
   (b) adjectif - Il ne fut pas facile de trouver du sparadrap.
3. participe présent - Un moment plus tard, elle me fit face à nouveau, les yeux ruisselant de larmes.
4. gérondif - L'idée que quelqu'un comme Maskelyne puisse acquérir de l'intuition était délicieuse.
5. participes présent - Il dut s'agenouiller dans le chemin boueux et il abîma / salit son pantalon, ce qui lui rappela des moments pénibles dans la cour de récréation.

La forme *be* + *ing* dite forme progressive

1. p. 49

1. (a) Enfin, je lui parlais.
   (b) Voilà qu'enfin je voyais Paris !
2. (a) Mais vous oubliez quelque chose, non ?
   (b) N'avez-vous pas oublié quelque chose?
3. (a) Je me dis qu'il a peut-être raison (c'est ce à quoi je pense en ce moment)
   (b) Je pense qu'il a peut-être raison. (opinion)

2. p. 50

1. – Il n'est pas question que je révèle quoi que ce soit, dit l'officier.
2. J'ai trouvé que ses paroles étaient cruelles, et pourtant il est tellement gentil.
3. Les enfants s'étaient mis à chahuter et nous décidâmes de nous arrêter pour prendre une tasse de thé.

Les verbes suivis de l'infinitif ou du gérondif

p. 52

1. Je ne me souvenais pas avoir éteint les lumières.
2. J'ai oublié d'éteindre les lumières.
3. Elle essaya de crier, mais n'y parvint pas.
4. Elle essaya de crier, mais cela n'eut aucun effet.
5. Il ne prêta pas attention à sa remarque et passa à des réflexions sur les inconvénients de la solution proposée.
6. Il ne prêta pas attention à sa remarque et continua à signaler les inconvénients de la solution proposée.

Point de vue et discours indirect

p. 54

1. Elle fut cordiale et accueillante. Il fallait que je reste une nuit ou deux. Oui, ils avaient largement la place. Ils avaient déjà chez eux un Néo-Zélandais et sa femme – des gens fort gais – et un jeune neveu qui venait d'être malade arriverait le lendemain pour respirer le bon air marin qui le ravigoterait.
2. Annamaria avait affirmé que le studio était bien chauffé, mais le froid s'infiltrait par les larges fenêtres.
3. Ce fut une matinée désagréable au bureau. D'abord, la situation était plus que jamais déconcertante. Une fois de plus, Mr Dershingham ne fit pas son apparition, mais il téléphona vers dix heures et demie pour dire qu'il n'arriverait qu'en fin d'après-midi et demander si Mr Smeeth voulait bien « s'occuper des affaires courantes. »

Les Temps

1. p. 56

1. Je t'ai dit qu'il n'accepterait jamais une telle offre.
2. Ils s'étaient rencontrés grâce à leurs activités au parti travailliste, à une époque où Mor enseignait dans une école à Londres, au sud de la Tamise.
3. – Qu'est-ce qui s'est passé à Paddington ?
   – J'ai attendu. J'étais prêt, si vous étiez venu (mot à mot : lorsque vous seriez arrivé), à vous suivre dans la gare pour voir quel train vous alliez prendre. Mais vous n'êtes pas venu.

La portée de l'adverbe

1. p. 59

1. (a) Bien entendu, elle ne pouvait pas le faire car elle était fatiguée.
   (b) Elle ne pouvait pas le faire de façon naturelle car elle était fatiguée.
   (c) Elle ne pouvait pas le faire car elle était, naturellement (c'est bien normal), fatiguée.
2. (a) Son attaque l'avait laissée presque totalement paralysée.
   (b) Elle avait bien failli être totalement paralysée à la suite de son attaque.
3. (a) Même moi, je savais qu'on pouvait difficilement qualifier le Post de radical.
   (b) Je savais même qu'on pouvait difficilement qualifier le Post de radical.
4. (a) Je préférerais parier gros.
   (b) J'avais parié une assez grosse somme.
5. (a) Si nous n'avions pas été cousins germains...
   (b) Si nous n'avions pas été avant tout cousins...
6. (a) Je ne veux vraiment pas y être mêlé.
   (b) Je ne tiens pas vraiment à y être mêlé.

2. p. 60

1. Incontestablement, il y avait quelque chose dont il ne se lassait pas.
2. Il n'était que trop probable qu'il avait été gâté.
3. Et même alors, elle savait à peine où elle était.

4. Jamais auparavant Mrs Stringham n'avait vu sa compagne aussi surexcitée qu'elle l'était depuis juste quelques jours
5. Cela l'amusa malgré tout ce qui la préoccupait par ailleurs.
6. La vraie raison, sans aucun doute, était qu'il lui plaisait si peu.

La portée de l'adjectif

1. p. 62

1. (a) Avez-vous vu ces nouveaux motifs français ?
   (b) Avez-vous vu ces motifs qui viennent de Nouvelle Angleterre ?
2. (a)... ses trous et ses caves qu'on disait sans fond.
   (b) ...ses trous qu'on disait sans fond et ses caves.

2. p. 62

1. (a) the long, forgotten walks : les longues promenades oubliées.
   (b) the long-forgotten walks : les promenades oubliées depuis longtemps.
2. (a) a fast, moving car : une voiture rapide, qui se déplaçait.
   (b) a fast-moving car : une voiture qui se déplaçait rapidement.

3. p. 62

1. Elle fit tout son possible pour faire renaître la vieille vie de village.
2. Je ne retrouve pas le calepin que j'utilise pour mes cours du soir.
3. Il logeait dans un motel à Anderson, en Caroline du Sud.
4. Puis on entendit la voix aiguë, plaintive et pourtant impérieuse de l'enfant.
5. C'était un mensonge classique, éhonté, monumental.
6. Et quels faits étranges, quels faits vraiment bizarres !

L'adjectif : les degrés de comparaison

1. p. 66

1. Une suite de moindres maux.
2. Adolescent, Dewey avait toujours eu le dessus.
3. On dit que plus on vieillit, plus le temps passe vite.
4. Il s'écoulerait pratiquement deux heures avant qu'il n'ait à rentrer.
5. Elle eut un soupir éloquent qui le fit conduire encore plus vite quand le feu passa au vert.
6. Je n'étais pas plus heureux pour autant.
7. Oui, vous avez raison. Il n'a pas compris. Tant mieux...
8. Eh bien, ils ne le font plus maintenant ! Ils ont compris la leçon.
9. Elle alla se coucher en y pensant, même si elle savait qu'à la lumière du jour elle se raviserait peut-être.
10. L'Île de Man recherche des entrepreneurs millionnaires et de riches retraités.

Le nombre

p. 68

1. Il m'a donné d'excellents conseils.
2. C'est une question de politique.
3. Cesse de dire des bêtises !
4. Il débite de telles inepties !
5. Cette église a de beaux vitraux.
6. Il écrit un autre livre dans la série.
7. Nous arrivâmes à la caserne peu après neuf heures.
8. Tous les enfants savent intuitivement jusqu'où ils peuvent aller avec les adultes.
9. Il demanda l'assurance que le financement de l'aide alimentaire à ceux qui meurent de faim ne serait pas critiqué de la même façon.

Les mots composés

1. p. 71

1. (a) une maison de brique rouge
   (b) une maison rouge brique
2. (a) C'est un détective compétent.
   (b) C'est un détecteur de sons.
3. (a) C'était une belle course de chevaux.
   (b) C'était un beau cheval de course.

2. p. 71

1. On aurait dit un petit masque couleur de mort.
2. ... le commissaire adjoint qui avait rencontré Yusef...
3. ... c'est ce que dit notre témoin oculaire.
4. ... l'âcre puanteur des charrettes transportant les ordures...
5. ...des cheveux humides de sueur...
6. ... un esprit tourmenté par les souvenirs...
7. ... la lumière voilée par le pollen...
8. ...des tons de vert moucheté d'or...

Les pronoms

1. p. 74

1. (a) Tu ronfles en dormant.
   (b) Lorsqu'on dort, le coeur bat plus lentement.
2. (a) À l'entendre, on a l'impression que c'est un étranger.
   (b) Quand tu l'entendras, tu auras l'impression que c'est un étranger.

2. p. 74

1. Voilà ce qui s'appelle le pouvoir de la presse.
2. Leur cottage était bien tenu et austère, sans aucune fenêtre donnant sur le port.
3. C'était Mr Gatsby en personne, qui venait découvrir quelle était sa part de notre paradis local.

Le pronom *it*

1. p. 76

1. (a) Les circonstances lui ont donné une exceptionnelle importance.
   (b) Les circonstances m'ont obligé à les relater.
2. (a) Je l'ai fait à la gare.
   (b) J'ai réussi à atteindre la gare.

2. p. 76

1. J'arrive à la somme de £12.50. Et vous ?
2. Je n'avais pas l'ombre d'une chance et décidai donc de payer d'effronterie.
3. Peu importe les arguments qu'il avance : je ne me laisserai pas abattre.
4. Le hasard voulut qu'ils venaient juste de recevoir le coup de téléphone d'un monsieur qui aurait dû arriver d'Ecosse ce soir là.
5. Morrison Brems ne manqua pas de vérifier leurs bagages.
6. Vous devez vous assurer que les autres font de même.
7. Je suis d'accord: les garçons devraient vivre à la dure.
8. Il fila immédiatement vers la France.

L'adverbe *there*

p. 77

1. Herbert Spencer lui avait montré non seulement que l'idée n'était pas ridicule, mais aussi qu'il était impossible qu'il n'y ait pas de rapport.
2. – Sois mignon, va te coucher, lui chuchota Annie.
3. Il ne semblait y avoir aucune raison de s'inquiéter.

Les particules adverbiales

1. p. 82

1. (a) driving at / yesterday Où vouliez-vous en venir hier ?
   (b) driving / at Que (/Quelle voiture) conduisiez-vous à l'heure du déjeuner ?
2. (a) him / up Je l'ai attrapé là-haut, au village.
   (b) up / at Je l'ai rattrapé au village.
3. (a) in / one Ils l'ont rempli un soir.
   (b) it / in Ils ont mis une nuit à le remplir.

2. p. 82

1. Oui. Préparez la crème et mélangez-la à la préparation à base d'oeufs.
2. Non. Préparez la crème et mélangez-y la préparation à base d'oeufs.
3. Non. Est-ce que vous pensez que ça partira au lavage?
4. Oui. Est-ce que vous pensez que je peux le laver dehors ?

3. p. 82

1. (a) Lui avez-vous demandé ?
   (b) L'avez-vous invité ?
2. (a) Ils gouvernèrent l'Angleterre.
   (b) Ils écartèrent / exclurent l'Angleterre.
3. (a) Il riait.
   (b) Il n'arrêtait pas de rire.
4. (a) Gardez-le !
   (b) Continuez!
5. (a) Elle dirigeait l'hôtel.
   (b) Elle a critiqué l'hôtel.
6. (a) Ne cueille pas cette fleur !
   (b) Ne ramasse pas cette fleur !

4. p. 82

a. To come

1. Out - La photo est plutôt bien sortie.
2. Away - J'ai tiré la chaîne et elle m'est restée dans les mains.
3. Through - Il s'est remis de sa maladie, mais est encore très fatigué.
4. About - Je ne sais pas ce qui s'est passé, mais lorsque je les ai revus ils s'étaient querellés.
5. Up - Je crois que le problème ne s'est jamais présenté.

b. To put

1. J'espère que notre visite ne vous a pas trop gêné.
2. J'ai rangé la lettre et maintenant je ne la trouve plus.
3. Nous allons atterrir dans quelques minutes. N'oubliez pas de retarder vos montres.
4. Si tu ne mets jamais d'argent de côté, tu ne pourras jamais acheter cette bicyclette.
5. Tout ce que je sais c'est que ce n'est pas à force de travail qu'il a réussi. (mot à mot: qu'on ne peut attribuer son succès à...)
6. Si vous pouviez glisser quelques mots pour le recommander, je vous en serais reconnaissant.

c. To take

1. Il tient de sa mère.
2. Je retire ce que j'ai dit.
3. Note son numéro de téléphone.

4. Il n'a pas vraiment saisi la situation.

5. Je me suis vraiment fait avoir.

6. Je ne baisserai pas le prix d'un seul penny.

d. To TURN

1. (a) J'ai rejeté son offre. (b) J'ai tourné à mi-côte.

2. (a) Nous avons tourné en voiture. (b) Nous avons rendu la voiture.

3. (a) Tout dépend de la lumière que nous aurons. (b) Ceci permet d'allumer. (c) Cette porte tourne sur ses gonds.

Les auxiliaires modaux

1. p. 85

1. John pourrait conduire: je prendrais le train plus tard pour vous rejoindre.

2. John savait conduire à l'âge de treize ans.

3. À treize ans, John pouvait conduire: ce n'était pas dangereux par ici.

3. p. 86

1. Ils ont peut-être pris le train et été retardés. À ta place, je ne m'inquiéterais pas.

2. Peut-être auraient-ils pris le train s'ils avaient su que c'était si peu cher.

4. p. 87

1. Il faudra que vous veniez avec moi.

5. p. 88

1. Il devrait venir. Si c'est bien ce qu'il fait, dites-lui que je suis ici.

2. Si jamais il venait, dites-lui que je suis ici.

3. Qui devrais-je voir ce matin? Paul, peut-être.

4. Devinez qui j'ai vu ce matin: Paul!

5. Il y a longtemps que j'aurais dû m'en occuper.

6. Cela me ferait plaisir de vous faire visiter la ville.

6. p. 89

1. oui

2. non

3. non

7. p. 89

1. Si vous voulez que je vous dise, je trouve qu'elle a tout à fait raison.

2. S'ils me demandent ce que je pense, je dirai qu'elle a tout à fait raison.

3. – J'ai branché l'appareil de chauffage, dit-elle, mais il ne veut pas fonctionner.

8. p. 90

1. « Elle a été mesquine.
   – Ca ne m'étonne pas d'elle. »

2. « Elle n'a pas été mesquine.
   – Elle le serait si elle osait. »

3. À ce moment là, la rumeur avait dû grossir et se transformer en scandale.

9. p. 90

1. Il comprit tout de suite qu'il devait lui obéir.

2. Elle doit être folle pour dire une chose pareille!

3. May resta assise où elle était, en face de Balfour... Que pouvait-il bien faire ici? Il fallait qu'elle demande à Dotty.

Quelques mots de liaison pouvant prêter à confusion

1. p. 95

1. « Il aura beau essayer, il ne fera jamais aussi bien que Charmian, dit Godfrey. »

2. Tout cela m'a pris au dépourvu. Et pourtant, j'aurais dû m'y attendre, puisque je connaissais bien Ivory Good.

3. Tandis que le jeune homme atteignait le haut de la colline, la première rafale de pluie le frappa.

2. p. 96

1. Le visage... n'avait absolument rien d'agréable.

2. De là à persuader les deux hommes de payer généreusement deux gardes de la cour de chancellerie pour leur servir de gardes du corps, il n'y avait qu'un pas.

3. Sans l'enfant (S'il n'y avait pas eu l'enfant), peut-être serais-je toujours restée ainsi.

3. p. 97

1. Voilà qui conviendrait très bien comme inscription sur ma tombe.

2. Pendant un moment, l'après-midi toute entière lui sembla en suspens et il attendit que le sentiment d'horreur s'empare à nouveau de lui.

3. Guy connaissait peu Leonard car il logeait en ville et y passait ses soirées.

4. p. 97

1. Il avait beau essayer de comprendre, il n'y arrivait pas.

2. Cependant, il avait assez de force en lui pour... presque en finir avec nous tous.

5. p. 97

1. Je suis invisible. Non, je ne suis pas un revenant, comme ceux qui hantaient Edgar Allan Poe ; et je ne suis pas non plus l'un de ces ectoplasmes de vos films Hollywoodiens.
2. Je n'avais pas choisi ces sujets par entêtement, ou par amour de la bizarrerie ou des émotions fortes, pas plus que je ne les avais choisis parce que je fréquentais des cercles expérimentaux.

6. p. 98

1. Il n'y avait pas si longtemps qu'il avait entendu sa voix.

7. p. 99

1. Il ne pouvait même pas tourner la tête.
2. Il posa beaucoup de questions pour savoir ce qu'il devait faire.
3. [Le vent berçait] les cyprès, qui se mettaient à onduler doucement (= si bien qu'ils se mettaient...).

8. p. 99

1. Cela soulignait encore plus le caractère désespéré de sa situation.
2. Encore mal réveillé, il répondit aux questions polies avec une égale politesse.
3. Néanmoins, si cet endroit vous plaît, restez, bien sûr.

9. p. 100

1. Parlons-en donc.
2. Puis nous en avons parlé.
3. Nous en avons alors parlé.

10. p. 900

1. Tout enfant qu'il fût...
2. Et cependant, je crois en l'aristocratie.

11. p. 101

1. Que s'était-il passé ? Pour l'instant les flics n'avaient pas grand chose à dire.
2. C'est une très bonne idée. Pourtant je pense qu'il est trop tôt.
3. « L'un de leurs gars à Washington m'a dit que vous prépariez encore un autre article provocateur sur un autre sujet.
   – Avec quelqu'un du nom de Beech. Mais ce n'est pas sûr. Je n'ai pas décidé.
   – C'est dans quel domaine ? En biochimie ?
   – En géochimie.
   – C'est encore pire. »
4. Ils descendirent à nouveau, toujours plus bas, dans la salle des coffres.
5. Il n'est pas impossible qu'un jour vous me remerciiez tous.

Les « faux amis » et calques

2. p. 105

Pour vous aider à comprendre le sens de ces mots, puis à les traduire, voici pour chacun d'entre eux une courte définition de leur sens dans la phrase donnée. (source : Concise Oxford Dictionary / *Cambridge International Dictionary of English)

1. ABUSE – insult verbally.
2. ACTION – acting (esp. energetically in protest)
3. ACTUAL... – real
4. AFFLUENT... – (a) wealthy, rich (b) affluent society: a society in which material wealth is widely distributed
5. AGGRAVATE – increase the gravity of (an illness, offence...)
6. AGONY... – extreme mental or physical suffering
7. ALIENATE – cause (a person) to become unfriendly or hostile
8. ALLEGE – declare to be the case, esp. without proof
9. ALLEY – a narrow street
10. ANXIOUS... – earnestly or uneasily wanting or trying
11. APPLICATION – a formal request, usu. in writing, for employment, membership, etc.
12. ARGUMENT – an exchange of views, esp. a contentious or prolonged one
13. ARRANGEMENTS – plans, measures
14. ARTS – those branches of learning (esp. languages, literature, and history) associated with creative skill as opposed to scientific, technical, or vocational skills
15. ASSUME – take or accept as being true, without proof, for the purpose of argument or action
16. ATTEND – (a) be present (b) wait on, serve
17. AUDIENCE – the assembled listeners or spectators at an event, esp. a stage performance, concert, etc.
18. BALANCE – stability of body or mind
19. BENEFIT – payment made under insurance or social security
20. BIAS – a predisposition or prejudice
21. CANDID – frank, not hiding one's thoughts.
22. CHANCE – by any chance: as it happens; perhaps
23. CHARGE – an accusation, esp. against a prisoner brought to trial.
24. CHARITY – an institution or organization for helping those in need
25. CIRCULATION – the number of copies sold, esp. of journals and newspapers

26. CIVIL – (a) polite, obliging, not rude (b) a civil servant: a member of the civil service (the permanent professional branches of State administration)
27. CLERICAL – of or done by a clerk or clerks
28. COLLEGE – an establishment for further or higher education, sometimes part of a university
29. COMFORT – a cause for satisfaction
30. COMMAND – mastery, control, possession
31. COMMEND – praise
32. COMMODITY – a useful thing
33. COMPLETE – finish
34. COMPREHENSIVE – (a) comprehensive school: a secondary school catering for children of all abilities from a given area (b) complete; including all or nearly all elements
35. CONCERNED – involved, interested
36. CONCRETE – a composition of gravel, sand, cement, and water, used for building
37. CONCURRENCE – Concurrent (a) agreeing, harmonious (b) existing or in operation at the same time
38. CONDUCTOR – a person who directs the performance of an orchestra or choir
39. CONFECTIONER – a maker or retailer of confectionery (sweets and other delicacy made with sweet ingredients)
40. CONFERENCE – a meeting for discussion, esp. a regular one held by an association or organization
41. CONFIDENCE... – firm trust
42. CONSEQUENCE – importance
43. CONSISTENT – not contradictory
44. CONTEMPLATE – intend; have as one's purpose
45. CONTENTION – a point... in an argument
46. CONTEST – a competition
47. CONTROL – the power of restraining, esp. self-restraint
48. CONVICT – declare guilty by the verdict of a jury or the decision of a judge.
49. CRIME – an offence punishable by law
50. DECEIVE... – make a person believe what is false, mislead purposely
51. DECIDEDLY – undoubtedly, undeniably
52. DEFILE – desecrate, profane
53. DELAY – postpone, defer
54. DELIVER... – (a) the manner or style of a delivery (the uttering of a speech) (b) *achieve or produce
55. DEMAND – ask for something insistently and urgently, as of right
56. DEPOSIT – *a sum of money which is given in advance as part of a total payment for something
57. DEPUTY – a person appointed or delegated to act for another or others
58. DETER... – discourage or prevent
59. DISPOSE – get rid of
60. DISPUTE – a disagreement between management and employees, esp. one leading to industrial action
61. DON – a university teacher, esp. a senior member of a college at Oxford or Cambridge
62. DRAMATICALLY – *very suddenly and noticeably
63. EDIT... – be in overall charge of the content and arrangement of a newspaper, journal...
64. ELIGIBLE – fit or entitled to be chosen
65. EMPHASIS – special importance or prominence attached to a thing, fact, idea
66. EVADE – escape from, avoid
67. EVENTUALLY – eventual: occurring or existing in due course or at last
68. EVIDENCE – *one or more reasons for believing that something is or is not true
69. EXACT – demand, insist on
70. EXCITE... – rouse the feelings or emotions of a person
71. EXCLUSIVE – catering for few or select customers; high-class
72. EXECUTIVE – a person or body with managerial or administrative responsibility in a business or organization; a senior businessman
73. EXPERIENCE – have experience of; undergo
74. EXPOSE / EXPOSURE (a) disclose, make public (b) the condition of being exposed to the elements, esp. in severe conditions
75. EXTRA – an extra: a thing for which an additional charge is made
76. FACILITY – a place, esp. including buildings, where a particular activity happens
77. FASTIDIOUS – very careful in matters of choice or taste; fussy
78. FIGURE – (a) bodily shape (b) a number
79. FILE – a set of papers in a folder or box
80. FOOL – a person who acts unwisely or imprudently; a stupid person
81. FORGE – write (a document or signature) in order to pass it off as written by another
82. FORMAL – used or done or held in accordance with rules, convention, or ceremony
83. FUNCTION – a social gathering, esp. a large, formal, or important one
84. GENIAL – jovial, sociable, kindly, cheerful
85. GRATIFY – indulge in or yield to (a feeling or desire)

86. GRIEF – deep or intense sorrow or mourning
87. HAZARD – a danger or risk
88. HUMOUR – gratify or indulge (a person or taste)
89. IGNORE – intentionally disregard
90. IMMATERIAL – of no essential consequence; unimportant
91. INCONSISTENT – acting at variance with one's own principles or former conduct
92. INCONVENIENCE – *a state or an example of difficulties, problems or trouble, which often causes a delay or loss of comfort
93. INDULGE – gratify the wishes of; favour
94. INGENUITY – skill in devising or contriving; ingeniousness
95. INGENUOUS – innocent; artless
96. INTELLIGENCE – the collection of information, esp. of military or political value
97. INTOXICATED – drunk
98. ISSUE – a point in question; an important subject of debate or litigation
99. JOLLY – cheerful and good-humoured; merry
100. JOURNEY – an act of going from one place to another, esp. at a long distance
101. LABOUR – work hard; exert oneself
102. LECTURE – a discourse giving information about a subject to a class or other audience
103. LEGAL – concerned with law
104. LIBRARY – a collection of books etc. for use by the public or by members of a group
105. LICENSED – license: a permit from an authority... to carry on a trade (esp. in alcoholic liquor)
106. LIQUOR – an alcoholic drink
107. LOCATION – a particular place
108. LODGER – a person receiving accommodation in another's house for payment
109. MAINTENANCE – maintain: preserve or provide for the preservation of (a building, machine, road...) in good repair
110. MALICE... – malice: the intention to do evil
111. MATCH – (a) be equal to (b) well-matched: fit to contend with each other, live together, etc.
112. MATRON – a woman in charge of the nursing in a hospital
113. MINUTE – very small
114. MISERABLE – wretchedly unhappy or uncomfortable
115. MODEST... – decorous in manner and conduct
116. NERVOUS – timid or anxious
117. NOVEL – a fictitious prose story of book length
118. NURSERY – a room or place equipped for young children
119. OFFENCE – an illegal act; a transgression or misdemeanour
120. OFFENSIVE – giving or meant or likely to give offence; insulting
121. OPERATE – manage, work
122. OPPORTUNITY – a good chance; a favourable occasion
123. OUTRAGEOUS – shocking / immoral, offensive
124. PART – a character assigned to an actor on stage
125. PARTICULAR – scrupulously exact; fastidious
126. PARTICULARS – points of information; a detailed account
127. PATRON... – (a) a usu. regular customer of a shop etc. (b) a person who gives financial or other support to a person, cause, work of art, etc esp. one who buys works of art
128. PERIOD – the time allowed for a lesson in school
129. PETTY – mean, small-minded; contemptible
130. PHRASE – a group of words forming a conceptual unit, but not a sentence
131. PHYSICIAN – a person legally qualified to practise medicine and surgery
132. PLANT – a factory
133. PLATFORM – the declared policy of a political party
134. POSITIVE – convinced, confident
135. PRACTICE – the professional work or business of a doctor, lawyer, etc.
136. PREJUDICE – preconceived opinion
137. PRESENTLY – soon, after a short time
138. THE PROFESSIONS – *some types of work which need special training and skill, such as being a doctor or lawyer, but not work in business or industry
139. PROPRIETY – correctness of behaviour or morals
140. PROVE – be found
141. PROVOKING – exasperating, irritating
142. (a) public school: a private fee-paying secondary school, esp. for boarders (b) public house: an inn providing alcoholic drinks
143. PURPLE – a colour intermediate between red and blue
144. QUALIFY – add reservations to; modify or make less absolute (a statement or assertion)
145. RANGE – rove, wander
146. REALIZE – understand clearly
147. RECIPIENT – a person who receives something

148. RECORD – (a) a list of a person's previous criminal convictions (b) a piece of evidence or information constituting an account of something that has occurred, been said, etc.
149. REDUNDANCY – redundant: (of a person) no longer needed at work and therefore unemployed
150. REFLECT ON – bring discredit on
151. REFUSE – waste
152. RELEVANT... – *connected with what is happening or being discussed
153. RESENT – show or feel indignation at
154. RESIGN – give up office, one's employment, etc.
155. RESORT – a place frequented esp. for holidays or for a specified purpose or quality
156. RESPOND... – response: an answer given in word or act
157. RESUME – begin again or continue after an interruption
158. RUDE – impolite or offensive
159. SATISFY... – provide with adequate information or proof, convince
160. SCHEME – plan esp. secretly or deceitfully; intrigue
161. SEARCH – an act of searching (look through or go over thoroughly to find something)
162. SENSE... – sensible: having or showing wisdom or common sense; reasonable
163. SORT (OUT) – separate into sorts
164. SPORT – (a) wear, exhibit, or produce, esp. ostentatiously. (b) a person who behaves in a good or specified way in response to teasing, defeat, etc.
165. SUPPORT – provide with... the necessities of life
166. SURNAME – a hereditary name common to all members of a family, as distinct from a Christian or first name
167. SUSCEPTIBLE – likely to be affected by
168. SYMPATHY... – friendly and cooperative
169. TERM – (a) a limited period of some state or activity (b) a period of some weeks, alternating with holiday or vacation, during which instruction is given in a school, college or university
170. TERRIBLE – very bad
171. TERRIFIC – excellent
172. TRESPASS – (a) offend (b) so who makes an unlawful or unwarrantable intrusion (esp. on land or property)
173. VENGEANCE (WITH A) – in a higher degree than was expected or desired
174. VERSATILE – capable of dealing with many subjects
175. VICAR – *priest in charge of a church
176. ZEST – keen enjoyment or interest

3. p. 114

1. (a) C'est comme une insulte à son hospitalité.
   (b) C'est abuser de son hospitalité.
2. (a) Ils songèrent bientôt à se marier.
   (b) Ils songeaient en fait à se marier.
   (c) À cette époque, ils songeaient à se marier.
3. (a) Nous ne pouvons rien faire en ces temps de richesse.
   (b) Nous ne pouvons rien faire à l'heure de pointe.
4. (a) Les résultats m'inquiètent.
   (b) J'attends les résultats avec impatience.
5. (a) Les étudiants des Beaux Arts peuvent poser leur candidature à ce poste.
   (b) Les étudiants en lettres peuvent poser leur candidature à ce poste.

4. p. 115

(Voici quelques traductions littérales qui ne correspondent pas toujours aux traductions commerciales existantes.)

1. Un Récit personnel
2. Orgueil et Préjugé
3. Le plus long des voyages
4. Le Curé de Wakefield
5. Raison et sentiments

5. p. 115

1. Non
2. Non
3. Oui : mesures, dispositions
4. Oui : dans votre intérêt
5. Non
6. Oui : Ce nouveau projet ne vous inquiète pas.
7. Non
8. Oui : conflit

6. p. 115

1. She is so candid that she told him a few home truths. Elle est si franche qu'elle lui a dit ses quatre vérités.
2. Can you resume your functions? Pouvez-vous reprendre vos fonctions ?
3. He was very sympathetic when I was feeling low. Il a été très compréhensif quand j'étais déprimé.
4. The doctors were quite satisfied that she was mad. Les docteurs étaient tout à fait convaincus qu'elle était folle.
5. My son is too sensible to get into mischief. Mon fils est trop raisonnable pour faire des bêtises.

Le *journalese*

p. 121

1. L'ambassadeur d'Allemagne de l'Ouest, Baron Rudiger von Wechmar aurait expliqué que l'Allemagne réussit fort bien avec les élèves les plus en difficulté, mais que la Grande Bretagne excelle avec les élèves les plus brillants.
2. De temps en temps, on a l'impression qu'ils vont être libérés, mais rien ne se passe. Espérons que cette fois-ci, ils vont rentrer .
3. D'après McChristian, « Il avait le droit de mettre en doute cette information, mais ce n'est pas ce qui s'est passé à la réunion. »

Traduction du texte anglais

Modulation, transposition, équivalence et étoffement

2. p. 126

1. Il s'avéra difficile de résumer ou de réviser le texte.
2. Il n'y avait pas lieu de se réjouir.

3. p. 126

1. Ils étaient d'une politesse irritante.
2. Nous avons besoin d'un nouveau professeur de français.

4. p. 126

1. Lorsqu'il finit par sortir du bureau, il faisait nuit.
2. Malgré de nombreux efforts, les chiffres du chômage n'ont cessé de grimper.

5. p. 126

1. L'autobus s'arrêta pour prendre un groupe de femmes indiennes chargées de paniers.
2. Il a un pied dans la tombe en l'état actuel des choses. Nombreux sont ceux qui aimeraient l'aider à y mettre l'autre.

6. p. 127

1. Les bénéfices financiers qui en résulteront seront très élevés.
2. Ce jeune homme qui n'avait pas de coeur devait devenir le héro d'un conte romantique.

7. p. 127

1. N'appelle pas du haut des escaliers ! Descends.

8. p. 127

1. Il est temps qu'on lui dise qu'il n'y a pas que lui au monde.

9. p. 127

1. N'oubliez pas le guide.

10. p. 128

1. La meute donnait de la voix .

11. p. 128

1. Stationnement interdit derrière la ligne jaune.
2. Réservé aux employés
3. Interdiction de faire demi-tour
4. Ne pas mettre à portée des enfants.
5. Jamais de la vie !
6. À point, s'il vous plaît.

12. p. 128

1. (e) 2. (i) 3. (g) 4. (q) 5. (p) 6. (l)

13. p. 129

1. La nuit porte conseil.
2. Charité bien ordonnée commence par soi-même.
3. Aide-toi, le ciel t'aidera.
4. Les morts ne parlent pas.
5. Il ne faut pas réveiller le chat qui dort.
6. Tel maître tel valet.
7. Il ne faut pas vendre la peau de l'ours avant de l'avoir tué.
8. Il ne faut jamais désespérer.
9. La voix du sang est la plus forte.
10. Mieux vaut tard que jamais.
11. Battre le fer pendant qu'il est chaud.
12. Tout ce qui brille n'est pas or.

Les champs sémantiques

1. p. 137

rumble : gronder ; *squeak* : couiner ; *sniffle* : renifler ; *rattle* : vibrer, crépiter ; *click* : cliqueter ; *thud* : émettre un bruit sourd ; *swish* : siffler, susurrer ; *fizz* : pétiller

2. p. 137

smack : bruit « plat » produit par la main (tape, gifle par exemple) ou les lèvres → claque, claquement, bruit de baiser.

whizz : rapidité + sifflement (flèche par exemple) → fendre l'air en sifflant, passer à toute vitesse, filer (comme une flèche)

clang : bruit métallique qui résonne (porte en fer qui se referme) → résonner, émettre un bruit métallique

4. p. 137

colonne 1:

Tous ces verbes décrivent un bruit nasal. *Sniff* est un bruit de reniflement, *sniffle*, c'est le même bruit mais répété. *To snuffle*, c'est parler du nez, parler d'une voix nasillarde, alors que *snort* est grogner.

5. p. 138

1. L'IBM continuait à bourdonner et à crépiter.
2. Peu après quatre heures, le dernier canon, émit un son métallique puis rendit l'âme.
3. J'entendis une allumette qui s'enflammait et le sifflement du brûleur à gaz.
4. J'étouffai un grognement de peur et eus envie de m'enfuir en courant.
5. Bruit d'un sac en papier qu'on froisse.

Le sens contextuel des mots

p. 140

GIRL

1. fille > jolie fille
2. élèves / éclaireuses / élèves
3. une petite fille > quand j'étais petite
4. une petite jeune femme

SHARP

9. sens 1.a/d coupés ras
10. sens 1.a un soc de charrue bien tranchant
11. sens 1.d bien net
12. sens 1.g Je suis plutôt sévère : j'accepte mal...

Le gérondif

1. p. 143

1. EUROPASS : C'EST LA COLÈRE
2. DÉFENSE DE LA FOI
3. ACCOMPLIR L'IMPENSABLE
4. MANGER POUR SURVIVRE
5. À LA RECHERCHE DE BOUCS ÉMISSAIRES
6. LE NOUVEAU PROCÈS DE DARWIN

2. p. 143

1. À voir ces films on se demande pourquoi on a mis six ans à gagner cette fichue guerre.
2. Elle considérait comme tout à fait naturel que le Docteur Leidner soit aux petits soins pour elle.
3. Il fallut qu'on lui rappelle souvent avant qu'elle s'en souvienne.
4. Il ne fut pas facile de réveiller Gaston et il ne voulut pas partir.

Le passif

1. p. 145

1. Les jupes se portent très longues cet été.
2. On décida que j'irais à Tell Yarimjah la semaine suivante.
3. Il dit qu'on avait vraiment besoin d'un compte rendu simple et sans fard de ce qui s'était passé.
4. La véritable cible aurait été un avion.
5. Le crumble aux pommes se sert chaud, accompagné de crème fraîche ou de crème anglaise.
6. J'appelai la réception et me fis apporter dans la chambre du café et des oeufs au bacon.

2. p. 146

1. (a) On insiste sur le fait que le travail n'a pas pu être terminé. Anne n'a pas pu terminer le travail.

   (b) On insiste sur le fait qu'Anne n'a pas pu le faire. Ce n'est pas Anne qui a pu terminer le travail. / Le travail n'a pas pu être terminé par Anne.

Les reprises par auxiliaires

p. 149

1. Mais les choses se passeraient-elles vraiment ainsi ?
2. – Ca alors !
3. ...ou je (/ c'est moi qui) m'en charge.
4. – Et comment !
5. – Vraiment ?
6. – Impossible.
   – Pourtant si.
7. – Le contraire serait un miracle.

L'insistance

1. p. 151

1. Comment diable est-il possible que quelqu'un soit trop anglais ?
2. Un de ces jours, je pense que je vous donnerai quelque chose à faire qui vous fera vraiment renâcler.
3. Il y avait en effet (/bel et bien) une rue (qui s'appelait) Hart Street près d'ici.
4. L'autre soir, j'ai entendu grand-père dire à Tata Mattie que je n'étais pas plus son enfant à lui que je n'étais son enfant à elle, répondit Olwen Smith.
5. Mon pauvre vieux, tu ne connais pas le jeune Bingo. Il peut tomber amoureux d'absolument n'importe qui.

Un seul complément pour plusieurs constructions

p. 155

1. Ils devraient l'admettre mais ne le feront jamais.
2. Ils paient pour passer les contrôles et les tests dont ils ont besoin.
3. Pendant des années, l'idée d'une petite maison à lui a occupé ses pensées et l'a fait rêver.
4. L'armée de l'air avait repéré l'intense signal lumineux, l'avait reconnu puis s'était dirigé vers lui.
5. Il y a une énorme différence entre les évènements qui s'enchaînent et ceux qui ne font que se suivre.

Les verbes à particule

1. p. 156

1. Le brave garçon entra à quatre pattes.
2. Jeeves sortit avec désinvolture.
3. Bickby entra à toute allure.

2. p. 157

1. *He strode along.*
2. *He tiptoed back.*
3. *The water streamed in.*
4. *He panted up.*

3. p. 157

1. Je passai par dessus la grille et fit céder la porte fenêtre d'un coup de pied.
2. Maintes et maintes fois, il sortait du lit, descendait à la bibliothèque à pas feutrés, faisait une toute petite correction, puis regagnait sa chambre.
3. Je passai derrière elle et mis les mains sur ses épaules, mais elle se dégagea brusquement avec colère.
4. Il s'inclina et sortit dans le hall.
5. John la repoussa violemment d'un coup de coude.

Les structures résultatives

2. p. 159

1. Personne ici ne me grondera et ne m'obligera à m'éloigner du feu.
2. Ils ont tous saigné à blanc la pauvre Lisa.
3. Des amis passaient, les enfants sortaient, le père buvait au point de s'en rendre de plus en plus malade.
4. Leur manifestation avait tellement fait honte au président Roosevelt qu'il leur avait promis des conditions de travail plus équitables.
5. Avant que je puisse me faire entendre, ils s'étaient moqués de lui au point de lui faire perdre toute prudence.

Les expressions avec *verb + one's way*

1. p. 161

1. Martin Eden, qui frémissait encore de ce contact avec son beau-frère, avança à tâtons au fond du couloir sombre et entra dans sa chambre.
2. Cet homme avait lutté pour surmonter toutes les déceptions que la vie peut apporter.
3. Il se souvint de Boyns, accusé d'avoir corrompu le jeune garçon, et qui s'en était sorti grâce à des mensonges.
4. Je ne doutais pas que ce jeune homme fougueux dévorerait les rapports les plus arides.

Les adjectifs de relation

p. 163

1. un cabinet dentaire
2. un étudiant à l'école dentaire
3. C'est le nouveau professeur de français.
4. Je n'ai jamais rencontré de tels misanthropes.
5. Quand, de temps en temps, il me sourit, je sais que quelque chose ne va pas.

Le comparatif

2. p. 165

1. Le défi Thomas Cook. Des affaires en or. Des prix intéressants. Des conseils précieux.
2. Pour rehausser le goût de vos salades.
3. Les plus belles voitures sont chez Renault.

L'étoffement des prépositions

1. p. 166

1. Il a sonné pour moi. = Il a sonné à ma place. *He rang for me.* = Il a sonné pour me faire venir.
2. Je t'aiderai avec les enfants. = Les enfants et moi t'aideront. *I'll help you with the children.* = Je t'aiderai à t'occuper des enfants.

2. p. 167

1. Tout ce que je savais, c'est que je désirais Julie au point d'en avoir mal, d'en être fou.
2. Je n'ai pas à me donner tant de mal pour être reconnu de tous.
3. Attablé devant le homard, Dalby me demanda où j'en étais de mon travail sur Jay.
4. Elle vérifia la reliure pour s'assurer qu'elle n'était pas déchirée.
5. Un chien aboya, trop près pour que ce soit rassurant.
6. Cette fois, du moins, il avait espéré de tout son coeur que son père serait battu. Il rougit en pensant combien la vie était injuste.

Les articles

1. p. 170

1. Il exprima le désir de la revoir.
2. Les clients de Gretel paient aujourd'hui 45 francs pour 20 heures d'ordinateur, somme qui fera plus que doubler le mois prochain à cause de la popularité de ce service.
3. Il se rendit, le cœur lourd.
4. Elle avait le nez rouge et les yeux gonflés.
5. Elles coûtent 50 p. la douzaine.

2. p. 166

1. Introduction à Milton
2. Traité de la nature humaine
3. Voyage à Lisbonne
4. Le livre a été traduit : « Avec vue sur l'Arno ». La traduction littérale serait : « Chambre avec vue ».

Les possessifs

p. 172

1. Même ici, la plupart des gens choisissent de faire leur cuisine eux-mêmes, bien que l'on puisse aussi prendre, pour un prix très raisonnable, les repas qu'a préparés le directeur avec l'aide d'un assistant, si tant est qu'il y en ait un.

Les démonstatifs *this* et *that*

p. 173

1. Il est gentil ce garçon, je l'aime bien.
2. Quand il ne dort pas, Trelawney court absolument partout et il a un petit jeu bien à lui auquel il aime jouer le soir : nous nous mettons à quatre pattes, il fait le gros dos et, pourrait-on dire, fonce sur nous.
3. « Elle criait dehors et jetait des pierres sur le toit de fer.
   – Qu'est-ce qu'elle criait ?
   – Toutes sortes de choses. »

La dérivation

1. p. 175

1. J'étais frappé par le caractère raisonnable de ses demandes.
2. Plus j'étais 'productif', plus il était persuadé que je n'étais bon à rien.
3. À nouveau, j'essayai d'ouvrir le couvercle, sans plus de succès qu'avant.
4. Il ne faut pas que j'abuse de votre hospitalité.
5. Je pense qu'il a trouvé les choses un peu irrégulières.
6. J'appelle ça sacrément peu attentionné et prévenant de leur part.

7. Ce fait reflétait un manque de logique tout à fait rassurant.
8. Il y avait dans son assiette une part de gâteau à laquelle il n'avait pas touché.

When

p. 178

1. La reine sera à Bristol demain pour inaugurer la nouvelle aile de l'hôpital St-Stephen.
2. À peine avait-elle commencé son explication que nous fûmes interrompus.
3. À quoi bon encourager de tels rêves lorsqu'on sait qu'il ne pourra jamais entrer à l'université ?

Les défis de la traduction

Images et métaphores

1. p. 181

as blind as a bat / as brave as a lion / as busy as a bee / as cold as ice / as cool as a cucumber /as cunning as a fox / as dead as a door-nail / as drunk as a lord / as dry as dust / as dull as ditchwater / as fresh as a daisy / as good as gold / as mad as a March hare / as old as the hills / as pale as a ghost / as poor as a church mouse

2. p. 182

1. Usée Elle savait que les choses étaient en bonnes mains. (mot à mot : que des gens compétents étaient à la barre)
2. Vivantes Le hall de la maison était aussi frais qu'un caveau. Mrs Dalloway porta la main à ses yeux et lorsqu'elle entendit le bruissement des jupes de la domestique, Lucy, qui refermait la porte, elle eut l'impression d'être une religieuse qui a quitté le monde et se sent enveloppée par les voiles familiers et les sentiments d'autrefois.
3. Usée Il y a anguille sous roche. Je la vois flotter dans l'air. Je vais l'écraser dans l'œuf. (Il s'agit d'un exemple bien connu de « mixed metaphor ».)
4. Vivantes Je ne suis pas la seule à trouver cette pauvre Miss R.C. difficile. Elle cherche tellement à ne pas être raciste qu'elle assène son tact à coups de marteau qui tombent sur le Docteur N. comme une pluie de briques.

Les répétitions et les phrases longues

p. 186

1. Garder la répétition, qui fait partie de l'accroche publicitaire (mais ne pas répéter « passent »). Les secrétaires passent moins de temps à fouiller dans les dossiers, les cadres moins de temps à attendre leurs secrétaires et la direction plus de temps à faire des affaires.
   Mais ce n'est possible qu'avec le bon fournisseur.

2. La répétition de « toujours » semble un peu lourde et l'effet littéraire n'est pas évident. Monty est sans doute la seule personne que je connais qui n'a pas une once de graisse sur lui, tout simplement parce qu'il ne tient pas en place ; lorsqu'il parle, il fait sans cesse des moulinets avec les bras ; il ne s'assied jamais, quand il marche, c'est toujours rapidement.

Registre, dialecte & idiolecte

1. p. 200

1. nippy : cold   « Fait un peu frisquet, dit son père, en boutonnant son manteau, tandis qu'ils tournaient et entraient dans la rue.
   – (C'est) pas surprenant en novembre, dit Arthur. »

2. pinched : stole   « M'suis fait voler mon livre, m'zelle. C'est Carry Burdock qui l'a piqué. »

3. dig : understand   « C'qui faut qu'tu voies, Wiz, j'lui ai dit, c'est qu'si tu continues comme ça, tu vas t'tuer, et j'en serai désolé. »

4. chicks : girls   Car le travail de Suze à la maison de couture la conduit à rencontrer un bon nombre d'excentriques, surtout parmi les papas des nénettes qui s'habillent là.

2. p. 201

NOMS

1. *booze : drink*, pinard
2. *quid : pound* - pas de terme familier français pour l'argent anglais, mais « balles » est un équivalent.
3. *loony : madman*, un cinglé, un timbré
4. *guts : stomach*, courage, du cran
5. *bloke : man*, type, mec
6. *Copper : policeman*, flic
7. *pal : friend*, copain
8. *governor : boss*, dirlot
9. *clink : prison*, tôle
10. *mate : friend*, copain
11 / 12. *lolly / dough* : money, fric, pognon
13. *paws : hands*, pattes
14. *blower : telephone*, bigophone

ADJECTIFS

30. *barmy : mad*, timbré, maboul
31. *daft : stupid*, dingue
32. *bloody : intensifier*, foutu, sacré

VERBES

37. *to conk out : to die*, casser sa pipe
38. *to do a bunk : to run away*, mettre les voiles
39. *to twig : to understand*, piger
40. *to swill : to drink*, picoler

7. p. 206

1. Un ferry ou un hovercraft quitte Douvres en moyenne toutes les 15 minutes aux heures de pointe. Vous pouvez donc quitter l'Angleterre à pratiquement n'importe quelle heure de la journée ou de la nuit.

2. De nos jours, l'influence de la radio est énorme.

3. Ce court moment passé au pub me coûta pratiquement cinq livres, et je n'étais donc pas fâché d'en sortir et de reprendre la route.

4. Les directeurs en marketing disent que même si le marché britannique est en surchauffe, les possibilités d'exportation sont considérables.

5. Mais pendant les discours, un homme de forte carrure vêtu de cuir et qui portait un objet noir, sortit soudain de la foule et essaya de s'approcher des membres de la famille royale.

6. Petit appartement près de Knightsbridge : séjour, chambre, s.de b., kitchenette, £38,000.

RÉFÉRENCES DES TRADUCTIONS

Les références des textes anglais figurent immédiatement au-dessus de ces textes dans le corps de l'ouvrage.

p. 21
1. Philips record
2. A. Huxley, *Contrepoint*, trad. J. Castier, Plon.

p. 22
3. B. Brainbridge (*The Bottle Factory Outing*), trad. F. Cartano, Flammarion.
4. N. Freeling (*Because of the Cats*), trad. M. Moltke-Huitfeld & G. Lavagne, Plon.

pp. 24-25
G. Greene, *Le Fond du problème*, trad. M. Sibon, R. Laffont.

p. 31
(a) D.L. Sayers, *Arrêt du cœur*, trad. Lechevrel, OPTA.
(b) *L'Autopsie n'a rien donné*, trad. L. Vallin, Morgan.

p. 33
1. D. Du Maurier, *L'Auberge de la Jamaïque*, trad. L. Lack, Albin Michel.
2. E. Ambler, *Le Masque de Dimitrius*, trad. G. Veraldi, éd. du Seuil.
3. C. Dickens, trad. J. Métifeu-Béjeau, La Pléiade.
4. V. Nabokov, *Lolita*, trad. E.H. Kahane, Gallimard.

p. 39
Voir p. 33, 1.

p. 50
1-2. Thurber, *La Vie secrète de Walter Mitty*, trad. C. Potesta & C. Della Torre, Julliard.
3. B. Friedan, *La Femme mystifiée*, trad. Y. Roudy, éd. Gonthier.
4. Voir p. 33, 2.

p. 57
1. Voir p. 33,
2. (a) G. Orwell (*Down and Out in London and Paris*), trad. Pétris, Champ libre.
2. (b) *La vache enragée*, trad. Raimbault & Gilbert, Gallimard.
3. J. Lindsay (*Picnic at Hanging Rock*), trad. M. Véron, Flammarion.

4. J. D. Carr, *La Chambre ardente*, trad. M.-B. Endrèbe, Le Livre de Poche.

p. 60
1. Philips record.
2. W. Faulkner, *Sanctuaire*, trad. Raimbault, Gallimard.

p. 67
1. Voir p. 50, 1-2.
2. H. James, *Nouvelles*, trad. L. Servicen, Aubier-Flammarion.
3. C. Brontë, Villette, trad. A. Loisy & B. Telford, Gallimard.

pp. 91-92
1. (a), 2. (a) L. Sterne, *Tristram Shandy*, trad. M. Frénais, 1790.
1. (b), 2. (b) trad. Ch. Mauron, Le Club Français du Livre.

p. 92
3. A. Huxley, *Île*, trad. M. Treger, Plon.

p. 93
4. A. Hailey, *Blackout*, trad. R. Latour & F. Ponthier, Albin Michel.
5. Voir p. 50, 1-2.
6. Voir p. 33, 1.
7. T. Hardy, *Barbara*, trad. M. Zeys, tous droits réservés.

p. 116
1. G. Greene, *Voyages avec ma tante*, trad. G. Belmont, R. Laffont.
2. A. Christie, À l'hôtel Bertram, trad. G. Durivaux, Club des Masques.
3-4. O. Wilde, *Le Crime de Lord Arthur Savile*, trad. L. Lack, Mercure de France.
5-6. P. G. Woodhouse, *Sous Pression*, trad. D & B. Fonscolombe, 10/18.
7. L. Durrell, *Mountolive*, trad. R. Giroux, Le Livre de Poche.

p. 117

8. S. Crane, *La Conquête du courage*,
    trad. F. Vielé-Griffin, & H.-D. Darray, Mercure de France.

p. 118

5. D. Du Maurier, voir p. 33, 1.

p. 125

1. Voir p. 116, 3-4.
2. W. Styron, *Le Choix de Sophie*,
    trad. M. Rambaud, Gallimard.
3. H. Pinter, *Le Monte-plats*,
    trad. E. Kahane, Gallimard.
4. Voir pp. 24-25.
5. Voir p. 117, 8.

p. 133

Haut W. Golding, *Sa Majesté des mouches*, trad. L. Tranec, Gallimard.
Bas A. Christie, voir p. 116, 2.

p. 134

Haut Philips record.
Bas
1. J. Austen, *Orgueil et préjugés*, Tallendier.
2. A. Christie, *Le Chat et les pigeons*,
    trad. J. Brunoy, Club des Masques.
3. C. McCullers, *Le Cœur est un chasseur solitaire*,
    trad. M.-M. Fayet, Stock.

p. 137

(a) L. Carroll, trad. F. L. Warrin.
(b) *De l'Autre côté du miroir*,
    trad. H. Parisot, Flammarion.

p. 138

I. Murdoch, *La Mer, la Mer*, trad. S. Mayoux, Gallimard.

pp. 143-144

1. H. James, *L'Américain*, trad. G. Chahine, Fayard.
2. (a) Voir p. 57, 2 (b).
2. (b) Voir p. 57, 2 (a).
3. R. Chandler, trad. B. Vian, Gallimard.

p. 147

1. Voir p. 117, 8.
2. Voir p. 21, 2.
3. Voir p. 67, 3.

p. 151

1. Voir p. 134, 2.
2-3 L. Durrell, trad. Giroux, Buchet-Chastel.
4. J. D. Carr (*The Case of the Constant Suicide*),
    trad. D. Poulain, Club des Masques.

p. 152

5. Voir p. 92, 3
6. (a) E. Brontë, *La Maison maudite*,
    trad. M. Turner, Lib. Gründ.
6. (b) *Wuthering Heights*,
    trad. J. Talva, tous droits réservés.

p. 153

6. (c) *Hurlemont*, trad. S. Monod, Flammarion.

p. 157

1. M. Lowry, *Au-dessous du Volcan*,
    trad. Spriel, Gallimard.
2. Voir p. 116, 1.

p. 158

3-4. Voir p. 151.

p. 160

1. Voir p. 116, 1.
2. L. Durrell, voir p. 151, 2-3.
3. E. Wharton, *Chez les Heureux du monde*,
    trad. Ch. Du Bos, Hachette Littérature.
4. Voir p. 22, 3.
5. B. Malamud, *Les Idiots d'abord*,
    trad. S. & G. de Lalène, éd. du Seuil.
6. Voir p. 33, 4.
7. Voir p. 147, 2.

p. 162

(a) Voir p. 57, 2 (b).
(b) Voir p. 57, 2 (a).

p. 164

1. Voir p. 151, 2-3.
2. C. Dickens, trad. J. Douady, La Pléiade.
3. Voir p. 33, 3.
4. Decca International.

p. 167

1. J. Steinbeck, *Les Raisins de la colère*,
    trad. M. Duhamel & M.-E. Coindreau, Gallimard.
2. W. Golding, *La Nef*,
    trad. M.-L. Marlière, Gallimard.

p. 168

3. Voir p. 117, 8.
4. (a) Voir p. 57, 2 (a)
4. (b) Voir p. 57, 2 (b)
5. J. Joyce, trad. J.-N. Vuarnet, Flammarion
6. Voir p. 67, 3.

p. 171

1. Voir p. 116, 3-4
2. W. Morris, *Nouvelles de nulle part*,
    trad. V. Dupont, Aubier-Montaigne.
3. Voir p. 160, 5.
4. S. Bellow, *Les Aventures d'Augie March*,
    trad. J. Rosenthal, Flammarion.

p. 175

1. C. Dickens, *Un Conte des deux villes*,
   trad. J. Métifeu-Béjeau, La Pléiade.
2. CBS record.
3. A. Huxley, *Les Diables de Loudun*,
   trad. J. Castier, Plon.

pp. 176-177

1-4. H. James, *Ce que savait Maisie*,
   trad. M. Yourcenar, R. Laffont.
5-8. E. Waugh, *Scoop*, trad. H. Evans, Julliard.

pp. 182-183

1. Voir p. 33, 1.
2. J. Joyce, trad. D. Gouadec, Bordas.
3-4. R. Bolt (*A Man for All Seasons*),
   trad. P. Quentin, TNP.
5. (a) Voir p. 153, 5 (c).
5. (b) *Haute Plainte*,
   trad. J. & Y. de Lacretelle, Gallimard.
6. C. Dickens (*Bleak House*),
   trad. J. Métifeu-Béjeau, La Pléiade.

p. 184

7. C. Dickens, *La petite Dorit*,
   trad. J. Métifeu-Béjeau, La Pléiade.
8. D. H. Lawrence, *L'Amant de Lady Chatterley*, trad. F. Cornaz, Gallimard.

p. 185

(a). Dylan Thomas, *Les meilleurs Poèmes anglais et américains*, trad. P. Ginestier, CDU-SEDES.
(b). Dylan Thomas, *Œuvres*,
   trad. P. Reumaux, éd. du Seuil.

p. 190

1. A. Wilson, *La Ciguë et après*,
   trad. N. Tadié, R. Laffont.
2. E. Albee, *Qui a Peur de Virginia Woolf?*,
   trad. J. Cau, R. Laffont.
3. (a) C. Dickens, *Olivier Twist*,
   trad. A. Gérardin, tous droits réservés.

p. 191

3. (b) trad. J. Papy, Club Français du Livre.
3. (c) *Les Aventures d'Oliver Twist*, trad. F. Ledoux, Gallimard.
4. K. Waterhouse, *Billy le Menteur*,
   trad. L. Le Begnec, Mercure de France.

p. 192

5. (a) L. Carroll, *De l'Autre côté du miroir*,
   trad. H.-M. Fayet, tous droits réservés.
5. (b) *Ce que Alice trouva de l'autre côté du miroir*,
   trad. J. Papy, Soc. Nouvelle des éd. Pauvert.
5. (c) Voir p. 137 (b).

p. 194

5. (d) *De l'Autre côté du miroir*,
   trad. A. Bay, tous droits réservés.
5. (e) trad. A.-M. Ramet, éd. F. Hazan.

p. 196

1. Voir p. 116, 2.
2. Voir p. 116, 5-6.
3. Saki, *Tobermoy*, trad. J. Rosenthal, 10/18.

p. 197

4. Dylan Thomas, *Portrait de l'artiste en jeune chien*,
   trad. F. Dufau-Labeyrie, éd. du Seuil.
5-9. E. Waugh, Grandeur et décadence,
   trad. H. Evans, Julliard.
6. Voir p. 116, 3-4.
7. C.P. Snow, trad. S. Desternes, R. Laffont.
8. Thoreau, trad. G. Landré-Augier, Aubier.

p. 203

1. G. B. Shaw, *Pygmalion*, trad. M. Habart, L'Arche.

p. 204

2. Faulkner, *Le Bruit et la fureur*,
   trad. M. E. Coindreau, Gallimard.
3. (a) Voir p. 152, 6 (b).

p. 205

3. (b) Voir pp. 182–183, 5 (b).
3. (c) *Les Hauts des Tempêtes*,
   trad. L. Servicen, Albin Michel.
3. (d) Voir p. 153, 6 (c).

pp. 208-210

John Dos Passos, *La Grosse galette*,
trad. Ch. de Richter, Gallimard.

p. 211

1. (a) W. Blake, *Chants d'innocence et d'expérience*,
   trad. M. & P. Soupault, éd. Charlot.
1. (b) Blake, *Poèmes choisis*,
   trad. M.-L. Cazamian, Flammarion.
1. (c) *Les Chants de l'innocence et de l'expérience*,
   trad. P. Matthey, La Bibliothèque des Arts, Lausanne.
1. (d) W. Blake, *Œuvres*, trad. P. Leyris, Flammarion.

p. 212

2. (a) W. Shakespeare, *Hamlet*,
   trad. Voltaire in Lettres Philosophiques.

p. 213

2. (b) Trad. A. Gide, Gallimard.
2. (c) Trad. M. Pagnol, éd. Nagel.
2. (d) Trad. A. Castelain, Aubier-Montaigne.

p. 214

3. (a) Milton, *Paradis perdu*, trad. J. Delille, 1805.
3. (b) *Le Paradis perdu*,
   trad. P. Messiaen, Aubier-Montaigne.

RÉFÉRENCES DES TRADUCTIONS

Textes

p. 217

Voir p. 93, 7.

p. 219

H. JAMES, *Les Bostoniennes*,
trad. J. Collin-Lemercier, Denoël.

p. 221

J. CONRAD, *Typhon*, trad. A. Gide, Gallimard.

p. 223

Voir p. 160, 3.

p. 225

J. JOYCE, *Ulysse*, trad. A. Morel, revue par Valéry Larbaud, Stuart Gilbert & l'auteur, Gallimard.

pp. 227-229

T.S. ELIOT, *Poésies*, *T.S. Eliot*,
trad. P. Leyris, éd. du Seuil.

p. 229,

E. CALDWELL, *Le Petit Arpent du Bon Dieu*,
trad. M.-E. Coindreau, Gallimard.

p. 231

G. ORWELL, *Tragédie Birmane*,
trad. F. Guillot de Saix, éd. Nagel.

p. 233-235

S. LEWIS, *Impossible ici*, trad. R. Queneau, Gallimard.

p. 235

Voir p. 50, 3.

p. 237

J. UPDIKE, *Cœur de Lièvre*,
trad. J. Rosenthal, éd. du Seuil.

INDEX

A

about p. 78

across p. 78

adjectif : portée de l'adjectif pp. 61-63, – et degrés de comparaison pp. 64-67, – employé comme nom p. 69, – de relation p. 163

adverbe : portée de l'– pp. 58-60

allusions culturelles pp. 195-198

along p. 78

ambiguïté pp. 130-131

AMIS, Martin p. 277

analyse du texte pp. 11-15

and pp. 176-177

argent p. 20

articles pp. 169-171

as pp. 94-95

aspect p. 56

AUDEN, Wystan Hugh p. 250

AUSTER, Paul p. 245

auxiliaires modaux pp. 85-93

away p. 78

B

back p. 78

BANVILLE, John p. 242

be : omission de – p. 36

BELLOW, Saul p. 276

BLAKE, William pp. 210-211

BOYD, William pp. 268

BRONTË, Emily pp. 204-206

bruits : champ sémantique des – pp. 136-138

but pp. 95-96

by pp. 78-79

C

CALDWELL, Erskine pp. 228-229

calque pp. 102-118

can p. 85

CARROLL, Lewis pp. 192-194

champs sémantiques pp. 136-138

chassé-croisé pp. 156, 161

clichés p. 181

COE, Jonathan p. 275

collectifs p. 64, p. 69

come + particules adverbiales p. 83

comparatif pp. 64-67, pp. 164-165

conjonctions pp. 94-101, omission des – p. 37

conjonctives : propositions – p. 28, p. 30

CONRAD, Joseph pp. 220-221

conseils généraux pp. 9-22

could p. 85

D

découpage des phrases p. 26, pp. 28-31

démonstratifs p. 173

dérivation pp. 174-175

dialectes pp. 199-206

DICKENS, Charles pp. 190-191, p. 251

dictionnaire : utilisation du – pp. 9-10

discours direct et indirect : verbes déclaratifs introduisant – p. 29, point de vue et – pp. 53-54

DOS PASSOS, John pp. 208-210

down p. 79

DURRELL, Lawrence p. 271

E

ELIOT, Thomas Stearns pp. 226-227

ellipse pp. 36-39, – de *be* + relatif au passif p. 34

enchaînement des idées pp. 13-14

énumération p. 26

équivalence pp. 124-125, pp. 127-129

étoffement p. 129, – des prépositions pp. 166-168

F

FAULKNER, William p. 204, p. 278

faux-amis pp. 102-118

few p. 72

for pp. 96-97

formes emphatiques : *cf.* insistance

formes en *-ing* pp. 46-47

forme fréquentative p. 55

forme progressive : – passive p. 34, – v. adjectif p. 46, différentes valeurs de la – pp. 48-50

FOWLES, John p. 263

franglais p. 206

FRIEDAN, Betty pp. 234-235

G

génitif : omission du second nom p. 38, portée de l'adjectif devant un – p. 62, dans le *journalese* p. 119

gérondif • problèmes de compréhension p. 46, – v. infinitif pp. 51-52, – correspondant à un pluriel p. 69 • problèmes de traduction pp. 142-144

get, causatif pp. 40-41

GREENE, Graham p. 255

gros titres p. 120, p. 143, p. 171

guillemets p. 24

GUNN, Thom p. 272

H

HARDY, Thomas pp. 216-217

have, causatif pp. 40-41

headlinese p. 120

HERRIOT, James p. 264

however p. 97

HUXLEY, Aldous p. 253

I

I p. 73

idiolecte pp. 199-206

images pp. 180-185

imparfait p. 56

in p. 79

incises : *cf.* propositions incises

inférence p. 16

infinitif v. gérondif pp. 51-52

infinitif progressif p. 49

-ing (suffixe) pp. 46-47

INNES, Michael p. 258

insistance p. 26, pp. 150-153

inversion pp. 32-33

ISHIGURO, Kazuo p. 243

it introduisant une proposition conjonctive p. 30, pronom personnel p. 73, différentes valeurs du pronom – pp. 75-76

italiques p. 26

J

JAMES, Henry pp. 218-219, p. 252

jeux de mots pp. 189-194, – dans les noms propres p. 18, – dans le journalese p. 121

journalese pp. 119-121

JOYCE, James pp. 224-225

K

KEROUAC, Jack p. 269

L

LE CARRÉ, John p 265

LEE, Laurie p. 260

LEWIS, Sinclair pp. 232-233

lieux : *cf.* noms de –

little : p. 72

locutions adverbiales : passif des – p. 34

logique interne du texte pp. 13-14

LOWRY, Malcolm p. 241

M

make, causatif pp. 40-42

may pp. 85-86

MC CULLERS, Carson p. 240

MEREDITH, George p. 266

mesures p. 20

métaphores pp. 180-185

might pp. 85-86

MILTON, John p. 214

mise en facteur commun du complément pp. 154-155

modaux : *cf.* auxiliaires modaux
modulation pp. 124-125, p. 127
mot juste pp. 136-141
mots composés pp. 70-71, p. 117
mots de liaison pp. 94-101
mots-sosie : *cf.* faux-amis
MURDOCH, Iris p. 262
must p. 90

N

need p. 90
nombre pp. 68-69
noms de lieux p. 19
noms et prénoms pp. 17-18
nor p. 97

O

obscurité pp. 130-131, p. 188
O'FAOLAIN, Sean p. 273
omissions pp. 36-37
off p. 79
on pp. 79-80
one p. 72
ORWELL, George pp. 230-231
out p. 79
over p. 80

P

paraphrase, p. 133
participe présent p. 46
particules adverbiales pp. 78-84, p. 156-158
passé composé p. 56
passé simple p. 56
passif : problèmes de compréhension pp. 34-35, omission de be au – pp. 36-37, – dans le j*ournalese* p. 119, problèmes de traduction pp. 145-147
patronymes p. 18
PERCY, Walker p. 259
phrases complexes pp. 28-31
phrases longues pp. 186-187
PINTER, Harold p. 246
pluriel p. 69
point de vue pp. 53-54
ponctuation pp. 24-27
portée de l'adjectif pp. 61-63

portée de l'adverbe p. 26, pp. 58-60
possessifs : *cf.* pronoms possessifs
POUND, Ezra p. 208
prénoms p. 17
présent p. 56
pronoms pp. 72-74
pronoms personnels pp. 73-74, omission des – p. 37
pronoms possessifs p. 73, p. 72
pronoms réfléchis pp. 72-73
pronoms relatifs : omission des – pp. 36-37
propositions concessives p. 32
propositions compléments p. 29
propositions incises pp. 28-29
propositions infinitives : en *for ... to* p. 29, introduites par *to* p. 29
propositions relatives : – non définissantes p. 26, – définissantes et non définissantes p. 28
propositions sujets p. 29
proverbes pp. 128-129
put + particules adverbiales pp. 83-84

Q

Que traduire pp. 17-22

R

registre pp. 199-206
relatives : *cf.* propositions relatives
remember p. 52
répétitions pp. 186-187
reprises par auxiliaires p. 38, pp. 148-149
RHYS, Jean p. 248
round p. 80

S

sens contextuels :- d'un mot pp. 14-15, pp. 139-141, – d'une phrase p. 15
SHAKESPEARE, William pp. 212-214
shall pp. 86-87
SHAW, George Bernard p. 203
she p. 73
should pp. 87-88
SILLITOE, Alan p. 261
since pp. 97-98
singulier p. 69

so pp. 98-99
sous-traduction pp. 132-135
still p. 99
STOPPARD, Tom p. 249
structures causatives pp. 40-42
structures résultatives pp. 43-45, pp. 159-160
style pp. 207-214
subordonnées de temps p. 55
superlatif pp. 64-65, p. 164
sur-traduction pp. 132-135
SWIFT, Graham p. 256

T

take + particules adverbiales p. 84
temps pp. 55-57
termes historiques p. 19
that : – introduisant une proposition conjonctive p. 30, – relatif pp. 36-37 – démonstratif p. 173
them p. 73
then pp. 99-100
there, adverbe p. 77
they p. 73
this p. 173
THOMAS, Dylan pp. 184-185, p. 257
though p. 100
through p. 80
tirets pp. 24-25, p. 120
titres : – de textes pp. 12-13, – devant un nom ou prénom pp. 18-19, – de livres, journaux, etc. pp. 19-20
to : – après un passif p. 34, verbes suivis de *to* pp. 51-52
ton pp. 207-214
traductions en chaîne : exercice de – pp. 130-131

traits pertinents pp. 132-133
transposition pp. 124-127
try p. 52
turn + particules adverbiales p. 84

U

up pp. 80-81
UPDIKE, John pp. 236-237, p. 270
used to p. 52

V

verb + *one's way* pp. 161-162
verbes à particule pp. 156-158
verbes déclaratifs p. 29, p. 119
verbes suivis de l'infinitif ou du gérondif, pp. 51-52
virgule pp. 25-26

W

WATERHOUSE, Keith pp. 191-192
WAUGH, Evelyn p. 254
way : cf. *verb* + *one's way*
WHARTON, Edith pp. 222-223
when p. 178, dans subordonnées de temps p. 55
which : – relatif p. 28
will pp. 88-89
WILSON, Angus p. 274
WODEHOUSE, Pelham Grenville p. 247
WOOLF, Virginia p. 267
would p. 55, pp. 89-90
WYNDHAM, John p. 244

Y

yet pp. 100-101
you p. 73

Imprimé en Espagne par L'imprimerie UNIGRAF
Dépôt légal: décembre 2013 - Collection 15 - Édition 01
14/0343/5